Kurt Weill und Frankreich

Waxmann Verlag GmbH
Steinfurter Straße 555, 48159 Münster
info@waxmann.com

Veröffentlichungen der Kurt-Weill-Gesellschaft Dessau

Herausgegeben von
Andreas Eichhorn, Nils Grosch, Matthias Henke, Elmar Juchem,
Joachim Lucchesi, Jürgen Schebera und Stefan Weiss

Band 9

Waxmann 2014
Münster • New York

Andreas Eichhorn (Hrsg.)

Kurt Weill und Frankreich

Waxmann 2014
Münster • New York

Gedruckt mit freundlicher Unterstützung
der Kurt-Weill-Gesellschaft Dessau e.V.

Bibliografische Informationen der Deutschen Nationalbibliothek
Die Deutsche Nationalbibliothek verzeichnet diese Publikation in der
Deutschen Nationalbibliografie; detaillierte bibliografische Daten sind
im Internet über http://dnb.d-nb.de abrufbar.

Veröffentlichungen der Kurt-Weill-Gesellschaft Dessau, Band 9

ISSN 1613-7787
Print-ISBN 978-3-8309-3077-8
E-Book-ISBN 978-3-8309-8077-3

© Waxmann Verlag GmbH, 2014

www.waxmann.com
info@waxmann.com

Umschlaggestaltung: Christian Averbeck, Münster
Coverbild: Umschlagabbildung der Notenausgabe des Titels „Scène au Dancing" aus *Marie Galante* (Heugel: Paris). Mit freundlicher Genehmigung der Kurt Weill Foundation, New York.
Satz: Nina Eichholz, Dresden
Gedruckt auf alterungsbeständigem Papier, säurefrei gemäß ISO 9706

Printed in Germany

Alle Rechte vorbehalten. Nachdruck, auch auszugsweise, verboten.
Kein Teil dieses Werkes darf ohne schriftliche Genehmigung des Verlages
in irgendeiner Form reproduziert oder unter Verwendung elektronischer
Systeme verarbeitet, vervielfältigt oder verbreitet werden.

Inhalt

Vorwort
Andreas Eichhorn 7

Prekäre Ambivalenzen
Arthur Honeggers Anpassungen nach 1941
Roman Brotbeck 9

Auf der Suche nach der Moderne
Kurt Weills Rolland-Lektüre
Andreas Eichhorn 25

Amerikanismus bei Weill:
A French Connection?
Tobias Faßhauer 39

(Durch-)Kreuzung von Traditionen
Zu Kurt Weills 2. *Sinfonie* (1933/34)
Hartmut Hein 63

„Expressionist! Du bist ein echter boche"
***Der Querschnitt* (1921–1933) und die Musik in Frankreich**
Matthias Henke 75

Weill's Self-Borrowings
Stephen Hinton 89

Kurt Weill in Paris
Pascal Huynh 103

„Die Stadt ist sehr groß und voll von Herrlichkeiten"
Paris als Mythos und Metropole des Musik-Exils
Anna Langenbruch 115

Der Surrealismus und die Musik in den 1930er Jahren in Frankreich
Anne Liebe 133

Musikfest des ausgeschalteten Geistes?
Scherchens Strasbourger Arbeitstagung 1933
Joachim Lucchesi 147

„Eine andere Ausdrucksform für ernste, philosophisch begründete Inhalte"
Jacques Offenbachs Spuren in Kurt Weills Musiktheater am Beispiel von
Der Zar lässt sich photographieren
René Michaelsen 157

Erste Exilstation Paris
Zu drei Filmarbeiten von Hanns Eisler im Jahr 1933
Jürgen Schebera 177

Unterhaltung in *Mahagonny*
Giselher Schubert 187

Kurt Weill und die Pariser Musikkultur 1933–1935
Jürg Stenzl 201

Zwischen Groupe des Six und École d'Arcueil:
Aussagen und/oder Widersprüche der Weill-Rezeption in Frankreich
Jean-François Trubert 231

Vorwort

Der vorliegende Band präsentiert die Beiträge des internationalen Symposions „Weill und Frankreich", das der Wissenschaftliche Beirat der Kurt-Weill-Gesellschaft e. V. im Rahmen des Kurt Weill Festes 2012 „Hommage à Paris" vom 2. bis 4. März 2012 in Dessau veranstaltet hat.

Das thematische Einzugsfeld des Symposions war bewusst weitgefasst und kontextorientiert, griff über die beiden Exiljahre, die Weill in Paris verbrachte (1933 bis Anfang 1935) hinaus, und war für historische, kulturwissenschaftliche, werkanalytische, musikästhetische und rezeptionsgeschichtliche Zugänge offen. Nicht nur die vielfältigen französischen Einflüsse auf das Schaffen Weills, sowie einzelne seiner während der Pariser Jahre entstandene Werke wurden beleuchtet, sondern auch die Weill-Rezeption, die Bedeutung von Paris als Stadt der deutschen Musiker- und Intellektuellen-Emigration nach 1933, die Rezeption französischer Musik in Deutschland insbesondere zwischen den beiden Kriegen und die musikkulturellen Phänomene und Strukturen, denen Paris sein unverwechselbares Profil als europäische Musikmetropole und kulturelle Vermittlungsinstanz in der ersten Hälfte des 20. Jahrhunderts verdankte.

Die beiden Exiljahre Weills sind biographisch gut erforscht. Weithin unaufgehellt waren indes Details der kulturellen Kontexte, die er in dieser Zeit vorgefunden hat, und die möglichen Wechselbeziehungen zwischen diesen und dem Schaffen Weills. Diese beiden Aspekte bildeten daher den thematischen Kern des Symposions, um den sich die folgenden fünf Themenfelder gruppierten:

1. Exil
2. Werke und Werkkonzepte
3. Rezeption
4. Französische Musik
5. Kulturtransfer

Der Herausgeber dankt im Namen des Wissenschaftlichen Beirates der Deutschen Forschungsgemeinschaft, die das Symposion mit einer Sachbeihilfe förderte, sowie der Kurt-Weill-Gesellschaft Dessau und der Universität zu Köln, die den Druck dieses Bandes finanzierten.

Köln, im Januar 2014   Andreas Eichhorn

Prekäre Ambivalenzen

Arthur Honeggers Anpassungen nach 1941

Roman Brotbeck

In den mehrere hundert Seiten umfassenden und 1992 von Huguette Calmel edierten Schriften von Arthur Honegger findet sich nur eine einzige Erwähnung von Kurt Weill, und zwar in einem Text unter dem Titel *Alerte!*, der in *Le Rempart*[1] am 12. Mai 1933 publiziert wurde. Arthur Honegger berichtet, er komme eben aus der Schweiz zurück und habe noch „les oreilles bourdonnantes" von den Klagen der Schweizer Musiker darüber, dass alle vertraglich vereinbarten Engagements im Dritten Reiche von deutscher Seite aufgehoben worden seien, und dies, obwohl in der Schweiz heute „toutes les *bonnes places*" von Deutschen besetzt seien. Er beobachtet dann, dass in Frankreich dasselbe ablaufe; und als Schweizer Musiker dürfe er sich erlauben, diese Entwicklung mit einer gewissen Direktheit zu benennen. Er kommt auf die Dominanz der deutschen Musik im Konzertleben von Paris zu sprechen und erweitert dann auf andere Gebiete:

> „Enfin, dans un autre domaine, celui du Film sonore, nous ne penserions pas à nous plaindre que Kurt Weill ou Eisler, qui sont des musiciens dont le talent s'impose, soient appelés à écrire, mais nous pouvons bien trouver étrange que l'on entende, ici, continuellement des adaptations de Heymann ou du Dr Rathau[2] [sic!]. Comment admettre que la partition musicale du Roi des Resquailleurs, film français, ait été confiée à M. Ralph Erwin?"[3] (Honegger 1992: 130)

---

1 *Le rempart* war eine vom luxemburgischen Schriftsteller und Journalisten Paul Lévy (1876–1960) vom 22. April bis Anfang September 1933 erscheinende französische Tageszeitung (vgl. Marson, Pierre: Paul Lévy, in: www.dictionnaire-auteurs.lu [letzter Zugriff 1.12.2011]). Sie bewegte sich politisch rechts, war nationalistisch, antikommunistisch, anti-international, extrem antideutsch eingestellt und bekämpfte vor allem den deutschen Nationalsozialismus und Antisemitismus aufs schärfste.

2 Mit der Anfügung des Doktortitels macht sich Honegger über Karol Rathaus wohl lustig, weil dieser sich im Filmvorspann (z. B. in einer Version für Sergej M. Éjzenštejns *Bronenosez Potjomkin*) jeweils mit „Dr Rathaus" aufführen ließ.

3 Auffälligerweise hat Huguette Calmel, die möglichst zu allen Namen in Honeggers Schriften kurze biographische Fußnoten verfasste, keinen dieser geflüchteten Juden kommentiert, und sie führt den irrtümlich geschriebenen „Rathau" auch noch im Namensregister als „Dr Rathau" auf. Es ist schwierig, diese Unterlassung der Herausgeberin nicht einer versuchten Vertuschung eines ziemlich skandalösen Honegger-Kommentars zu verdächtigen. Im gleichen Artikel zieht Honegger auch noch über Ralph Benatzky her, den er – im Stile der nationalsozialistischen Propaganda – unter die „offices d'entreprises générales de musique publique" subsumiert. Benatzky ist zwar nicht nach Frankreich, sondern in die Schweiz geflüchtet, aber die Schweizer Freunde Honeggers werden darüber nachdrücklich geschimpft haben. Auch Benatzky bekommt von Calmel keine biographische Fußnote.

Gemeint sind die Filmmusikpioniere Werner Richard Heymann (1896–1961), Karol Rathaus (1895–1954) und Ralph Erwin (1896–1943). Dass alle fünf – Weill, Eisler, Heymann, Rathaus und Erwin – wegen ihrer jüdischen Herkunft nach Paris geflohen sind, verschweigt Honegger. Die deutschen Emigranten werden als normale deutsche Staatsbürger beurteilt, die für die schweizerischen bzw. französischen Musiker eine Bedrohung auf dem Arbeitsmarkt bedeuten. Die Rassenverfolgung wird ignoriert. Damit übernimmt Arthur Honegger schon 1933 unreflektiert die Haltung, welche die großen Schweizer Musikverbände, etwa der Schweizerische Tonkünstlerverein und der Schweizerische Musikpädagogische Verband während fast der gesamten Zeitspanne von 1933 bis 1944 gegenüber deutschen jüdischen Flüchtlingen einnehmen werden. (Vgl. Gartmann 2005) Diese werden vor allem als Gefahr für den eigenen Arbeitsplatz aufgefasst.

Diese einzige Erwähnung von Kurt Weill in Honeggers Schriften führt in den Kern einer in jüngster Zeit immer nachdrücklicher geführten Diskussion zum Verhalten Honeggers während des Dritten Reiches und insbesondere während der Zeit der deutschen Besatzung in Paris. Dazu sind 2009 gleich zwei, teilweise parallel zueinander entstandene Publikationen erschienen. Einerseits der Aufsatz von Christiane Strucken-Paland *„On n'a rien à me reprocher"* – *Arthur Honegger und die Kollaboration*, andererseits die bahnbrechende Studie *Composer sous Vichy* von Yannick Simon, in der Arthur Honegger, dem meistgespielten Komponisten während der Besatzungszeit in Frankreich, ein ausführliches und minutiös recherchiertes Kapitel gewidmet ist.[4] Im Zentrum der Kollaborationsvorwürfe stehen einerseits die Reise nach Wien zu den Mozart-Festivitäten, welche Baldur von Schirach und Heinrich Goebbels 1941 zu Mozarts 150. Todestag veranstaltet hatten, und andererseits einige nachweisliche Treffen mit den deutschen Besatzern in Paris, bei denen Heinrich Strobel eine wichtige Vermittlerrolle spielte.

Ich habe nicht den Ruf, Leute leichtfertig von Kollaborationsvorwürfen freizusprechen, aber ich halte diese Faktenlage doch für zu geringfügig, um ernsthaft einen Kollaborationsvorwurf zu konstruieren. Sicher, es stimmt, dass Honeggers Teilnahme an der Wienreise im besetzten Paris ausgeschlachtet wurde und er bei den Ankündigungen der französischen Delegation jeweils zuerst genannt wurde, also vor den sich mehrfach zum Antisemitismus bekennenden Gustave Samazeuilh und Florent Schmitt, weil Honegger eben der berühmteste war. Aber man muss beispielsweise nur Honeggers Berichterstattung zur Wienreise und zum Mozart-Festival in der Zeitschrift *Comœdia* (Honegger 1992: 422ff., 430–437) vergleichen mit dem Bericht, den Willi Schuh in der *Schweizerischen Musikzeitung* dazu publizierte. Zwar ist Honeggers Text nicht kritisch gegenüber der Gesamtveranstaltung –

---

4 Der erste, der explizit Kollaborationsvorwürfe an Honegger richtete, war Fred K. Prieberg (1982: 316).

das war unter den realen Bedingungen der deutschen Zensur in Paris bei diesem Thema und insbesondere bei dieser von *Comœdia* propagandistisch unterstützten Wienreise auch gar nicht möglich – aber er unterlässt alles übertriebene Lob und geht vor der deutschen Musik keineswegs auf die Knie. Er setzt sogar gezielte Seitenhiebe, wie z. B.: „mis à part les *Noces de Figaro* tout ces opéras de Mozart se basent sur des livrets proprement stupides" (Subtext: nur das Libretto, welches auf dem Theaterstück des Franzosen Beaumarchais basiert, ist nicht dämlich); oder er schiebt nach der Besprechung von Karl Böhms *Entführung* ein, dass Roger Désormière an der Opéra comique in Paris dieselbe Oper auch in bemerkenswerter Weise dirigiert habe (Subtext: die Franzosen interpretieren Mozart ebenso gut wie die Deutschen) (Honegger 1992: 434); Richard Strauss' *Idomeneo*-Bearbeitung wird grotesk verspottet, wenn Honegger schreibt, die Meerschlange sei so riesig gewesen, dass daneben Siegrieds Lindwurm wie eine Made ausschaue:

> „Voici soudain un long solo de cor, plus loin les bassons s'y mêlent en larges et sombres accords évoquant les coupole de Monsalvat. Alors apparaît à nos yeux épouvantés un serpent de mer géant auprès duquel le Dragon de *Siegfried* fait figure d'asticot, et dans un interlude wagnérien, les trombones s'en donnent à cœur joie de rugissements chromatiques." (Honegger 1992: 435)

Auch hier ist der Subtext ziemlich eindeutig: Die Deutschen müssen Mozart, um ihn verstehen zu können, „verwagnerisieren".

Willi Schuh, der in der neutralen Schweiz die deutsche Zensur nicht zu fürchten hatte, überschlägt sich mit Lob für dieses Festival im Allgemeinen und Richard Strauss' *Idomeneo* im Speziellen, und er spricht vom „Thema ‚Mozart und die Gegenwart' […], das auch in den Vorträgen der Schirmherren des Mozartfestes, Baldur von Schirachs und Dr. Joseph Goebbels, mannigfache Abwandlung erfuhr". (Schuh 1942: 60)

In den 101 Artikeln, die Arthur Honegger in den Jahren 1941 bis 1944 in der Zeitschrift *Comœdia* publizierte und die seit 1992 in den von Huguette Calmel edierten *Ecrits* gesamthaft vorliegen, findet sich keine einzige explizit nationalsozialistische Aussage, keine Bemerkung oder auch nur Marginalie, die man ihm vorwerfen könnte. Es gibt keine antisemitische Andeutung und auch sonst keine rassistischen Ausrutscher; es gibt auch keine negativen oder abschätzigen Äußerungen zu Deutschlands Kriegsgegnern, z. B. England, Russland oder Amerika bzw. deren Musik. Man muss sogar anmerken, dass seine negativen Bemerkungen zu Wagner, z. B. die förmliche Veräppelung einer *Rheingold*-Wiederaufnahme, bei der er in bester Berlioz'scher Tradition über alles außer Wagners Musik schreibt (Honegger 1992: 421–423), oder seine notorische Kritik an der Überflutung des Konzertlebens mit Beethoven, oder der Vorschlag, Gabriel Faurés *Pénélope* an der Berliner Staatsoper zu spielen (Honegger 1992: 468), wenn man schon Hans Pfitzner und Richard Strauss in Paris aufführe, einen anti-deutschen Reflex zeigen, den sich im damaligen Paris wohl nur wenige leisten konnten.

Eine Auffälligkeit bleibt allerdings das uneingeschränkte Lob von Werner Egk (Honegger 1992: 495–497; 567f.; 590f.), mit dessen Musik er sich gleichsam identifiziert, indem er sie mit den ihm für die eigene Musik so wichtigen Adjektiven „robuste, vivante et colorée" (Honegger 1992: 468) charakterisiert. Honeggers musikschriftstellerische Arbeiten sind alle in *Comœdia* erschienen. *Comœdia* wurde in der Musikgeschichte berühmt, weil von hier aus der sogenannte Groupe des Six bzw. eher die Fama des Groupe des Six begründet wurde. Allerdings wurde die Zeitschrift 1937 eingestellt. Erst 1941 wurde sie mit Unterstützung des Institut allemand neu gegründet, wobei man das äußere Erscheinungsbild gegenüber der alten *Comœdia* kaum änderte. Am 21. Juni 1941 erscheint die erste Nummer und im Editorial steht, dass *Comœdia* „après quatre années de silence réapparait. Mais c'est un nouveau COMŒDIA que nous vous proposons." (Comœdia 21.6.1941: 1) Und dieses Neue besteht unter anderem darin:

> „Enfin, comme il est indispensable que les Français qui, trop longtemps n'ont pas regardé au de la de leurs frontières, soient tenus au courant des manifestations et des activités de la pensée en Europe. COMŒDIA publiera chaque semaine la page: *Connaître l'Europe*". (Comœdia 21.6.1941: 1)

Durchaus raffiniert setzt die deutsche Propaganda in Frankreich auf das neue Europa und nicht auf das siegreiche Deutschland, um von der demütigenden Kriegsniederlage abzulenken. Auf dieser Seite *Connaître l'Europa* wird während der drei Jahre des Erscheinens von *Comœdia* das faschistische Europa vorgestellt. Jedes von den Deutschen neu eroberte Land taucht auf dieser Seite auf, wobei im Zentrum dann doch die deutsche Kultur steht. Relativ systematisch werden die „großen" nationalsozialistischen und völkischen Schriftsteller sowie die deutschen Kunstausstellungen portraitiert. Diese öden Fotoserien mit stämmigen Männer- und Frauenakten bestimmen stark das Design und den visuellen Geist von *Comœdia* und zeigen unmittelbar, in welchem kulturellen Gesamtkontext man sich hier befand. Auch die abgedruckten Kurzgeschichten strotzen von völkischem Gedankengut. Unter dem Deckmantel des neuen Europas verfolgte *Comoedia* einen deutsch-französischen Kulturaustausch mit der propagandistischen Hauptlinie, die französische Kultur als wichtig und in der Verbindung mit der deutschen als europäische Hauptachse zu definieren. Gerade Heinrich Strobel vertritt als Autor in *Comœdia* diese Position mehrfach. Man proklamierte eine „neue" Zeit, die zuweilen auch als „revolutionäre Epoche" bezeichnet wurde. Mit dieser Leitlinie gelang es dem Chefredaktor René Delange wichtige französische Intellektuelle als Autoren einzubinden. Schon in der ersten Nummer werden Jean Anouilh und Jean-Paul Sartre als regelmäßige Autoren genannt, wobei Sartre sich sehr bald als Autor zurückzieht. Später werden Paul Claudel und Jean Cocteau dazu kommen. Von Anfang an sind Jean Giraudoux und vor allem Henry de Montherlant dabei, der mit großen Leitartikeln über die neue Zeit aufwartet.

René Delange gibt in einem erhaltenen, aber nicht datierten Interview auf die Frage „Pourquoi et dans quel but la publication vous semble-t-elle nécessaire?" folgende Antwort:

> „Dans le but principal d'aider à une totale collaboration franco-allemande dans tout le domaine de l'esprit et d'une façon générale au développement corporel sur un plan impartial, national et européen. Dans ce but Comœdia consacrera dans chacun de ses numéros une page entière spécialement destinée à tenir ses lecteurs au courant de la vie intellectuelle en Europa et plus particulièrement en Allemagne. Le programme et la matière de cette page seront arrêtés en plein accord avec l'Institut Allemand (Docteur Rabuse) et le Rédacteur en chef de la Comœdia ". (Delange, René 1997: 112)

Mit Docteur Rabuse ist der nationalsozialistische Romanist Georg Rabuse gemeint, der während der Besetzung am deutschen Institut in Paris arbeitete und ab Februar 1942 dessen stellvertretender Direktor war.

In solchem Kontext ist es erstaunlich, wie wenig explizit Nationalsozialistisches in *Comœdia* erscheint und wie sehr sich sogar die Autoren der Seite *Connaître l'Europe* um eine von Rassismus und Kriegspropaganda freie Oberfläche bemühen. *Comœdia* ist gleichsam die faschistische Propaganda-Zeitung mit dem humanen Angesicht, die zeigen soll, dass das nationalsozialistische Deutschland eine moderne Bewegung darstellt und kontinuierlich aus einer jahrhundertealten Kultur hervorgegangen ist. Man bespielt gezielt die Überschneidungen von nationalsozialistischer Politik und französischer Kultur. Tabu sind alle Menschen jüdischer Herkunft und die englische, amerikanische und sowjetische Kultur. Tabu sind aber auch expliziter Antisemitismus, Führerkult oder Kriegspropaganda; und es gibt entsprechend auch keine diesbezüglichen Fotos. Erlaubt sind Berichte aus neutralen Staaten (wie Irland und der Schweiz), aus allen faschistischen und parafaschistischen Staaten (wie Spanien und Portugal) und aus allen deutschen Aufmarschgebieten (wie Estland, Lettland, der Ukraine). Diese impliziten Regeln ergibt das Studium der drei *Comœdia*-Jahrgänge.

*

Vor diesem Hintergrund müssen Arthur Honeggers Artikel sogar als mutig bezeichnet werden, auch wenn er sich den Hauptlinien von *Comœdia* letztlich fügte. Dazu gehört ebenfalls die Vermittlerrolle zwischen deutscher und französischer Kultur, der sich *Comœdia* als redaktionelle Strategie verschrieben hat. Wie die meisten der führenden Publizisten in *Comœdia* verfügte auch Honegger über gute mündliche Deutschkenntnisse. Er erscheint in dieser Zeit auch nicht als Schweizer, sondern klar als französischer Komponist. Er selber erwähnt seine schweizerische Herkunft nur ein einziges Mal in den 101 Artikeln für *Comœdia*, und dies wohl als vorsichtige Schutzmaßnahme, um die erwähnten impliziten Grenzziehungen von *Comœdia* zu testen. In seinem zehnten Artikel im September 1941 ärgert er sich darüber, dass die Ausstellung „de la France européenne" im Grand Palais nicht mit französischer Musik, sondern ausgerechnet mit Wagner bespielt wurde. „Je m'étonne très objectivement, en tant que musicien suisse, de voir que l'existence d'une production musicale française paraît être oubliée." (Honegger 1992: 395) Er fügt dann aber sofort versichernd und scheinheilig an, wie sehr er Wagner schätze und er es gerade deshalb bedaure, dass dieser so oft gespielt würde, weil er fürchte, diese Exzesse könnten Wagner schließlich schaden.

Der „musicien suisse" ist hier – zu Beginn seiner Zusammenarbeit mit *Comœdia* – wohl noch eine Rückversicherung, die er später weglässt. Denn er wird sich bis zu seinem letzten Text in der allerletzten Nummer von *Comœdia* Anfang August 1944 geradezu redundant für die französische Musik bzw. die Gleichwertigkeit von deutscher und französischer Musik einsetzen. Dass *Comœdia* im August 1944 überhaupt noch erscheinen konnte, zeigt die große Unterstützung, welche die Zeitschrift durch die deutschen Besatzer bis zum Schluss hatte. Die *Informations musicales* beispielsweise mussten ihr Erscheinen schon am 19. Mai 1944 beenden, weil – wie das Editorial der letzten Nummer angibt – der Drucker weder Gas noch Elektrizität mehr hatte. (Chimènes 1997: 91–110)

Erstaunlich ist es übrigens, dass Honegger, der Ende 1943 seine Publikationstätigkeit bei *Comœdia* auf Rat von Roland-Manuel, wie Yannick Simon aus dem Briefwechsel mit Francis Poulenc überzeugend schließt (Simon 2009: 283), fast ganz suspendierte, in den letzten Nummern nochmals als Autor auftritt. Sein letzter auf der letzten Seite der letzten Nummer abgedruckter Text beschließt die Publikationstätigkeit von *Comœdia*. Noch einmal klagt Honegger in diesem Text verbittert darüber, dass seine „contemporains" Jacques Ibert, Delvincourt, Messiaen und Poulenc so selten gespielt würden. Die vier Namen, die Honegger in der letzten Nummer gleichsam aufruft, darunter auch Claude Delvincourt, dem wichtigen Mitglied des Front national de la musique, aus dem Honegger selber 1943 ausgeschlossen wurde, sind wohl nicht interesselos hingesetzt: Von ihnen darf Honegger später eine entlastende Zeugenschaft erwarten. Yannick Simon vermutet, dass auch der zweitletzte Artikel in *Comœdia*, der nur dem Schaffen und Wirken von Claude

Delvincourt[5] gewidmet ist, diese Funktion gehabt haben könnte,[6] Honeggers Karriere im befreiten Paris abzusichern.

Wäre Honegger in irgendeiner Weise zur Publikationstätigkeit bei *Comœdia* gezwungen worden, müsste man ihn für die Gewandtheit, mit der er trotz Zensur und deutscher Besetzung ihm wichtige Botschaften publizieren konnte, durchaus loben. Leider tat Honegger dies alles aber absolut freiwillig; er war auch finanziell nicht auf diese Tätigkeit angewiesen, denn er wurde von Aufträgen überhäuft und war als Filmmusikkomponist während der Okkupation sehr gefragt. Es war letztlich ein durchaus unheroischer Grund: Eigennutz. Honegger konnte mit seiner publizistischen Tätigkeit bei *Comœdia* seine Karriere in einmaliger Weise fördern. Das betrifft neben Honegger eine ganze Reihe von *Comœdia*-Autoren: Jean-Louis Barrault, Jean Cocteau, Colette, Jean Giono, Jean Giraudoux, Serge Lifar, Aristide Maillol und Henry de Montherlant. Allen diesen Autorinnen und Autoren wurden für die eigene künstlerische Arbeit ausgezeichnete Plattformen geboten, als gälte es, die publizistische Arbeit in der Zeitschrift mit dem Lob ihrer künstlerischen Produktion zu entgelten. So hatte auch Arthur Honegger in der Person von Arthur Hoérée einen treuen Adlatus, der jedes Honegger-Konzert und jede Honegger-Aufführung schon im Vorfeld mit Lob überhäufte. Viele Aufführungen Honeggers werden auf der Frontseite von *Comœdia* plakatiert, und zwar teilweise mehrfach und Monate im Voraus. Die „Semaine Honegger" im Frühsommer 1942 wird schon im Januar desselben Jahres ausführlich angekündigt. Immer auch folgen ausführliche und durchwegs lobende Kritiken. Eine solche umfassende kulturjournalistische und publizistische Abdeckung hat Honegger weder vorher noch nachher je erfahren.

Comœdia macht ihn ganz klar zum Aushängeschild der französischen Komponisten. Und diese Einschätzung wird von anderen Publikationsorganen übernommen, z. B. von der *Information musicale*, aber auch von der Vichy-Presse, etwa den durch die deutsche Propaganda gesteuerten Organen *Les nouveaux temps*, wo Honeggers Freund Marcel Delannoy ebenfalls bis zum August 1944 eine wöchentliche musikalische Rubrik betreute, und sogar dem rassistischen Hetzblatt *La Gerbe*, in dem Serge Moreau ebenfalls regelmäßig über Honegger schreibt und viele von Honeggers Anliegen, z. B. die Förderung der französischen Musik, publizistisch unterstützte. Manchmal sind die Konkordanzen zwischen Honegger, Delannoy und Moreau so verblüffend, dass man fast von heimlichen Absprachen sprechen könnte.

---

5   Bis heute ist die Rolle Claude Delvincourts als Direktor des Conservatoire national noch nicht definitiv geklärt. (Vgl. Gribenski 2004: 143–146)
6   Diese letzte Nummer der *Comœdia* ist übrigens einigermaßen gespenstisch, weil sie zu einem Großteil aus einem Interview mit Georges Hilaire besteht, dem secretaire générale des Beaux-Arts, der zehn Tage vor dem Aufmarsch der Alliierten an Paris' Stadtgrenzen ausführlich ein Konzept zur Entwicklung der Künste in der nächsten Dekade vorstellt.

In *Comœdia* gibt es in Bezug auf Honegger einzig am 23. Januar 1943 eine etwas distanzierte Besprechung von Emile de Vuillermoz zur Wiederaufführung der *Antigone*, in der Honeggers Deklamationsstil befragt wird.[7] In diesem Zusammenhang ist es auffällig, dass vierzehn Tage später eine zweite Kritik erscheint, diesmal von Werner Egk, damals Leiter der Fachschaft Komponisten der STAGMA (Staatlich anerkannte Gesellschaft für musikalische Aufführungsrechte) in der Reichsmusikkammer. Egk lobt Honegger uneingeschränkt und bringt ihn klar auf die deutsch-französische Achse, indem er *Antigone* mit dem deutschen Begriff des „musik-theaters" (sic!) benennt, für das es im Französischen eben keine Entsprechung gäbe. Honegger seinerseits lobt Egk in *Comœdia* in zwei Kritiken. Man spürt aus den Texten beider Komponisten ehrliche Faszination für die Musik des anderen heraus, und doch sind die politischen Implikationen nicht zu übersehen. Anfang 1943 – als noch vor dem völligen Zusammenbruch in Stalingrad die meisten an den Sieg des Dritten Reiches glauben[8] – lässt sich Honegger von einem der Repräsentanten des nationalsozialistischen Musiklebens in jener Zeitschrift belobigen, deren wichtigster Musikkritiker er ist. Werner Egk wäre für Honegger natürlich auch ein guter Kontakt nach Deutschland gewesen, wenn es so gekommen wäre, wie damals die meisten glaubten.

In welchem Maße das Schreiben für *Comœdia* einerseits und die publizistische Unterstützung durch *Comœdia* andererseits miteinander verflochten waren, zeigt sich am Ende des Jahres 1943. Honegger macht Schallplattenaufnahmen und eine Tournee in Spanien und Portugal, diesmal unter dem Schutz der Schweizer Diplomatie. Zudem ist in dieser Zeit der schon erwähnte Ratschlag von Roland-Manuel erfolgt, sich aus dieser ihn immer stärker kompromittierenden Kritikertätigkeit bei *Comœdia* zurückzuziehen. Augenblicklich werden die Besprechungen von Honeggers Aufführungen in *Comœdia* reduziert. Ein reiches Honegger-Festival, welches die Pianistin Marie-Thérèse Louvel veranstaltete, wird mit vier Zeilen in Kleinstschrift in *Comœdia* verzeichnet. Und bei der Uraufführungsbesprechung von Paul Claudels Theaterstück *Le Soulier de satin* wird der Name Honeggers am 4. Dezember 1943 nur noch in einem Nebensatz erwähnt. Geschickt wurde diese Verfilzung, die jedes journalistische Ethos verspottete, bei *Comœdia* von den Verantwortlichen und wohl auch vom Institut allemand von Anfang an gefördert. Bereits in den ersten Nummern wird systematisch auf den sportlich-musikalischen Großanlass im Stade Roland Garros vorbereitet. Er sollte gleichsam die neue Zeit der französi-

---

7   Diese Kritik an Honeggers Deklamationsstil wird von Serge Moreau am 11. Februar 1943 in *La Gerbe* wiederholt!
8   Die französischen Tageszeitungen lassen der Bevölkerung fast keine andere Wahl, als an diesen Sieg zu glauben, denn im Winter 1942/1943 wird über Monate hinweg die Schlacht von Stalingrad als der definitive deutsche Sieg gefeiert.

schen Kultur ankündigen: Gespielt wurden *Les Suppliantes* von Aischylos und *800 mètres* von André Obey. Zu beiden Stücken hatte Honegger die Musik geschrieben, und entsprechend wird er im Vorfeld von Arthur Hoérée dafür gelobt. Henry de Montherlant ergeht sich in Exkursen zur Wichtigkeit des Sportes und der körperlichen Ertüchtigung; Jean-Louis Barrault beschreibt, wie wunderbar die Zusammenarbeit mit den jungen Darstellern ist. Und schließlich wird die Veranstaltung selbst mit einem ganzseitigen Aufriss in Riesenlettern auf der Frontseite von *Comœdia* angekündigt.[9] Ganz deutlich versuchte man hier dem Vorbild faschistischer Großveranstaltungen mit Aufmärschen von Hunderten von Statisten nachzukommen. Nach der Veranstaltung erscheinen Lobeshymnen von Mitautoren der Zeitschrift. Mit solch kollektiven Einbindungen verschiedener Repräsentanten von *Comœdia* schaffte man es, Verantwortungen zu verteilen und gegenseitige Einbindungen abzusichern. Wenn Honegger schreibt, dann darf sich Paul Claudel nicht zu schade sein, auch mitzutun. Diese „collaboration et implication en douce" und wohl auch das gegenseitige Bemühen der Autoren, sich von den rein propagandistischen Blättern wie *La Gerbe* oder *Les nouveaux temps* abzusetzen und damit ja eigentlich etwas Gutes zu tun, bricht Ende 1943 zunehmend ein. Nicht nur Honegger zieht sich langsam zurück, sondern auch andere Autoren. Es wurde wohl vielen etwas bange ob der opportunistischen Haltung und der gegenseitigen Dienste, die man sich in dieser immerhin mit einer Auflage von 40000 Exemplaren verteilten Wochenzeitung erlaubt hatte.[10] Sie scheinen sich schon auf eine neue strategische Position einzustellen, nämlich ihre opportunistischen Haltungen zu verdrängen bzw. sich – ebenso opportunistisch – an die neue Situation anzupassen.

Nach der Befreiung werden sie ihr Verhalten im milderen Fall unter dem Aspekt der Kontinuität (wir haben uns vor, während und nach dem Krieg immer gleich verhalten), im „besseren" Fall unter dem Aspekt des Widerstandes (wir haben uns im Rahmen des Möglichen gegen die Besatzer zur Wehr gesetzt) und im „idealen" Fall unter dem Aspekt des Opfers (wir wurden von den Nazis verfolgt) darstellen. Komponisten wie Werner Egk und Carl Orff hatten nach 1945 virtuos diese verschiedenen Aspekte in raffinierten Geflechten von Notlügen vermischt. Honegger verfolgt zwei Tendenzen: Einerseits behauptet er Kontinuität und wiederholt in Interviews immer das gleiche: „Avant la guerre, pendant l'occupation,

---

9 „Sous le Haut Patronage de Monsieur le Commissaire Général, à l'Education Générale et aux Sports au profit du Secours National pour les Sportifs Prisonniers de Guerre et leur Famille / Stade Roland Garros, Samedi 5 et Dimanche 6 Juillet 1941, 16h / Deux Représentations exceptionnelles organisées par le comité national des Sports." (*Comœdia* 5.7.1941: 1)

10 *Comœdia* verliert 1944 denn auch jede Konsistenz; sie wird verkürzt und erscheint nur noch als Doppelnummer, und auf der Seite Connaître l'Europe werden z. B. mehrteilige Artikel zum deutschen Lied in der Romantik und eine biographische Skizze zu Schopenhauers Mutter abgedruckt.

depuis la liberté, le message de la musique française a toujours été le même: celui d'un art libre et vivace." (Honegger 1992: 174)[11] Andererseits definiert er sich zunehmend als Schweizer Komponist. Das geht soweit, dass er nun die Reise nach Wien zum Mozart-Festival als diplomatischen Akt eines neutralen Schweizers bezeichnet, was schlicht gelogen ist. Zu dieser Strategie gehört auch die Aufnahme engerer Beziehungen zur Schweiz, die sich während des Krieges stark reduziert hatten. Zum 50. Geburtstag von Honegger beispielsweise wird in der *Schweizerischen Musikzeitung* (*SMZ*) nur ein kurzer Artikel von Hans Ehinger mit dem Titel *Arthur Honegger, Rudolf Moser, Werner Wehrli – drei Fünfzigjährige* publiziert. Es ist ein klarer Affront, wie hier der berühmteste und meistgespielte Schweizer Komponist, Arthur Honegger, mit Schweizer Kleinstmeistern in Verbindung gebracht wird, die zufällig auch das fünfzigste Altersjahr erreichten. Honeggers große Erfolge in Paris, Brüssel, Spanien und Portugal werden in der *SMZ* – wenn überhaupt – nur im kleingedruckten Nachrichtenteil erwähnt. Und auch nach Kriegsende scheint man in der *SMZ* vorsichtig zu sein. Paul Collaer publiziert noch im Oktober 1945 einen Aufsatz zur Musik seit 1940, in dem er alle wichtigen internationalen Komponisten aufzählt, aber Arthur Honegger nicht ein einziges Mal erwähnt – ein deutliches Zeichen. Und in einem zweiten von Collaer publizierten Text zur Musik Belgiens während der Okkupationszeit findet zwar Honeggers Schallplattenaufnahme der *Jeanne d'Arc* eine positive Erwähnung, nicht aber ohne die Vermutung mitzuliefern, dass die Deutschen das Werk wohl als anti-englische Propaganda verstanden hätten.

Erst im November 1945, also mehr als ein Jahr nach der Befreiung von Paris durch die Alliierten, erscheint dann in der *SMZ* der Befreiungsschlag für Arthur Honegger. (Tappolet 1942: 417–422) Ein Aufenthalt des Komponisten in Sils Maria im Engadin nimmt Willi Tappolet, sein Schweizer Biograf, zum Anlass für ein ausführliches Feature, in dem Honegger wie der verlorene Sohn gefeiert und als ganz der Alte dargestellt wird: fadengerade, charmant, Lebemann, witzig, vor allem an gutem Tabak interessiert. Honegger behauptet allerdings nicht nur Kontinuität, sondern setzt nun sehr viel stärker auf seine Schweizer Heimat. Schon 1948 publiziert er die *Incantation aux fossiles* in Genf, wo er fast ausschließlich Texte publiziert, die er für *Comœdia* geschrieben hatte, ohne den Kontext der deutschen Zen-

---

11 In diesem unter dem Titel *Musique et libération* im Genfer Labyrinthe Nr. 25 am 12. März 1945 publizierten Text versteigt er sich zur These, dass außer „certains noms que la démence nazie avait prohibés" (wobei er namentlich nur Mendelssohn, Dukas, Milhaud und Prokofiev erwähnt!) und die man nun wieder spiele, im Konzertleben sich eigentlich nichts geändert habe. Die französischen Komponisten „ne se sont jamais soumis à des directives politiques". (Honegger 1992: 174) Dass er von den noch lebenden Juden einzig Milhaud und Prokofiev, die ihm stilistisch nahestehen, aber Eisler, Krenek, Schönberg und Weill etc. nicht erwähnt, ist ziemlich bedenklich.

sur und der zahlreichen Tabus, z. B. das Verbot jüdischer Komponisten mit einem Wort zu erwähnen. Die Texte zu Werner Egk, der sich gerade erfolgreich als Widerstandskämpfer durch ein Entnazifizierungsverfahren geschummelt hatte, werden selbstverständlich in diese Auswahl nicht aufgenommen. Aber Honegger stieß sich offenbar auch nicht daran, dass in seiner ersten Publikation mit eigenen Texten kein Wort über die Exilmusik und ihre Vertreter (z. B. Milhaud, Schönberg oder Weill) erscheint. Er unterschlägt übrigens jeden Hinweis auf die Erstpublikation dieser Texte in *Comœdia* und die deutsche Besatzung von Paris, unter deren Zensur diese Texte größtenteils entstanden sind. Darüber hinaus widmet Honegger die *Incantation* der Gattin seines Schweizer Mäzens, Paul Sacher: „A Maja Sacher qui n'a vraiment que faire de ces incantations". (Honegger 1948: 9)

Indessen geht die Verschweizerung, ja die Verdeutschschweizerung Honeggers kontinuierlich voran. 1946 bekommt er den Musikpreis der Stadt Zürich. Die Festrede hält der Zürcher Germanist Emil Staiger. Da ist die Kriegszeit schon nicht mehr präsent. Der Höhepunkt dieser Helvetisierung ist dann das 50-jährige Jubiläum des Schweizerischen Tonkünstlervereins unter der damaligen Präsidentschaft von Paul Sacher. In der Publikation zu diesen Festivitäten werden vier Schweizer Komponisten gleichsam gekrönt, die dann für viele Jahrzehnte auch international als die großen Schweizer Komponisten gelten, nämlich Willy Burkhard, Arthur Honegger, Frank Martin und Othmar Schoeck. (Ehinger 1950)

Yannick Simon, der nur die französische Rezeption von Honegger betrachtet, stellt sehr schön dar, wie 1953 mit der Biographie von Marcel Delannoy von französischer Seite her nun auch der letzte Schritt gelingt, nämlich die Umdeutung von Honeggers opportunistischer Haltung zu jener des Opfers, und zwar durch den ehemaligen Musikkritiker von *Les nouveaux temps*! Honegger dankt es ihm mit einem sehr langen Vorwort zu seiner Biographie. (Honegger 1992: 365–369) Delannoy legt gleichsam eine falsche Fährte und versteigt sich – ausgehend von einer 1938 aus rechten Kreisen gefallenen Bemerkung, Honeggers *Jeanne d'Arc* sei jüdischen Charakters – zur Behauptung, Honegger hätte als Jude gegolten und die Aufführung seiner Werke sei verboten gewesen. Die Aufführung seiner Werke habe nur aufgrund einer Intervention eines höheren Beamten, der beide Augen geschlossen habe, verhindert werden können.[12]

---

12 Um zu zeigen, wie wichtigtuerisch raunend und ohne jeden Beleg Marcel Delannoy seinen Freund Honegger zum Opfer stempelt, im Folgenden die entscheidende Stelle in seiner Biographie: „Depuis 1938, la bonne histoire juive a repris quelque consistance. On a complaisamment décrit l'ambiance officielle des Fêtes d'Orléans, où le Maire, le Député, le Général, le Compositeur et, naturellement Ida Rubinstein – sinon Claudel – auraient rendu à Jeanne d'Arc un hommage aussi splendide que peu catholique. Honegger, rentré à Paris avec sa femme et sa fille, retrouve dans ses papiers l'attestation officielle que la ‚Film Guild' de Berlin lui avait accordée en 1935, alors qu'il était sollicité par une firme allemande pour écrire la

Sehr geschickt wählt Delannoy eine Marginalie, um daraus eine Opfergeschichte zu erfinden. Dass diese Marginalie bereits in der fünften Nummer der neuen *Comœdia*, die ja vom Institut allemand kontrolliert wurde, gleichsam von höchster Stelle widerlegt wurde, unterschlägt Delannoy. Da erscheint nämlich in fetter Schrift eines der ganz wenigen Editorials von *Comœdia* unter dem Titel *Assez!*, und es wird auf schärfste kritisiert, dass zu Honeggers Musik in gewissen Kreisen geschrieben werde, „c'est juive!" (*Comœdia,* 19.7.1941: 1) Honegger wird von allen jüdischen Einflüssen „freigesprochen". Dieses Editorial muss mit Wissen, wenn nicht gar auf Drängen des Redaktionskollegen Honegger erschienen sein und war die durch das Institut allemand abgesegnete öffentliche Bekanntmachung, dass Honegger keinesfalls etwas mit Juden zu tun hat; – also nichts von einem Musik liebenden Beamten, der beide Augen zudrückte, um ihm Aufführungen zu ermöglichen!

Delannoys Lügengeschichte von diesem „fonctionnaire mélomane" konnte sich erfolgreich etablieren, und sie flackert auch in Harry Halbreichs Standardwerk zu Arthur Honegger nochmals auf. Dieser große Honegger-Biograph – und zugleich einer der bescheidensten und sympathischsten Menschen – windet sich förmlich, wenn er auf Honeggers Verhalten während der deutschen Besatzung zu sprechen kommt. Er nennt das, was Honegger tat, „un risque calculé", unternimmt aber alles, um ihn vom Opportunismus- oder gar Kollaborationsvorwurf freizusprechen. Allerhöchstens Reiseerleichterungen habe sich Honegger verschaffen wollen. Sowohl Christine Strucken-Paland (Strucken-Paland 2009: 115f.) als auch Yannick Simon (Simon 2009: 270) haben auf die Unterlassungen und teilweise auch falschen Angaben in Halbreichs Honegger-Biographie in diesem Zeitabschnitt hingewiesen. Harry Halbreich musste seinem Auftraggeber, Paul Sacher, ebenso gerecht werden, wie der Tochter des Komponisten, Pascale Honegger. Dass Halbreich seine monumentale Biographie neben Pascale Honegger und Paul Sacher auch noch der Eidgenossenschaft zu ihrem 700. Geburtstag widmet, offenbart schon fast eine tragisch-fatalistische Verkrümmung. Er dankt der Schweiz dafür, dass sie ihn als Zwölfjährigen am 6. Oktober 1942 aufgenommen hat, als er aus dem besetzten Frankreich flüchtete – und er tut dies ausgerechnet mit einer Biographie über Honegger, der 1942 mit der „Semaine Honegger" den Höhepunkt seiner Karriere unter der deutschen Besatzung erlebt! Solche Abhängigkeiten erklären die Unterlassun-

---

musique d'un documentaire suisse sur l'Himalaya. Il avait dû faire établir la preuve d'une ‚aryanité' qui était jusque-là le cadet de ses soucis – ému cependant de pouvoir remonter jusqu'en 1500 toute une lignée de bourgeois de Zürich, ses ancêtres. Mais si la Film Guild atteste l'aptitude de ‚M. Arthur Honegger à travailler en Allemagne', elle ajoute qu'il est ‚virtuellement interdit depuis 1933'. De telle sorte que les démarches entreprises par Mme Robert Bernard à la Préfecture de la Seine restent vaines, jusqu'à ce qu'un fonctionnaire mélomane, admirateur d'Honegger, veuille bien consentir à ‚fermer les yeux'!" (Delannoy 1953: 190f.)

gen und die Ausflüchte, welche Harry Halbreich in diesem Abschnitt seiner Biographie vornahm.¹³ Honeggers Opportunismus wird verschwiegen und das Bild eines felsenfest in der Brandung der Meinungen stehenden Komponisten nicht korrigiert.

Nachdem mit Harry Halbreich auch noch 37 Jahre nach Honeggers Tod dessen ambivalentes, von Opportunismus getriebenes Verhalten während und nach dem Krieg umgangen werden konnte, ist es verständlich, dass Pascale Honegger 1995 ein Gerichtsverfahren gegen Manuel Rosenthal und Pierre Emile Barbier anstrengte, weil diese am 10. Juni 1994 in der Radiosendung *Les mots et les notes* von *France Musique* über Honeggers Wienreise berichtet hatten. (Strucken-Paland 2009: 106) Auch hier musste Harry Halbreich als Experte in einem Brief an die Klägerin nochmals die Rolle des neutralen Schweizers Arthur Honegger bestätigen. Pascale Honegger verlor den Prozess trotzdem. Seitdem darf man ungestraft sagen, dass Honegger Deutschland bereist hat, weil Wien 1941 ganz eindeutig und klar zu Deutschland gehörte.

All das wäre nicht nötig gewesen, wenn Arthur Honegger nach 1944 zugegeben hätte, dass er sich wie die meisten seiner schweizerischen und französischen Landsleute den Machthabern des Dritten Reiches angepasst hatte. Es wäre ihm ein Leichtes gewesen, zu erklären, wie sehr er bei dieser Anpassung sich selber treu blieb, nicht ein einziges Mal jemanden verraten oder einen Verbrecher ungebührlich gelobt hatte. Er hätte nur eingestehen müssen, dass er kein Held und sich selbst der Nächste war und in einem völlig niedergeschlagenen Frankreich, in dem sich fast die gesamte geistige Elite auf einen Endsieg Deutschlands einstellte, der einmaligen Verlockung, als der größte französische Komponist seiner Zeit zu gelten, nicht widerstehen konnte.

Wie Michael Hans Kater in seiner Studie zu Komponisten während des Nationalsozialismus zeigte, konnten sich auch die Karrieristen des Dritten Reiches, Werner Egk und Carl Orff, nicht zu einer solch ehrlichen Bilanzierung durchringen und bauten sich mit gegenseitigen Not-, Halb- und Ganzlügen ein Geflecht, aus dem sie sich Zeit ihres Lebens nicht mehr befreien konnten. (Kater 2000: 27–30; 141ff.) Im Vergleich zu ihnen ist Arthur Honegger kein schwerwiegender Fall. Aber im Gegensatz etwa zu Werner Egk, der schon 1950 wieder in Amt und Würden im deutschen Musikleben waltet, hat Honegger es nicht mehr geschafft, eine

---

13 Wie sehr Pascale Honegger auch noch die größten Persönlichkeiten bemühte, um das Bild ihres Vaters in der Sicht von Marcel Delannoys Biographie „offizialisieren" zu können, zeigt sich darin, dass sie 1986 für die Neuauflage dieser Biographie ausgerechnet Maurice Schumann um ein Vorwort bat. Der Widerstandskämpfer der ersten Stunde, BBC-Sprecher während der Pariser Besatzung und später maßgebender französischer Politiker, tat es mit einem salbungsvollen Vorwort in Form eines Briefes an die Tochter. (Delannoy 1986)

ähnlich maßgebende Rolle wie während der deutschen Besatzung zu spielen. Den tiefen Sturz vom größten französischen Komponisten in den frühen vierziger Jahren zu einem Komponisten unter sehr vielen andern, den ein Paul Collaer auch schon mal „vergessen" konnte, hat Honegger nie überwunden. Der ostentative Rückgang von Konzerten in Paris nach 1944, die impliziten Vorhaltungen, die öffentlichen Diskussionen und teilweise auch die Verfahren gegen seine Redaktionskollegen von *Comœdia*, die ihm die eigene Rolle zeigten – auch wenn er sich als Schweizer nicht zu fürchten hatte –, führten zu einem sarkastischen Pessimismus (Schubert 2009: 135–147), der sein ganzes Spätwerk überschattet und durch die schweren Erkrankungen zusätzlich gefördert wurde. Auch Honeggers Ablehnung der Dodekaphonie und ihrer Derivate, jener Musik also, die während des Dritten Reiches als entartet galt und verboten war, geht wohl letztlich auf diese Enttäuschung zurück. Denn Honegger hätte sich ja dann eingestehen müssen, dass seine enormen Erfolge nur in einem radikal „gesäuberten" Paris, das von Weill, Eisler und allen anderen Komponisten, die er in seinem Text in *Le Rempart* 1933 als ausländische Konkurrenten aufzählt, längst verlassen wurde,[14] überhaupt erst möglich waren.

Literatur

Chimènes, Myriam (1997): L'information musicale: une „paranthèse" de La Revue musicale? In: *La Revue des revues. Revue internationale d'histoire et de bibliographie, N° 24*, S. 91–110.
Delange, René (1997): Questionnaire bilingue non daté lu et approuvé par René Delange. In: Olivier Gouranton, Comoedia. Un journal sous influences. In: *La Revue des revues. Revue international d'histoire et de bibliographie, N° 24*, S. 111–119.
Delannoy, Marcel (1953): *Honegger*. Paris.
Delannoy, Marcel (1986): *Honegger. Nouvelle édition augmentée du catalogue des œuvres de A. Honegger par G.-K. Spratt*. Genf.
Ehinger, Hans (Hg.) (1950): *Der Schweizerische Tonkünstlerverein im zweiten Vierteljahrhundert seines Bestehens: Festschrift zur Feier des 50-jährigen Jubiläums 1900–1950*. Zürich.
Gartmann, Thomas (2005): Der Schweizer Tonkünstlerverein: Ein Berufsverband, der sich nicht mit politischen Fragen befasst (?). In: Chris Walton/Antonio Baldassarre: *Musik im Exil. Die Schweiz und das Ausland 1918-1945*, Bern, S. 39–58.
Gribenski, Jean (2004): L'exclusion des juifs du conservatoire (1940–1942). In: *La Vie musicale sous Vichy, sous la direction de Myriam Chimènes*, Bruxelles, S. 143–56.

---

14 Von den jüdischen Komponisten, die Honegger 1933 aufzählte, konnte einzig Ralph Erwin Frankreich nicht rechtzeitig verlassen. Er starb 1943 in einem Versteck an den Folgen eines Bauchschusses.

Halbreich, Harry (1992): *Arthur Honegger. Un musicien dans la cité des hommes.* Paris.
Honegger, Arthur (1948): *Incantation aux Fossiles.* Lausanne.
Honegger, Arthur (1951): *Je suis Compositeur.* Paris.
Honegger, Arthur (1992): *Écrits. Textes réunis et annotés par Huguette Calmel.* Paris.
Kater, Michael (2000): *Composers of the Nazi Era. Eight Portraits.* New York.
Prieberg, Fred K. (1982): *Musik im NS-Staat.* Frankfurt a. M.
Schubert, Giselher (2009): Resignierende Melancholie? Zum Verständnis des Honeggerschen Spätwerks. In: Peter Jost (Hg.), *Arthur Honegger. Werk und Rezeption / L'oeuvre et sa réception*, Bern u. a., S. 135–147.
Schuh, Willi (1942): Mozart-Woche in Wien. In: *Schweizer Musikzeitung*, 82/2 (1.2.1942), S. 60.
Simon, Yanick (2009): *Composer sous Vichy.* Lyon.
Strucken-Paland, Christiane (2009): „On n'a rien à me reprocher". Arthur Honegger und die Frage der Kollaboration. In: Peter Jost (Hg.), *Arthur Honegger. Werk und Rezeption / L'oeuvre et sa réception*, Bern u. a., S. 107–133.
Tappolet, Willy (1945): Les récentes oeuvres d'Arthur Honegger. In: *Schweizerische Musikzeitung, 85/11, 1.11.1945,* S. 417–422.

Auf der Suche nach der Moderne
Kurt Weills Rolland-Lektüre

Andreas Eichhorn

Romain Rollands monumentaler Roman *Jean-Christophe* ist Bildungsroman und kritisches Zeitbild in einem. Er erschien als Fortsetzungsroman sukzessive zwischen 1904 und 1912 in den *Cahiers de la Quinzaine*. Die überragende, ja visionäre Bedeutung des Werkes besteht in seiner europäischen Perspektive und zwar zu einer Zeit sich zunehmend vertiefender nationalistischer Abkapselung nach 1871. Wenn Rolland die enge Bezogenheit der beiden damals tief verfeindeten Nationen Deutschland und Frankreich im berühmten Sinnbild der beiden Schwingen des Abendlandes zum Ausdruck bringt, beschwört er die Idee der europäischen Einheit, wie sie sich ihm 1890, als der Plan für den Roman reifte, bei einem abendlichen Blick vom Janiculum über das antike Rom schlagartig darstellte: „Von diesen römischen Hügeln überblickt man am besten das Schauspiel unseres Okzidents, und von hier aus gesehen verschmelzen unsere getrennten Nationen alle in einer Harmonie gleich jener, die Rom am Abend vom Ianiculum aus bietet." (Zit. nach Göbel 1977: 656)

Rollands *Jean-Christophe* stellt die Entwicklung einer Persönlichkeit in Auseinandersetzung mit ihrer Umwelt dar und gehört demnach zum Genre des roman fleuve. (Gmelin 1950: 39–69) Im Mittelpunkt steht die Figur des deutschen Musikers Johann Christoph Krafft. Er ist gleichsam das Medium, durch dessen Erleben, Handeln und Denken Rollands Kritik am kulturellen Leben Deutschlands und Frankreichs in der Epoche des Fin de siècle sichtbar wird. Krafft ist eine fiktive Gestalt, obgleich ihm – neben biographischen Elementen weiterer deutscher Musiker – vor allem die lebenskämpferisch-heroischen Züge des Beethoven-Bildes eingraviert sind, wie es Rolland in seiner Beethoven-Biographie von 1903 gezeichnet hat: Rolland setzt den Beethovenschen Willens-Heroismus als remedium gegen die morbide Kultur des Fin de siècle. Stefan Zweig verlieh in seiner großen Rolland-Eloge von 1912 dem Helden des Romans treffend das Epitheton „Beethoven redivivus". (Zweig 1912: 12) Ihm stellt Rolland im Verlaufe des Romans den jungen französischen Schriftsteller Olivier Jeannin zur Seite. Er verkörpert den sensiblen französischen Intellektuellen und Idealisten, der den Deutschen in die echte französische Kultur einführt. Deutsche Musik, französische Literatur: auf diesen beiden Pfeilern sollte Europa ruhen. (Améry 1981: 209) Die von Rolland am Vorabend des Ersten Weltkrieges beschworene Einheit Europas vollzieht sich demnach von innen, also auf kultureller Ebene, und es ist letztlich der deutsche Komponist Johann Christoph, der zur europäischen Synthesegestalt, zum humanistischen Weltbürger avanciert, indem in seinem Spätwerk die unterschiedlichen Qualitäten der einzelnen Nationen verschmelzen: „[...] die innige und weise Gedankenwelt Deutschlands mit ihren dämmrigen Tiefen, die leidenschaftliche Melodie Italiens und der lebenssprühende Geist Frankreichs, der reich an feinen Rhythmen und wandlungsreichen Harmonien ist." (Rolland 1977, Bd. 3: 590)

Während des Ersten Weltkrieges – im Jahr 1916 – erhielt Rolland für seinen *Jean-Christophe* den Literaturnobelpreis, ein Ereignis, das in chauvinistisch aufgeheizter Atmosphäre die meisten europäischen Intellektuellen als skandalös empfanden, zumal Rolland in dieser Zeit in der Schweiz lebte und als Pazifist hartnäckig gegen die nationalistische Verblendung der europäischen Geisteswelt anschrieb. Zur gleichen Zeit (1914–1917) erschien der Roman in einer dreibändigen deutschen Übersetzung von Erna und Otto Grautoff, die seiner breiten Rezeption in Deutschland nach 1918 den Weg ebnete.[1]

Die frühe Rezeptionsgeschichte des Werkes, mit dem Rolland schlagartig populär wurde (Vgl. hierzu Fisher 1988: 37), war beiderseits des Rheins von Polemik durchsetzt und entzündete sich am kulturkritischen Potential des Werks. Rollands Dekadentismus-Kritik, wie er sie vor allem im satirischen Paris-Kapitel *La Foire sur la Place* (Bd. 5) äußert, in dem er den oberflächlichen Ästhetizismus des Pariser Literaturbetriebs aufs Korn nimmt, machte Rolland in den Augen der französischen Intellektuellen zum Nestbeschmutzer. In Deutschland dagegen reagierte man entrüstet auf das Deutschlandbild, das Rolland in dem unmittelbar vorangehenden Kapitel *La Révolte* (Bd. 4) zeichnete. Darin schildert Rolland, wie der nunmehr sechzehnjährige Johann Christoph eine Phase der spätpubertären Exaltation durchläuft, infolgedessen er sich gegen überlieferte Traditionen auflehnt:

> „Jetzt aber befand er sich in einer Zeit blinder Auflehnung gegen alle Götter seiner Kindheit. Er zürnte sich und ihnen dafür, daß er mit so leidenschaftlicher Hingabe an sie geglaubt hatte. – Und es war gut, daß es so kam. Es gib ein Lebensalter, in dem man den Mut zur Ungerechtigkeit finden muß, in dem man wagen muß, mit jeder Bewunderung und jeder angelernten Hochachtung aufzuräumen und zu verneinen – Lügen und Wahrheiten –, alles, was man nicht selbst als wahr erkannt hat. Das Kind saugt durch die ganze Erziehung, durch alles, was es rings um sich sieht und hört, eine solche Menge von Lügen und Torheiten ein, die den wesentlichen Wahrheiten des Lebens vermengt sind, daß es die erste Pflicht des Jünglings, der ein Mann sein will, ist, alles auszuspeien." (Rolland 1977, Bd. 1: 483f.)

---

1 Der Romanist und Kunsthistoriker Otto Grautoff war ein Schulfreund von Thomas Mann. Mann unterstützte Grautoffs Vorhaben, Rollands *Jean-Christophe* zu übersetzen, und lernte das Werk 1914 auch in der Übersetzung seines Freundes kennen. 1918 schrieb Mann an Philipp Witkop: „Dagegen erweist er [gem. Rolland] sich wenigstens in dem Pariser Bande des Jean Christophe als ein ausgezeichneter Kritiker u. Schriftsteller. Dieser Band, besonders alles darin, was von Kunst und Literatur handelt, ist für Deutsche höchst lesenswert." Thomas Mann an Philipp Witkop. Brief vom 23. Mai 1918. (Mann 2004: 233)

In kritischer Selbstbefragung prangert er die „konservative Unkultur der Gründerzeit" (Göbel 1977: 650) an, wehrt sich gegen die schalen, lebensfernen Sentimentalitäten der Musik der Romantik, den Wagnerkult, den pharisäerhaften Brahmskult, den Kunstfetischismus. Die Lebensbedingungen werden für Jean Christophe schließlich so unerträglich, dass ihm – nach einem bis zum Totschlag eskalierten Konflikt – nur die Flucht nach Frankreich, nach Paris bleibt, „der ewigen Zuflucht aus deutscher Wirrnis." (Rolland 1977, Bd. 1: S. 730) Rollands Hauptvorwurf gegenüber dem wilhelminischen Deutschland aber zielt darauf, dass sich der deutsche Idealismus in blanken Materialismus, in engstirnigen Nationalismus pervertiert und damit seine kulturelle Auftriebskraft eingebüßt habe: Sein Kulturleben sei von Stagnation und Impulslosigkeit gekennzeichnet:

> „Der siegreiche Ludwig der XIV. brachte Europa den Glanz der französischen Vernunft. Welches Licht hat das Deutschland von Sedan der Welt gebracht? Das Blitzen der Bajonette? Eine Gedankenwelt ohne Schwung, Tatkraft ohne Großherzigkeit, einen brutalen Wirklichkeitssinn [...] die Gewalt und die Gier nach Vorteilen: Mars als Geschäftsreisender." (Rolland 1977, Bd. 3: 441)[2]

In dieser Einschätzung war sich der Nietzschekenner Rolland mit Nietzsche einig, der 1888 in *Der Fall Wagner* polemisierte: „Die Deutschen, die Verzögerer par excellence in der Geschichte, sind heute das zurückgebliebenste Culturvolk Europa's [...]". (Nietzsche 1980: 41)

Nach 1918 war der *Jean-Christophe* eines der meistgelesenen Bücher: in Deutschland und in Frankreich. Vor dem Hintergrund einer völlig veränderten historischen Konstellation begannen sich in Deutschland vor allem linksliberale und pazifistische Intellektuelle für das westliche Nachbarland zu interessieren, was sich im Entstehen einer reichen Frankreichliteratur spiegelt. (Vgl. Krause 1993: 48–54) Der bereits vor dem Krieg entstandene *Jean-Christophe* erschien plötzlich im Lichte eines Zeitgeist-Buches mit Kult-Status, zumal im Zuge der politischen Annäherung der beiden Länder die Utopie einer Versöhnung der beiden „Erbfeinde" Realität zu werden versprach. Immerhin zeigte sich auch Thomas Mann bereit, seine These vom unaufhebbaren Antagonismus der beiden Länder, wie er sie noch in den *Betrachtungen eines Unpolitischen* vertreten hatte, zu revidieren: In einem Vortrag, den er 1926 in Paris hielt, glaubte er nun „eine gewisse Germanisierung des französischen Geistes" und eine „Verwestlichung deutschen Sinnes" beobachten zu können. (Mann 1926: 1192) Zu den frühen bahnbrechenden Arbeiten, die das Verständnis für französische Literatur und Kultur zu fördern suchten, kann das Buch *Die Wegbereiter des neuen Frankreich* von Ernst Robert Curtius gelten. Das Buch

---

2 Vgl. Zweig 1921/1926: 222. Im Hinblick auf die Haltung der Künstler im Deutschland der gründerzeitlichen Ära konstatierte Rolland zwei entgegengesetzte Tendenzen: künstlerische Affirmation der Ideale des Machtstaates, bzw. die Abkapselung der Intellektuellen in gesellschaftlich isolierte Zirkel. (Rolland 1977, Bd. 3: S. 595; vgl. hierzu auch Mommsen 2000: 160ff.)

erschien zwar im Jahre 1919, war aber schon am Vorabend des Ersten Weltkrieges abgeschlossen. Zur Rezeption des *Jean-Christophe* kann man darin lesen:

> „Die Tausende von Menschen, denen Jean-Christophe ein Freund geworden ist, haben das Buch nicht so sehr als künstlerisches wie als menschliches Erlebnis empfunden, das mit ‚Literatur' nichts zu tun hatte. Als solches ist es eine lebendige geistige Kraft geworden, ein Faktor in der Seelengeschichte der Zeit." (Curtius 1919: 99)

Einer der Leser, für den das in ganz besonderem Maß galt, war Kurt Weill. Einzige Quelle für Weills Rezeption des *Jean-Christophe* bildet seine Familienkorrespondenz. (Weill 2000) Weill wurde auf den *Jean-Christophe* durch die Empfehlung seines Bruders Hans zu Beginn seiner Studienzeit in Berlin im Frühjahr 1918 – also noch während des Krieges – aufmerksam. Schließlich stößt er auf das Buch, und zwar im Kreis von Kommilitonen, die, das konservative Lehrangebot der Hochschule als defizitär empfindend, sich eine private Kommunikationszone geschaffen hatten, um sich neue Musik zu erschließen. Am 12. Juli 1918 berichtet er seinem Bruder:

> „Bei einem mir befreundeten Schüler der Klavierklasse habe ich neulich viel moderne Musik kennengelernt, durch 2- und 4-händiges Spielen u. habe manches wunderschön, aber auch viel Mist darunter gefunden. Das regt natürlich stark an. Bei ihm habe ich nun endlich auch den ‚Johann Christoff' aufgetrieben u. finde Deine warme Empfehlung dafür vollkommen berechtigt. Seit langem einmal wieder ein fesselndes, begeisterndes, gutes Buch!" (Kurt Weill an Hans Weill. Brief vom 12. Juli 1918. In: Weill 2000: 165) [3]

Eine weitere Briefstelle belegt, dass es vor allem das kontrovers rezipierte Kapitel *La Révolte* war, das Weill besonders ansprach. Enthusiastisch kommentiert er:

> „Von Romain Rolland bin ich ganz begeistert. Ich habe noch nie ein Buch gelesen, das meine innersten Gedanken, d. h. Gedanken, die ich nie zu denken wage, mit so packender Genauigkeit u. Kühnheit wiedergibt. Ich meine besonders die Kapitel, wo sich der junge geniale Musiker gegen die Lüge, gegen die Überempfindlichkeit in

---

[3] Es ist nicht ausgeschlossen, dass es der damals gleichaltrige, aus Braunschweig stammende Walther Kaempfer (1900–1991) war, der ihm das Buch geliehen hat. Kaempfer war seit 1917/1918 an der Berliner Hochschule für Musik eingeschrieben und studierte Klavier bei dem Bülow-Schüler Karl Heinrich Barth. Kaempfer verfügte über enge Verbindungen zu den Künstlern des Expressionismus in Berlin. Ludwig Meidner porträtierte ihn sogar. Aus einem Brief vom 21. Februar 1919 geht hervor, dass Kaempfer und Weill sich gemeinsam mit „modernster Musik" beschäftigten, wobei Weill offensichtlich Kaempfer durchaus in der Rolle des Impulsgebenden sah. Weill reflektiert über ein Opernprojekt und kommt dann auf Kaempfer zu sprechen: „Über den Stil bin ich mir natürlich noch gar nicht klar, wie ich überhaupt nicht weiß, ob das ganze nicht ein vages Projekt ist. Vorläufig neige ich noch zu einer fein gearbeiteten komischen Oper, doch scheine ich jetzt durch den Umgang mit meinem Mitschüler Kämpfer, mit dem ich nur modernste Musik (Schreker, Reger, Schönberg, u. s. w.) studiere, wieder in modernes Fahrwasser zu kommen." (Kurt Weill an Hans Weill. Brief vom 21. Februar 1919. In: Weill 2000: 208)

Auf der Suche nach der Moderne 29

der deutschen Musik, selbst bei Bach,Wagner u. a. auflehnt. Die Stelle hätte ich am liebsten auswendig gelernt, wie überhaupt das ganze Buch mein nächstes Ziel ist, auf das ich lossparen will. Es wird übrigens von allen modernen Büchern jetzt am meisten gelesen." (Kurt Weill an Hans Weill. Brief vom 19. Juli 1918. In: Weill 2000: 167).

Wenig später bestellt sich Weill ein eigenes Exemplar.[4] Weills Lektüre des *Jean-Christophe* erstreckt sich bis Anfang 1919; In diese Zeit fällt übrigens auch seine Erstbegegnung mit französischer Musik. Im Haus des Geigers Alexander Fiedemann wohnte er im Februar 1919 einer Aufführung von Debussys Streichquartett bei: „Bei Fiedemanns hörte ich ein Streichquartett von Debussy, in dem kein mir bekannter Akkord vorkommt, das aber überaus fein u. reizvoll klingt. Ich könnte sowas nicht schreiben." (Kurt Weill an Hans Weill. Brief vom 6. Februar 1919. In: Weill 2000a: 205) Ende Januar 1919 kommt es zu einem Zusammentreffen mit Max von Schillings, mit dem sich Weill auch über den *Jean-Christophe* austauscht.[5] Details dieses Gesprächs liegen leider im Dunkeln. Man kann sich aber vorstellen, dass der monarchistisch bzw. deutschnational gesinnte von Schillings Weills Begeisterung über den *Jean-Christophe* mit einer gewissen Reserve begegnet sein wird. Ein Brief vom 6. Februar 1919 an Hans unterstreicht erneut die Bedeutung, die Weill dem Buch im Kontext seiner intensiven Bemühungen um Horizonterweiterung und kulturelle Orientierung zumaß – las er es doch auch als Dokument der Kulturanalyse:

„Hier in der Großstadt verlohnt es sich, jedem Menschen ein wenig näher zu treten, denn jeder bietet einem neues; gutes zum Angewöhnen, oder Schlechtes zum Ablegen. Und dann kann man jeden Menschen dazu benutzen, um den Kulturstand seiner Epoche zu studieren, ein Studium, das jeden Menschen, insbesondere jeden geistigen Arbeiter, ungeheuer fördert. Hierin habe ich dem ‚Johann Christof' ungeheuer viel zu verdanken, wie ich Dir überhaupt kaum beschreiben kann, was dieses Buch jetzt für mich bedeutet. Weißt Du übrigens, daß Rolland für den ‚Jean Christof' den Nobelpreis bekommen hat?" (Weill 2000a: 204)

Und schließlich hallt die Jean-Christophe-Lektüre nach, wenn er im Februar 1919 seinem Bruder die Lektüre des Beethoven-Buches von Paul Bekker mit den Worten

---

[4] „Rosy schrieb mir, sie könnte mir den ganzen ‚Johann Christof' (3 Bd.) für 20 M besorgen. Selbstverständlich habe ich ihn bestellt. Meinst du nicht, daß es sich lohnt?" (Kurt Weill an Hans Weill. Brief vom 23. August 1918. In: Weill 2000a: 174) „Von Rosy hatte ich gestern großen Brief; sie kriegt den ‚Johann Christof' durch einen Verleger neu, zu binden zum halben Preise (20M). Ich habe ihn bestellt." (Kurt Weill an Hans Weill. Brief vom 30. August 1918. In: Weill 2000a: 175)

[5] „Bald nach mir erschien Max von Schillings, u. ich wußte es einzurichten, nach der Sitzung mit ihm fortzugehen u. habe mich fast ½ Stunde mit ihm unterhalten, über Humperdinck, Johann Christof, u. a. m. Persönlichen Vorteil habe ich allerdings nicht herausschlagen können; es genügt mir aber, wieder einmal mit einer durchaus bedeutenden Persönlichkeit gesprochen zu haben!" (Kurt Weill an Hans Weill. Brief vom 30. Januar 1919. In: Weill 2000a: 202)

nahelegt: „Ein überaus empfehlenswertes Buch für Dich ist der ‚Beethoven' von Paul Bekker, dem bedeutendsten Musikschriftsteller neben Rolland." (Kurt Weill an Hans Weill. Brief vom 21. Februar 1919. In: Weill 2000a: 209)

Bemerkenswert in diesem Zusammenhang ist, dass auch Paul Bekker zu denjenigen gehörte, die dem *Jean-Christophe* nach 1918 eine besondere Aktualität zumaßen. Wenige Monate, bevor Weill von seinem Bruder auf den *Jean-Christophe* aufmerksam gemacht wurde, erschien im Februar 1918 in der *Frankfurter Zeitung*, also an prominenter Stelle, ein umfangreicher Aufsatz von Paul Bekker unter dem Titel *„Johann Christof" und seine Sendung* (Bekker 1918: 2). (Ob Weill oder seinem Bruder der Artikel bekannt war, ist ungewiss. Kontinuierlich hat Weill die *Frankfurter Zeitung* erst zu Beginn seiner Kapellmeistertätigkeit in Lüdenscheid ab 1920 gelesen.) Im Rezeptionsgefüge der deutschen Rolland-Rezeption der 1920er Jahre indes setzte Bekkers Beitrag, der seiner eigenen Angabe[6] zufolge auf ungewöhnlich weite Resonanz stieß, einen weithin sichtbaren Akzent und bildet somit eine wichtige Folie, die Weills Rolland-Rezeption grundiert. Bekkers Beitrag ist in erster Linie eine Replik auf eine nationalchauvinistische Invektive, die Karl Toth in der *Deutschen Rundschau* anlässlich des Erscheinens des dritten Bandes der deutschen Übersetzung des *Jean-Christophe* formuliert hatte. (Toth 1918: 57–78) Die Bedeutung des Werkes sieht Bekker weniger in seinen künstlerisch-literarischen Qualitäten, die er für anfechtbar hält, als vielmehr in seinen ethischen Motiven. Bekker, der zeitlebens eine bewusst betriebene nationalistische kulturelle Abgrenzung und Abschottung für ein kulturelles Verfallssymptom hielt (vgl. Eichhorn 2002: 304–307), sympathisierte mit dem Gedanken einer westeuropäischen Kultursynthese, den er bei Rolland zukunftsweisend ausgesprochen fand. Darüber hinaus erweise sich das Buch gerade für den deutschen Leser in seiner kulturvermittelnden Rolle als besonders wertvoll: „Es eröffnet uns den Blick in das unserer Erkenntnis bisher fremde und kaum erreichbare innere Frankreich, in jenes Frankreich, das nicht aus den Reden der Staatsmänner und anderen amtlichen Kundgebungen zu uns spricht, sondern hinter diesen in tiefem, durch den Krieg undurchdringlich gewordenem Dunkel liegt." (Bekker 1918: 2)

Kurt Weill befand sich nach 1917 in einem ausgesprochen dynamischen und intensiven Prozess der Identitätssuche, eine Phase, die sich während seiner Arbeit an der Oper *Royal Palace* im Jahr 1925 allmählich konsolidierte, der Moment also, in dem Weill den Musiktheaterkomponisten in sich endgültig entdeckt hatte. Er war sich dessen bewusst, dass seine künstlerische Selbstfindung nur vor dem Hinter-

---

6   Bekker erhielt zahlreiche Zuschriften. Die Reaktionen betrafen offenbar in erster Linie Bekkers Kritik am künstlerischen Wert des Buches. Bekker schrieb am 9. März 1918 an Werner Wolffheim: „Der Rolland-Artikel scheint gut gewirkt zu haben [...] Den meisten ist übrigens das Urteil über Rolland zu hart, was ich nicht finden kann." (Paul Bekker an Werner Wolffheim. Brief vom 9. März 1918. Staatsbibliothek zu Berlin – Preußischer Kulturbesitz, Musikabteilung mit Mendelssohn-Archiv, Mus. ep. P. Bekker 271)

grund einer kulturellen Orientierung gelingen kann. Dabei suchte er einen Anschluss an die Moderne, wie folgende Bemerkung aus dem Jahr 1919 belegt: „Ich bin noch kein durchaus modern empfindender Mensch, wie es Mahler vorbildlich war, ich rieche noch nach Provinz, ich bin noch nicht mit den Kulturen der Gegenwart genug durchtränkt." (Kurt Weill an Hans Weill. Brief vom 21. Februar 1919. In: Weill 2000a: 208) Diese Äußerung ist nur ein Beispiel von vielen, die zeigen, dass Weill diesen Prozess tastender Selbstfindung kontinuierlich reflektiert und aktiv gestaltend in die Hand genommen hat.[7] Weill begegnete diesem Zustand der Krise durch vielfältige Formen geistiger Zurüstung, wobei sein umfangreiches Lektürepensum eine wichtige Rolle spielte. Die überlieferten Briefe spiegeln sicher nur einen Ausschnitt des weiten Spektrums seiner literarischen Bildung. Guy Stern hat festgestellt, dass Weills Lektürehorizont in diesen Jahren eine europäische Spannweite besaß, indem er französische, russische und skandinavische Literatur einschloss. (Stern 1993: 95) Dabei ist signifikant, dass er auch gerne zu Künstlerromanen und -novellen griff. Rollands *Jean-Christophe*, der in Weills Korrespondenz über 8 Monate kontinuierlich auftaucht, hat Weill offenbar ganz besonders beeindruckt: Kein anderes Buch findet so häufig und über einen so langen Zeitraum Erwähnung. Die bereits zitierten Äußerungen Weills lassen die Vermutung zu, dass er das Buch als einen seiner künstlerisch-menschlichen Entwicklung Orientierung bietenden Halt- und Fixpunkt ansah.

Bei der Beantwortung der Frage, welche Aspekte des Buches Weill besonders anregend empfand, lässt sich, bis auf eine Ausnahme, aufgrund fehlender Aussagen nur spekulieren. Zunächst dürfte *Jean-Christophe* eine Figur darstellen, die für

---

7   1917 teilt er seinem Bruder mit: „[...] und zweitens bildet sich jetzt, glaube ich, mein Stil, mein musikalisches Denken oder irgend etwas anderes um." (Kurt Weill an Hans Weill. Brief vom 31. August 1917. In: Weill 2000: 107.) Zwei Jahre später schreibt er: „Auch sehe ich aus Vergleichen mit den Kompositionen eines durchaus modern gerichteten Mitschülers, daß ich doch recht weit von der Straußschen Richtung abgerückt bin u. ziemlich in das Lager Klassiker – Brahms – Bruckner – Reger geschwenkt bin. Ob das nur vorübergehend ist, ob es an meiner Jugend liegt, ob es meiner Veranlagung entspricht, weiß ich nicht; jedenfalls habe ich mich bemüht, mich so zu geben, wie ich bin u. nichts gewollt modernes zu suchen [...]" (Kurt Weill an Hans Weill. Brief vom 6. Februar 1919. In: Weill 2000: 204.) Wenige Monate danach versetzt die Begegnung mit der Musik Arnold Schönbergs seinem künstlerischen Selbstwertgefühl einen herben Schlag: „Es ist etwas so Neues, was dieser Schönberg mir bringt, daß ich ganz sprachlos war. An ersprießliches Arbeiten ist natürlich nicht zu denken. Nicht einmal ein kleines Lied formt sich; heute hatte ich eine sehr schöne Idee für den Anfang einer Cellosonate u. habe sie gleich notiert; jetzt hätte ich schon wieder Lust, es zu zerreißen. Ich war schon zu dem Entschluß gelangt, die Schreiberei aufzustecken, u. mich nur auf die Kapellmeisterei zu werfen." (Kurt Weill an Hans Weill. Brief vom 27. Juni 1919. In: Weill 2000: 233f.) 1925 heißt es dann, während der Arbeit an *Royal Palace*: „Und ich stelle zu meiner Freude fest – was ich schon bei dem ‚neuen Orpheus' entdeckt hatte – dass ich allmählich zu ‚mir' vordringe, dass meine Musik viel sicherer, viel freier, lockerer u. einfacher wird. Das hängt auch damit zusammen, dass ich äusserlich unabhängiger, sicherer, heiterer u. weniger verkrampft geworden bin. (Kurt Weill an Albert und Emma Weill. Brief vom 23. [?] Oktober 1925. In: Weill 2000a: 306; Vgl. auch Weill 1998: 12.)

Weill aufgrund einiger erstaunlicher biographischer und situativer Korrespondenzkonstellationen gewisse Einfühlungs- bzw. Identifikationsangebote bereit gehalten haben dürfte, die zwischen den Identifiktationsmustern der admirativen und sympathetischen Identifikation oszillierten.[8]

Ebenso wie Weill wächst Jean-Christophe in einer kleinen Residenzstadt auf. Deren Musikleben ist wesentlich vom dortigen Hoftheater geprägt, mit dem er als junger Musiker verbunden ist und das auch seine musikalische Sozialisation prägt. Jean-Christophes Revolte gegen die Strukturen dieses feudalen Musikbetriebs finden ihre Parallele in der Auflösung der Hoftheater nach 1918. Weills damaligem Erfahrungshorizont entsprach auch der Stand der künstlerischen Entwicklung des etwa 16-jährigen Christophe, den Rolland folgendermaßen umreißt: „Indessen waren die Kompositionen, welche er damals schrieb, noch weit davon entfernt, sein Ich vollständig auszudrücken, war er doch selbst noch weit davon entfernt, sich vollständig entdeckt zu haben. Er tastete im Dickicht erworbener Empfindungen [...]." (Rolland 1977, Bd.1: 182) Christophe fühlt sich als beginnender Komponist, „mit der Last einer umklammernden Vergangenheit, die sich in ihm einnistete und von der er sich nicht befreien konnte, beladen", „kam nur tappend vorwärts und war allem, was er ächtete viel näher, als er dachte." Christophe „war einsam. Er hatte keinen Führer, der ihm aus dem Morast half." (Rolland 1977, Bd.1: 487) In keiner anderen Lage befand sich Kurt Weill, als er Mitte 1918 diese Zeilen las und zunehmend unter mangelndem Anregungspotential seines damaligen Kompositionslehrers Humperdinck litt. (Levitz 1993: 121)

Und schließlich ist es der Willensheroismus des auf sich gestellten Individuums, der Jean-Christophe auf dem Wege seiner künstlerischen Selbstfindung als Komponist durch die konfliktgesättigte Lebenswirklichkeit hindurch trägt. Diese Lebenshaltung dürfte Weill besonders beeindruckt haben. Hat er doch die gelegentlich depressiven Anwandlungen seines Bruders mit entsprechenden Lebensmaximen aufzuhellen versucht: „Nicht außen such die Erlösung, sondern nur in dir selbst" (Kurt Weill an Hans Weill. Brief vom 4. September 1918. In: Weill 2000: 179) oder indem er ihm riet, dass es angesichts der krisenhaften Gegenwart gelte, den eigenen „Lebenskampf in frohem Schaffen" (Kurt Weill an Hans Weill. Brief vom 4. September 1918. In: Weill 2000: 180)[9] zu kämpfen.

---

8 „Unter sympathetischer Identifikation soll der ästhetische Affekt des Sich-Einfühlens in das fremde Ich verstanden werden, der die bewundernde Distanz aufhebt und den Zuschauer oder Leser durch seine Rührung hindurch zur Solidarisierung mit dem leidenden Helden führen kann." (Jauß 1982: 271)

9 In diesem Zusammenhang gehören auch weitere Äußerungen: „Wie kann man nur so schwarz sehen! Wir leben doch in der entsetzlichsten Übergangszeit der Weltgeschichte; da ist keine, aber auch keine einzige Existenz gesichert, da kommt es in der Tat nur auf den Mann selbst an [...]!" (Kurt Weill an Hans Weill. Brief vom 27. Dezember 1918. In: Weill 2000: 197); „Doch darf man da in unserem Alter noch nicht verzweifeln." (Kurt Weill an Hans Weill. Brief vom 21. Februar 1918. In: Weill 2000: 207)

Einen nicht zu unterschätzenden Stellenwert dürften indes die kulturanalytischen und kulturkritischen Anteile des *Jean-Christophe* für Weills kulturelle Orientierung und schöpferische Selbstfindung darstellen. Nach Weills eigener Aussage waren es vor allem Rollands Kritik an der Musik der deutschen Romantik, deren polemische Schärfe Rolland freilich im Verlauf des Romans wieder relativiert. Bekanntlich waren dies die Abschnitte, an denen sich die Rolland-Rezeption in Deutschland kontrovers entzündete. Weills Haltung ist eindeutig: Rollands radikale Romantikkritik versetzt ihn in eine Euphorie, sie setzt in ihm „innerste Gedanken" frei, die zu denken er nie gewagt hatte. Es ist gewiss nicht übertrieben, Rollands *Jean-Christophe* als einen Katalysator anzusehen, der den in Weills offenbar bereits latent angelegten Abstoßungsprozess von der Tradition der Romantik und ihrer Ausdrucksästhetik aktiviert hat. Alte Leitideale gerieten für Weill, der musikalisch vom romantischen Repertoire geprägt war und in dieser Zeit noch Pfitzner-, Strauss- und Reger-Anhänger war, ins Wanken. Der Gedanke, dass die Epoche der musikalischen Romantik sich dem Ende zuneige, war Weill allerdings nicht unvertraut. Er war ihm schon zuvor begegnet, und zwar in der Kritik, die Paul Bekker anlässlich der Uraufführung des Pfitznerschen *Palestrina* 1917 in München verfasst hatte. Bekanntlich hielt Bekker Pfitzners auf Schopenhauer gegründete Musikästhetik für abgelebtes 19. Jahrhundert und hatte resümierend festgestellt: „Dieser ‚Palestrina' wird uns stets ein verehrungswürdiges Werk sein, denn er rührt stark an das Kunstgewissen der Zeit. Aber wir erkennen in ihm, daß der Traum der deutschen Romantik auch in der Musik jetzt ausgeträumt ist." (Bekker 1917: 1) Weill, der auf diese Rezension von seinem Lehrer Alfred Bing (Bing war Pfitznerschüler) aufmerksam gemacht wurde, kommentierte Bekkers These: „Allerdings bezeichnet es Bekker als das letzte höchst vergeistigte Werk der Romantik, als den Abschluß einer großen Musikepoche. Ob das wohl stimmt?" (Kurt Weill an Hans Weill. Brief vom 22. [?] Juni 1917. In: Weill 2000a: 74)

War Weill also 1917 noch bereit, Bekkers kulturkritische Prognose anzuzweifeln, stellt er mit Beginn seiner Schönberg-Rezeption, die zeitlich von seiner Rolland-Lektüre flankiert wird, Mitte 1919 fest: „Strauß ist verblaßt." (Kurt Weill an Hans Weill. Brief vom 27. Juni 1919. In: Weill 2000a: 232)[10] Zehn Jahre später schließlich kann der erfolgreiche Autor der *Dreigroschenoper*, der kompositorisch eine deutliche stilistische Positionierung bezogen hatte, in seinem Essay *Romantik in der Musik* die Romantik „als eine Ausdrucksform des 19. Jahrhunderts" (Weill 1929a: 75) bezeichnen, „die von den heutigen Musikern bereits endgültig überwunden worden" (Weill 1929a: 75) sei.

---

10 In seinem zehn Jahre später verfassten Essay *Der Musiker Weill* (Weill 1928) hat Weill sich wohl am pointiertesten und polemischsten von Richard Wagner und Richard Strauss abgesetzt.

Zur Zeit seiner *Jean-Christophe*-Lektüre hatte Weill das Musiktheater als seine eigentliche Domäne noch nicht entdeckt. Seine Erweckung zum Musiktheaterkomponisten sollte jedoch unmittelbar bevorstehen. Weill selbst datiert sie ins Jahr 1922, das Jahr, in dem er sein Ballett *Zaubernacht* schrieb.[11] Anlässlich der Uraufführung zweier Opern von Franz Schmidt (*Notre Dame*) und Friedrich Koch (*Die Hügelmühle*) beschlich ihn schon 1918 der Gedanke, dass sich das Konzept des romantischen Musikdramas überlebt habe. (Kurt Weill an Hans Weill. Brief vom 15. Mai 1918. In: Weill 2000a: 152f.)

In Jean Rollands *Jean-Christophe* konnte Weill aber auch auf poetische Leitmotive stoßen, die in den 1920er Jahren zu Kernproblemen seiner eigenen Poetik werden sollten und die er etwa mit dem von ihm geprägten Genre eines „musikalischen Theaters" produktiv löste. Ein zentrales poetisches Problem, mit dem Rolland seinen Helden Jean Christophe kontinuierlich und in wechselnden Perspektivierungen konfrontiert, ist die Frage nach der Verbindung von Text und Musik im Musiktheater. So keimt in Christophe während seines Paris-Aufenthaltes die Vision eines Musikdramas, dessen neuartiges Konzept in deutlicher Abgrenzung zu Richard Wagners unendlicher Melodie die Komponenten gesprochenes Wort und Musik dergestalt organisiert, dass die Eigenständigkeit des jeweiligen Anteils gewahrt bleibt. Die Möglichkeiten der Verbindung von Musik und Text jenseits der Sphäre des Musikdramas Wagnerscher Prägung avancierte auch für Weill – nun vor allem unter dem Einfluss der Opernästhetik Ferruccio Busonis – Mitte der 1920er Jahre zu einer Grundfrage des Musiktheaters. So schrieb er 1929: „Bei jedem Bühnenwerk taucht von neuem die Frage auf: Wie ist Musik, wie ist vor allem Gesang im Theater überhaupt möglich?" (Weill 1929: 72) Weill löste das Problem in seinen zentralen Werken der 1920er Jahre bekanntlich auf zwei Ebenen, und zwar in tektonischer und in binnenformaler Hinsicht, wobei die leitende Intention die Wiederherstellung einer Autonomie[12] der Musik war. Auf tektonischer Ebene rehabilitierte er den Reihungsgedanken der Dialogoper des 18. Jahrhunderts, indem

---

11 „Erst als ich spürte, daß meine Musik die Gespanntheit szenischer Vorgänge enthält, wandte ich mich der Bühne zu. Ich schrieb für eine russische Truppe im Theater am Kurfürstendamm die Pantomime Zaubernacht." (Weill 2000a: 46)
12 Weill bemühte in diesem Zusammenhang gelegentlich die Vorstellung einer „absoluten" Musik, ein ästhetisches Ideal, das er durchaus als Kontrollinstanz ansah. Darin sah er die Herausforderung, die er sich als „Theaterkomponist" mit seiner *2. Sinfonie* (1934) stellen wollte: „Ich glaube, daß auch der reinste Theatermusiker von Zeit zu Zeit den Drang verspürt, ein Stück ‚absoluter Musik' zu schaffen. Da nämlich die wirkliche Theatermusik auch als ‚Musik an sich' standhalten soll, ist es ein großer Reiz, die musikalischen Formen und Stilelemente, die man im Zusammenhang mit dem Wort und der szenischen Vorstellung gefunden hat, an einer Arbeit zu kontrollieren, die auch in der Auswirkung einen rein musikalischen, d. h. konzertanten Zweck verfolgt." (Weill 1934: 143) Bemerkenswert ist, dass Leon Botstein in dem Ideal einer absoluten Musik, wie es Hanslick erstmals ästhetisch fundierte, „den Wunsch nach einer Verkörperung aufgeklärter Lebensformen in der Kunst" erblickt, eine Sichtweise, die gewiss auch auf Weill zutrifft. (Botstein 1991: 127)

er, den Handlungsverlauf in einzelne Nummern gliedernd, die Musik aus ihrer handlungstreibenden Rolle emanzipierte und ausschließlich zur Markierung isolierter Zustände verwendete. (Vgl. hierzu: Weill 1929) Auf binnenformaler Ebene sicherte Weill die Autonomie der Musik mit dem gestischen Prinzip, das das Wort-/Tonverhältnis der einzelnen Musiknummern regulierte. (Weill 1929b: 83–88) Dass es Weill ab der *Dreigroschenoper* gelang, das Verhältnis der Teilmomente von Musik und Gesang im Sinne einer gegenseitigen Emanzipation neu zu definieren, beobachtete auch Paul Bekker 1934:

> „Es zeigt sich hier eine andere Art der Verbindung von Sprache und Gesang. Sie war schon in der ‚Dreigroschenoper', ‚Mahagonny' zu erkennen und wird in ‚Silbersee' weitergeführt. Sie beruht nicht auf der Verschmelzung und gegenseitiger Steigerung, sondern auf einem Nebeneinanderlaufen von Sprache und Gesang gleichsam auf verschieden gelagerten, dabei beziehungsmäßig eng verbundenen Ebenen. Wort und melodische Sprache erscheinen nicht mehr als organische, sondern als kombinierte Einheit – aus der skeptischen Erkenntnis ihrer Unvereinbarkeit ausserhalb des auf unmittelbare Lautverschmelzung drängenden Liebesgesanges." (Bekker 1934: 169f.)

Eine weitere ästhetische Leitidee, die den *Jean-Christophe* durchzieht, ist Rollands Überzeugung, dass sich Kunst vom Leben nicht isolieren dürfte, und die damit verbundene Ablehnung einer Kunst um der Kunst willen. Rolland lässt seinen Helden schwanken zwischen ästhetischer Abkapselung und einem engagierten Künstler, der sich mit seinen Werken in den Dienst sozialer und moralischer Ideen stellt. Das Pariserlebnis verändert den Komponisten Christophe signifikant. Er verabschiedet sich von der Idee „einer Musik, die einem Selbstgespräch glich" (Rolland 1977, Bd. 3: 69) zugunsten einer „lebendigen Kunst", die sich anderen mitteile. In Christophe keimt – in bewusster Anknüpfung an das Ideal der deutschen Klassik – die Vorstellung einer Kunstmusik „mit Erdgeruch", einer Musik, die ihre Wurzeln im sozialen Leben hat, das Volkstümliche in sich aufgesogen hat und den Kontakt zu ihrem Publikum sucht; einer Musik, die aus dem Alltagsleben schöpft, dieses jedoch jenseits vordergründiger Aktualität in universale Themen transzendiert.

Auf den ersten Blick fällt es nicht schwer, in diesem Entwurf überraschende Affinitäten zu Weills Kunstkonzept auszumachen, wie es sich in seinen Werken ab dem *Mahagonny Songspiel* und in seinen flankierenden kunstästhetischen und kulturanalytischen Schriften[13] manifestiert. Dies gilt etwa im Hinblick auf seine Intentionen, „die Grenzen zwischen Kunstmusik und Verbrauchsmusik anzunähern" (Weill 1929c: 92), „eine Musik zu schaffen, die auch das Bedürfnis breiterer Be-

---

13 Zu nennen wäre hier vor allem Weills Artikel *Verschiebungen in der musikalischen Produktion* (Weill 1927), in dem Weill vor einer gesellschaftlichen Isolation der neuen Musik warnt und demgegenüber feststellt, „daß über der künstlerischen auch eine allgemein menschliche, irgendeinem Gemeinschaftsgefühl entspringende Gesinnung für die Entstehung eines Kunstwerkes bestimmend sein muß." (Weill 1927: 61)

völkerungsschichten zu befriedigen vermag, ohne ihre künstlerische Substanz aufzugeben" (Weill 1929c: 92), „die Musik an die Menge heranzuführen" (Weill 1929c: 93), sein Ideal eines Musiktheaters, das seine „Stoffe aus dem Geschehen der Gegenwart entnimmt" (Weill 1929d: 98) und sein Anknüpfen an Theaterformen u. a. des 18. Jahrhunderts. Rolland lässt seinen Helden auch verschiedentlich und auffällig häufig mit Juden in Berührung kommen. Die vielschichtigen, differenzierten und psychologisch subtil ausgeleuchteten Mentalitätsprofile der jüdischen Protagonisten des Romans dürften Weill um so mehr interessiert haben, als er sich zum Zeitpunkt seiner Rolland-Lektüre kritisch-intensiv mit seiner eigenen jüdischen Identität auseinandergesetzt hat, eine Phase, die von Momenten des Selbsthasses nicht frei war. (Kuhnt 2001: 40f.) Als Gesamtbild ergibt sich, dass Rolland die Juden als unverzichtbares intellektuelles Ferment Europas sowie als Wegbereiter der Modernität sieht.[14] Offenbleiben muss, wie Weill darüber gedacht hat.

Darüber hinaus und ganz allgemein dürfte Rollands Buch für Weill – wie für viele andere deutsche Leser – auch so etwas wie eine Introduktion in romanische Geisteskultur dargestellt haben, deren künstlerische Aufgeschlossenheit, Weltoffenheit und Freiheitsideale zu preisen Rolland nicht müde wird.[15]

Gerade im Hinblick auf zeitgleiche bzw. spätere Inspirations- und Einflussfaktoren (die Symphonik Mahlers, Ferruccio Busoni, Georg Kaiser und Bertolt Brecht), die sich bald danach über Weills Rolland-Rezeption gelegt haben und die Weills künstlerische Entwicklung in den 1920er Jahren dann entscheidend und nachweislich formatiert haben, darf das Einflusspotential der Rolland-Lektüre

---

14 Hingewiesen sei auf folgende Stellen: So lässt Rolland seine Figur Olivier sagen: „Die Juden sind bei uns fast die einzigen, mit denen ein freier Mann etwas Neuartiges, etwas Lebendiges besprechen kann. Die anderen sitzen in der Vergangenheit, in toten Dingen fest." (Rolland 1977, Bd. 2: 464) Und weiter: „Seien wir nicht unklug [...], verstümmeln wir unsere bereits kranke Kultur nicht noch dadurch, daß wir uns anmaßen, einige ihrer lebendigsten Zweige abzubrechen. Wenn das Unglück es wollte da man die Juden aus Europa verjagte, so würde diese an Intelligenz und Tatkraft verarmt zurückbleiben und vielleicht den völligen Untergang gewärtigen müssen." (Rolland 1977, Bd. 2: 465) Vergleiche hierzu auch: Ziegler 1918.
15 Eine Stelle wie die folgende wird Weills Ohren buchstäblich geöffnet haben: „Während die deutschen Musiker in den Lagern ihrer Väter untätig liegenblieben und die Entwicklung der Welt an der Schranke ihrer vergangenen Siege aufzuhalten meinten, ging die Welt weiter; und allen voran machten sich die Franzosen an die Entdeckung. Sie erforschten die Fernen der Kunst [...] In der Musik des Abendlandes, die von dem Genius der Ordnung und der klassischen Vernunft in Kanäle geleitet war, öffneten sie die Schleusen der alten Formen. Sie leiteten in ihre Becken von Versailles alle Wasser der Welt: volkstümliche Melodien und Rhythmen, exotische und altertümliche Tonfolgen, neue und erneuerte Arten der Intervalle. Ebenso wie vor ihnen die impressionistischen Maler Frankreichs, Kolumbusse des Lichts, dem Auge eine neue Welt erschlossen hatten, machten sich jetzt seine Musiker an die Eroberung der Welt der Töne; sie drangen tief in die geheimnisvollen Schlupfwinkel des Gehörs ein; sie entdeckten neues Land in diesem Meer des Innern." (Rolland 1977, Bd. 2: 400)

Weills natürlich nicht monokausal überschätzt werden. Es ist sogar fraglich, ob von einem direkten Einfluss gesprochen werden kann.

Feststeht aber, dass Rollands *Jean-Christophe* unmittelbar nach dem Ersten Weltkrieg auf ein bemerkenswertes Akzeptanz- und Erwartungspotential auf Seiten des jungen Weill gestoßen ist, und damit ganz gewiss seinen Horizont in einer Richtung geweitet hat, die sich für sein eigenes Schaffen als produktiv und zukunftsfähig erweisen sollte. Im Jahr 1925 schrieb Weill folgendes: „Er vereinigte in sich zum erstenmal alle Eigenschaften des geistigen Europäers der Zukunft, sie alle, die von dem allgemeinen Abendlands-Pessimismus nicht angesteckt sind, müssen die Mission dieses Mannes erkennen, der sich in der Blütezeit des Imperialismus über die Nationen stellen konnte [...]." (Weill 1925: 32) Mit diesen Worten charakterisierte Weill seinen Lehrer Ferruccio Busoni anlässlich des einjährigen Todestages. Sie ließen sich aber ebenso gut auf Rollands Romanfigur beziehen: Busoni als Jean-Christophe redivivus?

Literatur

Améry, Jean (1981): Von der Verwundbarkeit des Humanismus. In: *Merkur 35*, S. 204–210.
Bekker, Paul (1917): Hans Pfitzners „Palestrina" III. In: *Frankfurter Zeitung 61. Jg. Nr. 176, 1. Morgenblatt, 16. Juni*, S. 1–2.
Bekker, Paul (1918): „Johann Christof" und seine Sendung. In: *Frankfurter Zeitung 62. Jg. Nr. 59, 1. Morgenblatt, 28. Februar*, S. 1–2.
Bekker, Paul (1934): *Wandlungen der Oper*. Zürich/Leipzig.
Botstein, Leon (1991): *Judentum und Modernität. Essays zur Rolle der Juden in der deutschen und österreichischen Kultur 1848 bis 1938*. Wien/Köln.
Curtius, Ernst Robert (1919): *Die literarischen Wegbereiter des neuen Frankreich*. Potsdam.
Eichhorn, Andreas (2002): *Paul Bekker. Facetten eines kritischen Geistes*. Hildesheim.
Fisher, James David (1988): *Romain Rolland and the Politics of intellectual Engagement*. Berkeley u. a.
Gmelin, Hermann (1950): *Der französische Zyklenroman der Gegenwart*. Heidelberg.
Göbel, Wolfram (1977): Nachwort. In: *Romain Rolland (1977, Bd. 3)*, S. 641–658.
Jauß, Hans Robert (1982): *Ästhetische Erfahrung und literarische Hermeneutik*. Frankfurt a. M.
Klepsch, Michael (2000): *Romain Rolland im Ersten Weltkrieg. Ein Intellektueller auf verlorenem Posten*. Stuttgart u. a.
Krause, Tilman (1993): *Mit Frankreich gegen das deutsche Sonderbewußtsein. Friedrich Sieburgs Wege und Wandlungen in diesem Jahrhundert*. Berlin.
Kuhnt, Christian (2001): *Kurt Weill und das Judentum*. Saarbrücken.
Levitz, Tamara (1993): Von der Provinz in die Stadt: Die frühe musikalische Ausbildung Kurt Weills. In: Kim Kowalke/Horst Edler (Hg.), *A Stranger Here Myself. Kurt Weill-Studien*, Hildesheim u. a., S. 107–141.

Mann, Thomas (1926): Pariser Rechenschaft. In: Ders., *Essays II, 1914–1926 (Große kommentierte Frankfurter Ausgabe Bd. 15.1)*, Frankfurt a. M. 2002, S. 1115–1214.

Mann, Thomas (2004): *Thomas Mann, Briefe II, 1914–1923 (Große kommentierte Frankfurter Ausgabe Bd. 22)*. Frankfurt a. M.

Mommsen, Wolfgang (2000): *Bürgerliche Kultur und politische Ordnung. Künstler, Schriftsteller und Intellektuelle in der deutschen Geschichte 1830–1933*. Frankfurt a. M.

Nietzsche, Friedrich (1980): Der Fall Wagner. In: Giorgio Colli/Mazzino Montinari (Hg.), *Friedrich Nietzsche. Sämtliche Werke, Bd. 6*, München u. a.

Rolland, Romain (1977): *Johann Christof, Bd. 1–3*. München.

Stern, Guy (1993): Der literarisch-kulturelle Horizont des jungen Weill: Eine Analyse seiner ungedruckten frühen Briefe. In: Kim Kowalke/Horst Edler (Hg.), *A Stranger Here Myself. Kurt Weill-Studien*, Hildesheim u. a., S. 73–105.

Toth, Karl (1918): „Jean Christophe" und die deutsche Kultur. In: *Deutsche Rundschau, Januar 1918*, S. 57–78.

Weill, Kurt (1925): Busoni. Zu seinem einjährigen Todestage. In: *Weill 2000a*, S. 31–34.

Weill, Kurt (1927): Verschiebungen in der musikalischen Produktion. In: *Weill 2000a*, S. 61–64.

Weill, Kurt (1928): Der Musiker Weill. In: *Weill 2000a*, S. 68–72.

Weill, Kurt (1929): Korrespondenz über Dreigroschenoper. In: *Weill 2000a*, S. 72–75.

Weill, Kurt (1929a): Romantik in der Musik. In: *Weill 2000a*, S. 75 f.

Weill, Kurt (1929b): Über den gestischen Charakter der Musik. In: *Weill 2000a*, S. 83–88.

Weill, Kurt (1929c): Die Oper – wohin? „Gebrauchsmusik" und ihre Grenzen. In: *Weill 2000a*, S. 92–96.

Weill, Kurt (1929d): Aktuelles Theater. In: *Weill 2000a*, S. 96–100.

Weill, Kurt (1998): *Sprich leise, wenn Du Liebe sagst. Der Briefwechsel Kurt Weill/Lotte Lenya*, hg. von Lys Simonette u. Kim Kowalke. Köln.

Weill, Kurt (2000): *Briefe an die Familie (1914–1959) (=Veröffentlichungen der Kurt-Weill-Gesellschaft Dessau Bd. 3)*, hg. von Lys Symonette u. Elmar Juchem. Stuttgart u. a.

Weill, Kurt (2000a): *Musik und musikalisches Theater. Gesammelte Schriften*, hg. von Stephon Hinton u. Jürgen Schebera. Mainz.

Ziegler, Ignaz (1918): *Romain Rolland im „Jean Christophe" über Juden und Judentum*. Wien.

Zweig, Stefan (1912): Brief an Romain Rolland. In: Ders., *Romain Rolland*, Stuttgart 1987, S. 9–19.

Zweig, Stefan (1921/1926): Romain Rolland. Der Mann und das Werk. In: Ders., *Romain Rolland*, Stuttgart 1987, S. 37–333.

Amerikanismus bei Weill: A French Connection?

Tobias Faßhauer

I

Im April 1903 trafen der bekannteste amerikanische Musiker jener Zeit, John Philip Sousa, und sein Blasorchester in Paris ein, um dort im Rahmen einer Europa-Tournee ein elftägiges Gastspiel zu absolvieren, ihr drittes in der französischen Hauptstadt nach zwei Aufenthalten als offizielle musikalische Vertreter der USA während der Weltausstellung von 1900.[1] Die Sousa Band wurde bereits mit Spannung erwartet: Im Oktober 1902 hatte im Nouveau Cirque die „große amerikanische nautische Pantomime" *Joyeux nègres* eröffnet und in der Metropole ein fieberhaftes Interesse für die dem Ragtime assoziierte Tanzform des Cakewalk entfacht. Nun erhoffte man sich von Sousa, der bereits auf der Weltausstellung Cakewalks präsentiert hatte, Lehrbeispiele einer ‚authentischen' Interpretation dieser Gattung.[2] Am 20. April erschien in der Zeitschrift *Gil Blas* eine Konzertkritik von Claude Debussy:

> „Endlich! Der amerikanische Musikkönig weilt in unseren Mauern! Mit andern Worten, John Philip Sousa ‚and his band' werden uns eine ganze Woche lang die Schönheiten der amerikanischen Musik vors Gemüte führen, auf eine Art, die sich in den besten Gesellschaften sehen lassen kann."

Debussy gibt sodann eine etwas mokante Beschreibung von Sousas extravagantem Dirigierstil und schließt:

> „Solange die amerikanische Musik nur sagenhafte ‚Cakewalks' rhythmisiert, scheint mir dies für den Augenblick ihre einzige Überlegenheit zu sein ... und hier ist Sousa unbestritten König." (Debussy 1982: 160)

Im Publikum derselben Konzertserie befand sich auch ein Student aus Deutschland, Victor Klemperer, der darüber in seinen Lebenserinnerungen *Curriculum vitae* berichtet:

> „Wunderhübsch und elektrisierend neuartig und frisch war das Sousa-Konzert im Théâtre nouveau [recte: Nouveau-Théâtre]. Mit der von ihm komponierten ‚Washington Post' brachte Sousa wohl als einer der ersten und Wirkungsvollsten die amerikanische Tanzmusik in die kontinentale Mode. [...] Beteiligte ich mich hier herzhaft und aufs vergnügteste am allgemeinen Beifall, so blieb ich im ‚Moulin

---

1   Zu den Daten von Sousas Europa-Tourneen der Jahre 1900 und 1903 siehe Bierley 2006: 157f., 163f.
2   Zum Pariser Cakewalk-Fieber siehe Perloff 1991: 46–50; Whiting 1999: 293–304; Caddy 2007.

Rouge' [...] völlig kalt [...]. [...] Interessant und neu [...] war mir nur der von richtigen Negern getanzte Cakewalk. Nehme ich ihn zu Sousas Konzert hinzu, so kann ich wohl mit dem Stolz des Dabeigewesenseins sagen, daß ich den Auftakt des Amerikanismus in Musik und Tanz miterlebt habe." (Klemperer 1996: 338f.)

Klemperers Notiz erscheint in zweierlei Hinsicht aufschlussreich. Zum einen fällt die emphatische Verwendung des Begriffs „Amerikanismus" ins Auge: Mit ihm stellt Klemperer seine Erlebnisse in den Kontext eines Phänomens, das in der Musikwissenschaft gemeinhin erst in Bezug auf die 1920er Jahre – das Jazz Age – diskutiert wird. Zum anderen unterstreichen Klemperers Erinnerungen die Bedeutung von Paris als kontinentaleuropäisches Haupteinfallstor neuer amerikanischer Tanzmusik. Die Stadt behielt diese Rolle auch während der folgenden Wellen des musikalischen Amerikanismus und Lateinamerikanismus: der Verbreitung des Tango und weiterer neuweltlicher Tanzformen seit etwa 1907 sowie schließlich, im vierten Jahr des Ersten Weltkriegs, der Ankunft von Foxtrott und Jazz.[3] Die französische Jazz-Begeisterung entzündete sich namentlich an dem mit clownesken Klangeffekten aufgepeppten Ragtime, den Murray Pilcer's American Sherbo Band in *Laisse-les tomber!*, einer Ende 1917 am Casino de Paris produzierten Revue mit Gaby Deslys und Harry Pilcer, zum Besten gab, und an den Darbietungen der von James Reese Europe geleiteten Kapelle der Harlem Hellfighters, des aus Afroamerikanern rekrutierten 369. US-Infanterieregiments. Hier schließen sich die Kreise: Europe war zuvor in New York als Kapellmeister für Irene und Vernon Castle tätig gewesen, deren Karriere als Pioniere des modernen Gesellschaftstanzes im Jahr 1912 bezeichnenderweise in Paris ihren Ausgang genommen hatte. Als musikalisches Vehikel des von den Castles 1914 adaptierten Foxtrotts diente der *Memphis Blues* von W. C. Handy, so wie ein Vierteljahrhundert zuvor Sousas Marsch *The Washington Post* benutzt worden war, um den Twostep zu popularisieren.

Die Cakewalk-Welle erfasste Berlin und Wien kaum später als Paris; dort jedoch ließ sie auch die musikalische Avantgarde nicht unberührt, während der Musik-Amerikanismus in Deutschland und Österreich zunächst noch auf den Bereich der Populärkultur beschränkt blieb. Debussy nahm sich des „sagenhaften" („indicible") Cakewalks zwischen 1906 und 1912 in einer Reihe eigener Kompositionen an: in *Golliwogg's Cakewalk* aus der Klaviersuite *Children's Corner*, im Klavierstück *The Little Nigar* und in den Préludes *Minstrels* und *Général Lavine – eccentric*.[4] Schon vor Debussy, zwischen 1904 und 1906, hatte der in der Sphäre der Café-concerts, Music-Halls und Cabarets verwurzelte Erik Satie einige Märsche bzw. Chansons als Cakewalks angelegt, von denen *La Diva de „l'Empire"* und *Le*

---

3 Vgl. die Chronologie in Martin/Roueff 2002: 145–151.
4 Zu Debussys Cakewalk-Rezeption siehe McKinley 1986.

Piccadilly (*La Transatlantique*) die bekanntesten sein dürften.[5] Saties *Sports et divertissements* von 1914 enthalten u. a. einen Tango. Den *Rag-time du paquebot* im 1916/17 komponierten Ballett *Parade* modellierte Satie nach Irving Berlins Song *That Mysterious Rag* von 1911 (Perloff 1991: 132–143, Whiting 1999: 476–479). Kurz darauf experimentierte auch der zu jener Zeit in der Schweiz ansässige Igor Stravinskij mit Ragtime-Rhythmen: 1918 in der *Histoire du soldat* (in der auch ein Tango erklingt) und im *Ragtime* für 11 Instrumente, 1919 in der *Piano-Rag Music*.

Demgegenüber ist nur schwer vorstellbar, dass etwa Richard Strauss, Reger, Pfitzner, Schönberg oder selbst Mahler am Anfang des 20. Jahrhunderts Ragtime oder Tango aufgegriffen haben könnten. Erst mit der Auflösung des wagnerisch-kunstreligiösen Paradigmas im Gefolge des Ersten Weltkriegs und der Suche einer jungen Komponistengeneration nach einer neuen „Gemeinschaft" wurde latein- und nordamerikanische Tanzmusik als Material artifiziellen Komponierens in Deutschland und Österreich salonfähig,[6] zu einer Zeit, als sich links des Rheins dafür schon eine regelrechte Tradition herausgebildet hatte, an die Komponisten wie Darius Milhaud und Maurice Ravel bruchlos anknüpfen konnten.[7] Paris bot dabei gegenüber Berlin und Wien den Standortvorteil eines intensiveren Kontaktes mit amerikanischem Jazz.

II

Von musikalischem Amerikanismus zu sprechen erfordert zunächst einen klaren Begriff von Inhalt und Gegenstand der so bezeichneten Faszination, das heißt eine Definition der allgemein als amerikanisch empfundenen musikalischen Charakteristik. Kriterien des Musikalisch-Amerikanischen zu formulieren fällt insofern leicht, als sich diese den Merkmalen des Jazz gleichsetzen lassen (Blues-Tonalität; Off-Beat-Rhythmik; bestimmte Eigenheiten der Ensemblezusammenstellung und der Instrumentation; Aspekte jazzmäßiger Musizierpraxis wie Improvisation und bestimmte instrumentale Spiel- und Phrasierungsweisen).

---

5   Zu nennen sind ferner *Imperial-Oxford*, *Légende californienne* und *Allons-y Chochotte* (zu Saties Cakewalk-Adaptionen siehe Whiting 1999: 305–321). Bereits im Frühjahr 1900, noch vor Sousas Auftritten auf der Weltausstellung (5.–15.5. und 3.–19.7.) schrieb Satie Cakewalk-Synkopen in seinem *Prélude de „La Mort de Monsieur Mouche"*. (Whiting 1999: 256–259)

6   Als frühes und vermutlich als „das erste Zeugnis [artifiziell-]kompositorischer Jazzrezeption in Deutschland" identifiziert Nils Grosch den I. Satz, Foxtrott, in Artur Schnabels *Tanzsuite* von 1920. (Grosch 1999: 28) Allerdings soll Paul Hindemith schon 1917 einen Rag und 1919 einen Foxtrott komponiert haben (siehe u. a. Erwe 1996: 12); beide Stücke sind verschollen.

7   Im gegebenen Zusammenhang verdient Georges Aurics Foxtrott *Adieu, New-York!* von 1919 Erwähnung, insofern eine dort eingesetzte Begleitungsform (Sekundwechsel der das Metrum markierenden Basstöne und nachschlagende Akkorde bei halbtaktig wechselnder Harmonie) in Kurt Weills frühen Populärmusikadaptionen wiederkehrt; siehe etwa den Foxtrott zur Filmszene in *Royal Palace* (1926).

Schwieriger ist es, den nationalen Charakter in solcher Musik dingfest zu machen, die – im chronologischen Sinn oder im Hinblick auf Gattung und Stil – älter ist als der Jazz, die aber gleichwohl als typisch amerikanisch bzw. als amerikanistisch rezipiert wurde. In diese Kategorie fallen die Songs von Stephen Foster, die Spirituals aus dem Repertoire der Fisk Jubilee Singers, die Märsche von Sousa und die relativ zurückhaltend synkopierten Cakewalks der Jahrhundertwende – aber auch noch, zumindest was wesentliche Teilaspekte des musikalischen Stils betrifft, die nach amerikanischen Maßstäben musikalisch rückständigen Tanzschlager der Weimarer Republik und die daran angelehnten Songs von Kurt Weill. Weill, der noch 1923 seinem Lehrer Ferruccio Busoni gegenüber die Befürchtung äußerte, dass Paul Hindemith „schon etwas zu tief in das Land des Foxtrotts hineingetanzt"[8] sein könnte, adaptierte erst seit 1926 systematisch Elemente amerikanisch geprägter Tanzmusik[9] und erreichte dabei noch bis weit in die 30er Jahre hinein nicht die idiomatische Aktualität, die etwa das von Milhaud schon 1923 komponierte Ballett *La Création du monde* auszeichnet.

Verschiedentlich wurde eine stilistische Nähe von Weills Songs zu amerikanischer Musik aus der Zeit vor dem Ersten Weltkrieg konstatiert: zum Coon Song, zum Barbershop-Gesang[10] und – von Marc Blitzstein – sogar zu Sousas Märschen.[11] Tatsächlich finden sich bei Weill vor seiner Übersiedlung in die USA weder eine Häufung von Blue Notes[12] noch eine besonders komplexe Rhythmik.

---

8 Brief vom 21.6.1923, zitiert nach Farneth/Juchem/Stein 2000: 46.
9 Für eine Kontextualisierung von Weills Amerika-Faszination siehe Arndt 1996.
10 Siehe Olin Downes' Rezension des *Mahagonny*-Songspiels in der *New York Times* (14.8.1927), als Faksimile in Farneth/Juchem/Stein 2000: 76. Siehe zu den amerikanischen Modellen des Weill'schen Songtypus auch von der Linn 2003.
11 Blitzstein schrieb nach dem Besuch des Konzertes zum zehnjährigen Jubiläum der Berliner Novembergruppe im Januar 1930, bei der auch Songs aus *Happy End* zur Aufführung gelangten: „[Weill's] idea of a 'sonk' is an outlandish mixture of German beer-drinking ditty and American ballad, accompanied a la marcia by jazz-band instruments betrayed into a Sousa formula." (Brief an Stella Simon, zit. nach Gordon 1989: 55) In der Tat wäre manche kantilenenhafte Formulierung aus Weill'schen Foxtrott-Songs bei gegebenenfalls angezogenem Tempo auch in einem Sousa-Marschtrio vorstellbar; zu verweisen wäre etwa auf die (sicher zufällige) Ähnlichkeit zwischen den Anfängen des Refrains im *Alabama-Song* und des Trio-Themas in Sousas *The Glory of the Yankee Navy* (1909). Bei Weills *Tea Song* aus *Johnny Johnson* (1936) schließlich liegt die Orientierung an der Sousa-Tradition in der Melodik und der linearen Bassführung des Refrains offen zu Tage. Sousa-Anklänge bei Weill könnten zum Teil auch mit den gemeinsamen Vorbildern Offenbach und Sullivan zu erklären sein. Im weiteren Sinn ist eine Beziehung zwischen Sousa und Weill durch beider Streben nach einer Vermittlung zwischen der artifiziellen und der populären Sphäre gegeben. Diese ‚demokratische', anti-elitäre Tendenz geht mit dem Amerikanismus der Neuen Sachlichkeit Hand in Hand.
12 Zu den raren Blue Notes in Weills Songstil gehören jene in den Schlusskadenzen im *Bilbao-Song* und im *Matrosen-Tango* aus *Happy End*. Die bei Weill (mit Ausnahme der *Dreigroschenoper*) häufige Folge von Dur- und Molltonika kann dagegen nicht auf Blues-Einflüsse zurückgeführt werden. Der Ursprung dieses Stilmittels liegt einerseits in einer Verselbständigung der im Rahmen von Oberquintmodulationen vorgenommenen Tonika-Vermollung (sie-

Selbst das schlichte Cakewalk- bzw. Habanera-Pattern Sechzehntel-Achtel-Sechzehntel bzw. Achtel-Viertel-Achtel als Unterteilung einer Zählzeit ist außerhalb von Weills Tangos nur gelegentlich anzutreffen, so zum Beispiel im Foxtrott zur Begleitung der Filmszene von *Royal Palace* (1926) und im Refrain des *Bilbao-Songs* aus *Happy End* (1929, siehe Notenbeispiel 5a[13]). Seltener noch sind Kreuzrhythmen wie etwa die Ragtime-Breaks in der zweiten Strophe der *Ballade vom angenehmen Leben* aus der *Dreigroschenoper* (1928). Überdies verzichtet Weill in der Regel auf die explizite Vorschrift üblicher Jazz-Effekte wie der notorischen Posaunenglissandi[14] und des Einsatzes von Wah-Wah-Dämpfern. Dennoch wurden seine Songs in der zeitgenössischen deutschen Rezeption umstandslos dem Bereich des Jazz bzw. dem „Kunstjazz" zugerechnet. (Baresel 1929: 80–84) Worauf aber war die Verortung dieser Musik im Amerikanismus gegründet, wenn man von bestimmten nicht-synkopischen und insofern stilistisch durchaus ‚multivalenten' Shimmy-Figuren sowie instrumentatorischen Maßnahmen wie der Aufbietung von Banjo und Saxophonen absieht?

III

Carl Dahlhaus hat darauf hingewiesen, dass „das nationale Moment, ebenso wie das programmatisch-poetische, zu den Qualitäten gehört, die zwar ästhetisch durchaus real sind, aber dem Gegenstand eher geschichtlich zuwachsen […], als daß sie unwillkürlich gegeben wären" (Dahlhaus 1980: 32). Dahlhaus erläutert dies am Beispiel der Konstruktion eines polnischen musikalischen Nationalcharakters:

> „[A]ls ästhetische Qualität, die dem musikalischen Bewußtsein durch die Chopin-Tradition eingeprägt wurde, ist die Verbindung von Mazurka-Rhythmus, Dudelsack-Quinte und lydischer Quarte ‚spezifisch polnisch', unabhängig davon, ob sie in der Folklore anderer Nationen wiederkehrt oder nicht." (Dahlhaus 1980: 34)

In der Tat lässt sich in einem beträchtlichen Teil der Musik, die bereits vor dem Jazz Age in Europa als typisch amerikanisch wahrgenommen wurde, eine bestimmte, relativ fest umrissene Materialkonfiguration ausmachen, an denen der nationale

---

he dazu Faßhauer 2007: 135–145), andererseits im Dur-Moll-Wechsel als romantischer Ausdrucksfigur (wie z. B. im *Wiegenlied* D 867 von Franz Schubert). Ein Stück der ‚leichten Musik' des 19. Jahrhunderts, von dem Weill möglicherweise wesentliche Anregungen empfing, der Walzer in der Ouvertüre zur Operette *Die schöne Galathée* von Franz von Suppé (siehe dazu Faßhauer 2007: 68f.), enthält ebenfalls eine Tonika-Vermollung fernab modulatorischer Konventionen: Ein E-Dur-Quartsextakkord (T. 167f.) wird vermollt und leitet in eine Kadenz nach G-Dur. Weill dirigierte *Die schöne Galathée* 1920 in Lüdenscheid. An seinen Bruder Hans schrieb er: „Die ‚schöne Galathee' […] hat mir viel Freude gebracht […]. Besonders die schwungvolle Ouvertüre hat spontanen Beifall ausgelöst." (Weill 2000: 259)

13 Die Notenbeispiele befinden sich zusammengefasst als Anhang am Ende des Beitrags.
14 Eine Ausnahme bildet in dieser Hinsicht die Nummer 3, *Der Bäcker backt ums Morgenrot*, aus *Der Silbersee* (1932/33).

Charakter im Wesentlichen zu haften scheint. Diese Konfiguration, die sehr bewusst schon von Antonín Dvořák in seinen ‚amerikanischen' Werken eingesetzt wurde, sei im Folgenden nach ihrem gewissermaßen paradigmatischen (aber keineswegs erstmaligen) Auftreten in Stephen Fosters berühmtem Plantation Song *Old Folks at Home* von 1851 als „Old-Folks-Formel" bezeichnet. Wie aus Notenbeispiel 1 zu ersehen, handelt es sich dabei um das Zusammenwirken dreier Momente: erstens einer pentatonischen oder zumindest pentatonisch geprägten Melodik, zweitens einer synkopischen Rhythmisierung der Melodie und drittens des Einsatzes der Subdominante als Pendelharmonie zur Tonika[15] (in Fosters Song über einem Tonika-Orgelpunkt). Dieses ‚plagale Pendel' steht dabei regelmäßig im Kontext einer Harmonisierung nach dem jahrhundertealten Modell des Passamezzo moderno bzw. Gregory Walker[16] (wie annähernd in *Old Folks at Home*) oder eines damit verwandten Schemas.

Die Verwechslungsgefahr der Old-Folks-Formel mit irischer und vor allem schottischer Nationalcharakteristik schwindet in dem Maß, wie die Synkopierung sich vom sogenannten Scotch snap bzw. der Herkunft aus der Textdeklamation löst und im Sinne afroamerikanischer Rhythmik gestaltet wird, als deren elementarste Form das erwähnte Cakewalk-Pattern in Erscheinung tritt. Sogar Fosters an sich noch recht ‚schottischer' Song – der Sekundgang *fis-e-d* mit anschließendem Oktavsprung erinnert speziell an den Beginn des Liedes *Annie Laurie* in dessen wohl am weitesten verbreiteter Fassung – weist bereits ein Merkmal der Ragtime-Rhythmik auf: die Durchkreuzung des metrischen Schemas durch die zweimal drei Töne des wiederholten Sekundgangs, also einen sogenannten secondary rag.

Die Notenbeispiele 2a und 2b zeigen die Old-Folks-Formel in zwei Cakewalks aus dem Repertoire der Sousa Band, *At a Georgia Camp Meeting* von Kerry Mills[17] und *Bunch o' Blackberries* von Abe Holzmann. In beiden erfolgt der Einsatz des

---

[15] Ohne dass sich eine ‚Subdominantisierung' der Harmonik unmittelbar aus der Pentatonik ableiten ließe – denn der Funktionsgrundton, die IV. Skalenstufe, fehlt in der Dur-Pentatonik –, wird sie doch im Kontext der harmonischen Tonalität durch das Fehlen des Leittons bei gleichzeitiger Prominenz des sechsten Skalentons in pentatonischen Melodien oftmals nahegelegt.

[16] Es handelt sich dabei um Stufenfolge I | IV | I | V ‖ I | IV | I-V | I. Peter van der Merwe (1989: 198–202) bevorzugt für dieses Modell die durch die *Plaine and Easie Introduction to Practicall Musicke* des elisabethanischen Komponisten Thomas Morley (1597) überlieferte Bezeichnung „Gregory Walker".

[17] Ein (afro-)amerikanisches Charakteristikum besteht in Mills' Stück überdies in der starken Kontrastierung von Phrase und Gegenphrase des hier zitierten Viertelsatzes im Sinne eines Call and Response. Das Call-and-Response-Pattern begegnet, möglicherweise als unbewusste Reflexion von Shanties und afroamerikanischen Work Songs, auch in den Trio-Zwischenspielen vieler Sousa-Märsche, hier typischerweise als Beantwortung von Unisono-Phrasen der tiefen Instrumente durch oktavierende ‚Echos' oder akkordische Sätze der hohen Instrumente. Sousa, Sohn eines ehemaligen Schiffsdolmetschers und aufgewachsen im Umfeld des U. S. Marine Corps in Washington D. C., erfuhr seine Sozialisation in der Nähe sowohl zu afroamerikanischer als auch maritimer Kultur.

plagalen Pendels im Rahmen des Harmonisierungsmodells T | T | S | T, das jeweils der ersten Hälfte eines achttaktigen Perioden-Halbsatzes zugrunde liegt; die nicht mehr abgebildeten zweiten Viertelsätze artikulieren eine Ausweichung zur Dominante (die bei Mills mit Septime erscheint) nach dem Modell T | T | DD^7 | D$^{(7)}$.[18] In Holzmanns Stück ist die ‚sentimentalisierende' Differenzierung der plagalen Wendung durch die Einbeziehung der Mollsubdominante hervorzuheben.

Die Notenbeispiele 3a bis 3c mit Ausschnitten aus einem französischen und zwei deutschen Cakewalks der Jahre 1903 und 1904 belegen, wie getreu europäische Unterhaltungsmusikkomponisten die amerikanischen Vorbilder nachahmten. Besonders augenfällig ist die bereits von Steven Moore Whiting (1999: 297) konstatierte Ähnlichkeit zwischen Rodolphe Bergers *Joyeux nègres*, eines Stücks aus der erwähnten Pantomime gleichen Titels (das übrigens mit einer Widmung an Sousa veröffentlicht wurde), mit Holzmanns *Bunch o' Blackberries*; allerdings verzichtet Berger auf den Effekt der Subdominantvermollung. Auch Robert Vollstedts *Fidele Neger-Hochzeit*[19] beschränkt sich in den zitierten Passagen auf die Dursubdominante. Rudolf Nelson dagegen bedient sich in der Tanz-Episode seines Kabarettliedes *Meine kleine Braune* des plagalen Pendels wiederum in der Spielart mit Dur-Moll-Wechsel. Nelson gestaltet zudem die ersten beiden Takte als Tonika-Dominant-Pendel statt als Tonika-Fläche (mit einer sehr aparten Vorhaltsbildung im Dominantklang), so dass sich im Übergang zum dritten Takt die traditionell verpönte, jedoch für Blues-Kadenzen typische Folge Dominante-Subdominante ergibt. (Dass Nelson für Blues schon ein Bewusstsein hatte – haben konnte –, ist allerdings kaum anzunehmen.) Im Übrigen weichen alle Themen der Beispiele 3a bis 3c am Ende ihrer achttaktigen Vordersätze zur Dominante aus, wobei nur Nelson den zweiten Viertelsatz nach einem anderen harmonischen Schema anlegt als Mills und Holzmann: D^7 | D^7 | T$_3$-DD^7 | D^7.

Die spezielle afroamerikanische Konnotation, die der Old-Folks-Formel schon bei Foster anhaftet, wird durch den Cakewalk noch entschieden verstärkt. Einer näheren Untersuchung wert wäre die Frage, inwieweit sich die Behandlung rassistischer Stereotype in den Titeln, Titelbildern und Gesangstexten der europäischen Cakewalks, wo sie im Zeichen des Exotismus steht, von der amerikanischen Praxis unterscheidet. Die durch die Cakewalk-Welle beförderte Identifikation amerikanischer mit afroamerikanischer Charakteristik, die den Europäern weit weniger Schwierigkeiten bereitete als den Amerikanern, genauer: den weißen Amerikanern selbst, bezeichnet einen Problemkomplex, auf den einzugehen den Rahmen dieses Beitrags sprengen würde. In diesen Zusammenhang gehört auch die vertrackte Dialektik von Vereinnahmung und Abwehr in der ‚weißen' Rezeption ‚schwarzer' mu-

---

18 Zum Verhältnis dieses Fortschreitungstyps zu den Modellen Gregory Walker (siehe Anm. 16) und American Gregory Walker (I | IV-I | I | V ‖ I | IV-I | I-V | I) siehe van der Merwe 1989: 201f.

19 Dieses Stück wurde auch unter dem Titel *Eine vergnügte Negerhochzeit* publiziert.

sikalischer Ausdrucksformen. Zumindest sollte nicht verschwiegen werden, dass die Old-Folks-Formel in der anderen um 1900 als idealtypischer Ausdruck des amerikanischen Nationalcharakters aufgefassten Musik, den Märschen von Sousa, eher nur momenthaft aufscheint, und dann auch reduziert um das Merkmal der Synkopierung.[20] Bei Sousa scheint das Nationale generell eher durch die metaphorischen Reflexe amerikanischer Ideologie und der Vorstellung eines *Manifest Destiny* definiert zu sein als durch bestimmte feststehende musikalische Vokabeln.[21] So gehören zu den Trägern des national-ideologischen Gehaltes in Sousas Märschen der rhythmische Elan und der Gestus hemdsärmeligen Auftrumpfens, die Theatralik der linear-finalen Formdramaturgie sowie eine den kompositorischen (und sozialen) *melting pot* George Gershwins vorausahnende unverfroren eklektizistische Stil- und Genremischung.

IV

In Claude Debussys *Little Nigar* und *Golliwogg's Cakewalk* wird die Old-Folks-Formel aufgegriffen und zugleich schon impressionistisch überformt (siehe die Notenbeispiele 4a und 4b).[22] Im jüngeren Stück, *The Little Nigar*, geschieht das auf relativ einfache Weise: In der Begleitung einer zur Pentatonik tendierenden Melodie, die für sich genommen das Gregory-Walker-Modell durchscheinen lässt, umspielt eine konsequent chromatisch geführte Kleinterzmixtur zunächst den Grundton *d* und die Terz *f* des Septakkords der Subdominantparellele (ii^7), berührt flüchtig die Molltonika und die Mollsubdominante und mündet endlich modellkonform in die Dominante. (Vergleichbare Divergenzen zwischen tatsächlicher und melodisch implizierter Harmonisierung werden später Kurt Weills Songstil prägen.)

Sehr viel komplexer ist die Lösung in *Golliwogg's Cakewalk*. Der größte Teil des insgesamt sechzehntaktigen Kopfthemas ist hier auf einen durchbrochenen Quintbordun der Tonika (Es-Dur) gestellt, der durch ein jeweils nachschlagendes *f* zu einem dreistimmigen Quintenakkord erweitert wird. Im Mittel- und Oberstimmensatz beginnt der Abschnitt, entgegen der melodischen Implikation eines Domi-

---

20 Siehe vor allem den ersten Trio-Teil des Marsches *Manhattan Beach* von 1893 mit einer pentatonischen Melodiepassage über der modalen Harmoniefolge I | IV | vi | IV. Kaum zufällig zitiert Rodolphe Berger gerade diese Stelle in seinen *Joyeux nègres*. Siehe ferner den A-Teil in Sousas Marsch *The Bride Elect* (auf Themen der gleichnamigen Operette) von 1897.
21 Siehe aber die Prominenz des Call-and-Response-Patterns bei Sousa (siehe Anm. 17) und dessen möglicherweise afroamerikanisch inspirierten breakartigen bass runs. (Van der Merwe 1989: 283)
22 Saties *Diva* und *Piccadilly* stehen, ihrer Zweckbestimmung entsprechend, der Idiomatik ihrer Vorbilder ungleich näher. Dabei fungiert als harmonisches ‚Amerikanismus-Signal' in diesen Stücken neben der plagalen Wendung (die in *La Diva* zu ii^7-I^6 variiert wird) in hervorstechender Weise das Akkordpendel I-vi (T-Tp). Van der Merwe (1989: 279) erkennt in dieser harmonischen Vokabel ein typisches Merkmal des frühen Ragtime, das z. B. in William H. Krells *Mississippi Rag* von 1896 anzutreffen ist.

nantseptakkords (B^7), mit der Mollsubdominante als halbverminderten Septakkord (°ii^7) auf *f*, dem obersten Ton der Bordunschichtung. Der Begleitklang in T. 12f. entspricht einem Es-Dur-Akkord mit None: Die harmonische Variante T-S-s-T der Old-Folks-Formel erscheint somit zunächst auf die plagale Wendung s-T reduziert; die Folge S-s wird aber in Takt 14f. gleichsam nachgereicht. Die Melodie prägt bis T. 15 eine Form der Pentatonik aus; dabei handelt es sich aber nicht um die konventionsgemäß zu erwartende Es-Dur-Pentatonik (*es-f-g-b-c*), sondern um einen auf die Subdominante beziehbaren Modus mit der Terz als chromatischer Doppelstufe: *as-b-ces/c-es-f*. Vom *ces* abgesehen, unterscheidet sich dieses Material von der Es-Dur-Pentatonik lediglich durch die Einbeziehung von *as* statt *g*. In T. 10f. erklingt der subdominantische Fünftonmodus in der Variante mit *ces* als harmonisches Total. In T. 12 tritt in der Melodie *c* an die Stelle von *ces* und in der Begleitung *g* an die Stelle von *as*, so dass das subdominantische fünftönige as-Moll-Feld in die Es-Dur-Pentatonik umschlägt. In T. 14 wird wiederum das subdominantische Feld restituiert, und zwar zunächst in Dur, also im strengen Sinne tatsächlich als pentatonische Struktur.

Die Ähnlichkeit zwischen dieser Passage und einigen prominenten Stellen in Weill-Songs ist schlagend. Der über der bordunartig behandelten Gerüstquinte der Tonika installierte Dreiklang oder Septakkord der zweiten Stufe bzw. Subdominantdreiklang mit Sixte ajoutée, den Debussy in T. 10f. und T. 15 in der Mollform, in T. 14 in der Durform einsetzt, gehört zu den Standardvokabeln des Weill'schen Songstils. Im Refrain des *Bilbao-Songs* aus *Happy End* (siehe Notenbeispiel 5a) wird dieser „Moritat-Akkord"[23] in einer typischen Songstil-Wendung von der Durform in die Mollform überführt, der sich dann die Tonika anschließt[24] – entsprechend der Differenzierung der Old-Folks-Formel durch Vermollung der Subdominante und wie in T. 14f. von *Golliwogg's Cakewalk*. Der Bordun erscheint hier, wie meistens bei Weill, in einen Wechselbass aufgelöst; das Tenorsaxophon und eine der Mittelstimmen des Klaviersatzes bereichern die Harmonik um einige diatonische und chromatische Wechselnoten.

Im ersten Klang des Songs *Surabaya-Johnny* aus demselben Bühnenwerk und ebenfalls in Es-Dur (siehe Notenbeispiel 5b) sind die Verhältnisse des Moritat-Akkords gewissermaßen umgekehrt: Nicht die ii. Stufe steht hier auf einem Quintbordun der Tonika, sondern die Tonika auf einem Bordun der ii. Stufe; dadurch ergibt sich in der harmonischen Vertikalen von T. 1–5 das Total der Es-Dur-Pentatonik, das alle Melodietöne dieses Abschnitts in sich aufhebt. Über beibehaltenem Bordun folgt eine plagale Wendung mit einer durch Alteration der Quinte im Septakkord der ii. Stufe dargestellten Subdominantvermollung. Wie in *Golliwogg's Cakewalk* (T. 13f.) genügt im Übergang von Takt 5 zu 6 der Austausch von *g* ge-

---

23 Begriffsprägung in Faßhauer 2007: 114–117.
24 Für weitere Beispiele siehe Faßhauer 2007: 120–124.

gen *as*, um von einem tonikalen zu einem subdominantischen diatonischen Feld zu ‚modulieren'; allerdings fehlt dem letzteren zur vollständigen Pentatonik das *b*. Die melodische Synkopierung, sofern man überhaupt von einer solchen sprechen will, beschränkt sich auf die Deklamation der Phrasenenden in T. 4 und T. 8 in Viertelnoten.

Zusammenfassend lässt sich sagen, dass einige in ihrer wechselseitigen Abhängigkeit sehr charakteristische Merkmale der Behandlung der Old-Folks-Formel durch Weill, wie die Borduntechnik, die Stufenschichtung, der Moritat-Akkord und der vertikale Gebrauch der Pentatonik mit seiner Beziehung zur Quarten- und Quintenharmonik, in *Golliwogg's Cakewalk* vorweggenommen sind. Über den genauen Umfang der Debussy-Rezeption Weills lässt sich zwar nur spekulieren; die Vermutung jedoch, dass er sich mit *Golliwogg's Cakewalk* intensiver befasst haben könnte, wird auch durch seine ironische Haltung zur akustischen Identität des halbverminderten Septakkords mit dem Tristan-Akkord genährt, wie sie insbesondere in der *Zuhälterballade* aus der *Dreigroschenoper* vorscheint. (Faßhauer 2007: 131) Sowohl Debussy in *Golliwogg's Cakewalk* als auch Weill in der *Zuhälterballade* spielen mit der erhabenen und der trivialen Kodierung dieses Klangs ein parodistisches Spiel.

V

Die impressionistische Anverwandlung von Cakewalk und Ragtime war keine Einbahnstraße. Ab den frühen 1920er Jahren finden sich impressionistische Momente, wie Quarten-, Sept- und Nonakkordmixturen sowie Ganztönigkeit, in amerikanischer populärer Musik wieder: in dem auf Effekt angelegten, auf dem Ragtime basierenden sogenannten Novelty-Piano-Stil, der Gershwin stark beeinflusst hat, in Broadway- und Tin-Pin-Alley-Songs sowie in Paul Whitemans „sinfonischem Jazz". Darius Milhaud würdigte diese Entwicklung in seinem Aufsatz *L'Évolution du jazz-band et la musique des nègres d'Amérique du nord* von 1923, der 1925 in deutscher Übersetzung auch in den *Musikblättern des Anbruch* erschien:

> „Die Akkordfolge von Dominant-Septimen und -Nonen, die noch im Jahre 1900 so überraschten, werden gegenwärtig in den letzten Modetänzen, beispielsweise in ‚Ivy' von Jones und Jimmy Johnson, allgemein verwendet. Kein Zweifel, daß in einigen Jahren die polytonalen und atonalen Harmonien zu dem geläufigen Bereiche der Tänze gehören werden, welche den Shimmys von 1920 folgen; so finden wir beispielsweise schon den reinen Dur- und Moll-Akkord gleichzeitig verwendet, wie in ‚Kitten on the Keys' von Zez Confrey." (Milhaud 1925: 203)

Im Refrain des von Milhaud genannten Songs *Ivy* von 1922 (siehe Notenbeispiel 6a) wird der Tonika-Nonakkord mit blue seventh chromatisch verschoben, so dass im dritten Takt die Doppeldominante erreicht wird. Diese Mixtur wirkt für das

Genre umso gewagter, als sie sich nicht als bloße koloristische Umschreibung der nächstliegenden Harmonisierung der Melodie mit zwei Takten Dominante und zwei Takten Tonika auffassen lässt. Derselbe Song beginnt mit einer glockenartig aufsteigenden pentatonischen Folge von Quinten und Quarten, die sich fast wie eine beschleunigte Variante des Anfangs von Debussys Prélude *La Cathédrale engloutie* ausnimmt (siehe Notenbeispiel 6b; die Passage entspricht den Schlusstakten des Refrains). Im dritten Takt prolongiert auf bereits klischeehafte Weise ein Mixtursatz verminderter Dreiklänge die Tonika über einem Orgelpunkt.

Auch die zweite von Milhaud erwähnte Komposition exponiert am Anfang das Quartintervall: *Kitten on the Keys*, das 1921 publizierte Paradestück des Novelty-Piano-Stils (siehe Notenbeispiel 6c). Quartenketten wie jene, die hier ein Fauxbourdon-Gerüst ausschmückt und verschleiert, sind für die Novelty-Gattung überhaupt typisch. (Riddle 1985: 290) Milhaud erwähnt *Kitten on the Keys* allerdings nicht wegen dieser offensichtlich impressionistisch inspirierten Eigenheit, sondern als Beispiel für die parallele Verwendung von Dur- und Mollterz, die er bemerkenswerterweise nicht als die bluestonale Erscheinung identifiziert, die sie ist, sondern die er unausgesprochen als Reflex auf die Polytonalität, d. h. eigentlich die Polymodalität (die Gleichzeitigkeit verschiedener auf denselben Grundton bezogener Modi) der europäischen Musikmoderne deutet. Diese historisch irrige Auffassung wirft immerhin Licht auf eine bedeutsame Gemeinsamkeit zwischen bestimmten Erscheinungsformen europäischer artifizieller und amerikanischer populärer Musik: den Gebrauch modaler Tonalität, und zwar nicht allein in Gestalt der Pentatonik. Die Blues-Skala ermöglicht Wendungen in Dur, Moll, Dorisch und Mixolydisch sowie polymodale Kombinationen, bei Einbeziehung der flatted fifth, die zur übermäßigen Quarte enharmonisch umgedeutet werden kann, darüber hinaus auch oktatonische und lydische Formulierungen. Zwischen dem Blues und der Modalität der artifiziellen Musik besteht somit eine – historisch zufällige – Affinität.[25]

Quasi-impressionistische Mixtursätze waren auch der europäischen jazzorientierten Musik bald geläufig, wie z. B. der Abschnitt über „Sept- und Nonen-Ketten" in Alfred Baresels *Neuem Jazzbuch* belegt. (Baresel 1929: 40) In Weills Berliner Songstil spielen solche Fortschreitungen, im Unterschied zu seiner frühen artifiziellen Musik, aber nur eine untergeordnete Rolle; als Gestaltungsmittel populärer Musik treten sie erst in seinen amerikanischen Werken in größerer Zahl auf. Eine auffällig ausgedehnte Mixturpassage findet sich allerdings im *Tango Angèle* aus dem Operneinakter *Der Zar läßt sich photographieren* von 1927, dessen Handlung bezeichnenderweise in Paris angesiedelt ist (siehe Notenbeispiel 7).[26] Es handelt sich

---

25 Zu weiteren Berührungspunkten zwischen Impressionismus und Jazz siehe Helbing 2008: 84 (Anm. 141).
26 Der *Tango Angèle* begleitet in der Oper als diegetisches Instrumentalstück, nämlich abgespielt von einer eigens aufgenommenen Grammophonplatte, den Gesang der Bühnenfiguren.

hier um die chromatische Aufwärtsverschiebung eines verminderten Dreiklangs als Begleitung einer in F-Dur bzw. d-Moll beginnenden und über f-Moll und c-Moll nach a-Moll gewendeten instrumentalen Melodie (die im Notenbeispiel weggelassenen Gesangsphrasen verwenden überwiegend Töne, die in der Mixturschicht aufgehoben sind). Gebrochen wird die Automatik der Mixtur durch die Variabilität des harmonischen Rhythmus und die Quintverbindung zu T. 31, die vom gleichzeitigen Wechsel der Umkehrungsform des verminderten Dreiklangs verschleiert wird. Im Übrigen jedoch erinnert diese Fortschreitung in ihrer unerbittlichen Konsequenz an manche Stellen in Milhauds Werken *Le Bœuf sur le toit* von 1919 und *Saudades do Brazil* [recte: Brasil] von 1920.[27]

Ein Unterschied besteht aber in der Kontrolle des Zusammenklangs von Melodie und mechanisierter Begleitung bei Weill, wie sie ähnlich auch die Mixtur in Debussys *Little Nigar* auszeichnet, während Milhaud das harmonische Resultat solcher satztechnischen Schichtungen oft schlicht dem Zufall überlässt: Die instrumentale Melodie der in Notenbeispiel 7 zitierten Passage ergänzt den parallel verschobenen verminderten Dreiklang zum verminderten, halbverminderten oder kleinen Dur-Septakkord oder steht im Verhältnis einer großen Septime bzw. kleinen None zu einem der Dreiklangstöne. Die über elf Takte unaufgelöste Spannung dieser schwülen Betörungsklänge und der zielgerichtete, dabei aber jeweils unterschiedlich dosierte Anstieg in der melodischen und der Mixturschicht fungieren im Sinne einer bildhaften Vorwegnahme des dem Zaren von der falschen Fotografin Angèle verheißenen Geschlechtsverkehrs. In der Kadenz (T. 37–40) wird das Mixturmodell erneut durchbrochen: Beide Schichten treffen in T. 38 zunächst in einem dominantischen E-Dur-Septakkord zusammen, doch wird die Auflösung nach a-Moll in der Mixturschicht durch Interpolation einer neuerlichen, aber nicht einheitlich halbtönigen Parallelverschiebung hinausgezögert, so dass Melodie und Mixtur ihren jeweiligen Ziel- bzw. Höhepunkt (was wiederum metaphorisch verstanden werden kann) ungleichzeitig erreichen.

Der in T. 39 anstelle des von Melodie und Bass implizierten a-Moll-Klangs real erklingende verminderte Septakkord greift mit der dorischen Sexte *fis* und der lydischen Quarte *dis* dem nachfolgend einsetzenden Thema und seiner tonalen Behandlung gleichsam vor: Dieses wird, während es in T. 41f. mit der angekoppelten Unterstimme ein pentatonisches A-Dur ausprägt, von der Begleitung lydisch beleuchtet. Auch in dieser Hinsicht nähert sich Weill Milhaud: Jeremy Drake identifiziert Lydisch als Milhauds bevorzugten Modus. (Milhaud 1982: 33, Anm. 6)

Partitur und Stimmen des Tangos sind verschollen. Siehe zu diesem Stück auch Grosch 1999: 137–144.
27 Zum Verhältnis Milhaud-Weill in Bezug auf die Kompositionstechnik siehe ausführlicher Faßhauer 2013.

VI

Im März 1925 wurde in Monte Carlo *L'Enfant et les sortilèges* von Colette und Maurice Ravel uraufgeführt, eine Oper, deren Stoff ihr Komponist „dans l'esprit de l'opérette américaine" behandelt haben wollte.[28] (Das in diesem Werk verarbeitete Motiv zum Leben erweckter Gegenstände und seine kindliche Perspektive erinnern an Kurt Weills und Wladimir Boritschs Pantomime *Zaubernacht* von 1921; allerdings erlaubt dieser Umstand kaum die Folgerung, dass Ravel und Colette *Zaubernacht* gekannt haben könnten, sondern belegt eher den Topos-Charakter des Sujets.)[29] Im ersten Teil von *L'Enfant* gestaltet Ravel das Duett einer englischen Teekanne und einer chinesischen Teetasse als einen gerade in seiner idiomatischen Zurückgebliebenheit verblüffend weillisch klingenden, etwas steifen Foxtrott.[30] Der Quasi-Refrain dieses Stücks (ab Ziffer 31), im Gestus sehr ähnlich dem Hauptteil des bereits erwähnten Foxtrotts aus Weills *Royal Palace*,[31] spielt mit der von Dahlhaus beschriebenen Ambivalenz musikalisch-nationaler Charakterisierungen: Die Pentatonik transportiert hier sowohl amerikanische als auch, unterstützt durch die Auflösung einer anfänglichen syntaktischen und harmonisch-tonalen Regularität, chinesisch-ostasiatische Assoziationen. Der primär ‚amerikanische' Kopf des Refrains erscheint zunächst mit einer nahezu konventionellen Dominant-Tonika-Begleitung der F-Dur-Melodie; das Eintreten der Subdominante ist einerseits Reminiszenz an die Old-Folks-Formel, markiert andererseits aber schon den Umschlag in einen eher ‚asiatischen', auf modale Harmonik gestützten Tonfall, der kurz darauf mit dem Erscheinen einer emphatischen Doppeldominante wieder zurückgenommen wird: Die asiatische Episode entpuppt sich als Einschub in eine fernöstlich kolorierte westliche Tanzmusik-Periode. In einem instrumentalen Zwischenspiel (nach Ziffer 33) werden, gleichsam à la Milhaud, die Refrain-Melodie und der Komplex der ‚Strophe' ohne tonale Angleichung vertikal zusammenmontiert, so dass F-Dur mit As-Dur bzw. as-Moll und später Ces-Dur (definiert durch ein plagales Pendel mit der Mollsubdominante) gleichzeitig erklingt.

Auch außerhalb der amerikanistischen Sphäre lassen sich bei Ravel Stellen aufweisen, die durch die Nähe zu Weills Songstil stutzig machen. Dazu gehört die in Notenbeispiel 8 gezeigte Passage aus dem zweiten Satz seines Streichquartetts von 1903. Ohne auf eine bestimmte Form populärer Musik anzuspielen, prägt sie mit der in korrespondierende Hälften gegliederten Oberstimmenmelodie und der formelhaft-ostinaten Begleitung einen liedhaft-tänzerischen Charakter aus. An

---

28 *Une esquisse autobiographique de Maurice Ravel* (Erstdruck 1938), in: Ravel 1989: 43–47 (hier: S. 46). Siehe auch das Interview mit Ravel in *Le Gaulois* (20.3.1925), in: Ravel 1989: 348–350 (hier: S. 349).
29 Siehe z. B. auch Čajkovskijs *Nussknacker* und Debussys *La Boîte à joujoux*.
30 Für eine Analyse dieses Stücks im Kontext der zeitgenössischen französischen Jazz-Rezeption siehe Bleek 2010.
31 Siehe die Analyse in Faßhauer 2007: 89–102.

Weill erinnert dabei das expressive Abspringen der Melodie in den betonten Endton der zweiten Phrase,[32] vor allem aber die damit einhergehende Kadenzwendung: Nach einem Pendelausschlag der Tonika cis-Moll (mit der dorischen Sexte *ais* als Wechselnote) zur dorischen Subdominante Fis-Dur in T. 14 (eine Erinnerung an den Passamezzo moderno/Gregory Walker?)[33] erklingt in T. 16 ein Septnonakkord der phrygischen III. Stufe (E-Dur), der die bei gegebener Melodie zu erwartende Dominante (Gis-Dur) als Halbschluss-Stufe vertritt. Eine typische Form des ‚Trug-Halbschlusses' in Weills Songstil besteht demgegenüber in der Harmonisierung des fünften Tons der Skala mit der Doppel-Mollsubdominante (der Melodieton wäre dann als Sixte ajoutée zu betrachten) beziehungsweise, bei Verschiebung der musiktheoretischen Perspektive, mit dem Septakkord der phrygischen fünften (°v.) Stufe (der Melodieton wäre dann Grundton).[34] Von dieser Umkehrung eines halbverminderten Septakkords (das wäre im gegebenen Fall *gis/h/d/fis*) unterscheidet sich Ravels Lösung nur durch die Substruktion einer weiteren Terz (*e*).

Volker Helbing zeigt anhand des dritten der *Valses nobles et sentimentales* (1911), wie Ravel ein elementares Strukturmodell der populären Musik der Belle Époque, die Verbindung von (Dur-)Tonika und Dominante bei konstanter Präsenz des sechsten Skalentons der Melodie, dergestalt entwickelt, dass sich kontrapunktische „Hierarchien zwischen Substanz und Akzidens" in pentatonischen Feldern und Quartenschichtungen verlieren und „die Grenze zwischen ‚Dur' und Äolisch in hohem Maße durchlässig" wird. (Helbing 2008: 78f.; 86–87) Dieses ‚Weiterdenken' der insbesondere für den Wiener Walzer typischen diatonischen ‚Ajoutierungsharmonik' berührt sich mit Debussys Feldtechnik in *Golliwogg's Cakewalk* und den entsprechenden Phänomenen bei Weill; der Moritat-Akkord selbst lässt sich in seiner pentatonischen Dur-Variante als Aufhebung der drei harmonischen Hauptfunktionen mit ihren charakteristischen Ajoutierungen beschreiben. „Figuren, die an die traditionellen Kategorien Vorhalt, Wechselnote, superiectio oder subsumptio anknüpfen, lassen eine klare Unterscheidung zwischen ‚Dissonanz' und konsonantem Bezugston nur selten unmißverständlich erkennen", schreibt Helbing in Bezug auf Ravel (Helbing 2008: 87), und diese Aussage erweist sich u. a. auch für die Melodie und die Saxophon-Drehfigur in Notenbeispiel 5a sowie die Motivik im zweiten Teil der *Ballade vom angenehmen Leben* aus der *Dreigroschenoper* als zutreffend.[35] Die satztechnischen Parallelen zu Ravel beim Umgang mit bestimmten Schemata der populären Musik sind bei Weill offensichtlich; ein direkter Einfluss

---

32 Vgl. etwa die *Ballade vom angenehmen Leben* und das *Liebeslied* (aus der *Dreigroschenoper*) sowie die Heilsarmeehymnenparodie In der Jugend gold'nem Schimmer (aus *Happy End*).
33 Die Fortsetzung in T. 17–20 löst allerdings nicht die Erwartung eines komplementären Nachsatzes ein, sondern ist wörtliche Wiederholung mit vertauschten Stimmen und Oktavlagen.
34 Siehe z. B. die *Dreigroschenoper*-Songs Seeräuberjenny (erstmals T. 11f.), Zuhälterballade (erstmals T. 33f., mit zusätzlichem „falschem Bass") und *Ballade vom angenehmen Leben* (erstmals T. 3).
35 Für eine Analyse des letztgenannten Abschnitts siehe Faßhauer 2013: 355–357.

Ravels lässt sich indessen so wenig nachweisen wie eine bewusste Anlehnung Weills an Debussy.

VII

Die „Verfremdung" – dieser Begriff sei hier losgelöst von der Theorie des Epischen Theaters gebraucht – urbaner Tanzmusik durch satztechnische Mittel aus dem Repertoire des impressionistischen bzw. frühmodernen Komponierens, wie Quartenharmonik, Ganztönigkeit, Mixturtechnik, modale und polymodale Tonalität sowie tonale Schichtungen, lässt sich als eine originär französische Idee bestimmen, und ihre Aneignung durch Weill ab 1926 konstituiert dessen spezielle ‚French Connection'.[36] Der französische Einfluss bei Weill zeigt sich also nicht so sehr in der Anwendung ursprünglich impressionistischer Mittel als solcher; Weills Gebrauch von Quarten- und Ganztonharmonik etwa dürfte zunächst vermutlich mehr durch seine Schönberg- als seine Debussy-Rezeption vermittelt gewesen sein. Entscheidend ist vielmehr die Applizierung solcher Verfahren auf populäre Formen. Eine historische Ironie besteht in der großen Verzögerung, mit der Weill gegenüber seinen französischen und zum Teil auch mitteleuropäischen Kollegen, wie Hindemith, Schulhoff und Krenek, dieses Konzept aufgriff. Denn die avantgardistische Überformung von Ragtime und Foxtrott hatte inzwischen längst begonnen, in einer Art transkontinentalen Austauschprogramms ‚Rhythmus gegen Harmonik' auf das Ursprungsland dieser Gattungen zurückzuwirken und mit autochthonen, in Europa noch kaum zur Kenntnis genommenen Entwicklungen zu verschmelzen, so dass Weill 1937 feststellen konnte, die populäre Musik der USA, seiner neuen Heimat, befände sich auf einem „höheren Niveau" als „die flache, unzeitgemäße populäre Musik anderer Länder". (Weill 2000a: 159f.) Dabei dürfte er vor allem jene beiden Nationen im Sinn gehabt haben, mit deren Musikleben er am engsten vertraut war: Deutschland und Frankreich.

Literatur

Arndt, Jürgen (1995): Tango und Technik. Kurt Weills Rezeption des „Amerikanismus" der Weimarer Republik. In: Werner Keil (Hg.), *Musik der zwanziger Jahre (Hildesheimer musikwissenschaftliche Arbeiten 3)*, Hildesheim u. a., S. 42–58.
Baresel, Alfred (1929): *Das neue Jazzbuch. Ein praktisches Handbuch für Musiker, Komponisten, Arrangeure, Tänzer und Freunde der Jazzmusik.* Leipzig.

---

36 Daneben müssen als mögliche und wahrscheinliche Vorbilder Weill'scher Populärmusikverfremdungen auf jeden Fall Gustav Mahlers überzeichnete Marsch-Intonationen, eventuell auch Richard Strauss' *Rosenkavalier*-Walzer in Betracht gezogen werden.

Bierley, Paul Edmund (2006): *The Incredible Band of John Philip Sousa.* Urbana und Chicago.
Bleek, Tobias (2010): „... eine Art chinesisch kostümierter Blues". Maurice Ravels ‚Foxtrott' aus L'Enfant et les sortilèges im kulturellen Kontext. In: Tobias Bleek/Camilla Bork (Hg.), *Musikalische Analyse und kulturgeschichtliche Kontextualisierung. Für Reinhold Brinkmann,* Stuttgart, S. 87–115.
Caddy, Davinia (2007): Parisian Cake Walks. In: *19th-Century Music, 30 (3),* S. 288–317.
Dahlhaus, Carl (1980): Nationalismus und Universalität. In: Ders., *Die Musik des 19. Jahrhunderts (Neues Handbuch der Musikwissenschaft 6),* Wiesbaden, S. 29–34.
Debussy, Claude (1982): *Monsieur Croche. Sämtliche Schriften und Interviews.* Hg. von François Lesure, übersetzt von Josef Häusler. Stuttgart.
Erwe, Hans-Joachim (1995): „Kakophonisierter Jazz von unerhörter Brutalität ...". Foxtrott, Ragtime und Shimmy bei Paul Hindemith. In: Keil (s. unter Arndt), S. 11–41.
Farneth, David mit Elmar Juchem und Dave Stein (2000): *Kurt Weill. Ein Leben in Bildern und Dokumenten.* Berlin.
Faßhauer, Tobias (2007): *Ein Aparter im Unaparten. Untersuchungen zum Songstil von Kurt Weill.* Saarbrücken.
Faßhauer, Tobias (2013): Die Kunst der falschen Noten. Zur Technik der tonalen Schichtung bei Darius Milhaud und Kurt Weill. In: Jürgen Hillesheim (Hg.), *Verfremdungen. Ein Phänomen Bertolt Brechts in der Musik,* Freiburg i. Br. u. a., S. 335–371.
Gordon, Eric A. (1989): *Mark the Music. The Life and Work of Marc Blitzstein.* New York.
Grosch, Nils (1999): *Die Musik der Neuen Sachlichkeit.* Stuttgart und Weimar.
Helbing, Volker (2008): *Choreographie und Distanz. Studien zur Ravel-Analyse,* Textband. Hildesheim u. a.
Klemperer, Victor (1996): *Curriculum vitae. Erinnerungen 1881–1918,* Bd. 1. Berlin.
Martin, Denis-Constant und Roueff, Olivier (2002): *La France du jazz. Musique, modernité et identité dans la première moitié du XXe siècle.* Marseille.
McKinley, Ann (1986): Debussy and American Minstrelsy. In: *The Black Perspective in Music, 14 (3),* S. 249–258.
Milhaud, Darius (1925): Die Entwicklung der Jazz-Band und die nordamerikanische Negermusik. In: *Musikblätter des Anbruch, 7 (4),* S. 200–205 (französische Originalfassung in Milhaud 1982: 99–105).
Milhaud, Darius (1982): *Notes sur la musique. Essais et chroniques.* Hg. von Jeremy Drake. Paris.
Perloff, Nancy (1991): *Art and the Everyday. Popular Entertainment and the Circle of Erik Satie.* Oxford.
Ravel, Maurice (1989): *Lettres, écrits, entretiens.* Hg. von Arbie Orenstein. Paris.
Riddle, Ronald (1985): Novelty Piano Music. In: John Edward Hasse (Hg.), *Ragtime. Its History, Composers, and Music,* New York, S. 285–292.
Van der Merwe, Peter (1989): *Origins of the Popular Style. The Antecedents of Twentieth-Century Popular Music.* Oxford.
Von der Linn, Michael (2003): Jonny, Mahagonny, and the Songs of Tin Pan Alley. In: Hermann Danuser/Hermann Gottschewski (Hg.), *Amerikanismus – Americanism – Weill. Die Suche nach kultureller Identität in der Moderne,* Schliengen, S. 160–170.

Weill, Kurt (2000): *Briefe an die Familie (1924–1950)*. Hg. von Lys Symonette und Elmar Juchem. Stuttgart u. Weimar.

Weill, Kurt (2000a): Oper in Amerika (Typoskript, 1937). In: Ders., *Musik und musikalisches Theater. Gesammelte Schriften. Mit einer Auswahl von Gesprächen und Interviews*, hg. von Stephen Hinton und Jürgen Schebera unter Mitwirkung von Elmar Juchem, Mainz, S. 155–161.

Whiting, Steven Moore (1999): *Satie the Bohemian. From Cabaret to Concert Hall*. Oxford u. a.

Anhang: Notenbeispiele

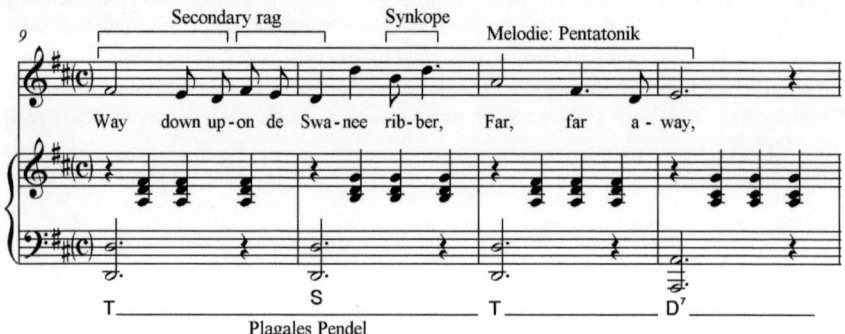

Notenbeispiel 1: Stephen C. Foster, *Old Folks at Home* (New York: Firth, Pond & Co. 1851).

Notenbeispiel 2a: Kerry Mills, *At a Georgia Campmeeting* (New York: F. A. Mills 1897).

Notenbeispiel 2b: Abe Holzmann, *Bunch o' Blackberries* (New York: Feist & Frankenthaler 1899).

Notenbeispiel 3a: Rodolphe Berger, *Joyeux nègres* (1903), zitiert nach Whiting 1999: 298.

Notenbeispiel 3b: Robert Vollstedt, *Eine fidele Neger-Hochzeit* op. 215 (1903), zitiert nach *Hundertundelf Tänze der beliebtesten Componisten* (Hamburg: A. J. Benjamin o. J.), S. 40f.

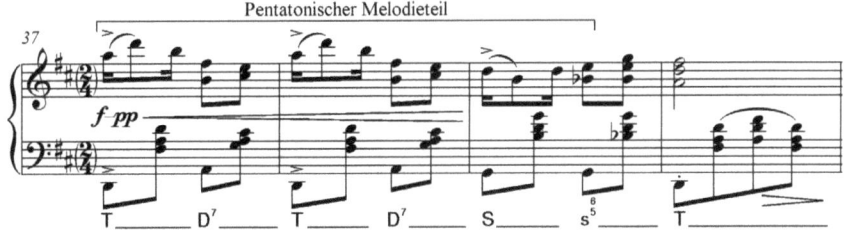

Notenbeispiel 3c: Rudolf Nelson, *Meine kleine Braune* (Berlin: Harmonie 1904).

Notenbeispiel 4a: Claude Debussy, *The Little Nigar* (1909).

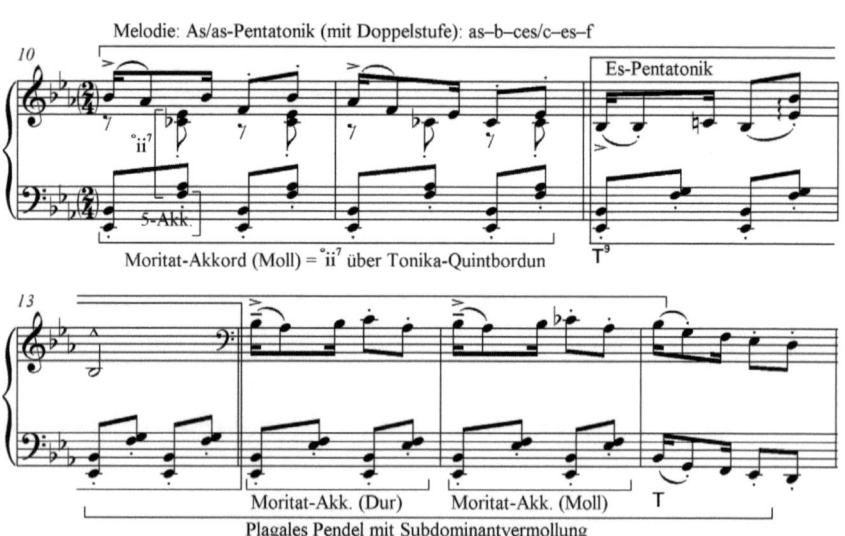

Notenbeispiel 4b: Claude Debussy, *Golliwogg's Cakewalk* (*Children's Corner*, 1906–8), dynamische Bezeichnungen weggelassen.

Amerikanismus bei Weill 59

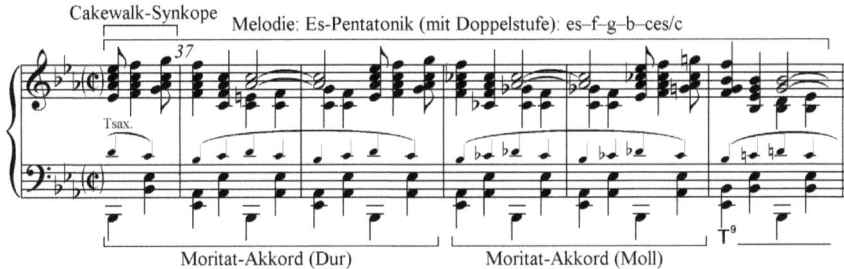

Notenbeispiel 5a: Kurt Weill, „*Bilbao-Song*" (*Happy End*, 1929), Klavierstimme, ergänzt um Stichnoten der Tenorsaxophonstimme.

Notenbeispiel 5b: Kurt Weill, „*Surabaya Johnny*" (*Happy End*), Klavier- und Singstimme (Text von Bertolt Brecht).

Notenbeispiel 6a: Isham Jones und Jimmy Johnson (Musik), Alex Rogers (Text), *Ivy* (New York: Irving Berlin Inc. 1922), Beginn des Refrains.

Notenbeispiel 6b: *Ivy*, Einleitung.

Notenbeispiel 6c: Zez Confrey, *Kitten on the Keys* (New York: Jack Mills Inc. 1921), Einleitung.

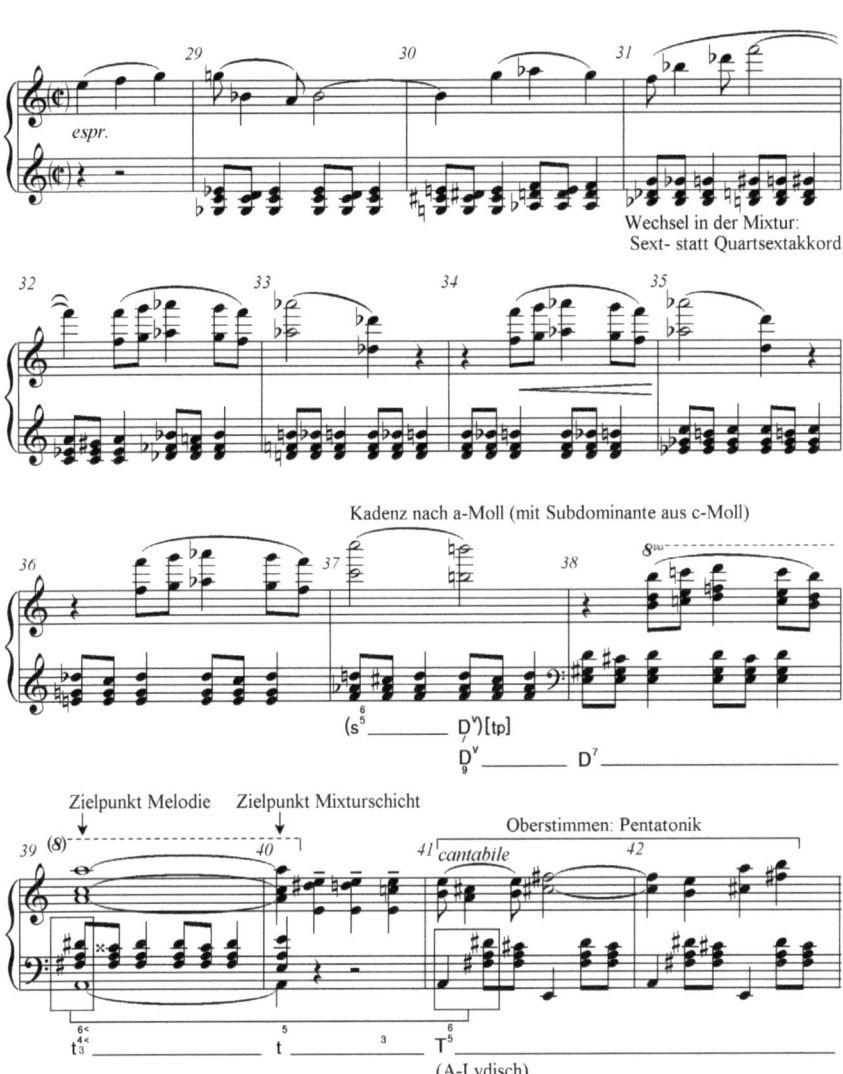

Notenbeispiel 7: Kurt Weill, *Tango Angèle* (*Der Zar läßt sich photographieren*, 1927), Klavierauszug, Singstimmen weggelassen.

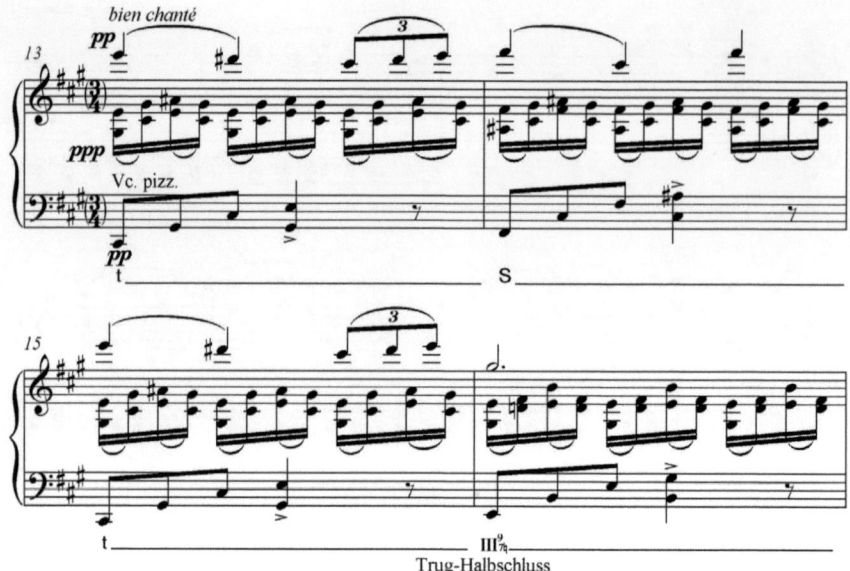

Notenbeispiel 8: Maurice Ravel, *Streichquartett* (1903), Satz II.

(Durch-)Kreuzung von Traditionen
Zu Kurt Weills 2. Sinfonie (1933/34)

Hartmut Hein

Einen gattungsgeschichtlichen Standort der *Zweiten Sinfonie* Kurt Weills genauer zu lokalisieren, fällt gewiss nicht leicht. Zum einen stehen bekanntlich eine Reihe von gängigen Labeln für die Instrumentalmusik zwischen den Weltkriegen des 20. Jahrhunderts zur Verfügung, die sich gerade auch auf die Sinfonik übertragen lassen: Expressionismus, Neue Sachlichkeit, junge Klassizität, „classicisme" (in Frankreich) bzw. Neo-Klassizismus; hinzu käme noch ein konservativer spätromantischer Stil. Zum anderen entwickeln sich sogar spezifisch nationale Schulen weiter oder gar neu, lösen sich aber zugleich auch wieder auf durch Übernahmen internationaler Tendenzen in der Produktion wie Rezeption, im Zuge von Emigrationsströmungen, vielleicht auch in einer Art erstem Globalisierungsschub (der schon Ende des 19. Jahrhunderts einsetzt). Neben (Nord- und auch Süd-)Amerika dürfte dabei vor allem Paris bereits geographisch einen besonderen Kreuzungspunkt darstellen, an welchem verschiedenste Strömungen zusammenlaufen; die Frage ist sicherlich, was sich dort aus einer synoptischen Perspektive im Schnitt von Stilen herausbildet. Es ist interessant, die sinfonischen Produktionen dort und in Deutschland zunächst durchaus einmal recht oberflächlich zu vergleichen; in der folgenden Tabelle sind einige Sinfonien aus dem direkten Umfeld von Weills *Zweiter Sinfonie* aufgelistet, und ein synoptisches Hören der angeführten Satzanfänge macht eine durchaus zeittypische sinfonische ‚soundscape' um 1930 deutlich:

Komponist	*Werk*	*Enstehung*	*Sätze*	*UA*
Erwin Schulhoff (1894–1942)	Sinfonie Nr. 1 1. *Allegro ma non troppo*	1925	3: s-l-s[1]	1928
Emil Bohnke (1888–1928)	Sinfonie op. 16 2. *Straff*	bis 1928	4: m-s-l-s	1928
Albert Roussel (1869–1937)	Symphonie N° 3 g-Moll op.42 1. *Allegro vivo*	1929/30	4: s-l-m-s	1930
Arthur Honegger (1892–1955)	Symphonie N° 1 1. *Allegro marcato*	1929/30	3: s-l-s	1930

---

1   Tempi: (l)angsam, (m)ittel, (s)chnell; Kopfsatz evtl. mit langsamer Einleitung (*).

Sergej Prokofjew (1891–1953)	Sinfonie Nr. 4 C-Dur op. 47 1. Andante – Allegro eroico	1929/30	4: *s-l-m-s	1930
Virgil Thomson (1896–1989)	Symphony No. 2 in C 1. Allegro militaire	1931/32	3: s-l-s	1941
Kurt Weill (1900–1950)	Sinfonie [Nr. 2] 1. Sostenuto – Allegro molto	1933/34	3: *s-l-s	1934

‚Neue deutsche Sinfonik', die Weill 1928 noch in Berlin – in Uraufführungen mit dem Orchester der Staatsoper unter Erich Kleiber – kennenlernen konnte, stellte insbesondere die *Erste Sinfonie* des böhmischstämmigen, 1942 im KZ ermordeten Komponisten Erwin Schulhoff dar: Schulhoff näherte sich im Kopfsatz keineswegs bereits dem Jazz an (dieses Etikett wird heute zu sehr bei ihm akzentuiert), sondern klingt eher „impressionistisch" – man denke anfangs an Ravels *Daphnis et Chloë* und dann natürlich an Gamelanklang-Adaptionen bei Debussy; der Beginn des Finales aus Weills Sinfonie setzt mit ähnlichen gestisch-kreisenden Figuren vor einer Kampflied- oder Balladenton-Episode als Kernstück des Rondo-Refrains an (die den aus der Spätromantik bekannten Topos einer finalen „Choral-Apotheose" ersetzt). Ein rhythmisch-gestisches Grundprofil bildet auch im zweiten Satz von Emil Bohnkes einziger Sinfonie, seinem letzten Werk, den Gegenpol zu einem langsam bis mittelschnell einleitenden, im Ganzen mit „brütend" überschriebenen Satz, der sich deutlich an Reger und Schönberg orientiert. Ich halte es nicht für verfehlt, Bohnkes Quasi-Scherzo-Satz – die Sinfonie ist viersätzig – hier mit dem Allegro-Teil aus Weills Kopfsatz zu vergleichen, denn der Scherzo-Typus ist in dreisätzigen Sinfonien oft in einem oder beiden Ecksätzen aufgehoben. Bohnkes wie Schulhoffs Sinfonie markieren die vorhandene Stilvielfalt der Gattung in Berlin (es gab dort natürlich auch noch Erzromantisches, etwa von Hugo Kaun); in beiden gibt es allerdings eben auch jene „expressionistischen" Einflüsse, welche – auch über die dort überaus präsente „jeune école russe" – kennzeichnend für den Stand der Gattung in Paris erscheint. In Honeggers erster sowie Albert Roussels *Dritter Sinfonie* von 1930 etwa kreuzten sich bereits klassizistische und expressionistische Züge: Für Letztere steht gleich die prägnante Rhythmik der von Roussel eingangs als Basis seines Allegro-vivo-Hauptthemas exponierten Quasi-Ostinato-Figur, deren signifikanter Druck wie in Weills entsprechender Drehfigur im Kopfsatz (erst zu Beginn des Allegro molto) zwar stellenweise abgebaut wird oder erlischt, aber im weiteren Satzverlauf immer wieder hervorbricht. Ein solches herausstechendes, rhythmisch dominantes Grundelement findet sich auch in weiteren der 1929/1930 aus gegebenem Anlass – dem „50th Anniversary" des von Serge Koussevitzky geleiteten Sinfonieorchesters in Boston – von Komponisten der Pariser Szene als Auftragswerke geschriebenen Sinfonien (auch Strawinskijs *Psalmensinfonie* von 1930 gehört bekanntlich in diesen Kreis). Prokofjews *Vierte Sinfonie* etwa verwendet Material aus dem für die Pariser Ballets russes 1929 geschriebenen Ballett *L'Enfant prodigue* – mit der lyrischen Musik der langsamen Einleitung sowie dem motorischen Allegro-eroico-Thema des Sonatensatzes wird im Kopfsatz die Hauptfigur charakterisiert; über biographische Konnotationen könnte man in diesem Fall durchaus spekulieren: Inwieweit sich auch die Musik russischer und amerikanischer Paris-Einwanderer in die französische Ästhetik um 1930 fügte, kann nämlich auch anhand der *Zweiten Sinfonie* von Virgil Thomson gefragt werden (die Weill allerdings kaum gekannt haben dürfte, da sie erst 1941 in Amerika uraufgeführt wurde). Thomson studierte bei Nadia Boulanger, hatte Kontakt zur Groupe de Six, und man hört das vielleicht gerade der Trompetenweise zu Beginn an: Der Satz ist „Allegro militaire" überschrieben, der volkstümlich-schlichte Ton möglicherweise gezielte, aber harmlos-eingängige Parodie. Dass solche Trompetenweisen als zeittypischer musikalischer Topos kontinuierlich wiedererscheinen und gerade im Verbund mit den rhythmischen, ostinaten Klangflächen-Szenarien an Jahrmarktsmusik à la Strawinskijs *Pétrouchka* von 1910 erinnern, macht die Institution der Ballets russes zu einer durchgängigen Referenz Paris-orientierter sinfonischer Musik – letztlich auch bei Schulhoff und Weill. Es erscheint also trotz aller individuellen Unterschiede eine gewisse Homogenität der Klangfälle zumindest der zitierten Werke um 1930 – die sich zudem überwiegend ostentativ im Bereich einer C-Dur-Tonalität bewegen – durchaus attestierbar und damit eine Beschreibung von Kreuzungen individueller und zeittypischer Versatzstücke in der sinfonischen Klangsprache sinnvoll und – vielleicht am besten andernorts in einer entsprechenden, noch fehlenden Monographie – wünschenswert, um den gattungsgeschichtlichen Standort von Weills *Zweiter Sinfonie* sowie deren durchaus auch auf Werke seiner Zeitgenossen verweisenden intertextuellen Bezüge hinreichend bestimmen zu können.

Weills *Erste Sinfonie*, die 1920/21 in Berlin im Umfeld des Unterrichts bei Ferruccio Busoni entstand (und jenerzeit nicht aufgeführt oder veröffentlicht wurde), erscheint demgegenüber noch ganz auf dem Boden jener „deutschen" Tradition gewachsen, als deren Erbe und Fortentwickler sich bereits Arnold Schönberg mit seiner für Weill merklich als *ein* Vorbild dienenden *Kammersinfonie op. 9* verstand; die *Zweite Sinfonie* wirft aber bereits zehn Jahre später die Frage auf, was denn in den 1920er Jahren mit der Gattung und vor allem mit dem Komponisten geschehen ist. Eine Antwort auf den zweiten Teil der Frage liegt scheinbar nahe: Mit der Zuwendung zum Musiktheater, mit der Konzeption einer – zunächst hier noch nicht genauer als Faktor auch der orchestralen Vorstellungen Weills zu behandelnden – neuen Bühnenästhetik hatte sich der Komponist zwischenzeitlich fast vollständig aus dem Bereich der reinen oder vielmehr der so genannten „absoluten" Instrumentalmusik abgemeldet. Einzig das *Konzert für Violine und Blasorchester op. 12* (1924) bildet eine bemerkenswerte Ausnahme:[2] Es steht zwar zeitlich der *Ersten Sinfonie* hörbar näher; ein Bindeglied zur *zweiten Sinfonie* bilden möglicherweise aber die in beiden Werken eingearbeiteten Tanztypen des Boléro und der Tarantella. Im Konzert besitzt das ungewöhnliche Konzept, in der Verhandlung diverser musikalischer Materialien die stilistisch changierende, expressive Solostimme als Individuum unterschiedlich profilierten Bläsergruppierungen gegenüberzustellen, dabei allerdings durchaus auch Bühnenqualität als eine performativ reizvolle Konzert-Verhandlung populärer und expressionistischer Strömungen. Das aber leistet die *Zweite Sinfonie* zehn Jahre später nicht (bzw. nicht mehr). Aber was dann?

Vielleicht hilft ein Nachschlagen in der Überblicksliteratur zur Gattung der Sinfonie weiter: So erwähnt Christoph von Blumröder im *Handbuch der Musikalischen Gattungen* Weills *Zweite Sinfonie* bereits (und auch nur) einleitend im Umfeld einer Theorie der Gattung im 20. Jahrhundert als eine „der bühnenmusikalischen Kompositionspraxis und der Eingängigkeit seiner Songs verpflichtete" Erscheinung im Kontext von „außergewöhnliche[n] Verschmelzungen" der Sinfonie „mit anderen Gattungen und daraus resultierende[n] Sonder- und Mischformen". (von Blumröder 2002: 98) Tatsächlich knüpft diese Einordnung an manche jener Uraufführungskritiken von 1934 an, welche die zeitgenössische Rubrizierung des Komponisten primär als ‚Song-Writer' auf das Werk unmittelbar übertragen – bis hin zu Wahrnehmungen eines „Berliner Dialekts" seitens des belgischen Rezensenten Henri Monnet. (Sanders 1980: 215) Grundsätzlich hat dabei die – schon bei Carl Dahlhaus (1973) – prominent formulierte Grundthese auch für von Blumröder Bestand, dass sich die Gattungsvorstellungen schon vor Ende des 19. Jahrhunderts aufzulösen begannen und sich die Sinfonik in der Moderne kontinuierlich auf der Suche nach geeigneten Ausweich- und Synthesestrategien befand: Die Mischgattung der Vokalsinfonie fungiert schon seit Beethoven als eine Art Kronzeugin dafür (Dahlhaus 1973: 878), und das Genre der „gleichsam als Pseudo-Symphonien zu bezeichnenden Opernsymphonien" (von Blumröder 2002: 98), für die etwa zeitgleich zur *Zweiten* von Weill hauptsächlich Prokofjews *Dritte Sinfonie* und Hindemiths Sinfonie *Mathis der Maler* einzustehen scheinen, die musikalisches oder programmatisches Material parallel entstandener Bühnenwerke[3] verwenden, dürfte als eine – keineswegs nur ‚pseudo-sinfonische' – Gegenrichtung zu betrachten sein, welche trotz materieller Bezugnahmen auf konkrete Bühnenwerke gezielt auf Gesang und Text verzichtet. Wobei nun für Weill solche Bezüge auf konkrete Song-Vorlagen zur Kontextualisierung scheinbar fehlen; man bekommt sie aber in einem detektivischen Beitrag von Christian Kuhnt, der sich im Rahmen einer Dresdener

---

2 Außer Acht gelassen werden darf die *Kleine Dreigroschenmusik für Blasorchester* (1928/29), welche – ähnlich der *Mahagonny Suite* – direkt auf die Theatervorlage und dortige Song-Inhalte rekurriert.
3 Bei Prokofjew handelt es sich um die Oper *Der feurige Engel*.

Tagung zu Exilmusik der *Zweiten Sinfonie* widmete, quasi nachträglich geliefert (Kuhnt 1999): Handelt es sich womöglich um eine verkappte *Silbersee*-Sinfonie? Damit sind wir bei jenen drei (mir bekannten) Referaten bzw. Aufsätzen, die sich ausschließlich mit diesem Werk aus verschiedenen Blickwinkeln beschäftigt haben. Der älteste stammte 1993 von Robert Bailey und widmet sich *Musical Language and Formal Design in Weill's Symphonies*; er stellt also primär einen formanalytischen Zugang dar mit Blick auf die syntaktische Organisation des Gesamtgebildes der *Ersten Sinfonie* als konzeptioneller ‚Mehrsätzigkeit in der Einsätzigkeit' sowie der mehrsätzigen Anlage der *Zweiten*, deren zyklische Ausgestaltung nach Bailey durchweg auf einer einfachen motivischen Keimzelle in der langsamen Einleitung gründet.

Bailey geht dabei von den beiden grundsätzlich divergierenden „Ästhetiken" der Zeit aus, welche seinem Ansatz nach zu unterschiedlicher Formdramaturgie tendieren sollen:

> „The two symphonies in any case manifest and document two quite different aesthetic attitudes to musical composition – the ones commonly labelled Expressionism and Neoclassicism – and the differences between the two attitudes are most readily discernible in Weill's handling of cyclic structure and treatment of sonata form." (Bailey 1993: 207)

Diese plakative Ausgangsthese, welche einen Wechsel der ästhetischen Haltung Weills und eines gattungsgeschichtlich signifikanten Zuschnitts in beiden Werken suggeriert, geht nur bedingt auf: Weills briefliche Titulierung der drei Sätze als „Sonata, Largo, Rondo" weist für Bailey zwar stärker auf eine Orientierung an „German *Formenlehre* theoretical thinking" (Bailey 1993: 213) hin, doch das Modell der ‚Mehrsätzigkeit in der Einsätzigkeit' scheint diesem ebenso nachhaltig verhaftet (auch wenn es Schönberg gerade in seiner *Kammersinfonie op. 9* gleichfalls bedient). Wesentlicher als formale Dramaturgien dürften im Hinblick auf die Applikation der beiden gängigen Label mithin das thematische Material und die unmittelbaren Klangstrukturen in beiden Werken erscheinen, also eine Art ‚klangsemantische' Ebene, die Bailey im Falle der *Ersten Sinfonie* auch andeutet, indem er auf die Rolle der Quartenakkorde in der *Ersten Sinfonie* und ihre Vorbilder bei Schönberg, Wagner und Mahler hinweist. Auch das weist aber dann weiterhin darauf, dass eigentlich beide Sinfonien als ‚Musik über Musik' musikalische Traditionen und Idiome reflektieren, nur eben offenbar völlig unterschiedliche: Vielleicht mag deshalb für die *Zweite Sinfonie* auch die Formel „Song" statt „Quartenakkord" genügen?

Obwohl damit die Gattung der Sinfonie als traditioneller Ort einer Verhandlung aktueller wie historischer Traditionen und Materialien medialisiert erscheint und damit in der anbrechenden Moderne von vornherein einen ‚klassizistischen' Zug kaum zu verleugnen vermag (historische Bezüge dürften bei der Gattungsbezeichnung sowohl von Werken der Wiener Schule als auch in neusachlicher „Gebrauchsmusik" im musiktheoretischen Diskurs ja wohl gerade subkutan präsent bleiben), ändert sich mit dem thematischen Ausgangsmaterial tatsächlich auch die Anlage des ästhetischen Subjekts, indem es aus der Sphäre der Reflexion eines avancierten zeitgenössischen „Stands des Materials" – um Adornos entsprechenden Topos zu zitieren – heraustreten und für die *Zweite Sinfonie* offenbar völlig andere ästhetische Kriterien entwickeln muss. Das Etikett des „Klassizistischen" greift allerdings dabei zu kurz, indem es aus der Warte der Neuen Musik nur ein restauratives Moment akzentuiert und kritisiert: Der Schritt zur vorgängigen Kritik einer „Song-Sinfonie" als kulturindustrielles, popularistisches Machwerk bietet sich demgemäß an, um damit ein vermeintliches ästhetisches Gefälle zwischen der – den Zeitgenossen 1934 noch unbekannten, da erst 1957 uraufgeführten – *Ersten* und der *Zweiten Sinfonie* zu konstruieren. Was fehlt, ist aber eine ebensolche Annäherung an Weills Sinfonie als ästhetisch autonomes Medium musikalischer Reflexion, wie es sie (auch schon von Adorno) an die Musik etwa Gustav Mahlers später gegeben hat. Mahlers Arbeit mit musikalischen „Vokabeln", wie sie sowohl Adorno als auch Hans-Heinrich Eggebrecht herausgearbeitet haben, erlaubt es vielleicht, seine „Lied-Sinfonien" – gemeint sind damit die ersten vier, welche Material aus Mahlers *Gesellen-* und *Wunderhorn*-Liedern in ihre Dramaturgien vokal ebenso wie rein instrumental einbeziehen – durchaus in die Nähe der *Zweiten Sinfonie* Weills zu rücken, und zwar gerade im Hinblick auf ihre subkutane Semantisierung oder gar Programmatisierung, die womöglich eine neue Qualität gerade der *Zweiten* gegenüber der *Ersten Sinfonie* darstellt. (Insofern wäre die zwischenzeitliche Erfahrung Weills mit eigenen Liedern – bzw. „Songs" – und Theatermusik als *conditio sine qua non* der neuen sinfonischen Ausrichtung zu betrachten und wesentlicher als seine Ausrichtung an klassischen Satzformen.)

Eine entsprechende Semantisierung der Sinfonie bis hin zu einer implizit programmatischen Ebene fand wie gesagt nun 1999 bei Christian Kuhnt statt: Zum einen suchte er konsequent mögliche musikalische Materialbezüge zwischen der Sinfonie und vorangegangenen Bühnenwerken, um zum anderen im Hinblick auf ein weiteres Label, nämlich „Exilmusik", Nachweise zu erbringen, inwieweit sich Weills Gang ins Exil und seine Sicht der politischen Verhältnisse in Deutschland in einem reinen Instrumentalwerk widerspiegeln. Dass er dazu allerdings in Widerspruch zu Weills nachdrücklicher Behauptung der Sinfonie als „absolute Musik" im Umfeld der Uraufführung gerät, macht seinen Ansatz nicht unproblematisch.

Kuhnt konnte bereits auf Jürgen Scheberas sorgfältige Sichtung der Quellen im Vor- und Umfeld der Amsterdamer Premiere zurückgreifen, den chronologisch zweiten, 1996 publizierten Beitrag zum Werk, welcher insbesondere den Programmheft-Beitrag Weills zur Uraufführung und eine Reihe bezeichnender Briefe und Rezensionen präsentiert. (Schebera 1996; Programmnotiz im Anhang: 200)

Schebera ließ jedoch noch neutral die Ankündigung Weills, in Amsterdam „ein Stück ‚absoluter' Musik" zu präsentieren, neben den Alternativ-Titeln der ersten Aufführungen bestehen: Dass im Oktober 1934 in Amsterdam eine Verschleierung der Gattungszuordnung noch vorsichtig mit der Bezeichnung als *Symphonische Phantasie* stattfand und das Werk im Dezember in New York als *Three Night Scenes: A Symphonic Fantasy* dann vollends in assoziative Poetik gehüllt wurde, ist dem Einfluss Bruno Walters, des Dirigenten der Uraufführung, zuzuschreiben, der sich folgendermaßen über das Werk äußerte:

> „[...] symphonisch ist gewiss die Form, aber keineswegs symphonisch ist ebenso gewiss die Orchesterbehandlung wie Clarinetten solo mit folgender Trompeten Melodie, „Bolero" Rhythmus der Streicher [...] und andere ähnliche Dinge. Schließlich ist ja gerade der Reiz des Werkes der sonderbare ironisch tragisch populäre Ton, den Sie mit dem Wort Symphonie irgendwie schamhaft verleugnen." (zit. n. Kuhnt 1999: 319)

In dieser Argumentation, dass das Stück für ihn keine Sinfonie sei, fällt auf, dass das erste Argument offenbar dem gravierenderen zweiten eigentlich untergeordnet ist: Selbst für den Mahler-Adepten Bruno Walter überwog trotz demonstrativer Anerkennung andernorts der Eindruck einer primär „populäre[n]", der Gattung aus seiner Sicht wohl unangemessenen Ausrichtung, gleichwohl er mit den weiteren Attributen „ironisch" und „tragisch" genau jene Ausdrucksqualitäten hervorhob, die auch für die Sinfonik Mahlers bezeichnend erscheinen – wohlgemerkt bereits auf einer „absolut" musikalischen Ebene. Eine programmatische Deutung spielt keine Rolle, eher ein aus dem Gattungsbegriff abgeleitetes ästhetisches Empfinden.

Weills Absicht, die von Walter vorgeschlagene Camouflage durch Betitelung der Sätze als „Sonate, Largo u. Rondo" zu unterlaufen (vgl. Kuhnt 1999: 319), legt nun eher die Vermutung nahe, dass er durch den Hinweis auf klassizistische Züge und die Vorgabe einer „absoluten Musik" eigentlich den gültigen Anspruch der Gattungsbezeichnung – die ihm ja auch von einer Auftraggeberin, der Prinzessin Edmond de Polignac, konkret vorgegeben wurde – retten wollte. Das gelang ihm nur indirekt – und vielleicht auch zu einseitig – im Programmheft der Uraufführung:

> „Ich habe für dieses Werk die dreiteilige symphonische Form gewählt. Der erste Satz stellt, nach einer kurzen Introduction, eine reine Sonatenform dar, nur daß die sogenannte ‚Durchführung' nicht aus dem Material des Haupt- und Seitenthemas, sondern aus eigenem Material gespeist wird. Den zweiten Satz könnte man etwa ‚Cortège' überschreiben. Er baut sich, in einem durchgehenden langsamen Viervierteltakt, über einem rhythmischen und einem melodischen Thema auf. Der letzte Satz ist ein Rondo, das als zweiten Zwischensatz einen Marsch für Bläser allein enthält und am Schluß in eine Stretta in Tarantellenform einmündet. [...] Über den ‚Inhalt' des Werkes etwas zu sagen, ist mir nicht möglich, da es als reine musikalische Form konzipiert wurde. Vielleicht ist das Wort einer Pariser Freundin richtig[,] die meinte,

wenn es ein Wort gäbe, das das Gegenteil von Pastorale ausdrückt, so wäre das der Titel der Musik. Ich weiß es nicht." (Wiedergegeben in den *Kurt Weill-Studien 1996*: 200)

Dieses Zitat darf in keiner Besprechung der Sinfonie fehlen (ich bitte also die erneute Reproduktion zu entschuldigen). Der vorletzte Satz bildet auch den Ausgangspunkt für Christian Kuhnts programmatische Deutung (Bailey hingegen hätte womöglich den ersten Teil des ihm 1993 wohl noch unbekannten Zitats als Grundlage einer klassizistischen Analyse gemäß „German Formenlehre" wahrgenommen); und nichts kennzeichnet diese Ambivalenz in der Werk-Rezeption besser als Weills Schlussbemerkung: „Ich weiß es nicht."

Kuhnt folgte nun aber dem durch seinen Vortrags- bzw. Publikationsrahmen festgelegten Auftrag und stand zugleich vor dem methodischen Problem, die Sinfonie trotzdem als „Exilmusik" zu interpretieren oder vielmehr: für eine Exilmusik-Forschung fruchtbar zu machen. Dazu bezieht er zunächst das „Gegenteil von Pastorale" direkt auf die Zeitumstände der Flucht aus Deutschland. Ähnliches findet sich übrigens schon bei Schebera, der abschließend einen älteren Cover-Text Frank Schneiders zitiert – vom „zum Teil düsteren und schmerzlichen Tonfall als hellhörig-gespannte Reaktion auf die bedrohlichen Zeitereignisse" ist da die Rede – und die Sinfonie ebenfalls als Ausdrucksmedium in „finsterer Zeit" versteht. Natürlich liegt es in Kenntnis der Biographie und Zeitumstände nahe, eine solche Hörerwartung an das Stück anzulegen, doch scheint mir zumindest der Höreindruck der Pariser Freundin damit überinterpretiert: Als „das Gegenteil von Pastorale" wäre es genauso denkbar, wenn nicht sogar logischer, etwa vom „Erwachen düsterer Gefühle bei der Ankunft in der Großstadt" zu sprechen; es bestünde dann auch kein Unterschied zwischen Berlin, wo die Komposition begann, und Paris als Ort der vollständigen Ausarbeitung. Als „Gegenteil von Pastorale" dürfte das aber ebenfalls schon zu viel Programm andeuten (auch wenn es mit *Three Night Scenes* als stimmungsvoller Andeutung blendend harmoniert), denn schließlich bezeichnet „Pastorale" für sich genommen – und von den expliziteren Satztiteln Beethovens einmal abgesehen – eigentlich noch gar kein „Programm", sondern nur einen bestimmten, durch musikalische Topoi festgelegten Tonfall oder Ausdruckscharakter. Hier bildet übrigens der auch nur bedingt ‚programmatische' Gedanke einer „Nachtmusik" durchaus einen Anknüpfungspunkt, den besonders Bruno Walter auch unmittelbar auf Vorlagen Gustav Mahlers bezogen haben könnte: Die beiden in Mahlers *Siebter Sinfonie* so bezeichneten Zwischensätze lassen sich übrigens mit ihren versatzstückartigen Klang-Idiomen als musikalisch-poetische Indizien von in die Sinfonie eingebrachter „Lebenswelt" zum ersten einer ländlichen, zum zweiten dann einer städtischen Nacht-Szenerie zuordnen. Es ist übrigens auch dort bei Mahler eine zitathafte Musik, die dem „ästhetischen Subjekt" – im Anschluss an Dahlhaus definierbar als ein ästhetisch konvergierendes Konstrukt aus immanentem „lyrischen

Ich" (als Autorenfunktion) und imaginativem wie imaginierendem Zuhörer – innerhalb der nahezu narrativen Dramaturgie begegnet und eher eine intradiegetische als mimetische Qualität besitzt. Der Einbezug gerade von Liedhaftem nicht in gesungener, sondern in nur angedeuteter, rein instrumentaler Form (bei Mahler als „Volksliedton") darf somit durchaus auch als Modell für Weills Sinfonie herhalten – wobei das Volksliedhafte dort durch zeitgenössisch-populäre, durchaus auch politisch-agitative Musik ersetzt sein dürfte: eben Weills eigene Musik der letzten Jahre.

Ästhetische Parallelen zur Musik Mahlers macht zudem die schon zur Uraufführung bereitstehende Klassifikation der *Symphonischen Fantasie* als Lied bzw. Song-Sinfonie implizit deutlich. Wie penetrant das Label des ‚Dreigroschenoper-Komponisten' die Rezensionen der Uraufführung bestimmt hat, zeigen die von Schebera zusammengestellten Quellen: Sie bestimmen auch das vorherrschende, den Erfolg der Sinfonie beim Publikum relativierende Urteil eines ‚Schuster, bleib bei deinen Leisten', das sich ja am deutlichsten in der Kritik im Amsterdamer *Het Volk* vom 12. Oktober 1934 formuliert findet:

> „Kurt Weill ist auch nach nunmehr sechs Jahren der Komponist der ‚Dreigroschenoper' geblieben. Das ist keine Schande, doch er sollte sich besser damit begnügen und nicht danach trachten, sein Talent in eine Richtung zu lenken, wo er jedenfalls vorläufig noch nicht viel bewegen kann. Um es offen zu sagen, diese ‚Symphonische Phantasie' ist nicht viel mehr als eine Anzahl von so seltsam verknüpften Songs, daß das Resultat einigermaßen lächerlich erscheint." (Wiedergabe bei Schebera 1996: 116)

Von der „Banalität" der Themen ist in anderen Rezensionen die Rede. Das Vokabelhafte, durchaus Ironische der als „absolute Musik" konkreter Textbezüge ostentativ entkleideten Marsch- und Lied-Gestalten der *Zweiten Sinfonie* kam bei den durchaus Mahler-erprobten Amsterdamer Zuhörern offenbar nicht an. Für eine zeitgenössische Deutung in biographischer oder politischer Hinsicht dürfte wohl auch eine breitere Kenntnis der Bühnenwerke Weills über die *Dreigroschenoper* hinaus gefehlt haben (wie bis heute). Somit bleibt die Frage grundsätzlich bestehen, wie nachvollziehbar einerseits die Wahrnehmungen einzelner motivischer und thematischer Passagen der Sinfonie als „Variationen" von Material aus *Der Silbersee* und *Mahagonny* erscheinen, das Kuhnt zwecks Semantisierung der Sinfonie herangezogen hat; und inwieweit andererseits für das sinfonieästhetische Konzept Weills nicht doch der „absolute" Ausdruck oder Ton als musikalisch verallgemeinerbare Chiffre wesentlicher erscheint als ein konnotierbarer konkreter Text.

Somit bietet sich nochmals ein Vergleich zunächst des Trompetensolos bei Partiturziffer [1] aus der langsamen Einleitung der Sinfonie mit der von Kuhnt zugeordneten Nummer 9 aus Weills und Georg Kaisers „Wintermärchen" *Der Silbersee* von 1932, der *Ballade von Cäsars Tod*, an (vgl. Kuhnt 1999: 323f.): Trotz des auftaktigen Terzaufgangs und der Sechzehntel-Punktierung ist der diastematische Verlauf und vor allem auch der Ausdruckscharakter offenbar ein völlig anderer. Die von Kuhnt angeführte Strophenmelodie der Ballade, der eine instrumentale Exposition quasi der Refrain-Wendung vorhergeht, weist eine durchgehend einfache, aber resolute Marschbegleitung auf; die Trompetenstimme hingegen setzt in der Sinfonie nach einer längeren, von einem gestischen Motiv bestimmten ersten Phase ein und stellt bereits dessen Aufsplittung dar: Der Terzaufgang wird als Melodieansatz übernommen, die 32stel-Repetition in die hohen Streicherstimmen als ostinate Trauermarsch-Begleitung verlegt, und das zweite Motiv der ersten Einleitungsphase bildet nun als chromatisch abwärtsgeführte Bassstimme das Fundament. Die Melodiebildung folgt des Weiteren einem einfachen Fortspinnungstypus der Sekundaufgänge (zweimal im Quart-Rahmen), und gerade die doppelte Klimaxbildung mit den beiden angesprungenen und dann ausgehaltenen Spitzentönen (a'') fällt als Retardation deutlich intensiver aus als der „Cäsar" affirmativ auf dem ersten Schlag betonende, doch weniger nachhaltige Spitzenton der Gesangstimme. Die Bezeichnung „Variation" erlaubt Spielräume, doch ihre Verwendung deutet bereits an, dass ein stringenterer Zitat-Charakter, der eine Interpretation intertextueller Bezüge tatsächlich hinreichend stützen würde, offensichtlich nicht vorhanden ist. Hinsichtlich der „kämpferischen" Thematik im Finalsatz in Anlehnung an *Der Bäcker backt ums Morgenbrot* (*Der Silbersee*, Nr. 3; vgl. Kuhnt 1999: 328) sind hingegen eher gemeinsame Charakteristika des Marschartigen wie der melodischen Grundgestalt vorhanden: So scheint hier gemäß Kuhnt möglicherweise durchaus eine Anspielung auf erschwerlichen Broterwerb im Exil vorzuliegen: kämpferisch, auch betrübt in der Trauermarsch-Episode des Satzes, zuletzt aber ironisch und etwas verbissen optimistisch als Tanz-Apotheose in der Tarantella-Stretta. Das Finale der Sinfonie lässt sich aber bereits auch werkimmanent als Variantenkomplex der Motivik vorheriger Sätze beschreiben, benötigt also auf der Materialebene solche externen Bezüge nicht.

Die Deutung intertextueller Verweise bleibt überwiegend Spekulation: Gerade die allgemein idiomatischen Poch-, Fanfaren- und Trauermarsch-Partikel wären oft ebenso auf sinfonische Vorbilder bei Beethoven oder Mahler beziehbar, und die Abweichungen bei längeren Passagen – wie hinsichtlich der *Ballade von Cäsars Tod* als Kuhnts Versuch, auch Hitler irgendwie in diesem Instrumentalwerk unterzubringen – sind meines Erachtens zu beträchtlich, um hinreichende Wiedererkennung konkreter, ja ebenfalls oft signifikant aus allgemein gängigen melodischen Versatzstücken montierter Songs zu gewährleisten (und das wäre ja das klassische Kriterium einer „Variation"). Der Gestus einer Reihe von eventuell auch politisch ausgerichteter Songs bleibt aber zweifelsohne im Ausdruck als ein stabiles Idiom erhalten: als eine rein musikalisch chiffrierte und damit rezeptionsästhetisch umso offenere Ausdrucks- und Assoziationsfläche. In solcher Hinsicht kann auch der spätere Paratext in Form eines Alternativtitels, nämlich *Night Scenes*, gleichermaßen als eine eher naiv deutbare musikalisch-bildliche Imagination wie auch als politisch aufladbare Allegorie verstanden und gedeutet werden, ohne dass es auktoriale Indizien einer bestimmten Lesart gibt: Die Polyvalenz solcher Codes gehört zum vielleicht ironischen Spiel, das der sonst wohl eher mitteilungsfreudige Weill mit der Sinfonie und der Idee einer „absoluten Musik" betrieben hat.

Damit möchte ich aber meinen Literatur-Bericht, der sich beim Schreiben zunehmend zu einer referatbestimmenden bibliographie raisonnée erweitert hat, nun abschließen. Als knappe Coda sei noch einmal das Spiel mit zwei musikalischen Versatzstücken erlaubt, zum einen mit dem klanggestischen Anfang der Sinfonie mit seinem Schicksal-verkündenden „Pochmotiv", der in der Literatur natürlich auf Beethovens *Fünfte* bezogen worden ist. Ich habe da eine andere Assoziation: Durchaus auch zu hören sein könnte nämlich eine Anspielung auf eine „Todtenfeier", nämlich den Beginn der *Auferstehungssymphonie* von Gustav Mahler, und man kann auch das im Stile Kuhnts als eine subkutane biographisch-programmatische Deutung ausarbeiten (muss es aber nicht). Das gilt auch für die zweite musikalische Kreuzung in Klanggeste oder Idiom zwischen Weill und Mahler: Der Beginn des zweiten Satzes als „Cortège" und der Übergang zum Trauermarsch lässt sich nämlich auch mit einem zentralen Motiv des Schlussteils aus dem *Lied von der Erde* in Verbindung bringen (welches ja gerade Bruno Walter uraufführte und an nahezu allen seinen Wirkungsstätten dargeboten hat): Es handelt sich dabei um den Beginn des *Abschieds*, und als eine solche permanente Abschiedsgeste bekommt der Satzbeginn und elegische Satz bei Weill einen viel weiteren musikalischen wie biographischen Bezug.

Literatur

Bailey, Robert (1993): Musical Language and Formal Design in Weill's Symphonies. In: Kim H. Kowalke/Horst Edler (Hg.), *A Stranger Here Myself. Kurt Weill-Studien (Haskala 8)*, Hildesheim u. a., S. 207–215.

Blumröder, Christoph von (2002): Zur Theorie der Gattung im 20. Jahrhundert. In: Wolfram Steinbeck/Christoph von Blumröder, *Die Symphonie im 19. und 20. Jahrhundert, Teil 2: Stationen der Symphonik seit 1900 (Handbuch der musikalischen Gattungen 3,2)*, Laaber, S. 96–99.

Dahlhaus, Carl (1973): Zur Problematik der musikalischen Gattungen im 19. Jahrhundert. In: Wulf Arlt/Ernst Lichtenhahn/Hans Oesch (Hg.), *Gattungen der Musik in Einzeldarstellungen (Gedenkschrift Leo Schrade)*, Erste Folge, Bern/München, S. 840–895.

Kuhnt, Christian (1999): „Das Gegenteil von ‚Pastorale'": Anmerkungen zu Kurt Weills 2. Sinfonie. In: Friedrich Geiger/Thomas Schäfer (Hg.), *Exilmusik. Komposition während der NS-Zeit (Musik im „Dritten Reich" und im Exil 3)*, Hamburg, S. 315–329.

Sanders, Ronald (1980): *Kurt Weill*. München.
Schebera, Jürgen (1996): Amsterdam, 11. Oktober 1934: Einiges zur Uraufführung von Weills Sinfonie Nr. 2. In: Nils Grosch/Joachim Lucchesi/Jürgen Schebera (Hg.), *Kurt Weill-Studien* (*Veröffentlichungen der Kurt-Weill-Gesellschaft Dessau 1*), Stuttgart, S. 109–118.

„Expressionist! Du bist ein echter boche"
Der Querschnitt (1921–1933) und die Musik in Frankreich

Matthias Henke

1. *Der Querschnitt*: Zur Entstehungsgeschichte und Konzeption

Cultural turn ist ursprünglich ein Begriff, der sich auf die Zeit nach dem Zweiten Weltkrieg bezieht, vornehmlich auf die Postmoderne. Doch zeichnete sich die mit ihm inaugurierte Abkehr von einer rituell praktizierten Hochkultur schon im Europa der 1920er Jahre ab, als sich die Gewichte spürbar zugunsten einer Kultur des Alltags verlagerten. Man denke nur an das Bauhaus und den durch Walter Gropius eingeläuteten Paradigmenwechsel von handwerklicher zu industrieller Fertigung; an Hanns Eisler, der mit seinen Kampfliedern die Lebensbedingungen des Proletariats zu bessern hoffte; oder an die explosiv sich mehrenden Möglichkeiten, sein Zuhause durch technisch reproduzierte Kunstwerke anzureichern, mochten sie auditiver oder visueller Natur sein.

Viele Zeitgenossen empfanden den cultural turn der Weimarer Republik als vehementen, wenn nicht bedrohlichen Prozess, vor allem wegen jenes von Ernst Bloch registrierten Phänomens der Ungleichzeitigkeit. Der Philosoph beschrieb es rückblickend mit dem Satz „Die Zeit fault und kreißt zugleich" (Bloch 1935: 11): Neues bemächtigte sich der gesellschaftlichen Oberfläche, während Altes sich von dort zwar verdrängt sah, in tieferen Schichten aber überlebte. Die Spätromantik, der Expressionismus gingen mit der Neuen Sachlichkeit keineswegs verloren, sondern trieben weiterhin aus; und die Pferdedroschke, um ein Objekt des Alltags zu nennen, vermochte sich im Berliner Stadtverkehr auch neben U-Bahn und Automobil zu behaupten, zumindest eine gewisse Zeit lang, wie man exemplarisch Walter Ruttmanns polyphoner *Sinfonie einer Großstadt* entnehmen kann.

In dem skizzierten Spannungsfeld entstand ein neuer Zeitschriftentypus, der zwischen den Schichten ein ideales Biotop finden sollte: das moderne Magazin, das sich von den Unterhaltungsblättern der wilhelminischen Epoche, etwa der *Gartenlaube*, durch inhaltliche wie gestalterische Auflockerung, moderne Typographie und den höheren Anteil photographischer Abbildungen absetzte. „Die Zeitung ist heiter gesetzt", räsonierte Bloch in seinem 1929 erstlerschienenen Artikel *Ein Sieg des Magazins*, „um desto angenehmer überflogen zu werden. Auf der Fahrt ins Büro, in den Pausen eines Lebens, das kaum im Bett zu sich kommt. Gar die Zeitschrift ist entweder keine mehr, oder sie geht ein, wo sie eine bleiben will." (Bloch 1929: 29) Neu war auch, dass sich hier nun Unterhaltung wie Hochkultur durchmengten, während die führenden Kulturzeitschriften des Wilhelminismus, beispielsweise die 1890 etablierte *Neue Rundschau*, sich strikt an den „hohen" Bildungsgütern des Bürgertums orientierten.

Zu den eigenwilligsten Magazinen der Weimarer Republik zählt der 1921 begründete *Querschnitt*, eine Kreation des aus Münster stammenden Alfred Flechtheim (1878–1937).[1] Der aufstrebende Galerist, mit Ladenlokalen in Düsseldorf und Berlin, hatte ihn als eine Art Hauspostille konzipiert. Demgemäß erschienen im *Querschnitt* zunächst und vor allem Berichte über jene Maler, denen Flechtheims geschäftliches Interesse galt: zumeist französische Künstler aus dem Umkreis des Kubismus und der Fauves, etwa Pablo Picasso, Georges Braque, Henri Matisse oder Marc Chagall. Aber schon der zweite *Querschnitt*-Jahrgang wartete mit einem ungemein vielseitigen Programm auf, dessen erweiterter Fokus sich den neuen (Mit-)Herausgebern verdankte: dem nur kurzfristig amtierenden Wilhelm Graf von Kielmannsegg, vor allem jedoch dem Schriftsteller Hermann von Wedderkop (1875–1956), der rund zehn Jahre die Geschicke des Magazins bestimmen sollte. (Haacke/Baeyer 1977: V–LXII) Zwar lag dessen Schwerpunkt fürderhin auf der Bildenden Kunst, namentlich der Frankreichs. (Cottereau 1922: 198; Fénéon 1922: 77–79; Flechtheim 1922: 92) Doch gab Wedderkop nun auch anderen Themen Raum: Beiträgen über Tanz, Musik, Sport, Literatur oder Film sowie Gedichten und Alltagsbetrachtungen. In bunter Durchmischung und „Losigkeit" offenbarte der schwedische Choreograph Jean Börlin die *Gedanken eines Tänzers*, lästerte der Kunstkritiker Carl Einstein über *Die Pleite des deutschen Films*, stellte der Dramaturg Herbert Eulenburg *Das Düsseldorfer Schauspielhaus* vor, während Julie Elias *Aus der Küchenpraxis* plauderte, um nur einige Fallbeispiele zu nennen.

Aus heutiger Sicht ist allerdings nicht die modische Varieté des *Querschnitt*, sondern seine Annektierung der aktuellen französischen Kunstauffassung überraschend. Immerhin galt Deutschlands westlicher Nachbar damals als des Reiches Erzfeind, vor allem nachdem die französische Armee im Januar 1923 das Ruhrge-

---

1   Auf der Website „Illustrierte Magazine der klassischen Moderne", eine Initiative der Sächsischen Landesbibliothek Dresden und der Universität Erfurt, lassen sich sämtliche Jahrgänge des *Querschnitt* abrufen. Das gleichfalls dort eingestellte Kurzportrait des *Querschnitt* lautet: „Als intellektuell anspruchsvollstes illustriertes Magazin der 1920er Jahre gilt zweifellos der ‚Querschnitt'. Seit 1921 veröffentlichte der Galerist und Kunstsammler Alfred Flechtheim die Hefte zunächst als Mitteilungsblatt seiner neuen Berliner Galerie. 1924 übernahm Hermann von Wedderkop im Hause Ullstein die Herausgeberschaft, und der an eine kulturinteressierte Oberschicht adressierte ‚Querschnitt' etablierte sich bald als modernes Zeitgeistmagazin. Die Ausgaben waren durch internationale Literaturbeiträge (z. B. von Hemingway, Majakowskij, Ringelnatz, Benn, Lasker-Schüler, Proust, Pound, Joyce) geprägt, zuweilen auch in Originalsprache, häufig in Erstübersetzung oder Erstdrucken. Ästhetisch herausragende Illustrationen und Photographien stehen niveauvollem Geplauder im Feuilleton-Stil gegenüber. Porträts von Stars und Sternchen bieten ebenso ästhetische Reize wie die Akt- und Sportleraufnahmen oder aus den ungewöhnlichen Perspektiven des Neuen Sehens aufgenommene Straßenszenen. Typisch für den ‚Querschnitt' sind zudem die in ihrer Zusammenstellung oft hintersinnigen, zuweilen auch provokativen Fotokombinationen der Kunstdruck-Teile." (www.illustriertepresse.de [letzter Zugriff 19. 5. 2013])

biet besetzt hatte. Der bilaterale Zwist hinderte Wedderkop allerdings nicht, gleich in seinem ersten, just zu diesem Zeitpunkt erscheinenden *Querschnitt*-Editorial eine frankophile Grundhaltung zu offenbaren:

> „Inzwischen begreift die Welt eins vor allem nicht, was nämlich Einfachheit ist, den Wert der Einfachheit. Inzwischen ist in gewissen Literaturkreisen Krampf Trumpf. Expressionismus ist Dauerkrampf. Also lehn dich an, deutscher Expressionist! Du kannst nicht mehr stehen! Allerdings liegt auch Schreckliches hinter dir, Schiller, Büchner und Richard Wagner [...] Das ganze Volk ist schuld an dir. Du bist der sichtbare literarische Ausdruck unserer derzeitigen Miesheit, Expressionist! Du bist ein echter boche. [...] Um uns herum blüht Musik. In Frankreich Erik Satie, in Wien Schönberg, in Ungarn Bartók, in Rußland wuchert es. Bei uns wird Beethoven gedudelt, weil es Jubiläumsjahr war. Bestenfalls wird Bruckner, Strauß und die neueste einheimische Provinz vermittelt. [...] Alles Sachen, die vor langen Jahren geschrieben sind und die [...] in Paris und London jeder kennt. Der neueste Schlager in Paris ist J'en ai marre, ein zu Herzen gehendes Lied. Ich setze es zur Entschädigung hier her." (Wedderkop 1922)

Die Verse des von Wedderkop bekenntnishaft angeführten Chansons stammten von den erfolgreichen Revue-Autoren Albert Willemetz und Georges Arnould. Für die Musik zeichnete Maurice Yvain verantwortlich. Kreiert aber hatte es die Mistinguett, der Star des Casino de Paris. Von der Vedette wiederum führt eine direkte Spur zu Jean Cocteau, einem ihrer größten Verehrer, der noch 1956 der eben verstorbenen Sängerin gedenken sollte, als er unter dem Titel *Adieu à Mistinguett* einen Nachruf veröffentlichte. Der französische Dichter und Zeichner trat nicht nur an prominenter Stelle des *Querschnitt* auf, indem er – unmittelbar im Anschluss an Wedderkops Editorial und das Chanson *J'en ai marre!* – von den Ballets suédois[2] schwärmte (Cocteau 1922: 19), er fungierte auch als intellektuelles Leitbild des Magazins. Nicht von ungefähr lässt sich hinter den zitierten Sätzen des *Querschnitt*-Herausgebers palimpsesthaft Cocteaus 1918 verfasste Aphorismensammlung *Le Coq et l'Arlequin* erkennen, die ebenfalls für eine neue Einfachheit plädierte, im selben Atemzug gegen Wagner wetterte, hingegen von Erik Satie und seiner Kunst des Alltags schwärmte. So brachte Cocteau gleich im Vorwort ein Loblied auf die junge Generation französischer Künstler dar, weil sie das „Bombastische" fürchte – das nenne er, aus Deutschland zu fliehen. (Cocteau 1991: 5) Weitere Aphorismen aus *Le Coq et l'Arlequin* bekräftigen Cocteaus Ablehnung des Monumentalen, etwa wenn er kritisiert, dass ein Dichter „immer zu viele Worte in seinem Wortschatz, ein Maler immer zu viele Farben auf seiner Palette, ein Musiker

---

2   Die von Rolf de Maré geleitete Truppe erwarb sich in der ersten Hälfte der 1920er Jahre eine hohe Reputation, vor allem wegen ihrer neuartigen Synthese aus Tanz, Zirkus, Film, Akrobatik, Poesie und Malerei. Sie bestritt u. a. die Uraufführungen von *Les mariés de la tour Eiffel* (1921), einer Kollektivkomposition der Groupe des six, und von *La création du monde* (1923) mit der Musik von Darius Milhaud.

zu viele Töne in seinem Instrumentarium" habe. (Cocteau 1991: 19) Wie bei Wedderkop, der die „gewaltigen Gesten" und das „andauernde Brüllen" (des Expressionismus) verhöhnte, ging die Kritik am „Bombastischen" auch bei Cocteau mit Sympathiebekundungen für die unterhaltende Kunst einher, etwa für die Darbietungen der Music-Hall:

> „Wenn Nietzsche ‚Carmen' lobt, dann lobt er die Freizügigkeit, die unsere Generation in der Music-hall sucht. [...] Was sich über die impressionistische Musik hinwegsetzt, ist zum Beispiel ein gewisser amerikanischer Tanz, den ich im Casino de Paris gesehen habe. [...] Die amerikanische Band begleitete ihn mit Banjos und dicken, vernickelten Flöten. Zur Rechten der kleinen, schwarz gekleideten Truppe ein Barmixer für Geräusche unter einer vergoldeten Pergola, bestückt mit Schellen, Stäben, Platten, Motorradhupen. Er fabriziert daraus Cocktails, haut mitunter auf den Beckenrand, wiegt sich in den Hüften und lächelt den Engeln zu. [...] Der Saal applaudiert stehend, aus seiner Schlaffheit gerissen durch diese ungewöhnliche Tanznummer, gegen die die Verrücktheiten Offenbachs wirken wie eine Kalesche von 1870 gegen einen Tank." (Cocteau 1991: 25)

Cocteaus lebensnahe Musik- respektive Kunstauffassung, die das Editorial des *Querschnitt durch 1922* grundiert, spiegelt sich reziprok auch in Wedderkops Haltung wider, das musikalische Geschehen außerhalb Frankreichs weitgehend auszublenden. Folgerichtig findet sich im *Querschnitt* nichts über die 1921 ins Leben gerufenen Donaueschinger Musiktage, nur Marginales über die dort agierenden jungen Wilden à la Paul Hindemith oder Ernst Krenek und kaum eine Zeile über Arnold Schönberg oder Alban Berg, welchletztere man wohl kurzerhand als Expressionisten schubladisierte.[3] Wohl aber findet sich gleich im ersten Heft des Jahrgangs 1922 ein Artikel über Les Six, jene locker gefügte Komponistengruppe, die sich um Cocteau scharte: so Georges Auric, Louis Durey, Arthur Honegger, Darius Milhaud, Francis Poulenc und Germaine Tailleferre. Verfasser des Beitrags, der aus mit Werktiteln gespickten Kurzbiographien besteht, war der ihr selbst zugehörige Durey. (Durey 1922: 242–243) Doch verbarg sich hinter seinem Miniatur-Lexikon kein Originalbeitrag, sondern eine schlichte Übernahme aus dem französischen Journal *Créer*, die nicht einmal ins Deutsche übertragen worden war – eine Marginalie, die gleichermaßen die antichauvinistische Tendenz des *Querschnitt* wie seinen speziellen Snobismus unterstreicht.

2. *Der Querschnitt*: Die Beiträge von Darius Milhaud

Den nicht zu übersehenden Einfluss Cocteaus bezeugen auch die im *Querschnitt* veröffentlichten Aufsätze seines „Six-Freundes" Darius Milhaud. Als eloquenter,

---

3 Erst das vierte Heft des Jahrgangs 1930, das einzige Themenheft „Musik" des *Querschnitt* weitet sich in dieser Richtung; s. Kapitel V des vorliegenden Aufsatzes: *Der Querschnitt*: Abgesang.

vielseitig interessierter und weltläufiger Autor sollte dieser das Magazin fast ein Dezennium lang mit Textbeiträgen bestücken – angefangen von dem musikhistorischen Abriss *Die Entwicklung der Jazz-Band und die Musik der Neger Nordamerikas* (Milhaud 1924: 124–128) bis zu der 1930 erschienenen Betrachtung *Die neuen Rhythmen in Frankreich* (Milhaud 1930: 225–226), über die Essays *Das musikalische Leben in Sowjetrussland* (Milhaud 1926: 526–529), *Apropos Jazz* (Milhaud 1926a: 729–747), *Marionetten* (Milhaud 1927: 824–826) und *Apropos Tonfilm*. (Milhaud 1929: 562)

Für die Rezeptionsgeschichte des Jazz dürfte der 1926 publizierte Aufsatz *Apropos Jazz* von besonderer Bedeutung sein, war Milhaud doch einer der wenigen europäischen Komponisten, die den Jazz gleichsam aus erster Hand kennen lernten, nämlich durch Besuche einschlägiger Etablissements in New York Harlem – Erlebnisse, die für ihn einer musikalischen Offenbarung gleichkamen. Sie versetzten den Komponisten überdies in die Lage, zwischen dem kommerziellen weißen Jazz nach Art von Paul Whiteman und dem ursprünglichen schwarzen Jazz exakt unterscheiden zu können:

> „1923 während meines letzten Aufenthalts in New York hatte ich die Gelegenheit, in aller Ausführlichkeit die Technik des Jazz zu studieren, zu seinen Quellen hinabzusteigen und den beiden Strömungen nachzugehen, in die er sich gespalten hat. Es gibt in der Tat zwei Arten Jazz. Die technischen Mittel sind bei beiden Arten die gleichen, aber wie verschieden sind sie empfunden! Der Ursprung des Jazz ist bei den Negern zu suchen: tiefgehender Einfluss afrikanischer Rhythmen und der Klagegesänge der Neger: Plantagenlieder, die während der Arbeit gesungen werden, religiöse Rezitative eines Volkes im Exil, das seine verlorene Freiheit beklagt. In dem Neger-Jazz bewahrt die Musik diese erschütternde Aufgeregtheit, diesen erregten Lyrismus, diese Angst, die an tragische Größe grenzt. Man ist gefangengenommen von diesen sich stets wiederholenden Melodien, die von Variationen, die das kleine Orchester mit einer unwahrscheinlichen Freiheit ausführt, getragen werden. All diese Traurigkeit gelangt zum stärksten Ausdruck, ohne auf ‚Kunstwerk' zu prätendieren. Dies sind keine Kunstwerke, und das ist ihre Stärke. Wieviel Menschlichkeit in dem schlichten Rahmen eines volkstümlichen Tanzes, dessen einziger Zweck, die Erholung der Schwarzen nach der Arbeit sein soll! [...] Die andere Art des Jazz ist die der Weißen Amerikas. Die Elemente sind ähnliche, aber die innere Bewegtheit, die uns dort erschüttert, ist hier verschwunden. Hier haben wir es mit einer unbestreitbaren technischen Vollendung, der Präzision eines Uhrwerks, einer Sauberkeit in der Orchestrierung, wie bei einer chirurgischen Operation zu tun. [...] Welche Konzession an die oberflächliche, stupide, mondäne Welt, die eine der Hauptabnehmerinnen dieser sportlichen und herzlosen Jazzmusik ist. So verhält es sich mit dem Whiteman-Orchester, das in den Champs Elysées und den ‚Ambassadeurs' kürzlich Furore gemacht hat, und das ich verabscheue. Ich würde sein ganzes vollendetes Militärgesangsvereins-Orchester, seine gesamten, schwindelerregenden Experimente, alle die Akrobatenstückchen, die uns seine kühnsten Solisten aufzwingen, hingeben für einen einzigen blues, von einer Negerin wie Anna Pease gesun-

gen, die kein Star, die nicht berühmt ist, und um die zu hören ich oft in das ‚Kapitole', ein populäres Dancing in New York, ging." (Milhaud 1926a: 742–744)

Scharfsinn bewies Milhaud nicht nur mit seiner Distinktion zwischen Jazz und „Jazz", sondern auch gegenüber dem Tonfilm, der 1927 mit dem Melodram *The Jazz Singer*, dem ersten abendfüllenden Opus seiner Art, die Leinwand erobert hatte. Der französisch-jüdische Komponist dürfte an dem cineastischen Pionierwerk allerdings auch wegen dessen Story interessiert gewesen sein, erzählt der Film doch von einem jungen amerikanischen Sänger, der sozusagen zwischen Swing und Synagoge schwankt. Jedenfalls erwähnt Milhaud in seiner *Querschnitt*-Miszelle *Apropos Tonfilm*, er habe 1927 in New York zum ersten Mal das Vitaphone erlebt, jene Apparatur, mit dem Warner Brothers Entertainment seinerzeit die Aufnahme beziehungsweise Wiedergabe von *The Jazz Singer* ermöglicht hatte. Schon damals sei ihm so manche Gefahr bewusst geworden. Die Filmmusik dürfe nicht zu einer Illustrationskunst verkommen, etwa indem man beim Zeigen einer auf Zwölf stehenden Uhr dutzendfach einen Gong traktiere oder einen Schauspieler singen ließe, nur weil er Stimme habe und nicht weil es die Dramaturgie erfordere. Doch beschrieb Milhaud in seiner historischen Momentaufnahme auch das Potenzial des Tonfilms, wenngleich er es persönlich kaum nutzen sollte:

„Der Tonfilm steht erst am Anfang seiner Entwicklung, aber schon jetzt ist sein Verdienst erheblich. Was erreichte früher ein Komponist, der eine Partitur für einen Film schrieb? Nur einige wenige große Kinos konnten es sich leisten, sie aufzuführen, und später lief der Film in den Vorstadtkinos mit einer beliebigen Begleitung, und die Partitur verschwand auf Nimmerwiedersehen. Dank dem Tonfilm nun wird die Partitur für immer festgehalten und folgt dem Film überall hin. Welche enorme Verbreitung für ein Werk, das zu Begleitung eines Films bestimmt ist. Vom Standpunkt der Folkloristik ist der Tonfilm unschätzbar. Man denke nur an die grässliche Musik, die bei der Vorführung eines Negertanzes oder eines exotischen Landes gewöhnlich fabriziert wird! Wird es nicht ein Genuß sein, die authentische Musik zu den Tänzen zu hören, die uns die Leinwand schon seit langer Zeit enthüllt? – Für unser persönliches Vergnügen bliebe noch ein besonderer Wunsch übrig: es müsste einen kleinen, praktischen Apparat geben, mit dem man – zugleich mit einem kinematographischen Amateurapparat – die Stimmen unserer Freunde, das Kinderlachen und die Geräusche der Umgebung aufnehmen könnte." (Milhaud 1929: 562)

Gab sich Milhaud in seiner Tonfilm-Miszelle als Visionär zu erkennen, der neue Wege musikethnologischer Feldforschungen erspähte und außerdem eine Vorläuferin der heutigen Digitalkamera andachte, so skizzierte er in seinem 1930 erschienenen Essay *Die neuen Rhythmen in Frankreich* mit wenigen, aber treffsicheren Sätzen, wie sich die Musik seines Heimatlandes während des vergangenen Jahrzehnts entwickelte. Zunächst habe man das Leichte gesucht, Zirkus, Music-Hall, Jazz, Cocteaus *Hahn und Harlekin*; sogar Francis Poulenc habe sich von dem „Erhabenen" distanziert: „Von uns werdet ihr niemals Werke zu hören bekommen." (Milhaud 1930: 225) Dann aber sei es zu einer Kehrtwendung gekommen:

> „In Frankreich sichtet man: *Poulenc* schreibt ‚Werke', seiner feierlichen Versicherung entgegen: ein Cembalokonzert, ein ‚Ständchen'; er zwingt sich mitunter zu einer strengen Dramatik, die seiner frischen Jugendlichkeit nicht sehr gut zu Gesicht steht. [...] Jetzt spricht man wieder von klassischer Musik, von ernster Musik, von allem, was man vor einem Jahrzehnt abscheulich fand – Strawinsky droht sogar, Wagner wieder in Kurs zu bringen! Da sei Gott vor!" (Milhaud 1930: 225)

In Berlin allerdings, resümiert Milhaud, habe „die ‚heitere Musik', der krächzende Sketch, die Music-hall, der Jazz" gesiegt, wie man an den Erfolgen von Bühnenwerken wie Ernst Kreneks *Jonny spielt auf*, Kurt Weills *Mahagonny* oder Paul Hindemiths *Neues vom Tage*, dem „Meisterwerk des Tages", ablesen könne. Überhaupt sei Deutschlands Musikleben vielerorts vorbildlich. In Frankreich seien „die Opernhäuser in einem schrecklichen Zustand". Sie erhielten so geringe Zuschüsse, dass sie kaum arbeiten könnten. Den Orchestermitgliedern sei es daher gestattet, „sich nach Wunsch vertreten zu lassen". Die Chöre indes wären völlig unzureichend. (Milhaud 1930: 226) In Milhauds Klagelied konnte Krenek, sein Freund und Weggefährte, nur einstimmen, hatte er doch gleichlautende Erfahrungen gemacht, als seine eben erwähnte *Jonny*-Oper ihre Pariser Erstaufführung erlebte:

> „Das nervenaufreibende Substitutensystem der Pariser Orchester ist bekannt. Jedes reguläre Mitglied eines Orchesters kann zu jeder Zeit zu den vorgesehenen Diensten einen Substituten schicken, wenn es an dem Abend zufällig einen besseren Job oder einfach keine Lust zu spielen hat, vorausgesetzt, es bezahlt den Ersatzmann. Das Proben wird auf diese Weise beinahe sinnlos, weil man bei jeder Probe eine beliebige Anzahl fremder Gestalten vor sich hat, die an den vorausgegangenen Proben nicht teilgenommen haben und bei den folgenden möglicherweise nicht mehr erscheinen werden." (Krenek 1998: 665)

Milhaud zog aus dem systemisch mangelhaften Opernbetrieb Frankreichs die Konsequenz, seine Werke bevorzugt in Deutschland aufführen zu lassen. Hier könne er mit einer sorgfältigen Aufführung und einem gründlichen Studium der Partitur rechnen. „Ich bin auch nicht wenig stolz darauf", kommentierte er, „daß mein ‚*Christoph Columbus*', meine jüngste Oper (zu einem Text von Claudel), in der Berliner Staatsoper zuerst aufgeführt wurde." (Milhaud 1930: 226) Bei Erich Kleiber, der das kulturelle Großereignis dirigiert hatte, bedankte sich Milhaud denn auch in aller Form, die Leistung von Chor und Orchester hervorhebend:

> „Lieber großer Freund, cher grand ami! Ich möchte Ihnen noch einmal danken für die große Freude, die sie mir gemacht haben, Sie haben alle meine Gedanken ausgedrückt, alle meine Gefühle, indem Sie ‚Christophe Colomb' dirigierten mit einer Hingabe und einem Ausdruck der mir zu Herzen gegangen ist. Ich bitte Sie von mir aus dem Orchester und dem Chor [der allein 100 Einzelproben für die Einstudierung verwandt hatte] zu danken [...]." (Otto 1985: 289)

Das Musikleben in Deutschland und Frankreich, so setzt Milhaud seinen Artikel *Neue Rhythmen* fort, unterscheide sich aber auch im jeweiligen Umgang mit der sogenannten „Laien-Musik". In einem Land mit „einer so allgemeinen musikalischen Bildung, wie es gerade Deutschland ist, mit seinem Netz von Singvereinen, Dilettanten- und Kammerorchestern, historischen Gesellschaften und Vereinigungen aller Art" würde sie für Belebung sorgen, in Frankreich aber fände sie kaum geeigneten Nährboden:

> „Denn was sich hier Musikverein nennt, ist gewöhnlich ein Klub trauriger Spießer und Kleinbürger, die die Tonkunst fertig übernommen haben und unverstandenes Zeug schwätzen. Für sie ist der Snobismus die Zukunft und einzige Rettung!" (Milhaud 1930: 226)

Allerdings zeitigten, erwähnt Milhaud abschließend, zumindest die Bemühungen Robert Cabys Erfolg, des Musikreferenten der kommunistischen Zeitschrift *Humanité*, in Arbeiterkreisen Konzerte mit neuer Musik zu veranstalten.

3. Der *Querschnitt*: Music-Hall und Café-Concert

Ein weiteres Mal dem Lockruf Cocteaus folgend, orderten Wedderkop und seine Mitstreiter mehrfach Textbeiträge, die sich mit der Music-Hall und dem Konzertcafé beziehungsweise Café-Concert beschäftigten. Auch in diesen Fällen blieb das *Querschnitt*-Team der selbst gewählten Maxime treu, hochrangige Autoren zu beauftragen. Zu ihnen gehörte der 1887 geborene René Bizet, ein vielseitiger Schriftsteller, der 1925 einen Bildband über Mode vorgelegt hatte, um vier Jahre später eine Monographie zur Geschichte der Music-Hall zu präsentieren. (Bizet 1925; 1925b) Vor allem aber stand auch er den Six nahe, immerhin basiert Arthur Honeggers Anfang der 1930er Jahre vollendetes Oratorium *Cris du monde* auf einem Textbuch Bizets.

Der Literat harmonisierte also perfekt mit dem übrigen Mitarbeiterstab des *Querschnitt*, wie seine beiden Music-Hall-Beiträge für das Magazin denn auch bekräftigen. In dem ersten von ihnen, *Pariser Music-Hall* überschrieben (Bizet 1925a: 1035–1038), geht er von der These aus, dass die Music-Hall zu einem zentralen Gegenstand künstlerisch-intellektueller Auseinandersetzung avanciert sei, weil gerade die jüngere Schriftstellergeneration sich eine Vitalisierung des erstarrten Theaterbetriebs erhoffe:

> „Dies zur Erklärung, daß es sich hier nicht nur um ein Vergnügen ohne Feinheiten handelt, an dem Augen und Ohren sich weiden können, sondern um etwas wie eine Revolution, die sehr wohl geeignet ist, unserem Theater die Grundlage für eine fruchtbare Erneuerung zu bringen, und ihm übrigens schon gebracht hat." (Bizet 1925a: 1036)

Mit dem Versuch einer Differenzierung fährt Bizet fort. Es gebe grundsätzlich zwei Arten der Music-Hall. Die eine arbeite mit eher schlichten Dekorationen (etwa *L'Olympe* oder *Les Champs elysées*) und biete eher Varieté, die andere verwende üppige Kulissen und führe Revuen auf (wie *Le Moulin Rouge* oder *Les Folies Bergères*). Als typisch für das Varieté benennt Bizet die bunte Folge höchst unterschiedlicher Nummern: Einem Akrobaten folge eine Jazzband, ein Saxophonspieler löse einen Tänzer ab. Es sei Sache des Publikums, dergleichen in eine Gedankenverbindung zu bringen:

> „Auch die Musik ist nicht logisch aufgebaut. Alles ist improvisiert und gegensätzlich. Und hieraus entsteht jenes Gefühl der Freiheit, das uns das Theater mit seiner unerbittlichen Notwendigkeit einer Konfliktlösung nicht mehr bietet." (Bizet 1925a: 1037)

Die Revue hingegen, verraten die von Bizet knapp kommentierten Fallbeispiele, folge einem roten Faden, der Spur des gewählten Titels. Das *Casino de Paris*, zu dessen unverzichtbaren Stars die Mistinguett und Maurice Chevalier zählten, sei im Hinblick auf die Revue führend:

> „Bei der Vorführung der letzten Revue, ‚Bonjour, Paris', die im November 1924 dem Wiederauftreten der Mistinguett gewidmet war, bewunderte man eine Reihe von Bühnenbildern, deren Dekorationen von einem bisher noch nicht gesehenen Reichtum waren. Hier kann man die allerneuesten Modeschöpfungen, und vor allem die vollendetste Verwirklichung dessen, was man moderne Zauberei nennen könnte, bewundern." (Bizet 1925a: 1037)

In seinem zweiten *Querschnitt*-Artikel setzt sich Bizet mit einem Pariser Gastspiel des 1892 geborenen, aus London stammenden Big-Band-Leaders und Arrangeurs Jack Hylton auseinander (Bizet 1928), den man aus der französischen Hauptstadt nur ungern habe ziehen lassen, dann aber ziehen lassen musste, weil seine Gagen nicht mehr zu bezahlen waren: fünfzig Prozent von den Tageseinnahmen der Music-Hall *L'Émpire*. (Bizet 1928: 115) Legt man Bizets emphatischen Bericht zugrunde, der das von Hylton dargebotene Programm sehr genau beschreibt und so als ein aufführungshistorisch bedeutsames Dokument zu bewerten ist, möchte man sagen, dass Hylton sein Geld verdient hat, nicht zuletzt wegen seiner guten Performance:

> „Wenn der Vorhang aufgeht, sieht man zwei Pianos als Rahmen für die reguläre Gruppierung der Musiker. [...] Im Vordergrund tänzelt Jack Hylton. Seine Boys exekutieren einen Foxtrott, zwei Charlestons, einen Walzer genau nach den Regeln des Jazz. Und dann kommt plötzlich die Attraktion. Das heißt: der Vorhang im Hintergrunde verschwindet, eine Karte der Erde erscheint, und im Lichte der Scheinwerfer zeigen sich Dinge, welche nacheinander verschiedene Länder andeuten. In einer Ecke liest eine alte Dame Zeitung. Ein Lautsprecher kündigt die Parodie einer Radiodarbietung in Italien, in Frankreich und in Rußland an. Dieser Radiovortrag ist

derselbe amerikanische Operettenschlager, sehr geistreich variiert nach den entsprechenden nationalen Rhythmen." (Bizet 1928: 116)

Um das Kapitel „Music-Hall und Caf'conc'" im *Querschnitt* abzurunden, sei schließlich noch auf den 1931 publizierten Beitrag *Konzertcafés* des jungen Hans Heinz Stuckenschmidt verwiesen, der das Jahr 1925 in Paris verbracht und engen Kontakt zur „Sechser-Gruppe" hatte. (Stuckenschmidt 1936) Kein Wunder, wenn auch er ein Loblied auf die Music-Hall anstimmt:

> „Die Stätten seriöser Musikausübung, wo die kleine, aber heldenmütige Minderheit der Zuhörer sich krampfhaft bemüht, ihre Kulturvorstellungen [...] zu verteidigen, haben uns nichts Neues mehr zu bieten. Entfliehen wir in die bessere, ehrlichere Welt der Music Hall, des Café-concert, des Konzertvergnügens (wie der berlinische Terminus optimistisch heißt!)." (Stuckenschmidt 1931: 242)

Auch wenn Stuckenschmidts Schlachtruf ein wenig nach der Zeit kommt, bietet sein Beitrag Interessantes, nicht zuletzt wegen der Beschreibung auch kleinerer, allerdings vor allem in Berlin angesiedelter Etablissements – allesamt impressionistische Skizzen, die den Insider verraten.

4. *Der Querschnitt* und Jacques Offenbach

Dass Artikel über Jacques Offenbach sich passgenau in das ästhetische Konzept des *Querschnitt* fügten, liegt auf der Hand, dürften Wedderkop und seine Mitstreiter den Operettenkomponisten doch als Gegenspieler zu dem ihrerseits ungeliebten Richard Wagner betrachtet haben. Dass sie ihr Magazin dem Deutsch-Franzosen aber schon geöffnet hatten, bevor Karl Kraus im Rahmen seines *Theater der Dichtung* seine legendären Offenbach-Vorlesungen einläutete (so geschehen 1926 im Wiener Konzerthaus), ist sicher der Erwähnung wert. (Knepler 1984: 111) Mit Hans Kristeller, der 1925 die beiden ersten der insgesamt drei Aufsätze schrieb, die im *Querschnitt* über Offenbach erscheinen sollten, hatte die Redaktion überdies einen ambitionierten Autor gewonnen. Der 1890 in Berlin geborene Jurist besaß nicht nur die größte einschlägige Privatsammlung (mit 236 Briefen des Komponisten und rund 1000 weiteren Dokumenten),[4] er arbeitete damals auch an einem imposanten, 1931 dann publizierten Offenbach-Bildband (Kristeller 1931), den der Musikwissenschaftler und Offenbach-Kenner Georg Knepler „ein Buch" nannte, „dessen Lebendigkeit und Aussagekraft [bislang] noch nicht überboten wurde." (Knepler 1984: 207) Kristellers quellenorientierte *Querschnitt*-Aufsätze, deren Rückgrat die Materialien seines Offenbach-Archivs bilden, sind als Vorstudien für

---

[4] Vgl. die Website des Centers for Jewish History (http://access.cjh.org/home.php?type=extid &term=475705#1 [letzter Zugriff 19. Mai 2013]).

sein Lebenswerk zu verstehen. (Kristeller 1925) In der Einleitung des ersten erläutert der Autor Näheres:

> „[...] wenn noch heute in der ganzen Welt eine sehr zahlreiche Offenbach-Gemeinde das Andenken des Meisters pflegt, ist das nicht allein der Liebe zu seinen (noch viel zu wenig gewürdigten) Werken zu verstehen, sondern vor allem seiner strahlenden, vom Glanze einer glücklichen Epoche noch erhobenen Persönlichkeit zuzuschreiben. Im Sinne dieser Freunde Offenbachs wird hier versucht, bislang Unbekanntes über Leben und Persönlichkeit des Meisters zu berichten, und es darf erwähnt werden, daß alle Zitate aus Briefen, bei denen das Gegenteil nicht ausdrücklich vermerkt ist, der Sammlung des Verfassers entstammen, aus welcher bislang keinerlei Veröffentlichungen vorgenommen wurden." (Kristeller 1925: 41)

Ob das Second Empire wirklich ein glanzvolles, glückliches war, wie Kristeller behauptet, darf bezweifelt werden – zumindest erhob Siegfried Kracauer in seiner 1937 erschienenen Offenbach-Biographie (Kracauer 1937) gegen eine solche Deutung scharfen Einspruch. Und auch bei seinen folgenden Erörterungen neigt der *Querschnitt*-Autor – entgegen dem sonst eher kühlen Grundton des Magazins – zu rosig eingefärbten, sentimentalen Darstellungen, etwa bei der Schilderung von Offenbachs Kindheit:

> „Es war eine glückliche und ruhige Zeit, zu welcher der Meister zur Welt kam. In dem fröhlichen Köln, wo in der wohlbekannten Glockenhausgasse sein Vaterhaus stand, lebte er sorglos im Kreise einer musterhaften Familie. Seinem gutherzigen, übrigens sehr musikalischen Vater („on me berçait avec des mélodies...') und dem Vorbilde einer ihn mit wahrer Liebe und selbstloser Fürsorge pflegenden Mutter ist es zu danken, daß gerade die wertvollsten seiner musikalischen Schöpfungen zu Herzen gehende Töne anschlagen." (Kristeller 1925: 43)

Wenn Kristellers Einstellung zu Biographik und Musik auch überaus naiv ist, so hat seine im *Querschnitt* niedergelegte Offenbach-Studie doch eine kaum zu überschätzende Qualität. Gerade weil ihr Verfasser nicht vom Fach, sondern gelernter Jurist war (Amtsgerichtsrat), widmet er sich solchen Aspekten, die man in der traditionell werkorientierten Musikwissenschaft eher als peripher, wenn nicht gar als Quantité négligeable eingestuft hätte – zumal im Fall Offenbachs, des „Operettenkönigs". Beispielsweise war es Kristeller gelungen, einen auf den 26. Oktober 1856 datierten, umfangreichen Vertrag aufzuspüren, „durch den sich die bisherigen Gesellschafter verpflichteten, den erweiterten Betrieb des [von Offenbach] im Frühjahr 1855 begonnenen Theaterunternehmens in den Räumen des Theaters der ‚Jungen Schüler' fortzuführen." (Kristeller 1925: 46) Auch blieb Kristeller nicht bei der bloßen Erwähnung oder Wiedergabe des komplexen Vertragswerkes stehen. Vielmehr reicherte er es mit kundigen Kommentaren an, um den *Querschnitt*-Lesern Einblicke in die ökonomischen Rahmenbedingungen der Offenbachiaden zu gewähren. Wie geschickt der Operettenkomponist überdies seine Selbstvermarkung betrieb, dokumentiert Kristeller andernorts, indem er auf ein Gesuch Offenbachs verweist, von der französischen Eisenbahngesellschaft Freifahrten zu bekommen:

> „Welch eine glückliche Zeit aber war es, in der alle Welt einem aufstrebenden Künstler zu Diensten stand: Ein Jahr nach Gründung der Bouffes, 1856, erhielt Jacques von der Compagnie des chemin de fer du Nord einen Dauerfreifahrtschein für Reisen nach Köln zu seinen Angehörigen: en sa qualité de compositeur ..." (Kristeller 1925: 47)

Einen besonderen Autor konnte der *Querschnitt* auch im Nachgang zum Offenbach-Jahr 1930 gewinnen: Paul Wiegler, der für das Juni-Heft 1931 ein Portrait des Komponisten lieferte. (Wiegler 1931) Im Gegensatz zu dem stilistisch unbeholfenen Kristeller war er ein versierter, anerkannter Schreiber, „ein Meister der Biographie", wie der Journalist Peter Christian Baumann in einem Nachruf anmerkte. Sein „knapper Stil, der befremden konnte", habe den Stoff eingekreist, „bis er verdichtete Wirklichkeit wurde". (Baumann 1949) Die von Baumann genannten Qualitäten Wieglers bezeugen nicht nur dessen Biographien über Johann Wolfgang von Goethe oder Ludwig van Beethoven, die beide 1946 in Berlin erschienen. Vielmehr besticht schon sein *Querschnitt*-Aufsatz *Leben Offenbachs* durch die Kunst der Ellipse. So beginnt Wiegler mit einer Paraphrase des ersten Kapitels aus Emile Zolas 1880 veröffentlichtem Roman *Nana*, das eine Inszenierung von Offenbachs *Orphée aux enfers* schildert. Indem der Romancier intermedial auf die 1858 uraufgeführte Operette verwies, die den Olymp in den Schmutz zog, die Götter als Schwächlinge enttarnte, kurz: die alten Bilder zertrümmerte, habe er, interpretiert Wiegeler, die Monarchie zu einer Posse und die Armee zu einer Rigolade degradiert, das Totengericht über das Second Empire gehalten. (Wiegler 1931: 376) Erst nach diesem fulminanten Einstieg kommt Wiegeler übergangslos, mittels filmisch anmutender Schnitttechnik zu den basalen Fakten, der eigentlichen Biographie – ein Musterbeispiel journalistischen Schreibens, gilt es hier doch, die Leser gleich mit den ersten Sätzen zu gewinnen.

5. *Der Querschnitt* – Abgesang

Wieglers brillant gestalteten Offenbach-Essay kann man in gewissem Sinn als Höhe- und Schlusspunkt betrachten, das Thema „Musik in Frankreich" im *Querschnitt* zu behandeln. Denn Anfang 1930 hatte Wedderkop, obwohl er immer noch als Herausgeber zeichnete, die Federführung Victor Wittner überlassen, dem neuen Chefredakteur. (Haacke/Baeyer 1977: XXVII) Und schon bald sahen sich die Wortführer des zurückliegenden Jahrzehnts, Cocteau und seine Kombattanten, von einer Linie abgelöst, die eher um Berlin kreiste, den Standort des Magazins. Nun, im musiklastigen Aprilheft von 1930, kam erstmals Arnold Schönberg zu Wort, der an der Preußischen Akademie der Künste die Meisterklasse für Komposition leitete.

(Schönberg 1930) Jetzt konnte Ernst Krenek (Krenek 1930), dessen Bühnenwerk *Leben des Orest* gerade an der Krolloper zur Uraufführung gelangt war, sich ebenso im *Querschnitt* äußern wie Klaus Pringsheim (Pringsheim 1930), der seit 1918 als musikalischer Leiter der Berliner Reinhardt-Bühnen fungierte; während Artur Schnabel, Kurt Weill, Otto Klemperer und andere Musikerpersönlichkeiten der Reichshauptstadt durch Portraitfotos vertreten waren.

In seinem ersten, eingangs zitierten Editorial hatte Wedderkop geätzt, hinter dem deutschen Volk läge Schreckliches, von Wagner bis zum Expressionismus. Nun aber lag Schreckliches vor ihm, vor seinen Nachbarn, vor Europa und der Welt. Dass der *Querschnitt* 1936 verboten wurde, ist nur eine Fußnote der Geschichte.

Literatur

Baumann, Peter Christian (1949): Das war Paul Wiegler. In: *Die Zeit, 1. September, Nr. 35.*
Bizet, René (1925): *La Mode.* Paris.
Bizet, René (1925a): Pariser Music-Hall. In: *Der Querschnitt, Jg. 5, H. 12,* S. 1035–1038.
Bizet, René (1925b): *L'Époque du music-hall.* Paris.
Bizet, René (1928): Eine Music-Hall-Attraktion. Jack Hylton und seine Boys. In: *Der Querschnitt, Jg. 8, H. 2,* S. 115–117.
Bloch, Ernst (1935): *Erbschaft dieser Zeit.* Zürich.
Bloch, Ernst (1929): Ein Sieg des Magazins. In: Bloch (1935), S. 29–31.
Cocteau, Jean (1922): Les ballets Suédois et les jeunes. In: *Der Querschnitt, Jg. 2, Jahresband,* S. 19.
Cocteau, Jean (1991): *Hahn und Harlekin. Aphorismen und Notate. Mit zehn Strichzeichnungen des Autors.* Leipzig/Weimar.
Cottereau, Henri (1922): Van Goghs Grab. In: *Der Querschnitt, Jg. 2, H. 3,* S. 198.
Durey, Louis (1922): „Les Six". In: *Der Querschnitt, Jg. 2, Jahresband,* S. 242–243.
Fénéon, Felix (1922): Un vaudeville d'Henri Rousseau. In: *Der Querschnitt, Jg. 2, Jahresband,* S. 77–79.
Flechtheim, Alfred (1922): Der „Dôme". In: *Der Querschnitt, Jg. 2, Jahresband,* S. 92.
Haacke, Wilmont/Baeyer, Alexander von (Hg.) (1977): *Der Querschnitt. Facsimile Querschnitt durch den Querschnitt* 1921–1936. Frankfurt a. M. u. a.
Knepler, Georg (1984): *Karl Kraus liest Offenbach. Erinnerungen, Kommentare, Dokumentationen.* Wien.
Kracauer, Siegfried (1937): *Jacques Offenbach und das Paris seiner Zeit.* Amsterdam.
Krenek, Ernst (1930): „Banalitäten". In: *Der Querschnitt, Jg. 10, H. 4,* S. 237–238.
Krenek, Ernst (1998): *Im Atem der Zeit. Erinnerungen an die Moderne.* Hamburg.
Kristeller, Hans (1925): Unbekanntes von Jacques Offenbach. In: *Der Querschnitt, Jg. 5, H. 1,* S. 41–48; *H. 2,* S. 113–122.
Kristeller, Hans (1931): *Der Aufstieg des Kölners Jacques Offenbach. Ein Musikerleben in Bildern.* Berlin.

Milhaud, Darius (1924): Die Entwicklung der Jazz-Band und die Musik der Neger Nord-Amerikas. In: *Der Querschnitt, Jg. 4, H. 2/ 3*, S. 124–128.
Milhaud, Darius (1926): Das musikalische Leben in Sowjetrussland. In: *Der Querschnitt, Jg. 10, H. 4*, S. 526–529.
Milhaud, Darius (1926a): Apropos Jazz. In: *Der Querschnitt, Jg. 6, H. 10*, S. 729–747.
Milhaud, Darius (1927): Marionetten. In: *Der Querschnitt, Jg. 7, H. 11*, S. 824–826.
Milhaud, Darius (1929): Apropos Tonfilm. In: *Der Querschnitt, Jg. 9, H. 8*, S. 562.
Milhaud, Darius (1930): Die neuen Rhythmen in Frankreich. In: *Der Querschnitt, Jg. 10, H. 4*, S. 225–226.
Otto, Werner (1985): *Die Lindenoper. Ein Streifzug durch ihre Geschichte*. Berlin.
Pringsheim, Klaus (1930): Zustand heutiger Musik. In: *Der Querschnitt, Jg. 10, H. 4*, S. 215–219.
Schönberg, Arnold (1930): Mein Publikum. In: *Der Querschnitt, Jg. 10, H. 4*, S. 222–224.
Stuckenschmidt, Hans Heinz (1931): Konzertcafés. In: *Der Querschnitt, Jg. 11, H. 4*, S. 242–244.
Wedderkop, Hans von (1922): Querschnitt durch 1922. In: *Der Querschnitt, Jg. 2, Jahresband*.
Wiegler, Paul (1931): Leben Offenbachs. In: *Der Querschnitt, Jg. 11, H. 6*, S. 375–381.

Weill's Self-Borrowings

Stephen Hinton

I

"Self-borrowing," the creative practice whereby a composer reuses earlier music of his or her own, is more commonly associated with the eighteenth than with the nineteenth or twentieth century. George Frederic Handel is the poster child, a composer whose works have attracted more attention in the musicological literature on self-borrowings (and also on "borrowings" from third parties) than any other, perhaps more than all other composers combined. Other distinguished self-borrowers featured in published scholarship, albeit less prominently than Handel, are Antonio Vivaldi, Jean-Philippe Rameau, Johann Sebastian Bach, Ludwig van Beethoven, Gioachino Rossini, Vincenzo Bellini, Hector Berlioz and Georges Bizet. (Girdlestone 1958; Dean 1960; Macdonald 1965/66; Kropfinger 1984; Burkholder 1985; Roberts 1986; Dean/Knapp 1987; Roberts 1987; Buelow 1987; Sadler 1989; Smart 2000; Winemiller 1997; Burkholder [2]2001) Twentieth-century representatives of the practice may be less numerous, or at least less extensively researched, than the aforementioned, yet they are not hard to find: they include Kurt Weill's teacher Ferruccio Busoni, Charles Ives, Lou Harrison, and the Schoenberg pupil Alban Berg. (Krämer 1992; Robinson 1999; Miller/Lieberman 1998)

In his study of Bizet's self-borrowings, Winton Dean, the doyen of Handel studies, noted that "many, perhaps most, composers of the past have borrowed from their own earlier work," while conceding that "their motives have varied." According to Dean, composers may reuse their own materials for one or more of the following reasons: "To save time or trouble, to preserve what seems too good to waste, to gratify the public or the performer with the same titbit over again, to develop material that offers a further creative stimulus – all have played their part." Dean allows for "less conscious processes, such as the apparently accidental discovery of the perfect context for an idea born in quite other circumstances." There are culturally specific factors to consider, too. "[Self-borrowing] was probably commonest in the eighteenth century, when the turn-over of music was very rapid and only a small fraction survived the occasion for which it was composed, whether in print or in performance." To be taken into account is public reaction, which has also shifted, as Dean notes, "according to period and place." Cultural factors not only play a decisive role in influencing attitudes toward the practice of self-borrowing, they are critical both for explaining the use of self-borrowings in any given context and for understanding the interest in detecting them in the first place.

"The devotees of *opera seria* approved the practice. The Italian audience seems always to have been less censorious than the French, which even in Gluck's time was inclined to regard self-borrowing as a sign of creative impotence. But as a rule the public has been in no position to grasp what was going on: the majority of self-borrowings have been detected in quite recent times by the long nose of musicology." (Dean 1960: 238)

In a musical culture in thrall to novelty and originality, and in which artistic creations are analyzed and judged in terms of their organic unity, self-borrowings have little place – or they demand at least an explanation that goes beyond merely pragmatic considerations. Handel reception provides a valid point of orientation insofar as it covers a wide spectrum of attitudes already evident in the composer's own lifetime. As John Winemiller has observed, "Handel composed in the ferment of a major shift in the ideological and aesthetic understanding of cultural production – during the emergence of the concept of intellectual property. The war of words over the nature of creativity was spirited, but for much of the eighteenth century, conflicting ideas uneasily coexisted." (Winemiller 1997: 449) Although Winemiller is principally addressing the topic of Handel's borrowings, as opposed to self-borrowings, his comments are more broadly relevant to how the composer's creative process "represents a classical and, in particular, neoclassical compositional 'solution'" that can be applied to more recent composers, too. By linking Handel's compositions to "contemporary imitative procedures used widely in music's sister arts," Winemiller writes, "we can move the issue beyond our modern belief that borrowing categorically represents trespass, back to a time when the ideas of authorship and intellectual property were less clear and less meaningful, and when the use of existing material was the classically sanctioned – indeed, mandated – avenue toward the creation of the best works of art." (Winemiller 1997: 469)

How different the terms of the debate can appear, however, with respect to later composers for whom the romantic criteria of originality and organic coherence are more frequently and emphatically invoked. In his study of Alban Berg's self-borrowings, for instance, Ulrich Krämer asks "whether it is possible to justify the incorporation of foreign material into a composition based on the ideal of thematic, motivic and harmonic structural unity: a problem which becomes particularly poignant in a composition employing Schoenberg's method of composition with twelve tones related only to each other." (Krämer 1992: 53) Krämer suggests in response that the desired integration posed not only an "abstract precompositional problem" for Berg, but that solving the problem also served as "a creative stimulus." In addition, he ventures into the realm of creative psychology by stating that musical ideas "rescue[d] from oblivion [...] were important to the evolution of his musical language. [...] Their association with the happy memories of his studies with Arnold Schoenberg doubtless played an important role, too." "It is not difficult to imagine," Krämer concludes, "that, with these self-borrowings, Berg wanted to demonstrate his constant awareness of the foundation on which his career as a composer was built." (Krämer 1992: 77)

II

So what does "the long nose of musicology" have to say about Kurt Weill? The terms of the discourse have been fluid, as will become evident, situating the composer somewhere between the neoclassicism with which Winemiller links Handel, on the one hand, and the romanticism that informs Krämer's interpretation of Alban Berg's musical language, on the other. The most immediate influence was surely Ferruccio Busoni, the composer-pianist who defined his reputation by creatively blurring the line between transcription, arrangement, paraphrase, performance, and original composition. Yet as a member of Busoni's masterclass, Weill would have been the first to recognize precedents in much earlier composers, too. Hadn't his teacher's creative practices signaled, after all, a conscious return to certain eighteenth-century principles and values? Most critically for Weill, Busoni's ideas concerning the reform of musical theater contained in writings such as *The Future of Opera* frequently invoked the example of Mozart, above all the singspiel *Die Zauberflöte*.[1]

It is indisputable that Busoni's Mozartian aesthetic, so central to the school-defining notion of a "New Classicality" ("junge Klassizität"), proved both formative and enduring for Weill's works for the musical theater as well as for the creation of his public image as a composer. Yet comparison with Handel, whose music Mozart both arranged and copied, proves fruitful and instructive on a number of levels. In a 1978 article that discussed Weill and Handel together, Andrew Porter drew a parallel both in terms of the composers' devotion to opera and musical theater and in terms of their both having relocated to an Anglophone culture:

> "In much the same way that Handel can be claimed as Britain's greatest opera composer, Kurt Weill might be claimed as America's: a master musician, master musical dramatist, and large soul who found song for the people of his adopted country, learned its idioms, joined them to his own, and composed music of international importance." (Porter 1987: 72)

Like Weill, and with particular relevance to the present topic, not only did Handel borrow frequently and extensively from himself; as can be seen from a representative sample of Weill's self-borrowings, all of the explanations for Handel's practice

---

1 For a discussion of Weill's debt to Mozart, see Hinton 2012: esp. 447–456. Because of its prevalence in Weill's oeuvre, "self-borrowing" turned out to be a recurring topic in that book. Another such topic is Weill's debt to Wagner, which I have addressed separately in Hinton 2009: 155–174.

of self-borrowing proposed by Dean arguably apply to Weill to some degree or another. The principal questions remain these: how, both generally and in individual cases, to interpret the motive and reason for self-borrowings, and how to assess the significance of the earlier music in the new context? Clues can be found not only in musical, but also in verbal sources.

One of the verbal clues is a letter in which the composer borrowed simultaneously from the text of a work of his own and from the work of another author as well. Six months after what he called the "disgraceful flop" of *Marie Galante* in Paris, he wrote to Lotte Lenya in 1935: "Whenever I think of London at night, I'm robbed of my sleep." The composer used these words to convey a feeling of deep despondency after recent performances of two of his works in the British capital. Both were signal failures. The first blow came in February with a live performance of *Die Dreigroschenoper* broadcast by the BBC. The second, to which the letter alludes, occurred just a few months later in June with the premiere of the satirical operetta *A Kingdom for a Cow*, a work started in German as *Der Kuhhandel* while he was still in Paris but left unfinished in that language. After receiving its premiere at the Savoy Theater London on 28 June 1935, *A Kingdom for a Cow* stayed in the repertory for barely two weeks. The press for both of the London events was largely negative.

Writing for the *Daily Telegraph*, Jack Westrup thought the satire of *A Kingdom for a Cow* little more than a "riotous burlesque" and praised the music only faintly as "a hotch-potch, no less." The reviewer for the *Sunday Times* adopted a similar critical stance to Westrup, remarking that the "grim topicality runs in uneasy double harness with the lighter moods of musical comedy," though he did credit Weill with "some wistful little tunes and several good choruses." The least negatively critical thing written about the music, by a certain "H.H." in the *Observer*, was that it was "confident and resourceful, and seemed to me to range among the masters in various genres with academic versatility." Dyneley Hussey was outright dismissive, particularly of the composer, claiming in his report for the *Spectator* that "Herr Weill has sacrificed integrity to popular appeal. [...] His music," Hussey continued, "drones its way though the mire with a despondency that surpasses the bluest of Blues. It acts like a wet blanket on what promised to be an amusing satire." But perhaps the most dismissive notice of all was the unsigned review that appeared in the *Times*, especially the obnoxious sting in its tail, presumably intended in humorous vein:

> "Weill writes a particularly nauseous form of jazz with every beat of a bar of common time regularly made into a strong beat, and his waltzes are more sympy than the old-fashioned kind. It is not stated whether his recent departure from Germany was occasioned by his partiality for politically tendentious satirical texts like this one or for the kind of music he writes, but the music would be the German authorities' most valid justification."

Expressing his reaction to this dismissive reception as well as to the production's swift demise, Weill's words were not exactly his own, however, even if the feelings they captured more or less were. The phrase "When I think of London at night, I'm robbed of my sleep" parodies a line from Heinrich Heine's famous poem "Nachtgedanken" (Night Thoughts): "Denk ich an Deutschland in der Nacht, / Dann bin ich um den Schlaf gebracht. / Ich kann nicht mehr die Augen schliessen, / Und meine heissen Tränen fliessen." The allusion to Heine both distances Weill from his own experience and suggests a fascinating parallel to his own situation. Like Heine, he was a German-Jewish artist forced into exile. Like Heine, he had initially chosen Paris as his new home. Save for a few brief absences, he had resided there from March 1933 until December 1934. But unlike Heine, he moved on. Nor is the departure from Paris the only important difference. Whereas Heine's poem "Night Thoughts" is about his place of birth, Weill's parody refers to a foreign city that he had hoped, for a while at least, could become his new domicile.

What follows the Heine allusion is no less remarkable, adding yet a further twist. "This London flop was a severe blow for me," he remarks, whereupon he introduces another modified quotation, this time from a work of his own: "Just don't get soft!" (Aber nur nicht weich werden!). Weill has lifted a line from *Das Lied von der harten Nuss* in *Happy End*, the self-borrowed source for the *Scène au dancing* melody in the "disgraceful flop" *Marie Galante*.

III

So much for Weill's borrowing and self-borrowing in words. What about in music? Are his practices more or less the same? Or are there differences and hence other interpretations to consider? The parallel to composing music as opposed to letters is striking. In order to express an emotion or affect, he draws on preexisting phrases or figures, sometimes well known, sometimes quite hackneyed, whose message the composer then contrives to retract, undermine, or relativize in some way. The ironic effect can be dizzyingly rich and multilayered, as with the quotation from Heine, an author also given to biting irony. The principle will continue in the American works, too: the convention of affective expression is not to be taken literally or at face value. Convention is a means, not an end; what is conveyed is itself seldom simple. And Weill's reaction to the reception of *A Kingdom for a Cow* was undoubtedly complex.

Happy End is a fitting place to start, since this work served the composer as a repository for multiple self-borrowings, not just the aforementioned *Scène au dancing*. *Happy End*'s music feed into several other works, too. Moreover, it may well be the first piece of Weill's to contain a clear borrowing from the melody of a preexisting song of his own. The song in question is "Hosiannah Rockefeller."

Most of Dean's pragmatic explanations seem to apply here: "to save time or trouble, to preserve what seems too good to waste, to gratify the public or the performer with the same titbit over again, to develop material that offers a further creative stimulus." *Happy End*'s concluding song delivers an ironic panegyric to three giants of American capitalism: not just to Rockefeller, but also to Ford and Morgan. Highlighting the ironic relevance of the number to the play's plot were set designer Casper Neher's huge portraits, done in the manner of stained-glass windows. Organized crime and organized religion unite to pay homage to the establishment icons of big business: St. Ford, St. Morgan, and St. Rockefeller. A playful, amusing point, perhaps, but it is hardly just burlesque, especially in light of the Lady in Grey's introductory words delivered in a speech that would eventually find its way, only slightly altered, into the revised text of *Die Dreigroschenoper*.

> "The days when you minor artisans, working with a conventional jemmy in your callused palms, broke into metal safes containing nothing more than shares and credit notes—these days are gone. You are being swallowed up by big corporations with the banks behind them. What's a jemmy compared with a share certificate? What's breaking into a bank compared with founding a bank?
> ALL: Nothing!"

Nowhere is the Marxist turn in Brecht's writing more palpable. The speech, evidently a late revision to the play's text, after Brecht replaced Erich Engel as director, doesn't exactly borrow but rather paraphrases or alludes to a passage from the introduction to Karl Marx's *Contribution to the Critique of Political Economy*:

> "Is the view of nature and of social relations which underlies the Greek imagination and Greek [mythology] possible with self-acting mules, railways, locomotives and electric telegraphs? What is a Vulcan compared with Roberts and Co., Jupiter with the lightning conductor and Hermes with the Crédit mobilier?"

Marx's text continues: "All mythology subdues, dominates and fashions the forces of nature in the imagination and through imagination, it disappears therefore with real mastery over them."

By the same token, the dialogue of *Happy End* has shifted from being a gentle spoof of gangster stories (plausibly but evidently not borrowed from an American magazine) to the rhetoric of the stump address, from light entertainment to political rally. According to theater critic Alfred Kerr, Helene Weigel read her speech from a scrap of paper. Was it an insertion not yet memorized, or was she adding an authentic political touch? For the punning Kerr, at any rate, the effect was "angepappt" (pasted on). The play had abruptly turned into a vehicle for a hard-hitting point of materialist social critique: the truly successful criminals are the big corporations, run by the so-called robber barons, three of whom the finale celebrates in person as "saints." Weill brings them closer to home by singing their praises to the melody of *Berlin im Licht-Song*, a shimmy he had composed the previous year as part of Berlin's electric light exhibition. It makes for a rousing conclusion. The seductive strains of contemporary American dance music, albeit spoken with a German accent, not only soften up gangsters such as Bill; they also fill the air of Berlin, like electric light, as the glory of international big business shines all around. We are all being seduced! The self-borrowing, in short, carries both affective and intertextual significance.

IV

Fast forward to 1936, to *Johnny Johnson*. *Johnny Johnson*, Weill's most strident antiwar piece, is replete with musical material that echoes earlier works – sometimes extensive borrowings, at other times brief musical gestures previously employed in other contexts. The first and most literal borrowing is the instrumental *Introduction*, which reuses the melody of *Das Lied vom Branntweinhändler* from *Happy End*. As the opening of Weill's first American work, the borrowing makes for a striking connection with his German oeuvre, the "Stück mit Musik" feeding into the "musical play." It is music that originally served a vocal context and is reused here in an instrumental one. The new context is both scenic and dramatic, as indicated in the version of the play that Green published in 1937.

Although it does not always reflect what was actually done in the theater, Green's text preserves a large amount of stage business from the first production. After the initial fanfare, which Green describes as "the slightly mock-heroic overture," the new version of the melody from *Happy End* evidently accompanied an expository pantomime; and the same music, differently orchestrated, recurs during the first scene. Green's description of the stage setting and the action fills two full pages of text, beginning with a motto that quotes the opening line of the *Asylum Chorus*: "How sweetly friendship binds." The reference is surely sardonic.

As in the chorus, whose melody invokes the classic pastoral topic of the siciliano, thereby reflecting the peace and happiness enjoyed by the inmates of the asylum to which Johnny Johnson has been admitted because of his antiwar views, Green begins with a pastoral scene: "A hill-top outside a small American town – April 1917."

> "The curtain rises on the level and clean-swept top of a little hill. The ground is covered with a carpet of green grass, and at the right front a quaint young arbor-vitae tree is growing. In the middle background is a funeral obelisk monument about ten feet high and draped in a dark low-hanging cloth. At the left is a naïve and homemade example of the Star-Spangled Banner hanging down from a hoe-handle staff which stands stuck in the ground. It is a beautiful day in spring, and far beyond the obelisk and far beyond the scene stretches the blue and light-filled sky with here and there a tiny billowy cloud hanging motionless in it."

The "Branntweinhändler" melody, presented initially as a mellifluous trombone solo accompanied by lilting woodwind and string accompaniment, expresses this idyllic mood. But what about the preceding "mock-heroic" fanfare alluded to by Green? Comparison with the *Happy End* original reveals that it, too, is taken from the same song. The rhythm (not the melody) is identical to the chanting passage of the song's brief middle section: "An die Gewehre, Seele in Not" ("Take to arms, soul in distress"). In other words, Weill's self-borrowing nicely captures the pastoral gesture of the opening, and counterpoints it with an apt intertextual reference that is related to a principal theme of the new play, the antagonism between war and spiritual well-being.

Because of the focus on Weill in France, it seems appropriate to return to *Marie Galante*. The play with music was Weill's first work for the musical theater conceived in a vernacular language other than his native German, a switch that goes hand in hand with the deft transfer of his song style to the new cultural milieu. The transfer is Janus-faced: not only does Weill reuse some of the music in later English-language works, but some of that same music derives from earlier, German-language compositions. The melody of the instrumental Introduction and *Les filles de Bordeaux*, for example, is borrowed from *In der Jugend gold'nem Schimmer* from *Happy End*. The instrumental interlude *Scène au dancing*, as mentioned, is a reworking of *Das Lied von der harten Nuss*. And *Das Lied vom Branntweinhändler* does double duty here, as the orchestral *Complainte* and the duet *L'arreglo religioso*. Later, partly as a consequence of the work's lack of impact in the theater and partly on account of Weill's departure from France, the composer saw fit to recycle portions of the score in works performed in London and New York. The English waltz *Le Roi d'Aquitaine* became *Two Hearts* in *A Kingdom for a Cow*; and the melody of *Les filles de Bordeaux*, already borrowed from *Happy End*, underwent yet another transformation as *The Trouble with Women* in *One Touch of Venus*.

V

Although exile forced Weill to adapt to setting the language of his new home countries, the copious musical self-borrowings that he used in the process represent a thread of stylistic continuity – a form of common currency, as it were – from one stage of his career to the next. According to an interpretation proposed by David Drew, however, the lingering presence of material from *Happy End* may still support the notion of a fundamental break in his career when he left Germany. Neither simply a matter of artistic expediency nor merely a reflection of consistency in his approach to musical theater, Weill's returning to the earlier German work in the new French work served, Drew suggests, "to cover the break with his past which it represented." (Drew 1987: 271) The questions that arise from this suggestion are common enough in the secondary literature on Weill: To what extent do stylistic choices in exile reflect aesthetic continuity or a lack thereof? Do the self-borrowings, insofar as they are susceptible to biographical exegesis, compensate aesthetically and psychologically for an otherwise unbridgeable rift in Weill's output? And, accordingly, how should the more or less direct transfer of his song style to a new context be interpreted? As a pragmatic artist's expedient response to a commission? In intertextual terms? Or at some deeper level of creative psychology?

These interpretive options – expediency, intertextuality, and a key to creative psychology – need not be mutually exclusive, as illustrated by the verbal borrowing from Heine and the self-borrowing from *Happy End* quoted above. Invoking a neo-classical aesthetic does not preclude interpretive speculation in biographical terms. As the verbal example taken from the letter demonstrates, there is a sense in which self-borrowings are not so fundamentally different from borrowings – or at least from what might better be called allusions. The two practices need to be considered together; the one can shed light on the other. Writing about *A Kingdom for a Cow*, one of the more charitable London critics described the composer as "ranging among the masters in various genres with academic versatility." The most obvious case in point is what Weill described as "a very beautiful barcarole, sung by the President, the General, and the Secretary while gazing on the sleeping Santa Maria." The lilting accompaniment of *Santa Maria*, with its harp-colored sonorities, is certainly the most obvious allusion to Offenbach in the entire piece, specifically to the *Barcarole* from *The Tales of Hoffmann*. More important than this moment of homage, however, the musico-dramatic style that Weill employs relies throughout the operetta on a more or less wholesale appropriation of the various rhythms traditionally associated with the genre (march, waltz, can-can, etc.), along with others appropriate to the South America setting (tango, fandango, and rhumba). The overall effect, for all the unmistakable Weillian fingerprints, is one of masterful pastiche rather than defamiliarizing parody, a fidelity to the generic style implicit in the composer's characterization "very beautiful." The operetta, to paraphrase Walter Benjamin's remark about Offenbach, transfigures the satirized dizzying "stupidity" of the plot through music. (Benjamin 1977: 356)

VI

Of course, I have only scratched the surface with respect to the extent of Weill's self-borrowings. There are plenty more where the discussed examples came from, some often discussed, others still awaiting identification.[2] Belonging to the former

---

2   David Drew has detailed thirteen borrowings from *A Kingdom for a Cow* alone. These include the *National Anthem* (*The Firebrand of Florence*) to *The Song of the Goddess* (*Johnny*

category is *September Song*, whose melody began its life in *Der Kuhhandel* and then ultimately transcended its new destination in *Knickerbocker Holiday* by becoming one of Weill's greatest hits. Less well-known examples include Weill's drawing on the song *Nanas Lied* in *Little Gray House* from *Lost in the Stars*. The borrowing is striking here, given the two quite different texts and contexts, and all the more intriguing if one adds the chromatically rising figure in the melody to the long list of Weill's Wagner allusions, specifically the theme of longing from *Tristan and Isolde*. Self-borrowing and allusion to other composers' music go hand in hand.

The source number for *September Song* in *Der Kuhhandel* derives from the aria sung by the operetta hero Juan, who wistfully recalls his unhappy fate while yearning for reunion with Juanita. In *Knickerbocker Holiday*, the incipit of the melody is transferred, somewhat transformed, into the mouth of Peter Stuyvesant, the Governor of Dutch colonial New Amsterdam. But the process of transformation does not end there. The song in the play emerged as an afterthought, an attempt to humanize the tyrannical governor after he has thrown the fiancé of the woman he desires in jail. It should be noted that the holiday of the work's title is one celebrated by the Dutchmen – the "Knickerbockers" – with an execution: if Tina resists the governor's advances, Brom, her fiancé, will be hanged. It is not just the title of *September Song* that makes the age difference between Stuyvesant and Tina quite explicit; the governor confesses to having "lost one tooth" and to the fact that he "walks a little lame" (because of his silver peg-leg).

Yet further transformation occurred, as a series of eminent crooners, such as Bing Crosby and Frank Sinatra, appropriated the song. In so doing, they moved it away from the light operetta orbit of Stuyvesant's midlife infirmities, as reflected in the small but significant textual changes that appeared in the sheet music distributed at the time. References to missing teeth and the limping gait are expunged. *September Song* becomes a lyrical ballad, "a generic love song," in the words of Charles Hamm, "with no links to any particular dramatic situation." (Hamm 2009: 60)[3] Stuyvesant's conditional tense ("These golden days I'd spend with you") changes to the more confident future indicative ("These precious days I'll spend with you"). This process of transformation eventually requires the original Stuyvesant, Walter Huston, to re-record the song for the movie called *September Affair*

Johnson) and *The Best Years of His Life* (*Lady in the Dark*) (see Drew 1987: 274). *Der Silbersee* (1933) borrows from *Die Bürgschaft* (1932), and *Die sieben Todsünden* (1933) from *Der Silbersee*. Early and late works also share common material: the orchestral introduction to act 2 of *Street Scene* (1946), for example, borrows from Weill's own theater music to Erwin Piscator's 1928 production of *Konjunktur*.

3   Hamm's essay contains an extensive account of the genesis and reception history of *September Song*, including details of its various textual transformations.

(released in 1950 and starring Joseph Cotton and Joan Fontaine) and adopt the more romantic lyrics of the revised text.

VII

"Borrowing is permissible," wrote theorist Johann Mattheson in his treatise *Der vollkommene Capellmeister* (1739), on the condition that "one must repay the debt with interest" (a financial metaphor more suggestively ambiguous in translation than in the original). Mattheson defines that "interest" in terms of improving on the original: "one must arrange and elaborate the imitations in such as way that they acquire a more beautiful and better appearance than the passages from which they are drawn."[4] In permitting borrowing Mattheson raises questions not only of aesthetics but also of creative tact: "it is not to be criticized when modesty is applied in the process."[5] Mattheson's criterion of "repaying the debt with interest," a metaphor consistent with notions of originality and creative property, has been frequently cited in connection with the compositional practice of Handel, his near-contemporary and friend. And one might also add, apropos Weill's widespread practice of self-borrowing, that he certainly repays the debt to himself with considerable interest.

The significance of each and every one of the self-borrowings needs to be teased out by the "long nose of musicology" on the terms generally familiar from the discussion of other self-borrowing composers. Yet there is a broader concluding point to be made about Weill's practice that touches on the aesthetic issues reflected not only in the very concept of "borrowing," but also in the organicist metaphors used to capture musical concepts such as "style" and "language" as well as the coherence of individual works of art. Critical to an appreciation of Weill's self-borrowings are the conditions under which they occur. Like other composers for the musical theater, especially well-known eighteenth-century predecessors such as Handel, Weill no doubt felt compelled to draw on his own music either because of time pressures or because he did not want the previous inventions of earlier, especially neglected, works to go to waste. And like his allusions to the work of other composers, conscious or otherwise, the reuse of earlier material may have had a more personal or private than a public significance; and it may certainly be lost on some or even most listeners. True, from the composer's point of view, the allusions could be heard as situating him, however tenuously, within a tradition and practice

---

4 "Entlehnen ist eine erlaubte Sache; man muß aber das Entlehnte mit Zinsen erstatten, d. i. man muß die Nachahmungen so einrichten und ausarbeiten, daß sie ein schöneres und besseres Ansehen gewinnen, als die Sätze, aus welchen sie entlehnet sind." (Johann Mattheson, *Der vollkommene Capellmeister*. Hamburg 1739, p. 131.)

5 "es ist auch solches nicht zu tadeln, wenn nur mit Bescheidenheit dabey verfahren wird." (Johann Mattheson, *Der vollkommene Capellmeister*. Hamburg 1739, p. 131.)

of musical theater, whereas the self-borrowings may specifically reflect degrees of continuity and/or disruption within his own oeuvre. In this broader scheme, however, there is something else going on that helps explain both the significance and prevalence of these ingredients of Weill's musical theater, representing as they do aspects of a musical practice in which style is less a function of personal development or identity than of dramaturgy. It is a matter – to paraphrase Weill's own explanation – of finding the correct basic *gestus* for the song and the occasion on stage, whether by means of self-borrowing, allusion or other means, and however ironic the intent. If style in Weill is the theatrical means, the *gestus*, generally put, is the dramatic end or result; it begs interpretation.

References

Benjamin, Walter (1977): Karl Kraus. In: Rolf Tiedemann/Hermann Schweppenhäuser (ed.), *Walter Benjamin. Gesammelte Schriften vol. 2*, Frankfurt a. M., pp. 334–367.
Buelow, George J. (1987): The Case for Handel's Borrowings: The Judgment of Three Centuries. In: Stanley Sadie (ed.), *Handel: Tercentenary Collection*, Basingstoke, pp. 61–82.
Burkholder, J. Peter (1985): 'Quotation' and Emulation: Charles Ives's Uses of His Models. In: *Musical Quarterly 71*, pp. 1–26.
Burkholder, J. Peter (^{2}2001): Borrowing. In: *The New Grove Dictionary of Music and Musicians*, Bd. 4, New York, pp. 5–41.
Dean, Winton (1960): Bizet's Self-Borrowings. In: *Music & Letters 41/3*, pp. 238–244.
Dean, Winton/Knapp, John Merrill (ed.) (1987): *Handel's Operas, 1706–1726*. Oxford.
Drew, David (1987): *Kurt Weill: A Handbook*. London.
Girdlestone, Cuthbert Morton (1958): Rameau's Self-Borrowings. In: *Music & Letters 39/1*, pp. 52–56.
Hamm, Charles (2009): Popular Adaptations of Weill's Music for Stage and Screen 1927–1950. In: *Kurt Weill, Popular Adaptations 1927–1950, Kurt Weill Edition, ser. IV, vol. 2*, New York, pp. 39–85.
Hinton, Stephen (2009): Weill Contra Wagner: Aspects of Ambivalence. In: Susanne Schaal-Gotthardt/Luitgard Schader/Hans-Jürgen Winkler (ed.), *„... dass alles hätte anders kommen können." Beiträge zur Musikgeschichte des 20. Jahrhunderts (Frankfurter Studien, Bd. 12)*, Mainz u. a., pp. 155–174
Hinton, Stephen (2012): *Weill's Musical Theater: Stages of Reform*. Berkeley.
Krämer, Ulrich (1992): Quotation and Self-Borrowing in the Music of Alban Berg. In: *Journal of Musicological Research 12/1–2*, pp. 53–82.
Kropfinger, Klaus (1984): Vivaldi as Self-Borrower. In: Michael Collins/Elise K. Kirk (ed.), *Opera and Vivaldi*, Austin, pp. 308–326.
Macdonald, Hugh (1965/66): Berlioz's Self-Borrowings. In: *Proceedings of the Royal Musical Association 92*, pp. 27–44.
Miller, Leta E./Lieberman, Frederic (1998): *Lou Harrison: Composing a World*. New York.

Porter, Andrew (1987): Musical Events. In: *The New Yorker, March 16*, p. 72.
Roberts, John H. (ed.) (1986): *Handel Sources: Materials for the Study of Handel's Borrowing.* New York.
Roberts, John H. (1987): Why Did Handel Borrow? In: Stanley Sadie/Anthony Hicks (ed.), *Handel: Tercentenary Collection*, Ann Arbor, pp. 83–92.
Robinson, Bradley Craig (1999): *A Study of Charles Ives's Use of Self-borrowing in the Composition of Selected Songs for Solo Voice and Piano.* Urbana-Champaign.
Sadler, Graham (1989): A Re-examination of Rameau's Self-Borrowings. In: John Hadju Heyer/Catherine Massip/Carl B. Schmidt/Herbert Schneider (ed.), *Jean-Baptiste Lully and the Music of the French Baroque: Essays in Honor of James R. Anthony*, Cambridge/New York, pp. 259–290.
Smart, Mary Ann (2000): In Praise of Convention: Formula and Experiment in Bellini's Self-Borrowings. In: *Journal of the American Musicological Society 53/1*, pp. 25–68.
Winemiller, John T. (1997): Recontextualizing Handel's Borrowing. In: *The Journal of Musicology 15/4*, pp. 444–470.

Kurt Weill in Paris

Pascal Huynh

1933 begann Weills Exil in Paris unter einem günstigen Stern. Die meisten anderen Komponisten, die von den Nationalsozialisten aus Deutschland verbannt wurden, genossen keineswegs dieses Glück. Weill war populär und in der Musikwelt seit dem Erfolg der französischen Fassung von Pabsts Film von 1931 sowie der Wirkung des legendären Konzerts in der Salle Gaveau im Dezember 1932 anerkannt. Nach einem ersten Anlauf im Jahr 1925 mit insbesondere der Pariser Uraufführung des *Violinkonzerts* und der Aufführung der beiden Werke *Streichquartett* und *Frauentanz* musste man bis 1930/31 warten: Erst dann begann die zweite ‚Akklimatisierungsphase' von Weills Musik in Paris. Damals drang auch die Ästhetik von Bertolt Brecht mittels erster Adaptationen seiner Stücke und Songs in Frankreich durch. 1930 eröffnete das Théâtre du Montparnasse von Gaston Baty seinen Vorstellungsabend mit der ersten französischen Produktion der *Dreigroschenoper*. Sie war ein echtes Fiasko. Es herrschte der generelle Eindruck, dass eine Bühnenadaptation des Stücks in Frankreich unmöglich war. Man musste ein paar Monate warten, bis die Magie des Kinos diese Vorstellung schließlich vollkommen in ihr Gegenteil umkehrte.

Die am 19. März 1931 geschriebene Chronik von Georges Van Parys, einem jungen Komponisten und Journalisten, der später einer der größten Auftragskomponisten des französischen Films werden sollte, verdeutlicht das Ausmaß dieser Wende:

> „Vorstellung eines sensationellen Films im Moulin Rouge: Die *Dreigroschenoper*. Ein junger deutscher Komponist, Kurt Weill, hat für das Stück eine Komposition geschrieben, die man im Film wiederfindet. Ich weiß nicht, wie wichtig sie in der Bühnenfassung ist, aber im Film steht sie absolut im Vordergrund; sie trägt eindeutig am meisten zum wahrscheinlichen Erfolg des Films bei. Kurt Weills Musik besteht aus Songs, die eine von Rhythmus und Blechblasinstrumenten geprägte Orchestration aufweisen, von ausgefeilten Harmonien getragen und von einem bedeutenden Klavier-Part unterstützt werden. Sie scheint ebenso einfach wie gelehrt, melodisch wie dissonant. Eine raue, heftige und bissige Komposition, wie der Film selbst. […] Schade, dass der französische Songtext manchmal, ja sogar zu oft, ganz und gar nicht zur Musik passt. Der Film wurde auf Deutsch und auf Französisch gedreht. Florelle, Margo Lion und Préjean sind die Hauptdarsteller der französischen Fassung. Sie haben die schwere Aufgabe, die musikalischen Motive zu konkretisieren. Auf gesanglicher Ebene holpert es etwas. Aber ich glaube nicht, dass professionelle Sänger in der Lage gewesen wären, den Klangduktus zu finden, der notwendig ist, um diese Musik auszudrücken." (Parys 1969)

Der Autor dieser Zeilen, der 1902 geboren wurde und die Musik von René Clairs Film *Le Million* von 1931 komponierte (Weill bewunderte René Clair), hatte damals erst wenig Berufserfahrung. Doch er sollte zu einem der größten Komponisten für Filmmusik der Kriegs- und Nachkriegszeit werden und schuf die Musik der Filme von René Clair und Jean Boyer.

Weill erfuhr schnell von seinem Triumph und schrieb am 9. Dezember 1931 begeistert an Universal: „Freunde sind gerade aus Paris zurückgekommen und haben mir den prompten Erfolg meiner Musik bestätigt. Alle wollen die Partitur und die Platten, und *Mackie Messer* wird auf der Straße gesungen." Diese Zeilen erinnern auch an jene, die George Antheil 1930 in Berlin schrieb, als er über die plötzliche Beliebtheit der Songs der *Dreigroschenoper* berichtete.

Ein paar Wochen vor der Machtergreifung der Nazis, also vor der Zeit im Exil, fand das dritte markierende Ereignis von Weills Rezeptionsgeschichte in Paris statt. Dabei konvergierten berufliches Interesse und mondäner Snobismus. Am 7. Dezember 1932 wurde Weill von der Crème de la Crème der Pariser Kunst- und Politwelt an der Gare du Nord empfangen: Georges Henri Rivière, Leiter des Musée ethnographique beim Trocadéro, Yvonne Giraud, eine enge Freundin von Charles und Marie-Laure de Noailles und Vorsitzende der Konzertgesellschaft La Sérénade, die auf Betreiben von Charles de Noailles das Konzert in der Salle Gaveau veranstalten sollte. Weill hatte für dieses Konzert ein Programm gestaltet, das aus dem *Jasager* und einer Fassung des *Songspiels*, für das Maurice Abravanel den *Alabama Song* und *Denn wie man sich bettet* umgeschrieben hatte, bestand. Die beiden Werke umsäumten Manuel de Fallas *Konzert für Cembalo* und Georges Aurics *Sonate für Klavier*. Am Vorabend des Konzerts, am 10. Dezember, fand bei Marie-Laure de Noailles ein Privatkonzert statt, bei dem insbesondere Coco Chanel, Picasso, Cocteau, Léger, Paul Valéy, Desnos, Gide, Vitrac, Fargue, Strawinskij, Auric, Poulenc, Honegger und viele andere anwesend waren. Am Tag danach berichtete Henri Prunières, der seit 1925 einer der glühendsten Verteidiger von Weill in Paris war, über eine Salle Gaveau, „die zu klein war, um die Menschenmenge aufnehmen zu können, die sich vor den Saaltüren scharte." (Prunières 1933: 47)

Darius Milhaud, der gemeinsam mit seiner Frau Madeleine ein enger Freund von Weill wurde, war damals in Holland. In seinen Memoiren berichtet er: „Der überschäumende Enthusiasmus, den die beiden Werke verursachten, hielt mehrere Tage an. Der Montparnasse-Kreis machte daraus eine politische Plattform: Er sah darin den Ausdruck der Entkräftung, des Pessimismus unserer Epoche. Die oberen Zehntausend waren ebenfalls entzückt, als hätten sie zum ersten Mal eine Bach-Passion im Konzertsaal gehört." (Milhaud 1987: 190)

Sicherlich mondäner Snobismus, aber nicht nur. Die Intellektuellenkreise teilten dem Komponisten ihre Emotion mit. Ich zitiere als markantes Beispiel den Architekten Le Corbusier, der mit dem Pavillon de l'esprit nouveau bei der Ausstellung der Arts décoratifs von 1925 oder auch der Villa Savoye berühmt geworden ist; zwei Tage nach dem Konzert schrieb er an Weill:

„Es handelt sich in Ihrem Werk um Menschen, die sprechen, und nicht um eine in den Musikkonservatorien angelernte Mechanik; sie haben authentische, komplexe und große menschliche Gefühle ausgedrückt. Man spürt, dass in Ihrem Land Unruhe und eine große Spannung herrscht, dass sich da etwas tut."

Am 21. März 1933, dem Tag von Potsdam, verließ Weill mit Hilfe der Neher mit dem Auto überstürzt Berlin. Über Lunéville in Lothringen gelangte er nach Frankreich; Lotte Lenya dagegen ging mit Otto Pasetti nach Wien. Am 23. März kam er in Paris an und verbrachte ein paar Nächte in einem Hotel in der Rue Jacob im 7. Arrondissement, dann im Hotel Splendide in der Nähe von Place de l'Étoile, bevor er schließlich Mitte April bei den Noailles in ihrem Stadtpalast an der Place des Etats-Unis nicht unweit vom Trocadéro aufgenommen wurde. Das Pariser Exil begann also unter einem glücklichen Stern, was Weill Universal am 3. April auch anvertraute: „Es geht mir hier sehr gut, […] alle sind extrem nett zu mir und respektieren mich sehr."

Zu dem Personenkreis, der den Komponisten nach seiner Ankunft von Anfang an direkt unterstützte, gehörte neben Charles und Marie-Laure de Noailles und Yvonne Giraud, die Marquise de Casa Fuerte, eine weitere einflussreiche Persönlichkeit, die als Weills Impresario in Paris galt: Georges-Henri Rivière; er war bereits 1932 in Zusammenhang mit dem Konzert in der Salle Gaveau präsent. Auch Henri Monnet gehörte dazu, Mitglied des linken Flügels der demokratischen Partei, Bruder von Jean Monnet (dem Gründungsvater der Europäischen Gemeinschaft), der bei der Gründung des Orchestre symphonique de Paris mitwirkte. Henri Monnet war einflussreich und großzügig und gewann die Sympathie von Weill, der in ihm einen Freund sah und ihm im März 1933 kurz vor seiner Abreise aus Berlin eine Partitur seines Werks *Silbersee* übersandt hatte.

Zwei wertvolle Quellen geben uns über Weills Werdegang in Frankreich Auskunft: Sein Adressbuch, in dem er die verschiedensten Dinge notierte und festhielt (Kontoinformationen, Merkzettel und dergleichen), sowie seine Reisedokumente, mit Hilfe derer die verschiedenen Zwischenetappen von Berlin nach New York detailliert rückverfolgt werden können. Trotz seiner engen Beziehungen zu seinen Mäzenen besuchte Weill die mondänen Kreise nur sehr wenig. Gelegentlich nahm er erneut Kontakt zu einigen Berliner Freunden und Kollegen auf: Ernst Josef Aufricht, Harry Graf Kessler, Walter Steinthal, einem alten Freund aus Dessau und Leiter des *Berliner Zwölf-Uhr-Mittagsblatts*, dem Dramaturgen Hans Curjel, dem Kritiker Herbert Fleischer, dem Schriftsteller Alfred Flechtheim, Felix Deutsch, dem Direktor der AEG, den Orchesterleitern Hermann Scherchen und Jascha Horenstein, dem Schriftsteller Robert Gilbert. Unter den Ausländern, die in Paris lebten und die in seinem Adressbuch aufgeführt sind, befinden sich des Weiteren

Anatole Litvak, ein ukrainischer Regisseur, der Schauspieler Wladimir Sokoloff, der im Film *Die Dreigroschenoper* spielte, George Davis, der später der zweite Gatte von Lotte Lenya werden sollte und eine Zeit lang mit Jean Cocteau verkehrte. Unter den französischen Kontakten stechen Namen wie Honegger, Sauguet, Auric, Deval, Mauprey, Ribemont-Dessaignes hervor. Leider fehlen in diesem ansonsten präzisen Adressbuch ein paar Seiten, die herausgerissen wurden. Es belegt regelmäßige Kontakte zu ehemaligen Kollegen (wie z. B. zu Heinsheimer in Wien, Carl Ebert in Berlin) sowie jene in England (zu Sängern), und vor allem die Kontakte seiner ersten Jahre in Amerika (Paul Bekker, Leibholz, Kalmus u. a.); es ist der materielle Zeuge seines Werdegangs im Exil.

Und wie nahm ihn sein Pariser Umfeld wahr? Er galt vor allen Dingen als ein Mann, der sein Privatleben schützte und nicht nur mondänen Vergnügungen, sondern auch überschwänglichem Gefühlsbekundungen aus dem Weg ging. Als er mit Henri Sauguet die Rue des Saint-Pères hinaufging und der berühmten Sängerin Marianne Oswald, die seine Musik bedingungslos verteidigte und die er aber nicht schätzte, angesprochen wurde, setzte er seinen Weg kommentarlos fort! Auf bescheidene Art, aber sich Weills Wert bewusst, sagte der Komponist Georges Auric 1937 über ihn: „Er ist besser als alle Anderen, und ich verdächtige ihn, genau zu wissen, was er will und was er anstrebt." Er verstand es, die ihm von Hause aus fernen adeligen Kreise zu nutzen, und wusste, wer ihm nützlich sein könnte. Er beobachtete aufmerksam die Reaktionen auf seine Musik und war auf deren Wirkung bedacht.

Was seine Komponisten-Kollegen anbelangt, so konnte er vor allen Dingen auf die Freundschaft und Unterstützung von Darius und Madeleine Milhaud zählen. Weill und Darius lernten sich 1927 bei den Festspielen von Baden-Baden kennen, wo die Kammeroper *L'Enlèvement d'Europe* und *Mahagonny-Songspiel* vorgestellt wurden. Als Weill 1935 in die Vereinigten Staaten aufbrach, erledigten die Milhauds die alltäglichen Geschäfte ihres Freundes. Fünf Jahre später ging das französische Paar in New York von Bord. Weill und Lenya waren die ersten, die sie empfingen. In den Jahren zuvor, als er in Paris immer mühsamere Tage erleben musste, unterstützte Madeleine Milhaud Weill auf ganz vertrauter Ebene.

In den ersten Wochen verursachten Geldnot und die Unsicherheit seines Vertrags bei Universal einen lebhaften Schriftwechsel mit dem österreichischen Verleger – eine Zeit, die im September 1933 ihren Höhepunkt erreichte. Universal trug die neuen politischen Verhältnisse in Deutschland als Argument vor, und Weill hielt entgegen, dass ihm die kommerzielle Nutzung seiner Werke nicht so wichtig wäre wie ein sicheres Arbeitsverhältnis. Im Oktober 1933 klärte sich die Situation: Nachdem der Vertrag, der ihn zehn Jahre lang an Universal gebunden hatte, gekündigt wurde, unterzeichnete Weill bei Heugel in Paris. Diese Unterzeichnung war der krönende Abschluss einer Reihe komplexer Verträge, die Universal mit Pariser

Verlegern leichter Musik abgeschlossen hatte, um Weills Arbeit zu vermarkten. Paul Bertrand, dessen – so Roland-Manuel – überzeugendes Verhandlungsgeschick bekannt war, setzte nach den Erfolgen der *Dreigroschenoper* und von *Mahagonny* auf einen sicheren Wert. In der Zwischenkriegszeit entwickelte sich Heugel zu einer Drehscheibe des europäischen Verlagswesens und kümmerte sich ebenso um die Verwaltung des französischen Musikerbes, bei dem Jules Massenet das Prunkstück darstellte, wie um ein Heer französischer und europäischer Autoren. So galt Weill zuerst als Autor lyrischer Werke. Der vom 1. November 1933 bis 31. Dezember 1938 geltende Rahmenvertrag erwähnt, dass Weill sich dazu verpflichtet, bis zum Ablauf dieser Frist mindestens drei abendfüllende Opern zu liefern, wobei die erste vor dem 30. Juni 1935 vorliegen muss. Aber er wurde auch als Song-Autor vertraglich verpflichtet und musste das Repertoire der Kollektion Coda mit seinen Beiträgen bereichern.

Ein paar Wochen nach der Unterzeichnung des Vertrags bei Heugel provozierten Weill und seine Musik einen Zwischenfall, der für seine Karriere in Paris schwerwiegende Folgen hatte. Das Konzert vom 26. November 1933 in der Salle Pleyel war ein konkretes Zeichen des Zerfalls des sozialen Klimas in Frankreich und des Vordringens antideutscher und antisemitischer Ideen. Ein Journalist der Zeitschrift *Comœdia* beschreibt uns diesen Zwischenfall wie folgt: Die Sopran-Sängerin Madeleine Grey interpretierte drei Songs von *Silbersee*. Der dritte Song mit dem Titel *Ballade de César* gefiel zwei Zuschauern nicht, die am Ende des Songs laut „Heil Hitler!" riefen:

> „Der Schrei überraschte, und es folgte Applaus. Aber die beiden Störenfriede ließen nicht locker und schrien erneut ‚Heil Hitler! Heil Hitler!', wobei einer der beiden wortwörtlich hinzufügte:
> ‚Wir haben auch ohne die ganzen Juden aus Deutschland ausreichend schlechte Musiker in Frankreich'. Madame Madeleine Grey, die den Applaus im Saal für eine Ermutigung hielt und sich über den Zwischenfall amüsierte, sang aufs Neue ihre *Ballade de César.*
> Die Leistung der Sängerin wurde mit Applaus belohnt. Schließlich kamen Ordnungskräfte. Es kam in den hinteren Saalreihen zu Aufruhr, die beiden Störenfriede verließen den Saal, und die Diskussion wurde im Foyer fortgesetzt.
> Der Zwischenfall konnte als Scherz interpretiert werden. Doch ließ er deutlich eine Richtung erkennen: Zum ersten Mal ruft ein Franzose in einem öffentlichen Raum laut ‚Heil Hitler!'. Und dieser Franzose – es sei uns erlaubt, ihn namentlich zu zitieren, – ist Florent Schmitt, ein Meister der französischen Musik, der einen seiner Freunde begleitete, der sich seinen Protestrufen anschloss." (Achard 1933)

Der Zwischenfall wäre weniger kommentiert worden, wenn er nicht von einer der angesehensten Persönlichkeiten der französischen Musikwelt verursacht worden wäre. Florent Schmitt, ein einflussreicher Komponist und Kritiker, verteidigte damals ausgeprägt nationalistische Positionen. Obgleich Schmitts Ästhetik als konservativ galt, hielten ihn seine Kollegen, die ihn größtenteils sehr schätzten, insbesondere Milhaud, nicht für einen Reaktionär. Die meisten Augenzeugen wollten die Bedeutung seines verbalen Übergriffs abschwächen und rechneten ihn zu den zahlreichen Tritten ins Fettnäppchen, für die er bekannt war. So wurde der Zwischenruf weniger als Ausdruck eines latenten Antisemitismus, sondern als Laune einer labilen, komplexen Persönlichkeit gedeutet.

Obgleich Weill im November 1933 weder als Person noch wegen seiner Herkunft angegriffen wurde, so lieferte der Zwischenfall einem Großteil der Presse doch die Gelegenheit, die musikalische Bewegung, die Weill repräsentierte, zu missbilligen und den musikalischen Dialog mit Deutschland in Frage zu stellen. Dieser unüberlegte Protest wurde zum spontanen Ausdruck eines Unbehagens, das extremistische Organe, wie *L'Action française*, ausbeuten sollten. Die massive Einwanderung der größtenteils jüdischen deutschen Emigranten galt als Ursache des Verfalls Frankreichs, wie der berühmt-berüchtigte Lucien Rebatet mit heftigen Worten betonte:

„In neun von zehn Fällen ist der importierte Virtuose, der aufgrund seiner schliffigen Vulgarität die Plage unserer Konzerte darstellt, ein Jude. Zu oft wurden zu seinen Gunsten die ‚unantastbaren Rechte' des Geistes zitiert. Der Exodus der deutschen Juden wird zur Invasion, Paris wird zur intellektuellen Hauptstadt des ‚erwählten Volkes', das um uns den Keim der Dekadenz verbreitet, den es seit der Zeit der Pharaonen in sich trägt." (Rebatet 1933)

Das Konzert vom November 1933 hinterließ in Weill tiefe Spuren. Das schädliche Klima war jedoch bereits seit mehreren Wochen latent. Ab Mitte Juli 1933 berichtete Weill über eine wilde Clique, die ihn heftig attackierte, und stellte sich die Frage, ob es tatsächlich gut wäre, sich dauerhaft in Paris niederzulassen; er erwog sogar die Möglichkeit, weit ab von der Hauptstadt, ja sogar außerhalb Frankreichs zu leben. Ein paar Tage nach dem Konzert bestätigte er Lotte Lenya, dass sich die Presse einstimmig auf die Seite des „französischen Meisters" (Florent Schmitt) gestellt hat. In diesem Brief vom 29. November 1933 bedauerte Weill auch die diesbezügliche Inkonsequenz von Darius Milhaud, die er auf Milhauds Freundschaft zu Schmitt zurückführte. Die Zeit sollte sich außerordentlich ungünstig für die Emigranten entwickeln. Anfang 1934 hatte man den Eindruck, dass das Land nicht mehr regiert wurde. Die Politik der verschiedenen radikal-sozialistischen Kabinette scheiterte, während ein Skandal dem anderen folgte. Die Affaire Stavisky löste die Massendemonstration vom 6. Februar 1934 aus, die während der ephemären Regierungszeit des Kabinetts Daladier stattfand. Der Antisemitismus stürzte sich auf neue Sündenböcke; man setzte sich für ein „sauberes Frankreich" ein – gegen die Freimaurer. Die Ligen und Gruppierungen um das Gedankengut von Charles Maurras dominierten das öffentliche Leben.

In den letzten Tagen von 1933 konnte Weill dieser bedrückenden Atmosphäre etwas entrinnen, denn mit Hilfe von Maurice Abravanel hatte er einen Hafen des Friedens im Westen von Paris gefunden. Das zwischen Paris und Saint-Germain-en-Laye liegende Louveciennes, das mit der Entwicklung der königlichen Ländereien von Marly verbunden war, liegt über der Seine und war auf Wirken von Ludwig XV ab 1769 auch Heimat der Comtesse Dubarry. Der Architekt Claude Nicolas Ledoux baute für sie einen reizenden Musikpavillon. Im 19. Jahrhundert erlagen nach Fromental Halévy der Maler Pissarro, aber auch Saint-Saëns, Fauré, Renoir und Maupassant dem Charme von Louveciennes; Lotte Lenya sprach später in hohen Tönen über den Ort und beschrieb das ferne Geschrei auf den Schiffen unten auf der Seine. Dank der Vermittlung von Charles de Noailles konnte Weill mehrere Monate in der Nummer 9 der Place Ernest Dreux wohnen, die – wie die imposanten Säulen und Ringe offenbaren – einstmals als Schmiede der Krondomäne diente. Weill beschrieb seine neue Unterkunft wie folgt: ein großes Studio, das als Esszimmer und Arbeitszimmer diente, zwei Schlafzimmer mit Bad und eine Küche. Noch heute beeindruckt die Stille des zurückgezogenen Ortes, als sei die Zeit seit der Razzia auf die jüdischen Kinder im benachbarten Waisenhaus im Juli 1944 stillgestanden.

Der Einzug fand für Weill genau zum richtigen Zeitpunkt statt. Im Dezember meinte er vertraulich: „Es geht mir gut. Das Haus ist wunderbar. Ich bin fast immer draussen und will niemanden sehen." Er empfing jedoch langjährige Freunde wie Aufricht und Steinthal, Henri Monnet, Abravanel, Henri Sauguet, Paul Bertrand und die Noailles.

Anfang 1934 kannte Weill Paris bereits zur Genüge. Obgleich er im Frühling 1933 noch die Möglichkeit eines längeren Aufenthalts in Erwägung gezogen hatte, beschloss er schließlich in England, in die Vereinigten Staaten auszureisen. Die erbarmungslose Konkurrenz, die in Paris insbesondere in der Filmmusik herrschte, konnte ihn nur dazu ermutigen, Frankreich zu verlassen. Eine Anekdote, die mir Maurice Abravanel im März 1990 persönlich erzählte und die sich im Zusammenhang mit dem Konzert in der Salle Pleyel im November 1933 abspielte, erinnert auf unmissverständliche Weise an das damalige Ambiente. Honegger sagte zu ihm: „Die Sache ist einfach. Es gibt einen einzigen großen Käse. Wir sitzen alle um den Tisch herum, und es gibt nur sehr wenig für jeden von uns. Wenn ein Neuer hinzukommt, so ist er einem nicht lieb." Weill war diesbezüglich immer aufmerksam. Ab Frühling 1933 erwähnte er Kreise, die darauf bedacht waren, die Ausweitung seines Bekanntheitsgrades und sein Vordringen auf dem französischen Markt der modernen Musik zu verhindern. Im Laufe des Jahres 1934, als er gleichzeitig an der Operette *Der Kuhhandel* und an dem Bibeldrama *Der Weg der Verheissung* arbeitete, wurde sein Wunsch, nach Amerika zu fahren, immer konkreter, und dies um so mehr, als New York ihm als eine Theaterstadt beschrieben wurde, die genauso aktiv und ehrgeizig wie Berlin 1928 war.

Nach der Aufführung von *Marie Galante* im Dezember 1934 diente Louveciennes dem Komponisten nur noch als Quartier. Der Londoner Misserfolg von *Der Kuhhandel* war für Weill „ein harter Schlag" und wurde auch als solcher verzeichnet. Im August 1935 ermutigten die Assistenten von Max Reinhardt Weill, nach New York abzureisen, um dort die Besetzung des Bibeldramas vorzunehmen. Die Reisevorbereitungen begannen. Max Reinhardt kam am 1. September in New York an, Weill und Lotte Lenya schifften sich am 4. September in Cherbourg auf dem Überseedampfer Majestic ein.

Die Projekte, die Weill in Paris entwickelte, sind aufgrund ihres Ehrgeizes beeindruckend, aber auch weil sie fast ausnahmslos Misserfolge sind. Mit Ausnahme von den *Sieben Todsünden* und *Marie Galante*, den beiden Werken, die in Frankreich geschrieben wurden, gab es nur zwei weitere große Produktionen: ein symphonisches Werk (die *Zweite Symphonie*) und ein Hörspiel (*La Grande Complainte de Fantomas*). Die meisten in der Folge zitierten Projekte wurden aufgegeben: Eine deutschsprachige Produktion der *Dreigroschenoper*, inszeniert von René Clair, eine für ein großes Volkstheater bestimmte Adaptation von *Mahagonny*, eine Zusammenarbeit mit dem Dramaturgen Georges Neveux im Rahmen von *Juliette ou la clé des songes*, ein Werk, das schließlich von Martinu vertont werden sollte, eine Zusammenarbeit mit Robert Gilbert, eine weitere mit Emil Lind, eine Zusammenarbeit mit Cocteau im Rahmen einer *Faust*-Inszenierung, eine französische Adaptation des *Jasagers* in Nantes, in Zusammenarbeit mit Henri Monnet.

Der Misserfolg seiner Filmmusikprojekte war für Weill zweifelsohne am härtesten. Er bewunderte Renoir und René Clair, die Filmautoren von *Die Hündin* und *Unter den Dächern von Paris*, Filme, in denen die Musik eine wichtige dramatische Funktion hat. Ende 1933 nahm ihn der Komponist Maurice Jaubert mit in die Filmstudios von Joinville, um den Dreharbeiten von René Clairs Film *Die Elenden* beizuwohnen. Hier begegnete er der Sängerin Florelle wieder, die er für eine der besten Interpreten in Paris hielt. Auch musste er feststellen, dass Hanns Eisler weitaus besser im Pariser Filmmilieu eingeführt war als er. Anfang 1934 kündigte Weill Lotte Lenya an, dass seine Projekte gescheitert waren. Weills Songs, also kleinere Werkformate, dagegen fanden weitaus mehr allgemeine Zustimmung und bildeten die Grundlage seines späteren Ruhms. An erster Stelle tritt hier die Zusammenarbeit mit Cocteau, der nach der Aufführung der *Sieben Todsünden* voller Eifer eine ambivalente Beziehung zu Weill aufbaute, bei der sich intellektuelle Faszination und platonische Liebe vermengten, wie der intime Ton seines Briefwechsels mit dem Komponisten beweist. 1933 durchlebte Cocteau eine schwere persönliche Krise, die einen exzessiven Opiumkonsum bewirkte, der ihn im Dezember zu einer zweiten Entziehungskur zwang.

Lotte Lenya beschreibt die Begegnung mit Cocteau und die sich daraus ergebenden Projekte mit folgenden Worten: „Cocteau versuchte, ein paar Sätze auf Deutsch zu sprechen. Kurt war überrascht und fragte Cocteau, ob er wirklich Deutsch sprechen könnte. Da entschuldigte sich Cocteau, ging in ein anderes Zimmer und kam einige Minuten später mit einem Blatt Papier zurück. Es waren die ersten Seiten von *Es regnet*. Kurt ermutigte ihn, das Gedicht zu Ende zu schreiben, was Cocteau schließlich tat. Kurt korrigierte ein paar Grammatikfehler und vertonte es." (Kowalke 1991) Diese deutschen Gedichte (mindestens dreißig), die dem Komponisten gewidmet waren, sollten in Amsterdam in Klaus Manns Zeitschrift *Die Sammlung* veröffentlicht werden. Ihre dramatische Intensität ist erstaunlich, ebenso wie der Hauch einer germanischen Wunderwelt, der sie durchzieht und an die psychologisch aufgewühlte Zeit erinnert, die Cocteau mit der Romanow-Prinzessin Natalia Pawlowna Paley erlebte. Paley begegnete Weill im Sommer und verliebte sich in den Komponisten, was Cocteaus Verwirrung noch verstärkte; einige Gedichte spiegeln diese schmerzhafte Liebesbeziehung.

Im Gegensatz zu Eisler und vor allen Dingen zu Joseph Kosma orientierte sich Weill nicht direkt am realistischen französischen Chanson. Doch das Charisma von Marianne Oswald und in einem etwas weniger dunklen Tonregister jenes von Lys Gauty führten dazu, dass er durch die Interpretation seiner Berliner Songs (insbesondere durch die *Seeräuber-Jenny* und den *Kanonensong*) der sozialen Strömung, welche die Sängerin Damia, Robert Desnos und Jacques Prévert versinnbildlichen, zugerechnet wurde. Schließlich darf auch nicht vergessen werden, welchen Einfluss Weill in diesem Kontext auf Arthur Honegger, Georges van Parys und Maurice Jaubert möglicherweise hatte. Mit seinen beiden Songs *Complainte de la Seine* und *Je ne t'aime pas*, die Weill beim Auftakt zu *Marie Galante* komponiert hatte, schuf er ein Idiom, das weder der unbekümmerten Stimmung kurz vor der Zeit der Front Populaire, die von Lys Gauty verkörpert wurde, noch dem sozialen Realismus, der das Privileg von Prévert und Kosma und dessen Hauptvertreterin Marianne Oswald war, entsprach.

Das Verlagshaus Heugel lud Weill dazu ein, sich dem leichten Genre zu widmen; und wir wissen nicht, welche geheimnisvollen Gründe Weill dazu bewegt haben, in die poetische Welt des Toulouser Dichters Maurice Magre vorzudringen. Es gibt keinerlei Spur einer eventuellen Begegnung zwischen den beiden Männern. Trotz einigen Abstechern in das Opern-Genre hat Magre den Großteil seiner Produktion der Dichtung gewidmet. Er hinterließ sieben Gedichtbände, darunter *Les Belles de nuit* (1917), die allesamt eine morbide und gequälte Atmosphäre wiedergeben. *Complainte de la Seine* ist das Spiegelbild der Stadt, deren Fantasien und Verwüstungen Magre bereits in seinen Jugendgedichten beschrieben hatte. Das Klagelied gibt sich wie eine introspektive Klage, mit einem wiegenden Rhythmus, dessen Gegenstand durch die Anrufung und das ursprüngliche Motiv festgelegt ist.

Der Song *Je ne t'aime pas*, den man als Gegenstück von *Es regnet* betrachten kann, spricht über Liebesleid, bei Magre ein immer wiederkehrendes Thema. Die Präzision, die psychologische Komplexität und der ausdrucksvolle Schliff dieser beiden Songs machen sie zur Quintessenz von Weills französischer Produktion. Bereits 1934 erwähnt Weill den Erfolg der *Complainte de la Seine*, die „zum Hauptlied von Lys Gauty geworden ist."

Noch vor den Varietétheatern auf der Rive Gauche in den Fünfziger Jahren, die das zweite Goldene Zeitalter der französischen Interpretation von Weills Werken einläuten sollten, haben die größten Sängerinnen und Sänger der Dreißiger Jahre seine Songs und seinen Klangduktus in ihr Repertoire aufgenommen – von Lucienne Boyer bis Maurice Chevalier. Dazu gehörte auch Marianne Oswald, die Weill seit der Aufführung von *Happy End*, in der sie ein Mädchen der Heilsarmee spielte, kannte. Sie kam 1925 nach Paris und trat im Bœuf sur le toit, im ABC und in anderen Varietétheatern auf, bevor sie 1940 den Weg ins amerikanische Exil wählte. Ihre Herkunft, ihr Engagement sowie ihr Aussehen machten aus ihr ein ideales Angriffsziel für nationalistische Kreise, die sie als „eine aus der Berliner Gosse entwischte Judenhure" bezeichneten.

Damals galt sie als Interpretin der menschlichen Leiden und als Anklägerin der Ungerechtigkeiten. Oswald hat Cocteau enorm beeinflusst; Letzterer nannte sie, nachdem er sie im Bœuf sur le toit gehört hatte, „Marianne, die Rote". Ihr rauher Stimmduktus wurde zu ihrem persönlichen Stilmerkmal. Unabhängig von ihren Verbindungen zu Milhaud, Honegger und Prévert, schien sie für die Weill-Songs wie geschaffen: Der *Kanonensong* mit passendem Stechschritt und die *Seeräuber-Jenny* sowie *Surabaya Johnny*. Weill schätzte diese überspannten Interpretationen nur wenig, Lys Gauty und Florelle waren ihm lieber.

Lys Gauty (Alice Gauty) erlebte mit ihrem Lied *Le Chaland qui passe* einen Welterfolg und wurde 1933 für die *Seeräuber-Jenny* und andere Chansons mit dem Grand prix du disque ausgezeichnet, was Florelle, die in Pabst Film eben diese Rolle spielte, eifersüchtig machte. Ab Mitte der Dreißiger Jahre hoben die verschiedenen Beobachter der Musikwelt den radikalen Unterschied zwischen Oswalds und Gautys Interpretation der *Seeräuber-Jenny* hervor: „Die beiden Künstlerinnen haben nichts gemeinsam. Die Stimme von Marianne Oswald ist geprägt von Bitterkeit, Schmerz, Verzweiflung. Lys Gautys kräftige und tragische Stimme dagegen vermittelt auch Zärtlichkeit, sowie eine tiefe, rührende Angst, die angesichts des Unglücks nicht resigniert", las man im Januar 1935 in der Zeitschrift *Femme de France*. (20. Januar 1935) Gauty sang vor allen Dingen auch *J'attends un navire*; 1936 schrieb sie an Weill: „*J'attends un navire* ist gegenwärtig mein größter Erfolg, und ich bin stolz und glücklich, dass es gerade von Ihnen ist!"

Florelle, Lys Gautys Rivalin, wurde von Weill in Berlin bemerkt, als Pabst eine Schauspielerin suchte, die in der *Dreigroschenoper* singen konnte. Er engagierte sie, nachdem er ihren *Barbara Song* gehört hatte. 1931 nahm sie vier Songs des Films auf, darunter die *Seeräuber-Jenny* und der *Kanonensong*, in einer freien, dem Variété verwandten Interpretation. Gleich Weill hielt auch Lotte Lenya unendliche Lobreden auf sie.

*

Die kurze Darstellung von Weills Hauptinterpreten in Frankreich zeigt uns, dass die wachsende Beliebtheit seiner Platten- und Filmmusik trotz des Misserfolgs seiner Projekte und des geringen Erfolgs während seines Pariser Exils nach seiner Abreise in die Vereingten Staaten keineswegs aufhörte, sondern noch bis in die Zeit nach dem Krieg andauern sollte. Und selbst wenn Joseph Kosma mit der Filmmusik die Karriere erleben durfte, die Weill hätte haben können, so war Weill nicht zum Vergessen verdammt. Nach dem Krieg sollte die Generation von Juliette Greco und Catherine Sauvage die Fackel übernehmen und Weills Musik endgültig mit dem Gedächtnis der Stadt Paris verbinden.

Deutsche Übersetzung: Beate E. Renner

Literatur

Achard, Paul (1933): On a crié „Vive Hitler!" à la salle Pleyel pour protester contre quelques ‚chansons' de Kurt Weill". In: *Comoedia, 27. November 1933.*

Kowalke, Kim H. (1991): *Begleittext zur Schallplatte „The Unknown Weill",* Nonesuch Records.

Milhaud, Darius (1987): *Ma vie heureuse.* Paris.

Parys, Georges van (1969): *Les Jours comme ils viennent.* Paris.

Prunières, Henry (1933): Œuvres de Kurt Weill. In: *La Revue musicale 132, Januar 1933.*

Rebatet, Lucien (1933): Une apostrophe de M. Florent Schmitt. In: *L'Action française, 2. Dezember.*

„Die Stadt ist sehr groß und voll von Herrlichkeiten"
Paris als Mythos und Metropole des Musik-Exils

Anna Langenbruch

„Ich will Dir etwas von mir erzählen. – Die Stadt ist sehr groß und voll von Herrlichkeiten",[1] schreibt der Pianist und Komponist Erich Itor Kahn im Juni 1934 aus dem Pariser Exil an einen Freund. Im gleichen Monat zitiert eine dänische Zeitung Kurt Weills emphatisches Bekenntnis zu seinem ersten Exilort: „Natürlich mußte Paris meine neue Heimat werden!"[2] Beide Musiker erzählen von sich, indem sie von einer Stadt, von ihrem Exilort, sprechen. Sie verbinden Ansichten der französischen Metropole mit autobiographischer Reflexion und verorten sich im weiteren Verlauf in differenzierter Weise innerhalb des Pariser Musiklebens. Während sich Kahn in seinem Brief kritisch mit der überwältigenden musikalischen Vielfalt der Stadt Paris und seinen dortigen Handlungsmöglichkeiten auseinandersetzt, betont Weill in dem zitierten Interview programmatisch die künstlerische Aufbruchstimmung, in die ihn die „neuen Kämpfe" in Paris versetzt hätten (ebd.). Beide Musiker beschreiben sich selbst also als Akteure innerhalb eines durchaus ambivalenten städtischen Handlungsraums.

Paris war nach 1933 eines der großen kulturellen Zentren des deutschsprachigen Exils. Entsprechend zog die Stadt eine Vielzahl musikalischer Akteure verschiedenster Berufe und Stilrichtungen an: Sängerinnen und Sänger wie Lotte Leonard, Lotte Schöne oder Albert Peters, Komponisten wie Kurt Weill oder Ralph Erwin, Dirigenten wie Bruno Walter, vielseitig tätige Musiker wie Erich Itor Kahn, Paul Arma oder Hermann Berlinski, Musikkritiker und -wissenschaftler wie Paul Bekker, P. Walter Jacob und Alphons Silbermann, Musiklehrerinnen wie Frida Kahn, Kabarettisten und Schauspieler wie Claude Vernier. Sie trafen in Paris auf ein hochentwickeltes Netz musikalischer Räume und kultureller Aktivitäten, innerhalb dessen sie sich neu positionieren mussten: der Rundfunk, Konzertsäle und Oper, Gewerkschaftsgebäude, Kabarett und Music-halls oder Operettentheater sind nur einige der Pariser Räume, die sich exilierte Musikerinnen und Musiker im Laufe der 1930er Jahre aneignen konnten. Ihre Wechselbeziehungen zum französischen Kulturleben sind dabei genauso vielfältig und interessant wie die Funktionen von Musik und Musikern innerhalb der Pariser Exilantenkultur. Amateurmusiker trafen

---

1   Erich Itor Kahn in einem Brief an Erich Schmid, 30. Juni 1934, zit. nach Allende-Blin 1994: 47.
2   Kurt Weill im Interview mit Ole Winding: *Kurt Weill i Exil*, in: *Aften-Avisen*, Kopenhagen, 21. Juni 1934; dt. Übers. von Michael Zimmermann, in: Weill 1990: 314–317, hier 315.

auf professionelle Künstler, das „klassische" Konzertleben überschnitt sich mit Populärkultur und politischem Engagement.

Welche Rolle spielte Paris als Metropole und Mythos für das dortige Musik-Exil? Wie schrieben sich Musikerinnen und Musiker, die aus NS-Deutschland geflohen waren, in ihre neue Stadt ein? Wie konstruierten und differenzierten sie in autobiographischen Schriften, in Interviews und Zeitungsberichten, in ihrem musikalischen Handeln das Bild der Exilmetropole Paris? Ausgehend von einer zeitgenössischen Radiosendung werde ich zunächst einige Grundzüge des Pariser Musik-Exils zwischen 1933 und 1939 umreißen,[3] dann auf autobiographische Konstruktionen exilierter Musikerinnen und Musiker im Spannungsfeld von Paris-Mythos und Alltagserfahrung eingehen und abschließend Ansichten der Musik-Metropole Paris skizzieren.

Paris – Carrefour du monde: Verortungen von Musik und Exil

„Ce n'est pas une ville, mais un monde", konstatiert ein französischer Reiseführer aus dem Jahr 1929 in Anlehnung an den französischen König François Ier.[4] Paris als „Welt auf begrenztem Raum", als Welt-Stadt, ist ein gängiger Topos in den Beschreibungen der französischen Hauptstadt und konstitutiv für Selbst- und Fremdbild der Stadt. (Cohen 1999: 111) Eine Radiosendung des Pariser Senders Radio 37 griff im Dezember 1938 dieses Bild von Paris als Schnittstelle der Weltkulturen auf und verortete das deutschsprachige Exil mitten darin: Die Sendereihe *Paris – Carrefour du monde* porträtierte nach und nach die verschiedenen in Paris lebenden ausländischen Gruppen und brachte am 18. Dezember 1938 auch eine halbstündige Reportage über die deutschen Exilanten in Paris.[5] Für Fragen zum Pariser Musik-Exil ist diese Sendung in mehrfacher Hinsicht interessant: Sie verrät nicht nur, wie Exilantinnen und Exilanten in die kulturelle Konstruktion von Paris einbezogen wurden und welche Widersprüche und Probleme sich dabei ergeben konnten, sondern erhellt auch das Verhältnis von Musikerinnen und Musikern zur Pariser Exilantenkultur, gibt Hinweise zur Zusammensetzung des Pariser Musik-

---

3   Eine ausführliche Darstellung des Pariser Musik-Exils mit Schwerpunkten auf diversen musikalischen Handlungsräumen (Rundfunk, Konzertsäle und Oper, Gewerkschaftsgebäude, Kabarett und Music-halls sowie Operettentheater) und kulturellen Verflechtungen (professionelles und Amateurmusikleben sowie Kulturorganisationen des Exils) findet sich in meiner Dissertationsschrift: Langenbruch, Anna 2014: *Topographien musikalischen Handelns im Pariser Exil. Eine Histoire croisée des Exils deutschsprachiger Musikerinnen und Musiker in Paris 1933–1939*. Hildesheim u. a.
4   G. Lenotre: *Avant de visiter Paris*, in: George 1929: XV–XXI, hier XV. „Das ist keine Stadt, sondern eine Welt."
5   Vgl. zu dieser Sendung und zu Handlungsmöglichkeiten exilierter Musikerinnen und Musiker im französischen Rundfunk auch das Kapitel *Das Radio: Ein Mikrokosmos des Musiklebens im Pariser Exil*, in: Langenbruch 2014: 125–159.

Exils und belegt indirekt das historiographische Potential musikalischer Quellenvielfalt.

Da Tondokumente des französischen Rundfunks der 1930er Jahre ausgesprochen rar sind (vgl. Méadel 1994: 9), gelingt die annäherungsweise Rekonstruktion der Radioreportage nicht auf Grundlage genuiner Rundfunkdokumente, sondern mittels eines Artikels in der Exilpresse[6] und eines ausführlichen Berichts der Pariser Polizei.[7] Diese spezifische Quellensituation ist charakteristisch für das Exil von Musikerinnen und Musikern in Paris, das sich in seinen alltäglichen Facetten weniger durch musikspezifische Sammelschwerpunkte erschließt, als durch eine Kombination verschiedenster archivalischer Materialien, von französischen und deutschsprachigen Pressequellen, zeitgenössischen Aufnahmen, Selbstzeugnissen und kulturpolitischen Dokumenten bis hin zu Polizeiakten. Die Pariser Polizei beobachtete die Aktivitäten deutschsprachiger Exilanten insgesamt intensiv. Die entsprechenden Dokumente sind aus musikhistorischer Sicht ausgesprochen wertvoll, da sie Einblick in sonst schwer zugängliche Räume des musikalischen Alltags geben, z. B. politische Veranstaltungen und Exilantenorganisationen. Sie verraten aber auch einiges über die Aufnahme exilierter Musikerinnen und Musiker in Oper, Konzert und Rundfunk.

Entscheidend für den historiographischen Wert von Polizeiakten ist dabei u. a., inwieweit es „gelingt, sie gegen den Strich zu lesen". (Schlör 1991: 16) Denn natürlich ist die Pariser Exilwelt „nicht so, wie die Polizei sie sieht, und noch viel weniger so, wie sie die Polizei gerne hätte". (Ebd.) Exemplarisch führen Polizeiberichte vor Augen, wie „selektiv und perspektivengebunden" (Daniel 1997: 214) jeder musikhistorische Quellentypus letztlich ist, und fügen damit den Sichtweisen französischer Kulturbehörden, -organisationen oder -zeitschriften sowie den Perspektiven der Exilpresse oder den Erinnerungen von Exilantinnen und Exilanten Mosaiksteinchen hinzu, die das historiographische Bild des Pariser Musik-Exils um einige interessante Farben bereichern.

So betont der Polizeibericht zu der Radiosendung über die deutsche Emigration in Paris das Konfliktpotential der Situation und die ambivalenten Reaktionen der französischen Bevölkerung: Einerseits wird auf die vergleichsweise geringe Gesamtzahl der deutschsprachigen Emigration im Frankreich des Jahres 1938 verwiesen – die Sendung spricht von etwa 25.000 Menschen, genaue Schätzungen sind wegen der hohen Fluktuation bis heute schwierig.[8] Während sich Frankreich, wie

---

6 Anon.: *Radio 37, Paris über die Kulturarbeit der deutschen Emigration*, in: *Freie Kunst und Literatur*, Nr. 4, 1938, S. 6.
7 Anon.: *Information. A. S. d'un reportage radiophonique dans l'émigration allemande*, 19.12.1938, in: Archiv der Préfecture de Police, Paris, BA 1814.
8 Barbara Vormeier schätzt die Gesamtzahl der Flüchtlinge aus NS-Deutschland, die zwischen 1933 und 1939 zeitweise in Frankreich gelebt haben, auf etwa 100.000 Menschen, sie nimmt fluktuationsbedingt ca. 18.000–23.000 pro Jahr an. Für die Pariser Region gehen Hélène

der Bericht betont, v. a. um 1933 durch eine gute Infrastruktur in der Flüchtlingshilfe auszeichnete, zitiert man in der Sendung zugleich die grundsätzlich ablehnende Stellungnahme des Generalsekretärs des Comité National de Secours aux Réfugiés Allemands, das 1933 die größte französische Hilfsorganisation für Flüchtlinge aus NS-Deutschland gewesen war:[9] „La France, terre d'asile, ne peut plus recevoir actuellement de réfugiés et j'espère que les autres nations éprises de liberté, feront autant d'accueil que la France jusqu'ici en a fait pour sa part."[10] Polizeibericht und Rundfunksendung greifen insofern das Selbstverständnis Frankreichs als traditionelles Asylland auf, mit dem sich anfänglich eine enorme Solidaritätsbewegung zugunsten der deutschen Flüchtlinge verbunden hatte. Andererseits deuten sich hier protektionistische und xenophobe Tendenzen an, die in Folge der Weltwirtschaftskrise die französischen 1930er Jahre prägten: Restriktive Regelungen erschwerten schon seit 1932 die Beschäftigung von Ausländern auf dem französischen Arbeitsmarkt, wobei man davon ausgehen kann, dass zwischen Gesetzestext und Umsetzung eine erhebliche Lücke klaffte, und im Laufe des Jahres 1938 wurde die Lage von Ausländern in Frankreich immer angespannter. Mit diesem Widerspruch mussten sich exilierte Musikerinnen und Musiker in Frankreich auseinandersetzen: Zwar war die Idee von Paris als kosmopolitischer Stadt der Französischen Revolution und städtisches Symbol der Menschenrechte (Cohen 1999: 97–98) nicht nur für französische Identitätskonstruktionen konstitutiv, sondern wurde auch für exilierte Musikerinnen und Musiker immer wieder zur Referenzgröße. Gleichzeitig mussten sie sich jedoch der Konkurrenzangst ihrer französischen Kollegen stellen, die z. T. zu heftigen Pressedebatten um berühmte und in Frankreich erfolgreiche Musiker wie die Komponisten Kurt Weill und Werner Richard Heymann oder die Chansonsängerin Marianne Oswald führte.[11]

Die musikalischen Akteure der Reportage über das deutschsprachige Exil[12] decken eine Vielfalt musikalischer Handlungsmöglichkeiten ab, wie sie für das Pariser Musik-Exil charakteristisch war. Die Sängerin Lotte Leonard leitete eine Ge-

---

Roussel und Lutz Winckler von einer jährlichen Gesamtzahl zwischen 7000 und 15.000 Menschen aus. Vgl. Vormeier 1998: 213 sowie Roussel/Winckler 2002: 133.

9 Vgl. Franke 2000: 353. Julia Franke gibt den Tätigkeitszeitraum der Organisation mit 1933–1936 an. Wie der obige Polizeibericht belegt, existierte das „Comité National" jedoch bis mindestens Ende 1938, wenn auch wahrscheinlich mit stark eingeschränkter Aktivität.

10 Anon.: *Information. A. S. d'un reportage radiophonique dans l'émigration allemande*, 19.12.1938, in: Archiv der Préfecture de Police, Paris, BA 1814, S. 1–2. „Das Asylland Frankreich kann zur Zeit keine Flüchtlinge mehr aufnehmen, und ich hoffe, dass die anderen freiheitsliebenden Nationen ebenso aufnahmebereit sein werden wie Frankreich seinerseits bisher."

11 Zu diesen Debatten vgl. die Kapitel *(Außen-)politik in Oper und Konzert*; *Die Chansonsängerin Marianne Oswald als Star der Pariser Kabarett- und Music-hall-Bühnen* sowie *Operetten-Debatten*, in: Langenbruch 2014: 225–240, 385–396 und 409–414.

12 Vgl. zum Folgenden auch die Kurzporträts von Hermann Berlinski, Lotte Leonard und Albert Peters in: Langenbruch, 315-316, 346-347 und 348-349.

sangsklasse am Pariser Conservatoire international de musique und konzertierte. 1934 gab sie beispielsweise gemeinsam mit einer französischen Sängerin eine Reihe von Dialog-Konzerten zur deutsch-französischen Musikgeschichte, die Henry Prunières, der Gründer der *Revue musicale*, kommentierte. Der Sänger Albert Peters, von dem es 1936 in der Exilpresse heißt, er habe sich „zu einer der stärksten Säulen des musikalischen Lebens der deutschen Emigration entwickelt"[13], trat auch als Kantor und an verschiedenen französischen Musiktheatern auf. Der Dirigent, Pianist und Komponist Hermann Berlinski dirigierte den Deutschen Volkschor, komponierte und spielte für eine jiddische Theatertruppe, gab Konzerte und studierte an der École normale de musique sowie der Schola cantorum. Musikerinnen und Musiker fanden also durchaus Zugang zu zentralen französischen Musikinstitutionen und frequentierten die Pariser Konzertsäle, Opernhäuser und Rundfunksender. Sie prägten insofern das Pariser Musikleben der 1930er Jahre und verdienten dort ihren Lebensunterhalt, allerdings selten wie Lotte Leonard im Rahmen einer festen Anstellung. Gleichzeitig gestalteten sie das Kulturleben des deutschsprachigen Exils mit. Der Deutsche Volkschor, ein Laienchor, der v. a. politische Veranstaltungen musikalisch begleitete (vgl. Langenbruch 2011), deutet zudem an, wie wichtig Musikliebhaber für das Musikleben der Pariser Exilanten waren – tatsächlich gab es musikalische Organisationen im Pariser Exil so gut wie nur im Amateurbereich.

Typisch für das Pariser Musik-Exil ist zudem – und das scheint sich bis in die heutige Forschung auszuwirken –, dass es sich trotz einzelner sehr bekannter Vertreter wie Kurt Weill oder Bruno Walter im Vergleich zum literarischen Exil weniger um ein „Exil der großen Namen" handelte. Vergleicht man den heutigen Bekanntheitsgrad der an der Rundfunksendung beteiligten Musiker mit dem der genannten Schriftsteller bzw. Künstler, wird dies augenfällig: Genannt werden u. a. Alfred Döblin, Lion Feuchtwanger, Leonhard Frank, Eugen Spiro und Rudolf Leonhard, sämtlich bis heute verlegt und Gegenstand zahlreicher Untersuchungen und Retrospektiven. Von den Musikern verfügt einzig Hermann Berlinski als Komponist heute über einen gewissen Bekanntheitsgrad, die damals bekannte und geschätzte Sängerin Lotte Leonard und der ebenfalls recht erfolgreiche Sänger Albert Peters haben als Interpreten weit weniger Eingang ins kulturelle Gedächtnis gefunden.

Aus den Berichten über die Radioreportage in der Reihe *Paris – Carrefour du monde* lassen sich Rückschlüsse auf Funktionen von Musik und Musikern innerhalb des deutschsprachigen Exils ziehen. Während sich die Forschung zur Pariser Exilkultur lange Zeit fast ausschließlich auf das literarische und publizistische Exil konzentrierte, beschreiben die zeitgenössischen Quellen Musikerinnen und Musiker ganz selbstverständlich als wichtigen Teil des deutschsprachigen Exils. So spricht

---

13 René Dufour: *Romantische Musik*, in: *Pariser Tageblatt*, Jg. 4, Nr. 834, 25.3.1936, S. 3.

der Polizeibericht von den „principaux chefs de l'émigration, appartenant au monde littéraire, universitaire et artistique". Gemeint sind damit neben einigen Schriftstellern „un peintre, un universitaire, un directeur de théâtre, un chef d'orchestre",[14] die sich in der Sendung in kurzen Interviews äußerten. Der Artikel in der Exilzeitschrift *Freie Kunst und Literatur* betont programmatisch die wichtige „Kulturarbeit" des deutschsprachigen Exils sowie seine Nähe zum französischen Kulturleben.[15] Dabei hebt er Musik und Musiker indirekt hervor, indem er ihre Rahmenfunktion innerhalb der Sendung genau beschreibt. Nach den einleitenden Worten des Sprechers begann die Reportage mit einer musikalischen Ouvertüre: „Der Deutsche Volkschor sang Volkslieder und sein Dirigent sprach ein paar Worte über die Ziele des Volkschors." Musik begleitete die Sendung und sorgte mit „Lieder[n] von Lotte Leonard und Albert Peters" zwischen den diversen Interviews und Reden exilierter Schriftsteller und Künstler für Abwechslung. (Ebd.) Laut Polizeibericht endete die Sendung auch wieder mit „un morceau de musique allemande" und „une partie de chant du ténor Ernst [sic] Peters".[16] Die musikalische Begleitung von Veranstaltungen, sei es geselliger, kultureller oder politischer Art, war eine der Aufgaben, die Musikerinnen und Musiker im Pariser Exil selbstverständlich übernahmen.[17] Damit hatten sie innerhalb des kulturellen Gefüges der Emigration eine zentrale Funktion inne, die in der medialen Vermittlung, z. B. durch die Exilpresse, allerdings neben dem Hauptzweck der jeweiligen Veranstaltung oft in den Hintergrund trat – manchmal bis zur völligen Anonymität der musikalischen Akteure. Hier gilt es, die Quellen genau zu lesen und auch scheinbar nebensächliche „Begleitstimmen" in ihrer kulturellen Wirkung zu analysieren.

Paris: Neu-Verortung, Erinnerung und Autobiographie

> „Dans ma mémoire, rien n'est plus à sa place, ni les rencontres ni les événements. Pour y mettre de l'ordre, il faudrait monter au grenier, rechercher les points de repère: le brassard du premier communiant, les photos jaunies ou les lettres enrubannées. Mais mon grenier n'est pas en France. Sur la route de l'exil, j'ai emporté mon grenier ambulant: la valise que je trimbalais d'un hôtel à l'autre. Elle contenait quelques images, un agenda et des chiffons. Il m'arrivait de l'oublier ou de la

---

14 Anon.: *Information. A. S. d'un reportage radiophonique dans l'émigration allemande*, 19.12.1938, in: Archiv der Préfecture de Police, Paris, BA 1814, S. 1.
15 Anon.: *Radio 37, Paris über die Kulturarbeit der deutschen Emigration*, in: *Freie Kunst und Literatur*, Nr. 4, 1938, S. 6.
16 Anon.: *Information. A. S. d'un reportage radiophonique dans l'émigration allemande*, 19.12.1938, in: Archiv der Préfecture de Police, Paris, BA 1814, S. 2.
17 Vgl. dazu u. a. das Kapitel *Perspektiven II – Verflochtene Kulturen: Exilantenorganisationen und Musik*, in: Langenbruch 2014: 317–345.

laisser en gage pour une chambre non payée. Alors, à chaque fois, une partie de ma mémoire s'éffaçait."[18]

Der fehlende „Speicher" als Gedächtnisort und -stütze, als über Jahre gewachsenes persönliches Alltagsarchiv, wie ihn Claude Vernier – unter dem Namen Werner Hain im Pariser Exil Mitglied der Kabaretttruppe „Die Laterne" – so anschaulich wie poetisch beschreibt, ist eine Erfahrung, die exilierte Musikerinnen und Musiker in unterschiedlicher Ausprägung teilen. Dass der Verlust materieller Orientierungs- und Anhaltspunkte zum Verlust von Erinnerungen führen kann, trifft sich mit Gedanken Aleida Assmanns, die daher Archive, in einer ähnlichen Bildwahl wie Vernier, als „Speicher" bzw. „Speichergedächtnis" bezeichnet. (Vgl. Assmann 1999: 341ff.) Welche Orientierungspunkte wählen nun Exilantinnen und Exilanten, um ihre fehlenden oder lückenhaften „Speicher" autobiographisch zu ersetzen? Und wie strukturiert dies ihre Erinnerungen? Wäre es möglich, dass Exilorten wie Paris und den mit ihnen verbundenen Wahrnehmungsmustern in der Exilautobiographik eine ganz ähnliche Orientierungsfunktion zukommt, wie dem von Vernier geschilderten „Speicher"?

Für die musikwissenschaftliche Exilforschung sind Fragen nach dem Zusammenhang von Erinnerung und Erzählmustern in Selbstzeugnissen von Exilantinnen und Exilanten in mehrfacher Weise relevant: Während das Verhältnis von Musikwissenschaft und Biographik historisch durchaus zwiespältig ist (vgl. Borchard 2006, Unseld 2009), ist die biographische Arbeit im Sinne eines „Wieder-Einschreibens" in die Musikgeschichte – ähnlich wie im Falle der musikwissenschaftlichen Genderforschung (Unseld 2009: 364) – traditionell ein wichtiger Teil der Exilforschung.[19] Dabei wird häufig auf Erinnerungen von Zeitzeugen zurückgegriffen – sei es in Form von persönlichen Gesprächen oder Interviews, sei es mittels autobiographischer Schriften. Wie Kathrin Massar am Beispiel Erich Itor Kahns darlegt, wird der Umgang mit diesen Dokumenten allerdings wissenschaft-

---

18 Vernier 1983: 101. „In meinem Gedächtnis ist nichts mehr an seinem Platz, weder Begegnungen noch Ereignisse. Um dort Ordnung zu schaffen, müsste ich auf den Speicher steigen und nach Anhaltspunkten suchen: das Erstkommunionsband, vergilbte Fotos, von Schleifen zusammengehaltene Briefbündel. Aber mein Speicher ist nicht in Frankreich. Auf dem Exilweg hatte ich meinen wandelnden Speicher dabei: Meinen Koffer, den ich von einem Hotel zum anderen schleppte. Er enthielt einige Bilder, ein Tagebuch und anderen Papierkram. Manchmal habe ich ihn vergessen oder als Pfand für ein nicht bezahltes Zimmer zurückgelassen. Jedes Mal erlosch dann ein Teil meiner Erinnerung."
19 Neben biographischen Großprojekten wie dem *Lexikon verfolgter Musiker und Musikerinnen der NS-Zeit* (Maurer Zenck/Petersen/Fetthauer 2005ff.) und Büchern, die dieses Ziel im Namen tragen wie *Musiktradition im Exil: Zurück aus dem Vergessen* (Allende-Blin 1993), spielt die Idee des „Wieder-Einschreibens" mittels (auto-)biographischer Aufarbeitung in zahlreichen Publikationen der musikwissenschaftlichen Exilforschung eine zentrale Rolle. Vgl. z. B. den hohen Anteil biographischer Studien bei Heister/Zenck/Petersen 1993 oder Cullin/Driessen Gruber 2008 oder den ausschließlich biographisch orientierten Band *Lebenswege von Musikerinnen im „Dritten Reich" und im Exil* (Arndt 2000).

lich oft nicht systematisch reflektiert, sie werden weitgehend als Tatsachenberichte gelesen und als Steinbruch biographischer Fakten genutzt. (Massar 2010: 19ff.) Die neurophysiologische Erinnerungsforschung kann jedoch nachweisen, dass gerade emotionale Grenzerfahrungen Erinnerungen verändern. (Unseld 2006: 66–67) Die – im Falle der Pariser Exilantinnen und Exilanten häufig zweifache – Flucht, die eigene Deportation oder die Nachricht von der Ermordung von Freunden und Verwandten, die Rettung nach Jahren im Untergrund, die Einbürgerung als Ende existentieller Unsicherheit gehen in die autobiographische Erzählung implizit ein, egal welcher Lebensstation sich der Bericht widmet. Das spricht weniger dafür, individuelle Erinnerungsdokumente wegen der unumgänglichen „Momente des Idealisierens und Stilisierens, Verschweigens und Retouchierens" als grundsätzlich „verdächtige Quellen" (Unseld 2006: 64) zu behandeln, als für einen Wechsel der Forschungsperspektive: Erinnerungsdokumente sollten nicht vorwiegend auf ihren Objektivitätsgrad, ihren Gehalt historischer „Wahrheit" befragt, sondern gerade für das „Aufzeigen von Ambiguität und von Deutungsmechanismen innerhalb der Musikgeschichte" genutzt und damit für die „Repräsentation der Vielfalt musikkulturellen Handelns" (Unseld 2006: 69) fruchtbar gemacht werden.

Wie exilierte Musikerinnen und Musiker Paris beschreiben, berührt Fragen nach Erinnerung, autobiographischer Konstruktion und nach Wahrnehmung als einem „konstruktiven, multisinnlichen Akt" (Löw/Steets/Stoetzer 2007: 13), der sich keinesfalls im Sichtbaren erschöpft. So werden am gleichen Ort ganz unterschiedliche Deutungsräume aufgespannt, die jeweils neue Facetten des Pariser Musik-Exils zutage treten lassen. Interessant ist in diesem Zusammenhang also nicht nur der „biographische Ort des Exils" (Depkat 2005: 30), sondern auch, wie der geographische Ort des Exils (auto-)biographisch verhandelt wird.

Flucht nach Paris: Mythos und Alltag

„Es gibt keinen Fluchtführer im Handel zu kaufen", bemerkt Friedrich Hollaender in seinen Memoiren. „Der Brockhaus nennt es nicht, die Schule lehrt es nicht". (Hollaender 1996: 251) Hollaender verbrachte 1933 etwa vier Monate im Pariser Exil, bevor er als Filmkomponist in Hollywood Fuß zu fassen versuchte. Die relative Nutzlosigkeit ihres Reiseführer- und Schulwissens über Paris ist ein gängiger Topos in Autobiographien von Pariser Exilanten. Hollaenders lakonische Bemerkung trifft sich hier mit der Beschreibung Claude Verniers, der Leserin und Leser seiner Autobiographie *Tendre exil* die eigene Ankunft in Paris durch seine Augen gewissermaßen miterleben lässt:

> „Les pavillons se serrent les uns contre les autres, la banlieue de Paris, je suppose. Paris, je connais par coeur. À l'école, on parcourait de l'index les monuments de la capitale: l'Arc de triomphe, Notre-Dame, la tour Eiffel, les stations de métro avec leurs correspondances: pour aller à Montparnasse-Bienvenüe, il faut changer à Saint-

Lazare... Je ne risque pas de me perdre dans la grande cité. Le train ralentit, longe des murs hauts et sales derrière lesquels apparaissent comme au Guignol des immeubles lézardés s'appuyant sur des béquilles.
Je ne vois pas le moindre monument. Mais où est donc la tour Eiffel?"[20]

Vernier evoziert hier zunächst ein Paris-Bild, das er bei seinen Leserinnen und Lesern voraussetzen kann: die Touristensicht auf das „Paris monumental".[21] Dadurch führt er den von ihm im Pariser Exil erlebten Kontrast zwischen Mythos und Alltag bildlich vor Augen. Paris fungiert in diesem Fall als autobiographischer Orientierungspunkt, indem es Bilder hervorruft, die es dann zu dekonstruieren gilt.

Exilierte Musikerinnen und Musiker knüpfen autobiographisch an beide Konzepte – Mythos wie Alltag – an. So beschreibt etwa der Komponist, Pianist und Chorleiter Paul Arma im Rückblick auf seine Ankunft im Pariser Exil im Frühjahr 1933 das sinnlich erfahrbare Alltags-Paris – „[l]es appels joyeux des marchandes de quatre-saisons, les écroulements de fruits et de légumes sur les étals, en plein air, la circulation désordonnée au milieu des rumeurs, des couleurs, des odeurs de ces rues populaires" – als etwas Unvertrautes, das er sich zunächst aneignen muss und für dessen Verständnis seine bisherigen Erfahrungen der „rues budapestoises austères, de la vie américaine moderne, de l'existence allemande sur-organisée, sur-propre, sur-ordonnée, sur-disciplinée"[22] nicht ausreichen. Offensichtlich greift Arma hier auf nationale Stereotype und wahrnehmungsleitende Muster zurück, um seine bisherigen Erfahrungen schematisch gegen die geschilderten vielfarbigen Sinneseindrücke in Paris abzusetzen.[23] Gleichzeitig setzt er die Stadt in enge Wechselbeziehung zur eigenen Person. Auch im Rückgriff auf das mythisch-monumentale Paris verleiht Arma der Stadt autobiographische Bedeutung:

„Et cela ne m'empêche pas, non plus, de faire miennes ces lignes de Goethe sur le Paris où je vis: Imaginez-vous cette ville universelle où chaque pas, sur un pont, sur une place, rappelle un grand passé, où à chaque coin de rue, s'est déroulé un frag-

---

20 Vernier 1983: 89–90. „Die Häuschen drängen sich aneinander, die Pariser Vororte, vermute ich. Paris, das kenne ich in und auswendig. In der Schule fuhren wir mit dem Zeigefinger die Sehenswürdigkeiten der Hauptstadt nach: der Arc de triomphe, Notre-Dame, der Eiffelturm, die Metrostationen und -verbindungen: Um nach Montparnasse-Bienvenüe zu fahren, muss man bei Saint-Lazare umsteigen... Ich werde mich in der großen Stadt ganz bestimmt nicht verirren. Der Zug wird langsamer, fährt an hohen, schmutzigen Mauern entlang, hinter denen wie im Kasperletheater rissige Gebäude erscheinen, die sich auf Krücken stützen. Ich sehe nicht die kleinste Sehenswürdigkeit. Wo ist bloß der Eiffelturm?"
21 So der Titel eines auch in den 1930er Jahren populären Pariser Stadtplans für ausländische Touristen: *Nouveau Paris monumental: itinéraire de l'étranger dans Paris*, gravé par L. Poulmaire. Paris, ca. 1900, Neuauflage u. a. 1937.
22 Arma [1986]: 123–124. „die fröhlichen Rufe der Obst- und Gemüsehändlerinnen, die Flut von Früchten und Gemüsesorten auf den Verkaufsständen unter freiem Himmel, das Gedränge inmitten der Geräusche, Farben, Gerüche dieser ärmlichen Straßen" – „strengen Straßen Budapests, des modernen amerikanischen Lebens, der deutschen mehr als organisierten, sauberen, ordentlichen, disziplinierten Existenz".
23 Zur literarischen Funktion nationaler Stereotype vgl. auch Florack 2007.

ment de l'histoire dans laquelle des êtres comme Molière, Voltaire, Diderot et leurs pareils ont mis en circulation, une abondance d'idées que nulle part ailleurs, sur la terre, on ne peut trouver ainsi réunies.
Français ou non, comment pourrais-je me détacher de ce Paris?"[24]

Das monumentale Paris als notorisch geschichtsträchtiger Ort wird hier zum natürlichen Ort der eigenen Geschichte und die Reihe „großer Kulturschaffender" eine Tradition, in die sich der exilierte Musiker gerne stellte.

Paris-Mythen I: Menschenrechte, Ideale und die Passfrage

Der Soziologe und Musikwissenschaftler Alphons Silbermann, der zwischen 1937 und 1938 im Pariser Exil lebte, setzt sich in seinen Erinnerungen explizit und ironisch mit Verflechtungen von Mythos und Alltag des Pariser Exils auseinander, wenn er seine Entscheidung, nach Paris zu gehen, begründet:

„Und da ihn bei diesem Schritt weder die geistige Aussagefreiheit Selbstexilierter wie Börne und Heine beflügelte, er weder nach intellektueller Anregung lechzte noch nach Einsatz im politischen Widerstandskampf, ja nicht einmal beherzt ausprobieren wollte, wie es um das in den Ohren so vieler düpierter Verfolgter rauschende Prinzip von Freiheit, Gleichheit und Brüderlichkeit bestellt ist, kann er nicht mit jenen von geistigem und wirtschaftlichen Leid geprägten faszinierenden Treffen und Unterhaltungen mit politischen und künstlerischen Größen aufwarten, mit denen sich im Nachhinein literarisch ansprechend verbrämte Glorie einkassieren lässt." (Silbermann 1989: 128)

Mit Lust am kontrollierten Tabubruch legt Silbermann hier nicht nur Strukturen der etablierten Exilautobiographik und des Exilromans frei, sondern auch Wahrnehmungsmuster des Exilerlebens. Der Mythos von Frankreich als Land der Menschenrechte und der Ideale der Französischen Revolution war ein wichtiger und nicht hinterfragter Teil der französischen Identität, auf den sich auch Exilantinnen und Exilanten immer wieder bezogen, selbst wenn er der von ihnen erlebten Realität im Paris der 1930er Jahre nicht immer entsprach. So konnte sich Frankreich trotz der zeitgleichen Verschärfung der Ausländergesetzgebung noch im November

---

24 Arma [1986]: 219. „Und das hindert mich nicht darin, mir diese Zeilen von Goethe über das Paris, wo ich lebe, zueigen zu machen: [,]Diese Weltstadt denken Sie sich, wo jeder Gang über eine Brücke oder einen Platz an eine große Vergangenheit erinnert und wo an jeder Straßenecke ein Stück Geschichte sich entwickelt hat, [...] in welchem [...] durch Männer wie Molière, Voltaire, Diderot und ihres Gleichen eine solche Fülle von Geist in Cours gesetzt ist, wie sie sich auf der ganzen Erde auf einem einzigen Fleck nicht zum zweitenmale findet.['] Franzose oder nicht, wie könnte ich mich von diesem Paris lösen?" Arma zitiert hier frei und auszugsweise aus der französischen Übersetzung von Johann Peter Eckermann (1848): *Gespräche mit Goethe in den letzten Jahren seines Lebens: 1823–1832*, Band 3. Magdeburg, S. 162.

1938 im Zusammenhang mit der blitzschnellen Einbürgerung Bruno Walters[25] als eines der wenigen Länder präsentieren, das „noch die Ideale der Menschlichkeit und der Freiheit hochhält",[26] wie es in der *Pariser Tageszeitung* heißt. Walter selbst greift den französischen Freiheits-Mythos in seiner Ansprache auf dem ihm zu Ehren zu diesem Anlass veranstalteten Empfang auf, er beschreibt Frankreich, „qui a donné au monde par son génie moral les droits de l'homme", als „la patrie spirituelle de tous ceux qui luttent pour l'âme, pour l'esprit, pour l'humanité, en luttant pour les valeurs culturelles qui leur sont confiées."[27] Noch in einem Interview im April 1939 wird der Dirigent mit den Worten zitiert: „Qu'il est doux de vivre dans un pays où l'on peut respirer librement!"[28] Silbermann hingegen setzt dem französischen Freiheits-Mythos den bedrückenden Kosmos der Pariser Polizeipräfektur mit ihrer Hoheit über Aufenthalts- und Arbeitserlaubnis entgegen und bedient sich damit seinerseits eines gängigen Topos der Exilautobiographik:

> „Hatten doch die Franzosen ein tückisches und zugleich zermürbendes bürokratisches System ausgetüftelt, um ihre der Welt kundgetane Großzügigkeit gegenüber Verfolgten in Grenzen zu halten beziehungsweise, um unbemäntelt zu sprechen, um Exilanten, Emigranten und Flüchtlinge, in deren gutgläubigen Hirnen Frankreich als das gelobte Land der Freiheit spukte, auf dem schnellsten Wege außer Landes zu lavieren." (Silbermann 1989: 133)

In den kontrastiven Schilderungen spiegeln sich widersprüchliche Erfahrungen mit dem Pariser Exil, die in nicht unerheblichem Maße von der zeitgenössischen Popularität der jeweiligen Musikerinnen und Musiker abhingen, aber auch von Vorerfahrungen mit dem Pariser Musikleben, von beruflicher Flexibilität oder zufälligen Begegnungen.

Noch einmal ganz anders deutet Kurt Weill das Pariser Freiheits-Ideal. In dem eingangs zitierten Interview bringt er 1934 Freiheit, Fremdheit und Popularität in Paris in eine durchaus ambivalente Beziehung: Er sei in Paris zwar bekannt, aber lediglich

> „so wie man halt in Paris bekannt ist, der diskretesten Stadt der Welt, der Stadt, wo der Respekt für die persönliche Freiheit seinen Gipfelpunkt erreicht, ob es nun um den Klatsch oder um das Beifallklatschen geht, wo jeder, die Berühmtheit ebenso wie der Unbekannte, das Recht hat, frei herumzugehen, völlig Herr über seine Zeit

---

25 Vgl. dazu das Kapitel *Bruno Walter als Symbolfigur des Exils* in: Langenbruch 2014: 175–187.
26 Ed. L.: *Bruno Walter in Paris*, in: *Pariser Tageszeitung*, Jg. 3, Nr. 838, 10.11.1938, S. 3.
27 Die Rede Walters ist abgedruckt in René Doire: *Réception du nouveau français Bruno Walter*, in: *Pages musicales*, 11.11.1938. „das der Welt durch sein moralisches Genie die Menschenrechte geschenkt hat" – „die geistige Heimat all derer, die für die Seele, für den Geist, für die Menschheit kämpfen, indem sie für die kulturellen Werte kämpfen, die ihnen anvertraut sind."
28 Marcel Brion: *Quand Bruno Walter parle de Mozart*, in: *Nouvelles Littéraires*, 8.4.1939. „Wie gut ist es, in einem Land zu leben, wo man frei atmen kann!"

und Gedanken, völlig befreit von der Masse mit ihren guten oder bösen Absichten! Das war es, was ich suchte, diesen Frieden in der Menge und dann die stillen Pforten, die sich im Geistesleben Frankreichs allezeit, Jahrhunderte hindurch, den Fremden geöffnet haben. Sie öffneten sich auch mir [...]."[29]

Freiheit, im zitierten Auszug gleich dreifach beschworen, wird hier einerseits zur Ruhe in der Anonymität einer Großstadt, schließt aber andererseits die Möglichkeit eines sich frei entfaltenden Antagonismus ein, dem Weill als berühmter exilierter Künstler gelegentlich ausgesetzt war, am eindrücklichsten wohl in der Attacke seines Komponistenkollegen Florent Schmitt und der sich anschließenden Pressedebatte wenige Monate zuvor.[30]

Paris-Mythen II: Lichter und Liebe, Flüsse und Stadtstruktur

Die bis heute geläufigen Versatzstücke des Paris-Mythos – das Bild von der „ville lumière", die emotionale Energie, die der „Stadt der Liebe" und insbesondere ihren Gewässern zugeschrieben wird, die mentalen „Karten" des kulturellen und monumentalen Paris (vgl. Winckler 2002: 285ff.) finden sich in den Autobiographien exilierter Musikerinnen und Musiker genauso wieder wie in ihren zeitgenössischen Presseberichten, Interviews und sogar Chansonkompositionen. Als autobiographischer Orientierungspunkt, dessen typische Wahrnehmungsmuster im Vorstellungsrepertoire von Autoren wie Lesern verankert waren, strukturierte die Stadt Erinnerung und Erzählung, schuf Anknüpfungspunkte und Korrekturflächen.

Liebe zu Paris und prononcierter Ich-Bezug treffen sich schon in einem der ersten Interviews, das die Sängerin Lotte Schöne nach ihrer Flucht nach Paris gab. Schöne war bereits seit Ende der 1920er Jahre in Paris bekannt und beliebt (vgl. Langenbruch 2008) und knüpfte an diese persönliche Beziehung zu ihrem Exilort programmatisch an:

„Ah! que je suis contente d'être ici! J'aime tant la France, j'aime tant Paris... A Paris, je suis toujours gaie, pleine d'entrain... Nulle part, ailleurs, je n'ai rencontré cette atmosphère, qui, lorsqu'on n'y est pas habituée, grise un peu... et puis, j'espère que les Parisiens aussi m'aimeront..."[31]

---

29 Kurt Weill im Interview mit Ole Winding: *Kurt Weill i Exil*, in: *Aften-Avisen*, Kopenhagen, 21. Juni 1934, dt. Übers. von Michael Zimmermann, in: Weill 1990: 314–317, hier 315.
30 Vgl. dazu auch den Beitrag von Jean-François Trubert in diesem Band sowie das Kapitel *(Außen-)Politik in Oper und Konzert* in: Langenbruch 2014: 225–240.
31 Lotte Schöne in einem Interview mit der Zeitung Paris Midi, H. B.: *Lotte Schöne la célèbre cantatrice viennoise se fixe désormais à Paris*, in: *Paris Midi*, 24.10.1933. „Ach, wie bin ich froh, hier zu sein! Ich liebe Frankreich so sehr, ich liebe Paris so sehr... in Paris bin ich immer fröhlich, voller Elan... Nirgendwo anders habe ich diese Atmosphäre erlebt, die, wenn man nicht daran gewöhnt ist, ein bisschen berauschend wirkt... und dann hoffe ich, dass die Pariser mich auch lieben werden...".

Schöne deutet ihr Exil, in einem Akt der Selbstermächtigung und sicher auch als Kompliment an das Pariser Publikum, als Chance und Grund zur Freude. Diese Deutung ermöglichen ihr ihre Beliebtheit in Paris, ihr Status als mit Paris bereits vertraute Sängerin, aber auch der Rückgriff auf die besondere, „rauschhafte" Atmosphäre der Stadt. Auf das Bild der „atmosphärischen Trunkenheit" greift auch die Pianistin Frida Kahn zurück, die mit ihrem Mann Erich Itor von 1933 bis 1941 im französischen Exil lebte und in Paris vor allem unterrichtete. In ihrer Autobiographie *Generation in Turmoil* verwebt sie Liebe und Licht, Flusslauf und Architektur zu einem lebendigen Stadtraum, in den sie sich und ihren Mann als aktive Betrachter hineinstellt:

> „Despite these complications and insecurities, Erich fell in love with Paris and with the people we met, and I have never seen him as happy and unconcerned about the future as he was in Paris. The atmosphere of that city made us drunk. We walked in the streets for hours, wondering at the balance between the buildings and space, looking at the dreamy Seine which, in her slow movement brought so much life, and at the golden and pink light so characteristic of this river and which she reflects back into the air to give it a touch of transparency. Somehow one feels immediately at home in Paris." (Kahn 1960: 173–174)

Stadt und Fluss werden hier einerseits zur Postkartenkulisse, die aber andererseits anthropomorphe Züge trägt und mit eigenen Gefühlen aufgeladen wird. Das Spiel mit Fremdheit und Vertrautheit am Exilort, bei Paul Arma als kontinuierliche Eingewöhnung dargestellt, reduziert Frida Kahn indirekt auf ein sofortiges überpersönliches Heimatgefühl, in das ihr der Leser, der diesen Ausschnitt der Pariser Geographie zu kennen meint, bereitwillig folgt. Das Musikerpaar reiht sich gewissermaßen ein in eine lange Reihe textgewordener Flaneure durch die Pariser Stadtlandschaft.

Ganz ähnlich funktioniert – auf einer musikalischen Ebene – eines der bekanntesten Paris-Chansons aus der Feder eines Exilanten: *Sur les quais du vieux Paris*, das der Filmkomponist Ralph Erwin, der 1933 aus Berlin nach Paris geflohen war, 1939 auf einen Text von Louis Poterat schrieb und das inzwischen Teil der mythologischen Soundscape der Stadt ist. Auch Kurt Weill knüpft hier an, wenn er 1934 in seiner *Complainte de la Seine* Maurice Magres expressionistische Ballade von Flussgold, Tod und Stadtleben am Grunde der Seine vertont. Rudolph Goehr, seit 1933 im Pariser Exil, setzt dagegen in *Le Bassin de la Villette*, das Lys Gauty 1938 einspielte, die versteckte Exotik des alltäglichen Paris musikalisch in Szene.[32] Pariser Mythos und Alltag wurden von exilierten Musikerinnen und Musikern also nicht nur als autobiographische Referenzen genutzt, sondern auch kompositorisch gefasst.

---

32 Vgl. zu den genannten Chansons das Kapitel *Exilierte Komponisten und das französische Chanson*, in: Langenbruch 2014: 368–385.

Paris als musikalischer Raum

„Mehr und mehr wird das Pariser Konzertleben auch für den deutschen Künstler der Markt, auf dessen Kursnotierung er nicht verzichten kann. Berlin, und wie es nun scheint, auch Wien verlieren durch die politische Umgruppierung ihre Metropol- und Monopolstellungen, der Schwerpunkt des gesamten europäischen Kunst- und Musiklebens verlagert sich nach Paris",[33]

schreibt der Musikkritiker, Dirigent und Theaterintendant P. Walter Jacob 1933 in der *Deutschen Freiheit*. Aus dem Blickwinkel des Pariser Exilanten – Jacob hielt sich zwischen 1933 und 1934 in Paris auf – disqualifizierten Nationalsozialismus bzw. Austrofaschismus die vormals weitgehend unumstrittenen europäischen Musikzentren Berlin und Wien auch künstlerisch. Mit dem musikalischen Monopol spricht er den deutschsprachigen Hauptstädten gleichzeitig den Metropolen-Status, also die supranationale Geltung, ab und rückt dafür Paris ins kulturelle Zentrum Europas. Ganz abgesehen davon, dass Jacob mit der musikalischen Aufwertung des Exilorts auch eine Re-Zentralisierung seiner selbst und seiner exilierten Kolleginnen und Kollegen in Paris vornimmt, greift er zu einer Begründung, die letztlich belegt, wie tief verankert das Stereotyp von der Musik als „deutschester der Künste"[34] auch im kulturellen Selbstverständnis des Exils war: Er führt an, „dass neben dem Emigranten auch der ‚Gleichgeschaltete' im Pariser Konzert- und Opernleben auftaucht, dass wie bei früheren Emigrationen auf künstlerischem Boden die politisch heterogensten Elemente sich treffen."[35] Paris wird damit zur Berlin oder Wien überlegenen Musikmetropole, da hier neben exilierten auch reichsdeutsche Künstlerinnen und Künstler erfolgreich und gerne konzertierten. Eine ähnliche vergleichende Diagnose der musikalischen Aktivitäten in Paris und Berlin nimmt Paul Bekker im *Pariser Tageblatt* vor: „In früherer Zeit war Berlin das europäische Zentrum dieser Unternehmungen", schreibt er, „Sie haben schon in den letzten Jahren aus wirtschaftlichen Gründen nachgelassen, heut sind sie in Deutschland erledigt, in der übrigen Welt erheblich eingeschränkt. Aber sie geben in Paris noch immer ein lebhaftes Bild."[36]

Wie das Pariser Musikleben funktionierte, welche maßgeblichen Personen und Institutionen es beförderten, wie Publika reagierten und wie man Programme gestaltete, waren für exilierte Musikerinnen und Musiker natürlich zentrale Fragen der beruflichen Neuorientierung. Zwar hatten viele durchaus Vorerfahrungen mit der Stadt (vgl. Langenbruch 2008), aber auch sie mussten Detailwissen und berufli-

---

33 Paul Walter: *Das „schimpfliche Leben der Emigration" – und die Musik*, in: *Deutsche Freiheit*, 17.11.1933, zit. nach Löhrer 2005: 67–70, hier 69.
34 Vgl. Potter 2000. Zur historischen Entwicklung dieser Idee vgl. auch Applegate/Potter 2002.
35 Paul Walter: *Das „schimpfliche Leben der Emigration"– und die Musik*, in: *Deutsche Freiheit*, 17.11.1933, zit. nach Löhrer 2005: 67–70, hier 69.
36 Paul Bekker: *Französische Kammermusik*, in: *Pariser Tageblatt*, Jg. 2, Nr. 42, 22.1.1934, S. 4.

che Kontakte vor Ort allmählich auf- und ausbauen. Während Kritiker wie Paul Bekker und P. Walter Jacob sich in der Exilpresse bemühten, interessierten Laien die Musikstadt Paris nahe zu bringen (vgl. dazu auch Eichhorn 2001: 71ff.), zeigt der eingangs zitierte Brief Erich Itor Kahns Paris nicht nur als Stadt „voll von Herrlichkeiten",[37] sondern auch als fundamental unvertrautes berufliches Pflaster, das Kahn akribisch abschritt und kartierte. Kahn schreibt an einen Komponistenkollegen, legt daher wohl viel Wert auf die Analyse der kompositorischen Pariser Landschaft, betrachtet jedoch genauso das Konzertleben – als Klavierbegleiter sein hauptsächliches berufliches Feld im Pariser Exil – und das musikalische Ausbildungswesen – die Domäne seiner Frau Frida, die Klavierlehrerin war. Er spricht vom „Durchschnitt des instrumentaltechnischen Könnens", der sich „auf einem weit höheren Niveau [bewege] als etwa in Deutschland" (ebd.: 48), nennt „Nach-Impressionismus, Hindemithsche Sachlichkeit, Stravinskysche Neuklassik, dann so gewisse Romantisierungen, Simplifizierungen und Mystifizierungen" als kompositionsstilistische Hauptmerkmale und zählt eine Reihe von Komponistenkollegen auf (u. a. Ravel, Stravinskij, Roussel, Milhaud, Honegger, Schmitt, Poulenc, Auric, Sauguet, Markevitch, Harsányi). Komponiert werde „unvorstellbar viel. Nicht viel Interessantes, kaum wirklich Bedeutendes". (Ebd.) In Beschreibung und Kategorien mischen sich immer wieder Stereotype, das deutsche Musikleben ist mehr oder weniger indirekt stets als Referenzgröße mitgedacht, etwa wenn er das französische Verhältnis zur Kunst als „zum optischen" neigend beschreibt: „Die Musik wird für unsere Begriffe in einer völlig amusischen Form bzw. Art aufgefaßt und betrieben. Ausschlaggebend sind Momente des Reizes und des sentiments". (Ebd.) Der Musikbetrieb sei „irrsinnig":

> „Ich zählte durchschnittlich 10 Konzerte täglich! Wöchentlich etwa 12 große Sinfonie-Konzerte mit namhaften Solisten. Programme bunt und lächerlich. Bei der Masse des Gebotenen gibts natürlich an allen Ecken und Enden Interessantes und Hörenswertes. Moderne Musik in unserem Sinne erscheint kaum auf den Programmen, das liegt außerhalb der Geschmackssphäre. [...] Die Reihe der Namen der Komponisten ist mir z. T. völlig unbekannt." (Ebd.: 48–49)

Zudem beschreibt Kahn die Hinterbühne des Pariser Musikbetriebs als „feinmaschiges, weitverzweigtes Netz von Verbindungen, Beziehungen, Empfehlungen, Freundschaften, Protektionen, Lancierungen, Klub- und Kliquen-Wirtschaft, Intrigen etc." (ebd.: 48), geht auf die Bedeutung aristokratischer Salons und die Interessen musikalischer Laien ein. Befremden, Neugier und Reflexion der eigenen Position halten sich in Kahns Schilderung die Waage und machen den Brief zu einer faszinierenden Lektüre, die die Musikmetropole Paris aus der Perspektive eines Exilanten zu entschlüsseln hilft.

---

37 Erich Itor Kahn in einem Brief an Erich Schmid, 30. Juni 1934, zit. nach Allende-Blin 1994: 47.

Am Beispiel von Paris als Mythos und Metropole des Musik-Exils lässt sich die Orientierungsfunktion von Wahrnehmungsmustern in autobiographischen Schriften exilierter Musikerinnen und Musiker nachvollziehen, geographischer und biographischer Ort des Exils treten in eine Wechselbeziehung. Die ganz unterschiedlichen Deutungen ähnlicher Erinnerungs- und Wahrnehmungsmechanismen, die mythologischen, alltäglichen, stereotypen und professionellen Ansichten von Paris, ermöglichen Zugänge zu Ambiguitäten individueller Exilerfahrungen, die sich nicht historiographisch harmonisieren lassen. Erzählte Exilgeschichte öffnet damit den Blick auf Widersprüchlichkeit, Unordnung und Vielfalt erlebter Exilgeschichten.

Literatur

Allende-Blin, Juan (1994): *Erich Itor Kahn*. München.
Allende-Blin, Juan (Hg.) (1993): *Musiktradition im Exil: Zurück aus dem Vergessen*. Köln.
Applegate, Celia/Potter, Pamela M. (2002): Germans as the ‚People of Music': Genealogy of an Identity. In: Dies. (Hg.): *Music and German National Identity*, Chicago, London, S. 1–35.
Arma, Paul und Edmée ([1986]): *Mémoires à deux voix: témoignages de Mouvement dans le mouvement*. o. O. [Typoskript in der Bibliothèque nationale de France]. Eine textidentische Version mit anderer Seitenzählung ist im Internet verfügbar unter: http://www.robinarma.com/cariboost_files/memoireslivre1.pdf [letzter Zugriff 4.1.2013].
Arndt, Peri (Hg.) (2000): *Lebenswege von Musikerinnen im „Dritten Reich" und im Exil*. Hamburg.
Assmann, Aleida (1999): *Erinnerungsräume. Formen und Wandlungen des kulturellen Gedächtnisses*. München.
Borchard, Beatrix (2006): Mit Schere und Klebstoff: Montage als wissenschaftliches Verfahren in der Biographik. In: Corinna Herr/Monika Woitas (Hg.), *Musik mit Methode. Neue kulturwissenschaftliche Perspektiven*, Köln u. a., S. 47–62.
Cohen, Évelyne (1999): *Paris dans l'imaginaire national de l'entre-deux-guerres*. Paris.
Cullin, Michel/Driessen Gruber, Primavera (Hg.) (2008): *Douce France? Musik-Exil in Frankreich 1933–1945*. Wien.
Daniel, Ute (1997): Clio unter Kulturschock: Zu den aktuellen Debatten der Geschichtswissenschaft. In: *Geschichte in Wissenschaft und Unterricht 48*, S. 195–218 sowie 259–278.
Depkat, Volker (2005): Der biografische Ort des Exils. Strukturen narrativer Sinnbildung über eine Zäsurerfahrung in den Autobiografien der deutschen Sozialisten Wilhelm Dittmann, Albert Grzesinski, Käte Frankenthal und Toni Sender. In: Claus-Dieter Krohn u. a. (Hg.), *Autobiographie und wissenschaftliche Biographik* (*Exilforschung: ein internationales Jahrbuch 23*), München, S. 30–56.
Eckermann, Johann Peter (1848): *Gespräche mit Goethe in den letzten Jahren seines Lebens: 1823–1832, Band 3*. Magdeburg.

Eichhorn, Andreas (2001): Der ‚Praeceptor Germaniae' als kultureller Mittler: Paul Bekker und Frankreich. In: Giselher Schubert (Hg.): *Französische und deutsche Musik im 20. Jahrhundert*, Mainz, S. 65–83.
Florack, Ruth (2007): *Bekannte Fremde. Zu Herkunft und Funktion nationaler Stereotype in der Literatur.* Tübingen.
Franke, Julia (2000): *Paris – eine neue Heimat? Jüdische Emigranten aus Deutschland 1933–1939.* Berlin.
George, André (1929): *Les Guides bleus. Paris. Versailles, Saint-Germain, Saint-Denis, Chantilly, Fontainebleau.* Paris.
Heister, Hanns-Werner/Maurer Zenck, Claudia/Petersen, Peter (Hg.) (1993): *Musik im Exil: Folgen des Nazismus für die internationale Musikkultur.* Frankfurt a. M.
Hollaender, Friedrich (1996): *Von Kopf bis Fuß. Mein Leben mit Text und Musik*, hg. von Volker Kühn. Bonn.
Kahn, Frida (1960): *Generation in turmoil.* Great Neck, N.Y.
Langenbruch, Anna (2014): *Topographien musikalischen Handelns im Pariser Exil. Eine Histoire croisée des Exils deutschsprachiger Musikerinnen und Musiker in Paris 1933–1939.* Hildesheim u. a.
Langenbruch, Anna (2011): „Zum Abschluß sangen wir das Lied ‚Brüder, zur Sonne, zur Freiheit...'" Laienmusikleben im Pariser Exil am Beispiel des Deutschen Volkschors. In: Daniel Azuélos (Hg.): *Alltag im Exil*, Würzburg, S. 205–221.
Langenbruch, Anna (2008): Musik – eine internationale Kunst? Deutschsprachige Musiker im französischen musikjournalistischen Diskurs der Locarno-Ära. In: *tr@jectoires. Travaux des jeunes chercheurs du CIERA 2*, S. 41–50. Im Internet verfügbar unter http://www.ciera.fr/ciera/IMG/pdf/41_50_Langenbruch.pdf.
Löhrer, Andreas (Hg.) (2005): *Musikalische Streitschriften. P. Walter Jacobs Musikpublizistik 1933–1949.* Hamburg.
Löw, Martina/Steets, Silke/Stoetzer, Sergej (2007): *Einführung in die Stadt- und Raumsoziologie.* Opladen.
Massar, Kathrin (2010): *Exil und innere Biographie. Der Komponist Erich Itor Kahn in seinen Briefen.* Frankfurt a. M.
Maurer Zenck, Claudia/Petersen, Peter/Fetthauer, Sophie (Hg.) (2005ff.): *Lexikon verfolgter Musiker und Musikerinnen der NS-Zeit.* Im Internet verfügbar unter: http://www.lexm.uni-hamburg.de.
Méadel, Cécile (1994): *Histoire de la radio des années trente: Du sans-filiste à l'auditeur.* Paris.
Potter, Pamela M. (2000): *Die deutscheste der Künste: Musikwissenschaft und Gesellschaft von der Weimarer Republik bis zum Ende des Dritten Reiches.* Stuttgart.
Roussel, Hélène/Winckler, Lutz (2002): Zur Topographie des literarischen und publizistischen Exils in Paris. In: Claus-Dieter Krohn (Hg.), *Metropolen des Exils (Exilforschung: ein internationales Jahrbuch 20)*, München, S. 131–158.
Schlör, Joachim (1991): *Nachts in der großen Stadt. Paris, Berlin, London 1840–1930.* München.
Silbermann, Alphons (1989): *Verwandlungen. Eine Autobiographie.* Bergisch Gladbach.
Unseld, Melanie (2009): Art. „Musikwissenschaft". In: Christian Klein (Hg.): *Handbuch Biographie: Methoden, Traditionen, Theorien*, Stuttgart, S. 358–365.

Unseld, Melanie (2006): Auf dem Weg zu einer memorik-sensibilisierten Geschichtsschreibung. Erinnerungsforschung und Musikwissenschaft. In: Corinna Herr/Monika Woitas (Hg.): *Musik mit Methode. Neue kulturwissenschaftliche Perspektiven*, Köln u. a., S. 63–74.

Vormeier, Barbara (1998): „Frankreich". In: Claus-Dieter Krohn (Hg.): *Handbuch der deutschsprachigen Emigration 1933–1945*, Darmstadt, S. 213–250.

Vernier, Claude (1983): *Tendre exil. Souvenirs d'un réfugié antinazi en France.* Paris.

Weill, Kurt (1990): *Musik und Theater: Gesammelte Schriften; mit einer Auswahl von Gesprächen und Interviews*, hg. von Stephen Hinton und Jürgen Schebera. Berlin.

Winckler, Lutz (2002): Paris-Mythos im Feuilleton. In: Hélène Roussel/Lutz Winckler (Hg.): *Rechts und links der Seine. Pariser Tageblatt und Pariser Tageszeitung 1933–1940*, Tübingen, S. 285–310.

Der Surrealismus und die Musik in den 1930er Jahren in Frankreich
Anne Liebe

Der Surrealismus findet sich in Literatur und Kunst, berührt die Philosophie und die Politik, hat aber – zumindest dem Begriff nach – keinen Zugang in die Musik gefunden. Hat er aber das Musikleben Frankreichs in den 1930er Jahren tangiert? Haben Komponisten surrealistisch geschrieben? Sind gegenseitige Einflüsse zwischen Surrealismus und Musik zu entdecken?

Am einfachsten lassen sich diese Fragen beantworten, indem in den Kreisen surrealistischer Künstler und Literaten nach musikalischen und kompositorischen Tätigkeiten Ausschau gehalten wird. Für Frankreich verläuft diese Suche jedoch fast erfolglos, wie später gezeigt wird. In Belgien dagegen schart sich um René Magritte, Paul Nougé und André Souris eine Gruppe von Surrealisten, deren Zusammenkünfte in Charleroi die Musik aus dem Kreis der Künste nicht ausschließt. Werke besonderer Art werden dort uraufgeführt; als Beispiel greife ich ein äußerst kurzes Lied von 1928 heraus: *Je te connais* nach einem Gedicht von Paul Nougé in einer Vertonung von André Souris. Das Gedicht kreist um die Frage nach Beziehungen zwischen einem literarischen Ich, einem Du und einer dritten Person. Nach den affirmativen Aussagen „Je te connais, tu me connais" steigen durch das dreifache „Que tu ne connais pas" Zweifel an der menschlichen Fähigkeit auf, andere wahrzunehmen und zu kennen. Nougé kleidet aber diese Feststellung in eine Syntax, die nicht einem philosophischen Werk entnommen zu sein scheint, die vielmehr an Konjugations- und Deklinationsbeispiele aus einem Lehrbuch der Grammatik erinnert.[1] Auch die Musik dieses Liedes scheut diese Diskrepanz nicht. Einerseits verankert Souris das kleine Werk auf *c'*, auf dem „Do" der funktionalen Harmonik, das es in der Moderne zu bekämpfen gilt. Andererseits übt sich Souris auf engstem Raum in modalen Skalen[2] und vermeidet zunächst geflissentlich einen einzigen Ton, den Leitton *h*. Dieser erscheint aber doch noch am Schluss, nach einer Folge von metrisch sehr unregelmäßig gesetzten Seufzern und einer kurzen Pause. Durch die Verdopplung dieses Tones (*h'''* mit einem kurzen Vorschlagston *h''''* in der rechten und *h* in der linken Hand) und die dynamisch-artikulatorische

---

1   In der Tat steht diese musikalische Miniatur im Zusammenhang mit einer Kantate der vermeintlichen Autorin Clarisse Juranville, deren Texte ganz einem Grammatiklehrbuch entnommen sind. Hinter diesem literarischen Spiel steht aber Nougé selbst, auch hierfür liefert Souris die Musik. (Dachy 1982: 120)

2   Das *fis* der Takte 1 bis 4 erinnert an das Lydische, das *des* und *es* der Takte 5 bis 7 an das Phrygische, das *b* der Takte 10 bis 12 steht als siebte Stufe in der Nähe der beiden Terzstufen *es* oder *e*, deutet also genauso auf ein Dorisches wie auf ein Mixolydisches hin.

Akzentuierung sticht dieser Klang gegenüber seinem Umfeld klar hervor. Es folgt zwar eine Reprise ab Takt 3, das *h* verhallt aber nach der Wiederholung ohne jegliche Konzession an eine Hörerwartung als Schlusston im Raum. Die Musik bestätigt die Mehrbödigkeit des Gedichts, ist aber auch gleichzeitig ein Spiel mit verschiedensten historischen Kompositionselementen, die hier miteinander vermischt werden: tonale Verankerung, Rückgriff auf Modalität, subtile Abweichungen von einer zunächst einfachen Metrik, abrupter Wechsel zwischen einer ostinaten Achtelbewegung und dem leeren Scharnier-Klang eines mehrfachen *h*.

Je te connais ist ein surrealistisches Werk im Sinne einer musikalischen Miniatur aus der Hand zweier Surrealisten. Es gibt jedoch kein Zeugnis für das Vorhandensein einer surrealistischen Musik im Frankreich der 1930er Jahre. Der erste Kreis surrealistischer Künstler und Literaten um Breton, Aragon, Soupault, Eluard, um nur einige zu nennen, beteiligt sich zunächst an dadaistischen Vorstellungen. Diese sind für vielfältige Arten von Musik offen. Werke namhafter Komponisten, insbesondere aus der Gruppe der Six, werden in Dada-Programme aufgenommen, so am 23. Januar 1920 während der „Première matinée de Littérature". Neben Dichterlesungen hört man Klavierwerke von Auric, Milhaud, Poulenc und Cliquet-Pleyel. (Arfouilloux 2009: 97) Gelegentlich übernehmen Wortführer Dadas selbst musikalische Aufgaben, kurzweilige, aber auch kurzlebige Musikeinlagen, die nicht überliefert sind.[3]

In den frühen 1920er Jahren distanzieren sich die Surrealisten vom Dadaismus. Welche Stellung kann nun die Musik in der neuen Gruppe einnehmen? André Breton, der sich immer offensichtlicher als der Wortführer oder gar als das Haupt des Surrealismus gebärdet (Morgane-Tanguy 1995: 117), scheint für Musik kein offenes Ohr zu haben oder sie gar zu verabscheuen.[4] Beobachter zögern nicht, ihn als amusischen Menschen zu apostrophieren.[5] Breton selbst geht so weit, seinen nächsten Bekannten jeglichen Konzertbesuch zu verbieten.[6]

---

3   1916 führt Tzara seine *Poésies simultanées* auf und lässt sie mit Instrumenten begleiten. Ein Jahr später werden Hugo Balls *Mots en liberté* ebenfalls musikalisch untermalt. Vier Jahre danach werden sogar musikalische Werke von Georges Ribemont-Dessaignes, Picabia und Tzara auf einem Festival Dada aufgeführt, von Letzterem eine *Vaseline symphonique* für 20 Ausführende. 1923–1924 setzt sich dann auch Satie aktiv für Tzara gegen die „faux-Dadas" um *Littérature* ein, also gegen die frühen Surrealisten. Am 6. Juli 1923 werden bei der „Soirée du cœur à barbe" seine *Morceaux en forme de poire* von Marcelle Meyer interpretiert, bei weiteren Veranstaltungen wird sogar der aus *Parade* stammende Ragtime unter dem Titel *Rag-time Dada* gespielt. (Arfouilloux 2009: 86ff., 103, 116f.)
4   Dieses Verabscheuen deutet Breton selbst als eine „complexion physique" und fügt hinzu: „[…] toute espèce de bruit organisé par l'homme m'est hostile […], me dérange jusqu'à me devenir rapidement insupportable". (Arfouilloux 2011: 224 und Paz 1991: 41)
5   1941 versucht Breton, eine psycho-physiologische Erklärung für seine „amusie" zu geben: „J'ai pensé quelque fois que l'amour de l'harmonie verbale qui existe chez eux [Rimbaud, Lautréamont, Apollinaire und Mallarmé] et que je partage exclut, pour des raisons psychologiques, physiologiques à débattre, le sens de toute réussite auditive qui pourrait être autre: l'usage de toute la faculté musicale serait requise par l'arrangement des mots". (Arfouilloux

Doch welche sind die Gründe für eine solche Haltung, die Breton mit anderen Surrealisten teilt, so mit Benjamin Péret und Yves Tanguy? (Arfouilloux 2011: 224; Morgane-Tanguy 1995: 130) Soll der poetisch-künstlerische Diskurs des französischen Surrealismus wirklich keinen Platz für die Musik bereithalten können? Wie verhalten sich Komponisten, die dem Surrealismus persönlich zwar nicht beitreten, aber manchen Forderungen dieser Bewegung Verständnis entgegenbringen? Gibt es vielleicht doch eine surrealistische Musik inner- und außerhalb des Surrealismus?

Zunächst zur Frage nach einer hypothetisch möglichen Stellung der Musik innerhalb des Gedankengebäudes des Surrealismus: Die wesentlichen Forderungen des Surrealismus sind die „écriture automatique"[7] in der Dichtung dank eines enthemmten Gedankenflusses und die Erhebung des Objekts zum surrealen Objekt sowohl in der Dichtung als auch in der Kunst. In der „écriture automatique" macht der Dichter es sich selbst zur Auflage, so schnell wie möglich zu dichten. Dabei darf er sich keine Pause und kein Zurück durch eine Korrektur des gerade Geschriebenen gönnen. Diese eine gewisse Askese verlangende Dichtart (Bonnet 1996: 83f.) soll über mehrere Stunden aufrechterhalten werden, um den dichterischen Rede- und Schreibfluss auf die Ebene des Traums zu heben, um dort im Sinne der Freudschen Tiefenpsychologie auf den Grund des Seins zu gelangen,[8] oder, wie es René Magritte ausdrückt, um zu einer für Leib und Seele unumgänglich notwendigen Freiheit vorzudringen. (Magritte 2009: 103)

Flüchtig betrachtet ließe sich eine musikalische Improvisation als eine Art „écriture automatique" ansehen. Niemals darf der musikalische Fluss unterbrochen werden, niemals kann eine Korrektur angebracht werden. Ein Sich-Verspielen da-

---

2011: 228) André Souris teilt mit, wie Breton verständnislos einer Kantaten-Aufführung während der Zusammenkunft zwischen den belgischen Surrealisten und dem Kreis um Breton beiwohnt. Sein Urteil lautet: „Breton est atteint d'amusique [sic]". (Arfouilloux 2009: 173f.)

6 „Il n'aimait pas la musique, et André Masson et leurs amis devait [sic] se cacher pour aller au concert". (Roy 1996: 45)

7 Erinnert sei an Bretons Definition des Surrealismus im *Manifeste du surréalisme* von 1924: „SURRÉALISME, n. m. Automatisme psychique pur par lequel on se propose d'exprimer, soit verbalement, soit par écrit, soit de toute autre manière, le fonctionnement réel de la pensée, en l'absence de tout contrôle exercé par la raison, en dehors de toute préoccupation esthétique ou morale" (Breton 1962: 40); in der deutschen Übertragung: „SURREALISMUS, Subst., m. – Reiner psychischer Automatismus, durch den man mündlich oder schriftlich oder auf jede andere Weise den wirklichen Ablauf des Denkens auszudrücken sucht. Denk-Diktat ohne jede Kontrolle durch die Vernunft, jenseits jeder ästhetischen oder ethischen Überlegung". (Breton 1986: 26)

8 Im *Manifeste du surréalisme* von 1924 erklärt Breton es mit klaren Worten: „Je crois à la résolution future de ces deux états, en apparence si contradictoire, que sont le rêve et la réalité, en une sorte de réalité absolue, de surréalité, si l'on peut ainsi dire". (Breton 1962: 27) In der deutschen Übertragung: „Ich glaube an die künftige Auflösung dieser scheinbar so gegensätzlichen Zustände von Traum und Wirklichkeit in einer Art absoluter Realität, wenn man so sagen kann: Surrealität". (Breton 1986: 18)

gegen lenkt die Improvisation möglicherweise auf eine neue, unerahnte Fährte. Aber kann eine Improvisation in einen Wachtraum-Zustand münden und in eine tiefenpsychologische Einsicht? Breton würde diese Frage mit einem klaren „Nein" beantworten. Die Musik ist in seinen Augen eine Kunst der „confusion",[9] der Verwirrung, da ihre Sprache nicht wie jede andere Sprache einen festen Sinn in sich trägt, wie er durch Worte jeweils bezeichnet werden kann.

Darin berührt Bretons Einwand die von Hanslick[10] und Strawinskij[11] vehement verteidigte These, die Musik drücke nicht mehr und nicht weniger allein sich selbst aus. Alles kreist in der Musik um das Musikalische selbst, ein Ausbrechen ist nicht möglich. Im Keim wird hier jeder surrealistische Ansatz erstickt, und Bretons Einwand findet sich bestätigt. (Arfouilloux 2009: 216f.) In diesem Sinne ist also eine surrealistische Musik nicht denkbar.[12] Mit ähnlicher Skepsis äußert sich Nougé in seiner am 20. Januar 1929 gehaltenen *Conférence de Charleroi*, wenn er an der Ausdrucks- und Bedeutungshaftigkeit von gesprochener und geschriebener Sprache zweifelt und hinzufügt: „Et l'on en vient alors à se demander, à la faveur de quelle méprise encore plus grossière, l'on a pu tenir pour tels les sons organisés en musique". (Nougé 1946: 49)

Gegen die Improvisation als eine künstlerische surrealistische Tätigkeit spricht ein weiteres Argument Bretons. Im „Automatischen Schreiben" und in den frühen surrealistischen Experimenten des heraufbeschworenen Schlafs suchen die Surrealisten nach einer Möglichkeit, „den Zwängen zu entkommen, die auf dem kontrollierten Denken lasten". (Breton 1996: 94) Breton fährt fort: „Einer dieser Zwänge, der schwerwiegendste, ist die Unterwerfung unter die unmittelbare sinnliche Wahrnehmung, die aus dem Geist in hohem Maße einen Spielball der äußeren Welt macht […]". (Breton 1996: 94) Gerade der auditiv und sensitiv veranlagte Künstler, der zur Improvisation greift, wird sich nur schwer von einer solchen „Unterwerfung unter die unmittelbare Wahrnehmung" freimachen können. Er wird also kaum zu

---

9 Schon auf den ersten Seiten von *Le Surréalisme et la peinture* begründet Breton seine Ablehnung der Musik, weil die „expression musicale" von allen künstlerischen Ausdrucksarten „la plus profondément confusionnelle" sei. (Breton 1965: 1f.) In einem Brief an Alfred Barr erinnert sich Breton an einen 1935 gehaltenen Vortrag, in dem er den „caractère confusionnel" der Musik angeprangert hat. (Arfouilloux 2011: 227)

10 „*Tönend bewegte Formen* sind einzig und allein Inhalt und Gegenstand der Musik". (Hanslick 2010: 35)

11 „Denn ich bin der Ansicht, dass die Musik ihrem Wesen nach unfähig ist, irgendetwas ‚auszudrücken', was es auch sein möge". (Strawinskij 1957: 59)

12 In seiner Studie über Surrealismus und Musik stellt Arfouilloux nicht nur Bretons Haltung gegenüber der Musik vor, sondern auch die von Georges Ribemont-Dessaignes, selbst lange Zeit aktiver Dadaist, und von Michel Leiris, zum Kreis der Surrealisten gehörend. Letzterer schreibt: „Il ne pouvait y avoir de musique surréaliste. Pour qu'il y ait surréalisme, il faut qu'il y ait une réalité à manipuler. La musique – je ne la minimise pas en disant cela – ne touche absolument pas à la réalité. C'est un système qui n'est même pas de signes –, ça n'a pas de signification la musique. Ce qui compte, ce sont les rapports de sons. Un surréalisme musical n'est pas concevable". (Arfouilloux 2009: 218)

einem kreativen Spiel in „absoluter Disponibilität" (Breton 1996: 97) gelangen können, frei von Konventionen und Gewohnheiten.

Der Surrealismus fordert aber auch eine neue Sicht auf das Objekt,[13] eine Sicht, die weiter sehen will als dies in einer bloß vordergründigen und schnellen Betrachtung der Wirklichkeit geschieht. Surrealistisch heißt also etwas gänzlich anderes als „unwirklich", und jede tatsächlich surrealistische Sichtweise zieht es nach sich, aus einer Welt von Konventionen, Gewohnheiten und Bequemlichkeiten[14] auszubrechen und möglicherweise zu einer „inneren Revolution" oder gar revolutionären Tat hin vorzuschreiten. (Breton 1996: 341)

Wie steht es aber um das musikalische Objekt, um den Klang? Wie könnten die vier den Klang ausmachenden Parameter von Tonhöhe, -dauer, -stärke und Timbre derart behandelt werden, dass eine surrealistische Musik ermöglicht werden könnte? In welchen Aufführungen der 30er Jahre in Frankreich könnte eventuell doch eine surrealistische Musik gehört worden sein? Auf den ersten Blick scheinen die atonalen Kompositionen der Wiener Schule mit einer surrealistischen Auffassung vereinbar zu sein. Bis in die späten 30er Jahre hinein sind jedoch nur wenige Kompositionen Schönbergs, Weberns und Bergs in Frankreich bekannt. Der *Pierrot lunaire* hat 1913–1914 heftige Reaktionen und Begeisterung ausgelöst (Duchesneau 2000: 371), den streng zwölftönigen Werken wird jedoch eher mit Vorbehalten begegnet. Georges Auric,[15] der dem Kreis um Breton nahesteht, prangert den Intellektualismus dieser Werke an, als er eine Aufführung rezensiert. Auf eine Umfrage über Schönberg und dessen Theorien antwortend, schreibt er: „Voici donc un des derniers et des plus savants représentants de la noble école du contrepoint". (Schmidt 2009: 333f.) Auric nimmt hier nicht auf das Grundprinzip der Zwölftontechnik Bezug, obwohl gerade dies in seinem umstürzlerischen Ziel an ein surrealistisches Gebaren erinnert: Die Vermeidung eines Tonzentrums durch das Komponieren mit zwölf gleichen Tönen wälzt das Harmonische der klassischen Musik um, grenzt an ein revolutionäres Vorgehen; vielmehr kritisiert Auric den Konstruktivismus in der Behandlung der Reihe, der auf Techniken polyphoner Schreibweise

---

13 In der Dichtung ist das Wort das Objekt. In einer Studie über den Dadaismus hebt Jacques Rivière hervor, dass seit Dada der Sprache „eine neue Würde verliehen" worden sei, da die Sprache nicht mehr als ein „Mittel", sondern als ein „Wesen" angesehen werde. (Breton 1996: 76 und Bonnefoy 1981: 114)

14 „Il s'agit de donner aux êtres, aux objets, une fonction, un usage différent de l'habituel". (Nougé 1968: 10)

15 Schon 1919, dem Jahr, auf das Breton selbst das Aufkommen des Surrealismus vordatiert (Breton 1996: 385), verfasst Auric zwei Artikel in *Littérature*, der von Aragon, Soupault und Breton herausgegebenen Zeitschrift, und berichtet über *Parade* von Satie und über den Stil Milhauds bei dessen Rückkehr aus Rio de Janeiro. (Schmidt 2009: 17). Auch Breton erinnert daran, dass Auric zum ersten Kern derer zählt, die sich im „Congrès de Paris" von Dada distanziert haben. Neben Ozenfant, Paulhan, Vitrac und sich selbst nennt er „außerdem zwei Maler, Delaunay und Léger und ein Komponist, Auric". (Breton 1996: 83)

zurückgreift und einem streng intellektuellen Denken, das weit von der Erforschung der Traumwelt im „Automatischen Schreiben" entfernt ist, entspringt.

In den 1930er Jahren ist die Stellung der Six nicht mehr angefochten, von den Surrealisten jedoch werden sie nicht wahrgenommen. Nachdem es 1924 bei der Uraufführung von *Mercure* zum endgültigen Bruch zwischen Satie und Breton gekommen ist, scheint der Surrealismus eine nicht umkehrbare Ablehnung Saties und seiner Bewunderer, damit auch der Six, vollzogen zu haben. Erst viele Jahre nach Saties Tod 1925 dämpft Breton seine Kritik gegen den Meister von Arcueil. Er scheint aber in Satie eher den Satiriker in Wort und Bild zu sehen als den Komponisten, dessen Musik sogar schon vor der Zeit in mancher Hinsicht als surrealistische Musik hätte gelten können.[16] 1955 stellt Breton in einer handschriftlichen Notiz über Satie fest: „Nirgends eine höhere Schule der Freiheit gegen alle Konventionen, nirgends ein schelmischeres Lächeln, und doch letzten Endes so packend nah an einem inneren Abgrund der schwärzesten Art, aus dem die Nebel dieser in größter Einsamkeit entstandenen Zeichnungen und kalligraphischen Inschriften aufsteigen."[17]

Was aber Breton in künstlerischer Hinsicht bei Satie nicht verziehen hat, ist dessen Zusammenarbeit mit Cocteau. Ein „Makel", der auch den Six angerechnet werden kann. Allein Auric wird trotz allem im Surrealismus geduldet; Breton hat möglicherweise auch in ihm eher den Kritiker als den Musiker gesehen. Die Six prägen in den 1930er Jahren nicht nur das Pariser Konzertleben, sondern auch die Welt des Balletts und des Theaters durch ihre Zusammenarbeit mit Cocteau, mit den Ballets russes und den Ballets suédois, mit Autoren wie Claudel oder Gide. Einige ihrer Opern können trotz finanzieller und personeller Schwierigkeiten an den Pariser Opernhäusern aufgeführt werden, erfolgreicher sind die Oratorien und Kantaten einiger der Six. Ganz selbstverständlich wenden sie sich auch der Operette zu, ist es doch für sie ein wichtiges Anliegen, gerade das Ernste mit dem Komischen zu mischen und der leichten Unterhaltungsmusik Bürgerrecht im Land der Hohen Musik zu geben. (Vives 2000: 96) Trotzdem kann das Operetten-Repertoire der Six nicht den Erfolg des abwechslungsreichen Genres der Operette anderer Komponisten verbuchen.

In den 1930er Jahren stehen Operetten Offenbachscher Prägung wieder verstärkt auf den Spielplänen und ziehen zahlreiche Hörer an. Die „amerikanische", der Music-Hall nahe stehende Operette, die häufig aufwendig inszeniert ist und mit

---

16 Erinnert sei an Saties und Milhauds gemeinsam geschaffene *Musique d'ameublement*, Werke, die als bloßer Hintergrund gedacht sind. Der Musik soll nicht zugehört werden, sie soll allenfalls wie ein Möbelstück im Raum wahrgenommen, niemals aber wie ein Kunstgegenstand betrachtet werden.

17 Das Original lautet: „Nulle plus haute école de liberté à l'égard de toutes les conventions, nul sourire plus espiègle, et en fin de compte, si poignant par dessus le gouffre intérieur, de l'espèce la plus noire, duquel s'échappe la nuée de ces dessins et inscriptions calligraphiées en pleine solitude [...]". (Arfouilloux 2009: 194)

dem Kino zu konkurrieren vermag, die „musikalischen Komödien" jüngerer Komponisten, die Operette aus Marseille und die Wiener Operette nach Strauss bieten Geeignetes für jeden Geschmack. (Velly 2000: 153–165)

Bezeichnenderweise ist es Offenbach, den der spätere Breton als einen von sehr wenigen abendländischen Komponisten bewundert.[18] Das Element der Persiflage in seinen Operetten, insbesondere in *Orphée aux Enfers*, begeistert ihn, so wie das Wort-Ton-Verhältnis in diesen Kompositionen, das ein unmittelbares Verstehen des gesungenen Textes erlaubt. (Arfouilloux 2011: 225 und 2009: 174ff.)

Nach der fulminanten Begeisterungswelle für den Jazz oder für alles, was nach dem Ersten Weltkrieg in Frankreich für Jazz gehalten wird, etabliert sich in den 1930er Jahren eine Art Jazz-Gemeinde oder Jazz-Elite. (Gumplowicz 2000: 401) Diese setzt sich sowohl für einen authentischen, schwarzamerikanischen Jazz als auch für einen dem treuen, von europäischen Musikern eigenständig weitergeführten Jazz ein. (Baudoin 2000: 385–388) Für Komponisten wie Milhaud hat sich der Reiz für die neuen Rhythmen im Jazz schon bald verflüchtigt, für Breton dagegen steigt allmählich eine leise Anerkennung dieser Musik hoch. 1941 bekräftigt er, dass er ein vages Interesse und Wohlwollen hege, ja, dass er sogar wagen würde, den hot jazz als surrealistische Kunst bezeichnen zu wollen, wenn er auf dem Gebiet der Musik nicht so unwissend wäre.[19]

Zuletzt sei dieser Blick auf die Musik in den 30er Jahren in Frankreich mit dem Betrachten eines Ereignisses abgeschlossen, das die kulturellen Kräfte der gesamten Nation in Anspruch genommen hat: die Exposition universelle von 1937. Inmitten politischer und sozialer Wirren wird sie vorbereitet und soll zu einem kulturellen Massenerlebnis werden, das Frankreich trotz innerer Zerrissenheit eint. Im Palais de la Découverte inszeniert Jean Perrin eine Verherrlichung der Wissenschaft, insbesondere der Physik (Ory 1991: 183) und zielt dabei auf die Arbeitermasse, der dank sozialer Errungenschaften Zugang zu Wissen und Freizeit ermöglicht werden soll. (Ory 1991: 180) Diese Freizeit soll sinnvoll genutzt werden, nämlich mit naturwissenschaftlichem Lernen und Forschen. Die Exposition universelle ist aber auch eine riesige Kulturveranstaltung, für deren musikalisches Programm kein geringerer als Albert Roussel verantwortlich ist. (Genet-Delacroix 2000: 15) Als Beispiel möchte ich die „Fêtes de la lumière" nennen, abendliche Schau- und Hörerlebnisse, die auf dem Gelände der Exposition und auf dieser Höhe am gesamten Seine-Ufer veranstaltet werden. Achtzehn verschiedene Feuerwerksprogramme

---

18 Im amerikanischen Exil scheint Breton die Härte seines Urteils über die Musik ein wenig abmildern zu wollen, als er in einem Brief an Alfred Barr feststellt: „L'humour me semble être le seul médiateur entre la musique et moi (Offenbach: *La Belle Hélène*, Terrasse, Satie)". (Arfouilloux 2011: 224)

19 „[...] L'analyse des moyens tendrait bien à prouver que le jazz est surréaliste mais force m'est de me retrancher derrière mon incompétence, d'ordre fonctionnel". (Arfouilloux 2011: 229)

atemberaubenden Ausmaßes, begleitet von Lichtspielen über den einzelnen Gebäuden auf dem Ausstellungsgelände und in dessen Nähe sowie von riesigen Wasserspielen, werden von Musikübertragungen untermalt. Achtzehn verschiedene Auftragskompositionen sollen mit Hilfe der neuen Übertragungsmedien flächendeckend gehört werden können. Unter den ausgewählten Komponisten finden sich Honegger und Milhaud aus der Gruppe der Six, Koechlin, der in diesen Wochen wie Roussel viel im Auftrag des Front populaire wirkt, aber auch einige Tonkünstler der jungen Generation wie Henry Barraud, Elsa Barraine und Olivier Messiaen. (Grandgambe 2000: 32) In manchen dieser Auftragskompositionen wird durch das gewählte Instrumentarium auf die Ausstellung Bezug genommen. Ihr vollständiger Titel lautet: „Exposition Internationale des Arts et des Techniques appliqués à la Vie Moderne". So ist es selbstverständlich, dass in diesen Werken gerne und häufig auf ein technisch revolutionäres Instrument der späten 1920er Jahre zurückgegriffen wird, auf ein frühes elektronisches Instrument, die Ondes Martenot. Pierre Vellones etwa, der viel mit dem Erfinder der Ondes zusammengearbeitet hat, schreibt ein Werk für drei Ondes Martenot, mit Begleitung von originalen exotischen Schlaginstrumenten, die er sich zu diesem Anlass von dem nah an der Exposition gelegenen Musée d'ethnographie geben lässt.[20]

Beinahe der Jüngste unter den 18 ausgewählten Komponisten ist Olivier Messiaen, der sich ein Jahr zuvor mit André Jolivet, Jean-Yves Daniel-Lesur und Yves Baudrier zur Gruppe der „Jeune France" zusammengeschlossen hat. In einer Art Manifest stellen sie ihre künstlerischen Ziele auf, die als Grundlage für eine Konzertreihe dienen, die sie selbst organisieren. Sie wollen dazu beitragen, Werke zu verbreiten, die „jugendlich" und „frei" und sowohl weit ab von revolutionären Lösungen als auch von akademischen Formeln entfernt sind. (Hill 2005: 63) Inhaltlich sind diese Ziele, abgesehen von einer Forderung nach Freiheit im künstlerischen Schaffen, kaum mit denen des Surrealismus verwandt, in der Vorgehensweise finden sich aber Parallelen,[21] und manche Werke dieser „Vier" entsprechen durchaus nicht immer der Absage an revolutionäre Lösungen, insbesondere bei Jolivet, dem „enfant terrible" der Gruppe. (Hill 2005: 61)

Lassen Sie mich kurz zu einem Klavierwerk von 1935 abschweifen, *Mana* betitelt. Eine Sammlung von sechs Sätzen, deren Titel an konkrete Gegenstände erinnern, die Edgar Varèse 1933 bei seinem Aufbruch von Paris in die Staaten Jolivet zum Abschied geschenkt hat. Dieser hat sie in seinem Arbeitsraum wie kleine Heiligtümer aufbewahrt, so als seien sie seine persönlichen Fetische. Diese Geschenke sind ein Hampelmann aus Blech, eine Strohpuppe aus Bali, ein Vogel aus Metallplättchen, eine Ziege und ein Pferd volkstümlichen Ursprungs und eine Kuh

---

20 Siehe http://vellones.free.fr/martenot.html.
21 Allein die Tatsache, dass sie ein Manifest veröffentlichen, ähnelt den Gewohnheiten eines Cocteau, aber auch der Surrealisten.

aus Draht. Nur zwei stammen aus der Hand eines Künstlers, der Vogel und die Kuh, von Alexander Calder während dessen Pariser Aufenthalts geschaffen, bei dem er viel mit Marcel Duchamp zusammengearbeitet hat. Beide Werke hat er mit einfachsten und im Alltag viel benutzten Materialien geschaffen. Die anderen vier Figuren sind Werke volkstümlicher Kunst aus aller Welt, alle aber werden hier durch eine ihnen gewidmete Musik besungen. Das einfache und alltägliche Objekt bekommt eine neue Stellung, ein Verfahren, das durchaus als surrealistisch bezeichnet werden kann. Eine Gegenüberstellung Bretons kommt einem da in den Sinn, die er zwischen den Errungenschaften von Victor Hugo für die Romantik und von Benjamin Péret für den Surrealismus vornimmt: „So wie Hugo den Unterschied zwischen ‚edlen' und ‚unedlen' Wörtern abgeschafft hatte, schafft Péret den Unterschied zwischen ‚edlen' und ‚unedlen' Dingen ab". (Breton 1996: 82)

Kehren wir zurück zu Messiaen und dessen Auftragskomposition für die „Fêtes de la lumière". Es handelt sich um die *Fêtes des belles eaux* für sechs Ondes Martenot. Durch den Rückgriff auf die Klanglichkeit und die Tragweite dieser frühen elektronischen Instrumente huldigt er dem Anliegen der Exposition, die Errungenschaften der Forschung und des Erfindungsgeistes in Frankreich herauszustellen, und schafft eine Musik, die den neuen Übertragungsmöglichkeiten und der Ausstrahlung im Freien angemessen ist. Diese Auftragsmusik Messiaens wird 1938 nur fragmentarisch veröffentlicht. Doch Messiaen hat sie aus dem Gedächtnis benutzt, als er 1940/41 in deutscher Kriegsgefangenschaft den fünften Satz seines *Quatuor pour la fin du Temps* komponiert. Dieser Satz, mit *Louange à l'éternité de Jésus* überschrieben, wird, von den *Fêtes des belles eaux* ausgehend, neu instrumentiert. Die Kantilene wird dem Cello übertragen, das Klavier begleitet in einem streng dreistimmigen homophonen Satz in gleichmäßig pulsierenden Achteln, ab und an von einer kleinen Akzentuierung bereichert. Neben dem Harmonischen – Messiaen benutzt hier den zweiten Modus seiner Modi mit begrenzter Transponierbarkeit – sticht die Behandlung eines musikalischen Parameters heraus, die des Zeitlichen. Ein Metrum im konventionellen Sinn des Wortes wird verlassen. Messiaen reiht im Cello kleinste artikulatorisch voneinander abgegrenzte Motive aneinander, die in ihrer Dauer aus Werten von 4, 5, 7 oder mehr Sechzehnteln bestehen.[22] Das Grundtempo selbst wird derart gedrosselt, dass die Musik gleichsam stehenzubleiben scheint. Der Hörer wird hier unmittelbar mit der Zeit und ihrem Ablauf konfrontiert, die Zeit bekommt etwas Objekthaftes, vor dessen Betrachtung der Hörer sich nicht entziehen kann. Das Verfahren rückt in die Nähe einer surrealistischen Behandlung nicht des Wortes, sondern des Klanges in seiner Zeitlichkeit. Die Zeit

---

22 Die ungeradzahlige Sechzehntel-Anzahl ergibt sich jeweils durch einen „hinzugefügten Wert", um Messiaens Terminologie zu übernehmen. Siehe dazu S. II, Kap. II 2 in der *„Préface"* zum *Quatuor*.

bleibt hier in einer quasi Nacktheit, vergleichend könnte man auf die leeren Landschaftshintergründe in den Werken von Chirico oder Dalí verweisen.[23]

Noch ein wenig verbleibe ich bei der Weltausstellung von 1937. Gerade für die Klaviermusik hat sie Anlass zu einigen Veröffentlichungen von Werken gegeben, die auf der Ausstellung uraufgeführt oder als Erinnerung an dieses Ereignis verfasst worden sind. Manche sind für ein großes Publikum gedacht. Sie werden etwa klavierspielenden Besuchern wie eine musikalische Postkarte in Form einer Notensammlung angeboten, ein Gedanke, der durchaus im Sinne der Ausstellungsveranstalter ist. Wie der Besuch des Palais de la Découverte zur Bewunderung der Wissenschaft und zum Ansporn für eigene Forschungen und Entdeckungen, als eine Art Universität für das arbeitende Volk, beflügeln soll, so dienen diese Musikveröffentlichungen einer Verbreitung musikalischer Unterhaltung und einer Bereicherung des Repertoires des Laienmusikers. Georges Auric, der einzige Musiker in der Gruppe um Breton (Arfouilloux 2009: 78f.), schreibt ebenfalls für diesen Rahmen: *La Seine, un matin...*, Teil der Sammlung *A l'exposition*. (Pistone 2000: 288)

Eine achttaktige Einleitung in E-Dur taucht den Hörer in die Atmosphäre eines Siciliano. Durch einen modulierenden Takt gleitet der Klang nach G-Dur. Nach wiederum acht Takten folgt ein gesanglicher Teil, der eigentliche Hauptteil, nun im 2/4-Takt, in dem das Intervall der Terz nicht wie zu Beginn in der Gleichzeitigkeit, sondern im Nacheinander wichtig wird: Während die Einleitung mit der Terz *gis'-h'* begonnen hat, wird jetzt im Melodischen die Terz *g'-h'* wichtig. In der ungefähren Mitte des Stückes ruft Auric die anfängliche Terz *gis'-h'* in Erinnerung (T. 38–40), die Takte 39 und 40 stehen sogar wie zu Beginn auf E. Neben seinem unbeschwerten Charakter zeichnet sich *La Seine, un matin...* durch einen ausgewogenen melodisch-harmonischen Bau aus. In seiner durchdachten Architektonik bleibt aber dieses Werk in musikalischen Konventionen behaftet. Hier ist Auric einer der Six, der mit Leichtigkeit das Neoklassizistische oder hier sogar ein Neoromantisches in Anlehnung an manche *Lieder ohne Worte* eines Mendelssohn handhabt. Zwischen dem Wasser der Seine und dem der Kanäle in Venedig ist kaum noch ein Unterschied. Der Surrealismus ist sehr weit von dieser Kunst entfernt.

Schließen möchte ich wiederum mit einem Werk für Gesang und Klavier, mit einer noch kürzeren *Mélodie* als die Miniatur von Nougé und Souris, mit *Une roulotte couverte de tuiles*[24] aus dem Liederzyklus *Tel jour telle nuit* von Francis Poulenc nach Gedichten von Paul Eluard. Für diesen Zyklus hat Poulenc neun Gedichte aus Eluards Band *Yeux fertiles* von 1936 ausgesucht, neu überschrieben und

---

23 Etwa in *Die beunruhigenden Musen* (1916), *Die Sehnsucht nach dem Unendlichen* (1912) von Chirico oder *Die Beständigkeit der Erinnerung* (1932) von Dalí.

24 Der vollständige Text lautet: „Une roulotte couverte de tuiles / Le cheval mort un enfant maître / Pensant le front bleu de haine / A deux seins s'abattant sur lui / Comme deux poings / Ce mélodrame nous arrache / La raison du cœur."

unter dem von ihm selbst stammenden Titel *Tel jour telle nuit* herausgegeben. Am 3. Februar 1937 fand schon die Uraufführung statt.

Poulenc lässt die Singstimme den Text mehr rezitieren als singen. In den beiden ersten und in den beiden vorletzten Takten verlässt sie kaum das *c'*. Poulenc fasst stets Wortgruppen in rhythmischen Zellen zusammen, die vom Schnellen zum Langsameren tendieren, gemäß des französischen Sprachduktus. In diesen Takten pendelt der Gesang zu den vier benachbarten Terzstufen von *c'*, *es'* in Takt 1, *e'* in Takt 2, *a* in Takt 8 und *as'* in Takt 9. Wie in einer Psalmrezitation wird von der „Finalis" aus eine Art „Tenor" erreicht, ein *g'* in den Takten 3 und 5. Auch dieser Ton wird von Nachbarn umgeben, *ges'* bzw. *fis'* und *f'* von unten, *a'* von oben. Allein der sechste Takt schert ganz aus diesem Duktus heraus: keine reichen Akkorde mehr in der Klavierbegleitung, sondern zwei leere Quinten im Halbtonabstand, dynamisch stark abgesetzt und von den einzigen Pausen in der Begleitschicht vom Rest getrennt. Das *h'* wird zwar in der Singstimme wie ein Leitton im Klavier nach *c* aufgelöst, aber ein *c'*, das von einem fremdartigen C-Klang mit Tritonus und kleiner Sexte gefärbt ist. Der melodische Verlauf entspricht nicht bloß einer Bogenstruktur in der Wahl der Tonhöhen, sondern ist der grammatikalischen Form des Gedichts angepasst. Substantive mit ihren Adjektiven verlassen kaum die Finalis in den ersten beiden Takten. Erst das Auftreten von zwei Partizipien – „pensant" und „s'abattant" – bedingt ein Erreichen des Tenor-Tones. „Comme deux poings" steht als adverbiale Konstruktion für sich, neben dem „f subito" verlangt dort Poulenc den bislang größten Sprung in der Singstimme, eine übermäßige Quint. „Faustdick" stürzt das Erzählte endgültig in die Brutalität, die durch „Le cheval mort" und „A deux seins s'abattant sur lui" angekündigt ist. Der Dichter fährt zunächst kommentierend fort, seine Anteilnahme wird aber dann doch versichert. Poulenc unterstreicht es durch den größten Sprung im Gesang, durch die verminderte Oktave und das Erreichen des *as'* als Schlusston. Der begleitende Akkord ist hoch dissonant. Gegen das *as'* reibt sich ein über weite Lagen sich erstreckender verminderter Septklang auf *a*, von einem *F* in der Tiefe bereichert. Durch die Spielanweisung „très sec" und „sans pédale" wird der geräuschhafte Klang abgerissen, in Analogie zu dem „nous arrache la raison du cœur". Eine Analyse bestätigt, dass Poulenc in seiner Komposition wie eins mit dem Gedicht geworden ist.[25] Gegenüber Claude Rostand erklärt er 1954: „Wenn es sich um Apollinaire oder Eluard handelt, dann achte ich aufs Genaueste auf die Seitengestaltung des gedruckten Gedichts, auf die Leerstellen, auf die Ränder. Oft trage ich das Gedicht mir selbst vor. Ich horche hin, ich suche nach den Fallen, manchmal unterstreiche ich die schwie-

---

25 Für den gesamten Zyklus *Tel jour, telle nuit* fasst Vives seine Analyse wie folgt zusammen und bestätigt, was für *Une roulotte couverte de tuiles* ersichtlich geworden ist: „Le système compositionnel suit l'imaginaire poétique jusque dans ces découpages, associations d'images, figures rhétoriques et graphiques, incohérence sémantique et logique pourvoyeuses de moments de grâces et d'images ‚délicieusement stupides'". (Vives, 2000: 106)

rigen Passagen des Textes rot. Ich trage das Atemholen ein; ich versuche, den inneren Rhythmus durch einen Vers zu entdecken, *der nicht unbedingt der erste sein muss*". (Arfouilloux 2009: 367)

Wie vorhin erwähnt hat Breton noch 1941 in einem Briefwechsel mit Barr seine Abneigung gegen die Musik bekundet, doch mit einer kleinen Einschränkung. Er sagt: „Auf diesem Feld bin ich ein ziemlicher Banause, aber ich würde eventuell zugunsten des Gesangs eine Ausnahme machen wollen (doch dann muss er die Worte verständlich sein lassen und die Begleitung muss so diskret wie möglich sein!)" (Arfouilloux 2011: 224) Poulenc ist kein Surrealist gewesen, hat aber das geleistet, was Breton fünf Jahre nach der Komposition von *Tel jour telle nuit* vom Komponisten verlangen sollte.

Trotz allem bleibt die Frage bestehen, was an dieser Musik tatsächlich surrealistisch ist. Auch Bretons Einwand von 1941 hat nichts mit dem gemeinsam, was Breton selbst von einer Kunst erwartet, die als eine surrealistische gelten dürfte. Er verlangt keinesfalls mehr als jeder Verteidiger der Gluckschen Oper am Ende des 18. Jahrhunderts. Abgesehen von einer Jazz-Kritik, die schon in den 1930er Jahren den Jazz als eine wirklich surrealistische Musik betrachtet (Goffin 1948/2006: 31), bleibt die Suche nach einer grundsätzlich surrealistischen Handhabung der Musik bis zum Zweiten Weltkrieg erfolglos. Erst die Behandlung der menschlichen Stimme in Boulez' *Le marteau sans maître* entfernt sich derart von musikalischen Konventionen, dass der Klang zum surrealen Objekt wird. Die Stimme wird neu definiert; Sprechen, Schreien, Kreischen, Zischen, Hauchen, Flüstern, Wimmern usw. stehen ebenbürtig zum gesungenen Ton. Erst in der Collage-Technik der Experimentellen Musik (Watkins 1994: 2) wird eine weitere Möglichkeit erkundet, eine schon vorliegende Komposition zu fragmentieren und durch die Einbettung in ein neues kompositorisches Umfeld derart zu verfremden, dass das Gewohnte zum surrealen Klang-Objekt entrückt wird.

Literatur

Arfouilloux, Sébastien (2009): *Que la nuit tombe sur l'orchestre. Surréalisme et musique.* Paris.
Arfouilloux, Sébastien (2011): Une lettre de Breton sur la musique: correspondance inédite entre André Breton et Alfred Barr. In: Henri Bréhar (Hg.), *Les réseaux du surréalisme*, Lausanne.
Baudoin, Philippe (2000): „Swing de Paris": naissance d'une identité française dans le jazz. In: Danièle Pistone (Hg.), *Musiques et musiciens à Paris dans les années trente*, Paris, S. 383–392.
Bonnefoy, Yves (1981): *Entretiens sur la poésie.* Paris.

Bonnet, Marguerite (1996): "Les Champs magnétiques", le livre par quoi tout commence. In: Marie-Claire Dumas (Hg.), *André Breton en perspective cavalière*, Paris, S. 83–87.
Breton, André (1962): *Manifestes du surréalisme*. Montreuil.
Breton, André (1965): *Le surréalisme et la peinture*. Paris.
Breton, André (1996): *Entretiens – Gespräche. Dada, Surrealismus, Politik*, hg. von Unda Hörner und Wolfram Kiepe. Dresden.
Dachy, Marc u. a. (1982): *René Magritte und der Surrealismus in Belgien. Ausstellungskatalog des Kunstvereins und Kunsthauses Hamburg, 23. Januar bis 28. März 1982*.
Duchesneau, Michel (2000): La création en musique de chambre. In: Danièle Pistone (Hg.), *Musiques et musiciens à Paris dans les années trente*, Paris, S. 359–374.
Genet-Delacroix, Marie-Claude (2000): Musiciens officiels des années trente? In: Danièle Pistone (Hg.), *Musiques et musiciens à Paris dans les années trente*, Paris, S. 11–19.
Goffin, Robert (1948/2006): *Nouvelle histoire du jazz. Du Congo au bebop*. Paris/Bruxelles.
Grandgambe, Sandrine (2000): La poétique musicale du Front populaire. In: Danièle Pistone (Hg.), *Musiques et musiciens à Paris dans les années trente*, Paris, S. 21–33.
Gumplowicz, Philippe (2000): Vers le droit de cité. Naissance de la critique de jazz, Paris 1930–1934. In: Danièle Pistone (Hg.), *Musiques et musiciens à Paris dans les années trente*, Paris, S. 393–408.
Hanslick, Eduard (2010): *Vom Musikalisch-Schönen*. Darmstadt.
Hill, Peter/Nigel, Simeone (2005): *Messiaen*. New Haven/London.
Magritte, René (2009): *Écrits complets*, hg. von André Blavier. Paris.
Morgane-Tanguy, Geneviève (1995): *Yves Tanguy, Druide surréaliste*. Paris.
Nougé, Paul (1946): *La Conférence de Charleroi*. Bruxelles.
Nougé, Paul (1968): *Subversion des images*. Belgique.
Ory, Pascal (1991): Une "cathédrale pour les temps nouveaux"? Le palais de la découverte (1934–1990). In: Régine Robin (Hg.), *Masses et culture de masse dans les années trente*, Paris, S. 180–204.
Paz, Octavio (1996): André Breton: la brume et l'éclair. In: Marie-Claire Dumas (Hg.), *André Breton en perspective cavalière*, Paris, S. 35–42.
Pistone, Danièle (Hg.): *Musiques et musiciens à Paris dans les années trente*. Paris.
Roy, Claude (1996): Un profil d'André Breton. In: Marie-Claire Dumas (Hg.), *André Breton en perspective cavalière*, Paris, S. 43–49.
Schmidt, Carl B. (Hg.) (2009): *Écrits sur la musique de Georges Auric*, Band 1. New York.
Strawinskij, Igor (1957): *Leben und Werk – von ihm selbst*. Zürich.
Velly, Jean-Jacques (2000): L'opérette des années trente. In: Danièle Pistone (Hg.), *Musiques et musiciens à Paris dans les années trente*, Paris, S. 151–167.
Vives, Vincent (2000): L'entre-deux. Musique et littérature entre innovation et régression. In: Danièle Pistone (Hg.), *Musiques et musiciens à Paris dans les années trente*, Paris, S. 95–107.
Watkins, Glenn (1994): *Pyramids at the Louvre. Music, Culture, and Collage from Stravinsky to the Postmodernists*. Cambridge.

Musikfest des ausgeschalteten Geistes?
Scherchens Strasbourger Arbeitstagung 1933

Joachim Lucchesi

Die Frage, ob er sich nun im französischen Exil befände, hätte Hermann Scherchen im Strasbourger Sommer 1933 vermutlich verneint. Er, den wenige Monate zuvor der Bannstrahl nationalsozialistischer Kulturpolitik mit Auftrittsabsagen in Nürnberg und München traf, sah seinen Wirkungskreis nicht wesentlich eingeengt. Hatte er sich doch in den zurückliegenden 15 Jahren, seit seiner Rückkehr aus russischer Zivilgefangenschaft, ins europäische Musikleben förmlich hineindirigiert – wie Elias Canetti übrigens spöttelnd feststellte: „mit schreckenerregendem Fleiße". (Canetti 1986: 67) So war er – von seiner steilen deutschen Karriere einmal abgesehen – seit 1923 ständiger Gastdirigent des Winterthurer Musikkollegiums, hatte durch seine Jurorentätigkeit und seine Dirigate bei den Musikfesten der Internationalen Gesellschaft für Neue Musik ein Netzwerk zu einflussreichen Persönlichkeiten und Institutionen geknüpft, hatte verschiedene Male in Italien dirigiert, in Moskau, Salzburg, in der Schweiz, England, Paris, Budapest und Wien. Doch nun wurden ihm im Deutschland Hitlers die „Verfehlungen" angelastet: Er sei ein bekennender Dirigent für die mit „Kulturbolschewismus" und „internationalem Judentum" assoziierte Neue Musik, er habe sich für die deutsche Arbeiterchorbewegung eingesetzt und sei bei seinen vielfältigen Unternehmungen zudem von „jüdischen Finanziers" gefördert worden. Dennoch – gegenüber seinem Winterthurer Mäzen, dem Industriellen Werner Reinhart, gibt sich Scherchen selbstbewusst: „Ich bin diesen Sommer nicht in die Schweiz gegangen, um hier eine ‚Zuflucht' zu haben. Dazu liegt erstens nicht der geringste Grund vor, wie ich denn auch beabsichtige, vielleicht im Anschluß an das Amsterdamer Musikfest nach Deutschland zu fahren".[1] Was er zu jenem Zeitpunkt noch nicht weiß: Zum Amsterdamer Musikfest der IGNM im Juni 1933 wird er nicht als Dirigent verpflichtet (und kommentiert den vermuteten deutschen Einfluss so: „bezeichnend u. beschämend nur, wie erschrocken fast die ganze Welt sich beugt vor der nackten Brutalität, die Deutschland jetzt beherrscht"[2]); nach Deutschland wird er ebenfalls bis 1946 nicht mehr zurückkehren. Scherchen wählt sich jedoch ein schwieriges Verhaltensmuster: zur braunen Gesinnungslage seines Vaterlandes entschieden auf Distanz zu gehen, ohne dabei in beiden Ländern als Flüchtling oder Exilant gelten zu wollen. Der Dirigent will – wie schon vor 1933 – seinen internationalen Verpflichtungen nachkommen und möchte auch auf den Rat von Schweizer Freunden hin den Eindruck

---

1 Unveröffentlichter Brief an Werner Reinhardt, 7.4.1933.
2 Unveröffentlichter Brief an Edward Dent, 26.5.1933.

eines offiziellen Abbruchs aller Brücken zwischen sich und dem deutschen Staat vermeiden. Canetti sah indes keine Probleme für ein karriereträchtiges Arrangement Scherchens mit den neuen Machthabern „angesichts einer unbefleckten Herkunft und seiner teutonischen Arbeitskraft". (Canetti 1986: 68) Doch so einfach, wie der Schriftsteller es mutmaßte, lagen die Dinge nicht.

Scherchen sucht nach einem geostrategischen Wohnort dicht hinter der deutschen Grenze, von dem aus er seine bis Kriegsbeginn noch zahlreichen europäischen Engagements ableisten kann, ohne dabei über deutsches Hoheitsgebiet reisen zu müssen. Nachdem er im Frühjahr 1933 eine Bleibe im schweizerischen Tessin gefunden hatte, beschließt er, im Herbst ins französische Strasbourg überzusiedeln, von wo aus Paris, die Schweiz, Italien oder Belgien schnell erreichbar sind. Zumal er diese Stadt durch seine erste Arbeitstagung und zwei damit verbundenen Dirigierkursen genauer kennengelernt hatte.

Die sechs jährlichen internationalen Arbeitstagungen, die Scherchen zwischen 1933 und 1938 in Strasbourg, Paris, Brüssel, Genf, Budapest und Braunwald abhält (meist in Kombination mit einem Dirigierkurs), sind bisher kaum beachtet worden und hinsichtlich ihres tatsächlichen Verlaufs, ihrer Strukturen, der dort vermittelten Inhalte, der Teilnehmer, der aufgeführten Musik und der Rezeption durch die Öffentlichkeit weitgehend unerforscht geblieben. Von den beiden französischen Tagungen – 1933 in Strasbourg und 1934 in Paris – ist die Strasbourger besonders interessant, da sie für alle nachfolgenden Tagungen Modellcharakter hat und sich Scherchens Absichten hier in aller Deutlichkeit zeigen lassen.

Der Dirigent entwickelt mit seiner ersten Musikalisch-Dramatischen Arbeitstagung (so der offizielle Titel) das Modell einer komplexen Durchdringungsmöglichkeit von Musikalisch-Praktischem und Theoretischem; die Tagung ist „gedacht als eine Kundgebung der Musik, unternommen von Musikern für Musiker."[3] Ursprünglich hatte Scherchen geplant, sie in der Schweiz, im Tessiner Örtchen Riva San Vitale abzuhalten und schrieb deshalb noch im April 1933 an Werner Reinhart: „Vergessen Sie nicht, sich mit Baßklarinette [...] für Riva freizuhalten. Es ist kein Zweifel mehr, daß meine Veranstaltung hier stattfinden wird."[4] Doch bereits einen Monat später – Mitte Mai – berichtet Scherchen von der Verlegung nach Strasbourg,[5] da der städtische Musikdezernent sowie der Direktor des Strasbourger Konservatoriums, Fritz Münch, ihn überredet und mit äußerst günstigen Konditionen gelockt hatten. Scherchen plant sogleich ein international besetztes Ehrenkomitee und benennt dafür unter anderem die amerikanische Musikmäzenatin Elisabeth Sprague Coolidge, Werner Reinhart aus der Schweiz, den Präsidenten der IGNM Edward Dent aus England sowie Alma Mahler-Werfel aus Wien. Weiterhin wählt

---

3 Programmheft der Tagung, S. 9.
4 Unveröffentlichter Brief an Werner Reinhart, 10.4.1933.
5 Scherchen dirigierte am 10.5.1933 in Strasbourg. Bei diesem Anlass kam es sicher zum Angebot, die Arbeitstagung nach Strasbourg zu verlegen.

er sechs französische Vertreter hinzu: die Pariser Kunstmäzeninnen Jeanne Dubost sowie die Princesse de Polignac, den Pianisten Alfred Cortot, Maurice Ravel, den Musikologen und Herausgeber der Pariser *Revue Musicale* Henry Pruniéres sowie Fritz Münch. Scherchen stellt seine Tagung unter das Patronat der Stadt Strasbourg, welche ihm großzügig Konservatorium, Theater, Orchester und Personal überlässt, aber auch die Werbung übernimmt. Wesentlich für Scherchens Tagung ist ihr nichtöffentlicher, nichtkommerzieller Charakter, der Verzicht auf Eintrittskarten, Honorare und Publikum, obwohl Pressevertreter gezielt geladen werden und eine internationale Berichterstattung ausdrücklich erwünscht ist. Interessierte Musiker, die nicht für Tagung und Konzerte verpflichtet wurden, können teilnehmen unter der Bedingung, sich als Sänger oder Instrumentalisten zur Verfügung zu stellen. Auch das handverlesene Strasbourger Publikum darf nicht untätig sein und muss sich für die Chorarbeit bereithalten. Scherchen – so Tagungsteilnehmer Canetti – „litt es nicht, daß jemand in seiner Umgebung untätig war, für alle hatte er, wie in einem Orchester, Verwendung." (Canetti 1986: 67) Bei diesem scheidungslosen Ineinanderwirken von Kunstproduzenten und Kunstkonsumenten drängt sich Scherchens Nähe zum Lehrstück-Gedanken Brechts auf. Abwegig ist dieser Vergleich nicht, hatte der Dirigent doch wenige Jahre zuvor das *Badener Lehrstück* aufgeführt, den *Lindberghflug* sogar uraufgeführt und 1930 über europäische Rundfunkanstalten zeitgleich ausstrahlen lassen. In dieser rigiden Struktur erinnert die Tagung ebenso auch an Schönbergs Verein für musikalische Privataufführungen, den Scherchen durch seine persönlichen Bindungen zur Wiener Schule bestens kannte. Sein Tagungsziel ist die Schaffung eines wirklich kollektiven Ensembles, die Erziehung des Orchestermusikers zu einem selbständig-selbstbewussten Künstler, der nicht bloß ausführend-dienendes Werkzeug, sondern verständiger Mitarbeiter des Dirigenten sein soll. Scherchen will die traditionelle Distanz zwischen Orchester und Dirigenten überwinden, sein Tagungsziel ist für ihn ein höchst ideelles: ein kollektives, ja brüderliches Zusammenwirken im Dienste der Neuen Musik.

Der nach Strasbourg angereiste und von Scherchen mit fünf Konferenzleitungen betraute österreichische Musikwissenschaftler Willi Reich erinnerte daran, dass die europäischen Musikfeste vor allem dem kommerziellen Leistungsgedanken unterliegen, der hier in Strasbourg bewusst ausgeklammert sei. So habe laut Reich „die wahre Ausübung der Musik […] in einem stetigen Bemühen nach der Verbesserung ihrer Erkenntnis und Darstellung" zu bestehen, also „in einer rein geistigen Tätigkeit." Zudem sei die Zeit reif für eine grundlegende Integration der Neuen Musik in das öffentliche Musikleben; er verweist dabei auf Scherchen, der „einer der Ersten [war], der diesen fundamentalen Grundsatz klar erkannte" und zum „Leitgedanken" gemacht hatte. Denn: „Man darf ruhig behaupten, dass es keinen wichtigeren Komponisten der Gegenwart gibt, der nicht wenigstens einmal von Dr. Scherchen Förderung und Aufführung erfahren hätte." Der Sinn dieser Tagung bestehe aber vor allem in der „Weitergabe einer immensen Kunsterfahrung an die ganze junge Generation."[6] Um diese junge Generation geht es genau im Sommer 1933, in dem der faschistische deutsche Staat sich anschickt, die Erfahrungen und Diskurse mit den europäischen Avantgarden zu unterdrücken und zu vernichten. Denn parallel zur Strasbourger Arbeitstagung finden in ganz Deutschland Bücherverbrennungen statt – in der nahegelegenen Stadt Kehl am Rhein, die mit Strasbourg einen gemeinsamen Grenzübergang bildet, übrigens am 17. Juni 1933, nur zwei Tage vor Scherchens erstem Dirigierkurs. Zu Scherchens Maxime „Das ‚Wesen der Musik' untersuchen, heißt: ‚Das Wesen des Menschen' neu erörtern! – " (Scherchen [2]1947: 213) war dies ein denkbar schärfster Kontrast.

In seinem Arbeitspapier umreißt Scherchen die Ziele der Tagung, so soll eine „theoretisch-experimentelle Darlegung grundlegender Probleme der musikalischen Akustik und des Instrumentalspiels, der musikalischen Werkerkenntnis und Realisierung" angestrebt und verbunden werden mit „Aufführungen bedeutsamer Werke der letzten 15 Jahre, sowie neuer, völlig unbekannter Kompositionen."[7] Die Tagung selbst besteht aus zwei Teilen; sie wird eingeleitet durch einen zweigeteilten Dirigierkurs, der am 19. Juni beginnt. Während der erste Kurs für fortgeschrittene Schüler reserviert ist, welche zu den Examensdirigaten im August herangezogen werden, bleibt der zweite Dirigierkurs den Anfängern vorbehalten, die dann für die nachfolgenden Aufführungen als Sänger oder Instrumentalisten eingesetzt werden. Es melden sich 17 Schüler aus knapp einem Dutzend europäischer Länder an, darunter Frédéric Adam und Ernest Bour aus Strasbourg, Karel Ančerl und Miroslav Ponc aus Prag, Albert van Doorn aus Hilversum, Kurt Havelland aus Wiesbaden, Ernst Klug aus St. Gallen, Igor Markevitch aus Paris oder Ljubica Marić aus Zagreb.

Der sich anschließende zweite Programmteil vom 7. bis 16. August bestand neben mehreren Konferenzblöcken aus zehn Konzerten mit neuer Musik aus 17 europäischen Ländern. In den nach Ländern ausgerichteten Konzertprogrammen wurden Solo- und Kammermusikwerke mit Chor- und Orchesterwerken kombiniert. Neben arrivierten Komponisten wie Schönberg, Strawinskij, Hindemith, Bartók und anderen waren unbekannte Werke junger Komponisten zu hören, wie dem in Berlin lebenden Russen Igor Burjanin, den Deutschen Rudolf Holzmann und Edmund von Borck oder dem Holländer Bertus van Lier. Ebenso wirkten als Interpreten – neben jungen Unbekannten – auch prominente Solisten mit, wie Béla Bartók, der sein 2. Klavierkonzert spielte, oder die französische Sängerin Marya Freund, die Saties *Socrates* sang. Der Chor bestand aus Strasbourger Amateursängern; als Dirigenten des Strasbourger Orchesters hatten sich u. a. Ricardo Castagnone (Mailand), Vilmos Palotai (Budapest), Nikolas Nabokoff (Paris) und Ernst Straub

---

6   Programmheft der Tagung, S. 9, 10.
7   Arbeitspapier, HSCHA 17/74/640, Stiftung Archiv der Akademie der Künste, Berlin.

(Amsterdam) angemeldet. Für die Moderation der Konferenzen, die von Radio Strasbourg live übertragen wurden und auf deutscher Seite zu hören waren, erklärten sich Alois Hába, Willi Reich und Prof. Deodhar aus Bombay bereit. Letzterer hielt auf der Tagung einen Vortrag über indische Musik. Am 10. August – also innerhalb der Konzertserie – fand das öffentliche Examen der Dirigierschüler statt; das Programm bestand ausschließlich aus populärer Konzertliteratur älteren Datums, reichend von Händel bis Berlioz. Scherchen war der Auffassung, dass ein junger, erstmals vor einem Orchester stehender Dirigent spontan in der Lage sein muss, ein normales Repertoirestück ohne Probe und auswendig vor dem Publikum zu dirigieren. (Vgl. Scherliess 1989: 29) Scherchen selbst dirigierte nur ein einziges Mal auf seiner Tagung, und zwar ein Konzert mit Werken von Busoni, Satie, Mahler, Debussy und Reger – den Wegbereitern der Neuen Musik.

Das deutsche Musikprogramm am 12. August bestand aus dem inzwischen in Teilen verschollenen *Trompetenkonzert* von Karl Amadeus Hartmann, den *Fünf Gesängen op. 15* von Philipp Jarnach, der *Suite a tre temi* für Kammerorchester von Rudolf Holzmann und der *Musik für 2 Violinen und Cembalo* von Heinrich Kaminski. Darauf folgte am selben Tag ein zweites Konzert, wo neben Edmund von Borcks *Saxophonkonzert* und Wladimir Vogels Blasmusik *Ritmica ostinata* auch Weills *Kleine Dreigroschenmusik* unter der Leitung Ernst Straubs zu hören war – übrigens mit Ernest Bour am Klavier. Scherchen hatte ein sehr aufgeschlossenes Verhältnis zu Weills Musik und verstand sich als früher Förderer und Wegbereiter des Komponisten. Während jedoch eine andere französische Aufführung der *Kleinen Dreigroschenmusik* am 20. Juni 1933 in der Pariser Salle Gaveau in die Rezeptionsgeschichte einging, blieb die kurz darauffolgende Strasbourger Aufführung selbst Weill-Experten bis heute unbekannt.

Darüber hinaus waren am städtischen Theater Strasbourgs für die musikalisch-„dramatische" Arbeitstagung szenische Aufführungen des *Lehrstücks* von Hindemith/Brecht, von Strawinskijs *Geschichte vom Soldaten*, der Ballettpantomine *Panthea* von Malipiero und des Operneinakters *Der arme Matrose* von Milhaud vorgesehen. *Panthea* konnte aber nicht gebracht werden, weil, wie Scherchen berichtete, „die Tänzerin Maja Lex (die beste Deutsche, die wir haben und eine große Freundin von mir) wenige Tage vor der Aufführung plötzlich abtelegraphierte, und zwar, weil man ihr von Seiten der Regierung(!) abgeraten hatte, nach St. zu kommen! Und das, trotzdem sie schon die Fahrkarte von uns bekommen und das Visum eingeholt hatte."[8] Dies ist ein kleines, nicht zu übersehendes Beispiel dafür, wie Scherchens Tagung von deutscher Seite nicht nur beobachtet und beargwöhnt, sondern auch konkret gestört wurde.

Doch Scherchen lässt sich nicht stören, er lädt auch deutsche Komponisten und Musiker ein, die wegen jüdischer Herkunft, linker Positionen oder kulturpolitisch

---

8   Unveröffentlichter Brief an Francesco Malipiero, 29.8.1933.

„unerwünschter" Musiksprache bereits der „Säuberung" des Musiklebens zum Opfer gefallen waren oder im Begriff, dies zu werden. Unter ihnen befinden sich Karl Amadeus Hartmann, der Saxophonist Sigurd Raschèr aus Berlin, der jüdische Opernsänger Fritz Lechner aus Berlin, die Pianistin Trude Rittmann aus Mannheim oder der Konzertmeister Rudolf Bergmann aus Wiesbaden. Für Letzteren fragt Scherchen bei Werner Reinhart wegen eines Engagements beim Winterthurer Musikkollegium an:

> „Wer wird nun dieses Jahr Führer der zweiten Geigen? In Strassburg hatte ich den 41-jährigen ersten Konzertmeister der Wiesbadener Oper (ein beurlaubter, aber mehr arisch als jüdisch aussehender Jude, Sohn des Sanitätsrates Bergmann in Wiesbaden) – käme der evtl. in Frage? Er ist allerersten Ranges und hat in Str. das Welleszkonzert gespielt. Als Konzertmeister hat er vorbildliche Qualitäten. [...] Es handelt sich hier um einen hochanständigen Menschen, einen erstklassigen Geiger und bestqualifizierten Solisten wie Konzertmeister – deshalb mußte man ihn wohl auch ‚beurlauben'."[9]

War die musikalisch-dramatische Arbeitstagung damit ein „Musikfest des ausgeschalteten Geistes", wie der Titel eines Zeitungsbeitrags lautete? In der linksorientierten österreichischen Tageszeitung *Der Abend* erschien am 26. Juni von Rudolph Réti, dem Mitbegründer der IGNM, eine Ankündigung der Tagung mit folgendem Wortlaut:

> „Ein künstlerisches Unternehmen von Eigenart und Großzügigkeit, das dieser Tage in Straßburg seinen Anfang nehmen soll, macht in der Weltpresse viel von sich reden. [...] Scherchen verfolgt mit seiner Aktion rein künstlerische, durchaus unpolitische Zwecke. [...] Ein kurzer Blick auf die Liste [der aufgeführten Komponisten] läßt erkennen: fast durchweg Namen, die heute in Deutschland verpönt sind. [...] All das wird also an der Grenze Deutschlands unter den Augen der ganzen Welt vor sich gehen. Und so wird aus einer rein künstlerischen Kundgebung, gerade dadurch, daß sie sich von aller Politik fernhält und nur auf Leistung einstellt, von selbst eine Demonstration, beinahe ein flammender Protest." (Réti 1933)

War es wirklich so? Hatte Scherchen die Konsequenz gezogen und seine antifaschistische Haltung in einer öffentlichen Demonstration des Protestes offenbart? Auf den ersten Blick könnte es so gewertet werden, nämlich als Absicht des freiwillig exilierten Dirigenten, das „bessere Europa" zu einem machtvollen, international beachteten Fanal zu versammeln. Doch der Schein trügt, denn Réti hatte den Widerspruch zwischen dem subjektiven Wollen Scherchens und dem politisch-öffentlichen Anschein genau erkannt, stellte der Dirigent doch kurz vor der Tagung fest: „Nun handelt es sich aber diesmal um etwas anderes: nicht etwa um ein Zufluchtgeben für heut zu verpönende Werke oder Künstler, sondern darum, auch

---

9   Unveröffentlichter Brief an Werner Reinhart, 10.9.1933.

einmal öffentlich zu dem stehen, was wir doch mit vielem Einsetzen und jeder von uns auch mit Opfern lange Jahre hindurch nicht als falsch angesehen haben."[10]

Sprach aus diesen Worten Scherchens Naivität, indem er glaubte, das sich aufdrängende Bild vom Zufluchtgewähren „verpönter" Musik abtun zu können und es zu ersetzten durch ein scheinbar wertfreies Glaubensbekenntnis zu 15 Jahren Neuer Musik nach dem ersten Weltkrieg? Oder war es etwas anderes? Wollte sich Scherchen aus dem Pro und Kontra gegenüber Hitlers Deutschland heraushalten, weil er von den Sympathien und finanziell-wirtschaftlichen Verflechtungen seiner deutschschweizerischen Arbeitgeber und Gönner nur zu gut wusste? War es also ein privates Taktieren im Hoffen auf berufliche Perspektiven und uneingeschränkte Bewegungsfreiheit? – Hier ist eine vielschichtige Gemengelage in Scherchens Handlungsmotiven erkennbar, die es schwer macht, von politisch entschiedener Motivation einerseits oder eigensinnig-künstlerischer Willenskraft andererseits zu sprechen.

In der 1932 gegründeten Belgrader Musikzeitschrift *Zvuk* erschienen im Herbst 1933 zwei Beiträge, die sich rückblickend mit der Strasbourger Arbeitstagung kritisch auseinandersetzten. Die Autorin des ersten, am 12. Oktober erschienen Beitrags war die Komponistin und Tagungsteilnehmerin Ljubica Marić (Marić 1933); den zweiten vom 1. November schrieb sie gemeinsam mit dem ebenfalls in Strasbourg anwesenden Belgrader Komponisten Vojislav Vučković. (Vučković/Marić 1933) Marić lobt in ihrem Beitrag Markevitchs *L'envol d'Icare*, insbesondere den Orchesterklang, die komplexe rhythmische Struktur, die häufigen Sekundbildungen und das Fehlen jeglicher Melodik; auch Bartóks *2. Klavierkonzert* schätzt sie sehr, vor allem seine meisterhafte Verwendung der Folklore. Weiterhin habe Weills *Kleine Dreigroschenmusik* auf sie einen erfrischen Eindruck gemacht. Schönbergs *Serenade op. 24* wertet sie dagegen als ein Beispiel für sinnloses l'art pour l'art-Komponieren. Zusammenfassend stellt Marić fest, dass die Strasbourger Arbeitstagung symptomatisch gewesen sei für die Krise der modernen Musik, die jegliche Nähe zu breiten Schichten der Bevölkerung verloren habe und deren Hoffnungen nicht reflektiere.

In ihrem zweiten Bericht schildern Marić und Vučković (der 1942 in Belgrad von der deutschen Besatzungsmacht erschossen wurde) zunächst den Beginn ihrer Bekanntschaft mit Scherchen. Sie wären ihm erstmals während des Amsterdamer Musikfestes begegnet, zu dem der Dirigent als Zuhörer, also ohne Auftrittsverpflichtung angereist war. Scherchen soll sich sehr interessiert an ihren Ansichten über absolute und angewandte Musik, über die Reform der Oper gezeigt haben und lud sie zur weiteren Diskussion nach Strasbourg ein. Dort hätten sie – so Marić und Vučković – wegen des dichten Programms jedoch keine Gelegenheit gehabt, ihre Positionen mit den übrigen Teilnehmern zu diskutieren. Daher entschlossen sie

---

10 Unveröffentlichter Brief an Werner Reinhart, Riva San Vitale, 16.5.1933.

sich, beim letzten Zusammentreffen ein Manifest als Zeichen ihres Protestes zu verlesen. In ihrem in der Zeitschrift vollständig wiedergegebenen Manifest stellten sie fest, dass die zeitgenössische Musik meist von minderer Qualität und von Scharlatanen komponiert sei. Sie wiesen unter Nennung von Beispielen auf die soziale Funktion der Musik in der Geschichte hin und darauf, dass das Komponieren von idealistischen Positionen aus wertlos, formalistisch und reaktionär sei, geschätzt von einer kleinen Minderheit. Gegenwartsmusik habe sich zu orientieren an den sozialen Problemen des Proletariats, anstatt sich im Dunstkreis abstrakter Dogmatismen von ihm abzuwenden. Die Musik solle deshalb anknüpfen an ihre frühere Popularität – etwa bei Garibaldi, dem Singspiel, der Opera buffa. Das Manifest hätte bei den Tagungsteilnehmern für einen Eklat gesorgt und heftigen Disput entzündet, der sich jedoch mehr und mehr zu Erklärungen ad personam entwickelt und somit keinen Wert für beide Verfasser gehabt hätte. Sie hätten die Arbeitstagung umgehend verlassen und wären sofort nach Paris abgereist, wo sie auf verständnisvolle Menschen wie Louis Aragon gestoßen wären.[11]

Scherchen erwähnte diesen Eklat nicht. In einem Brief an Werner Reinhart übermittelte er im August sein abweichendes Resümee:

> „die Tagung hat mehr noch gehalten, als ich durch sie zu bestätigen wünschte. Schade, daß Sie nicht hier waren […]. Vielleicht fragen Sie Dent gelegentlich einmal über Straßburg. Er war 6 Tage bei uns […]. Von wichtigen Musikern waren hier: Bartok, der selber sein Konzert spielte; Roussel, der begeistert an allem teilnahm; Markevitch, der danach abmachte, diesen Winter privat bei mir zu studieren; Haba, der 14 Tage mit uns zusammen arbeitete; Vogel, der als Freund und Assistent wesentlich am Aufbau der Tagung mitgearbeitet hat; Jemnitz, der 8 Wochen hierblieb; Lazare, der aus Davos zu uns kam – und viele andere. […] Kaminski war schon in Basel, um zu uns zu kommen, mußte aber umkehren, da ihm das Visum verweigert wurde; Reich hat übrigens wesentlich Anteil an der ganzen Organisation genommen und war fast einen Monat mit uns zusammen."[12]

Von diesem Erfolg ermutigt, plant Scherchen seine 2. französische Arbeitstagung, die er vom 2. Mai bis 13. Juli 1934 in Paris unter dem Titel *Musik als Idee, klangsinnliche Vorstellung, akustische Realisierung* durchführen will. Auch sie soll nach dem Muster der Strasbourger Tagung mehrteilig sein und mit „seminaristischen Studien" beginnen, die von Nadja Boulanger, Marya Freund, Wanda Landowska, Serge Lifar, Henry Prunières, Hermann Scherchen und Andres Segovia geleitet werden. Als zweiter Themenschwerpunkt ist eine von Scherchen geleitete „Praktische Dirigierlehre" vorgesehen. Auch der dritte Teil „Die Meisterwerke der Sinfo-

---

[11] Auf beide Artikel hat mich Frau Melita Milin vom Musikwissenschaftlichen Institut der Serbischen Akademie der Wissenschaften und Künste (SANU) in Belgrad hingewiesen und eine ausführliche Zusammenfassung beider Artikel ins Englische übertragen. An dieser Stelle möchte ich ihr dafür herzlich danken.

[12] Unveröffentlichter Brief an Werner Reinhart, 23.8.1933.

nik u. ihre dirigiertechnischen Probleme" soll unter Scherchens Leitung erfolgen. Geplant ist weiterhin, an diese Tagung „öffentliche Veranstaltungen" anschließen zu lassen: „Rameau und seine Vorbereiter Lully und Couperin", „Demonstrierende Aufführungen von Konzert- und Theaterwerken durch die Leiter der Seminaristischen Studien" und „Öffentliche Prüfungskonzerte der Schüler". Das Tagungsbüro etabliert Scherchen in den Räumen der Pariser Zeitschrift *Revue Musicale*. Er hat wiederum vor, Malipieros *Panthea* durch den Tänzer Lifar aufführen zu lassen,[13] und berichtet begeistert von Filip Lazars *Bläsertrio*, das er gerade einstudiert und das auf der Tagung aufgeführt werden soll,[14] und er macht sich wiederum Gedanken um die Zusammensetzung des Ehrenpräsidiums; an Reinhart schreibt er: „Ehrenpräsident ist wieder Dent, von französischen Musikern gehören dem Komitee an: Cortot, Ravel, Roussel, F[lorent] Schmitt; außerdem die P[rin]cesse de Polignac, die Vtesse. de Noailles".[15] Doch der tatsächliche Verlauf dieser Pariser Arbeitstagung ist bis heute nicht rekonstruiert; auch in den vorhandenen Briefen äußert sich Scherchen kaum dazu. Ernest Bour berichtet, dass er dort gewesen sei, aber der Kurs sei „nicht gut ausgegangen, da ist er [Scherchen] abgefahren. Eine administrative Sache...". (Scherliess 1989: 31) Was am äußersten Rand des elsässischen Frankreichs für Scherchen noch möglich schien, war wohl im zentralistischen „Haifischbecken" Paris mit seinem viel stärker ausgeprägten Rivalitätsbewusstsein, den geballten Intrigen, der massiven Abwehrhaltung gegenüber deutschen Exilanten ein zu hohes Risiko.

Dennoch: Scherchen hatte mit seinen beiden französischen Arbeitstagungen den Versuch unternommen, jenseits herrschender Lehrpraxis, Tagungsroutine und Festivalgepflogenheiten einen neuen komplexen Zugang zur Musikvermittlung zu finden. Dieses Bemühen, neue Wege jenseits der Konvention aufzutun, könnte man als Scherchens Lebensziel bezeichnen – ein Ziel, dem hinzustreben er sein Leben lang nicht abließ.

Literatur

Canetti, Elias (1986): *Das Augenspiel. Lebensgeschichte 1931–1937*. Berlin.
Marić, Ljubica (1933): „‚Musikalisch-dramatische Arbeitstagung' u Strassburgu". In: *Zvuk*, Belgrad, 12. Oktober, S. 420–422.
Réti, Rudolph (1933): Musikfest des ausgeschalteten Geistes. In: *Der Abend*, Wien, 26.6.
Scherchen, Hermann (²1947): *Vom Wesen der Musik*. Winterthur.
Scherliess, Volker (1989): Nach einem Gespräch mit Ernest Bour. In: *August-Halm-Preis 1989 für Ernest Bour. Festschrift*, Staatliche Hochschule für Musik Trossingen.

---

[13] Unveröffentlichter Brief an Francesco Malipiero, 15.5.1934.
[14] Unveröffentlichter Brief an Francesco Malipiero, 25.5.1934.
[15] Unveröffentlichter Brief an Werner Reinhart, 28.5.1934.

Vučković, Vojislav/Marić, Ljubica (1933): Strassburški eksperiment u svetlosti materialističke kritike. In: *Zvuk*, Belgrad, 1. November, S. 30–33.

Die Originale der hier im Ausschnitt zitierten Briefe Scherchens befinden sich im Archiv des Musikkollegiums Winterthur (an Werner Reinhart), in der Fondazione Giorgio Cini, Venedig (an Francesco Malipiero) und in der Stiftung Archiv der Akademie der Künste, Berlin (an Edward Dent). Der Autor dieses Beitrags bereitet gegenwärtig eine umfassende Edition von Briefen Hermann Scherchens im Rahmen einer DFG-Förderung vor.

„Eine andere Ausdrucksform für ernste, philosophisch begründete Inhalte"

Jacques Offenbachs Spuren in Kurt Weills Musiktheater am Beispiel von *Der Zar lässt sich photographieren*

René Michaelsen

> *Die ernsthafte Kritik hat sich meist gegen ihn* [Offenbach] *gestellt. In Frankreich tadelte man das leichte musikalische Gefüge seiner Werke, in Deutschland rührte man die Moraltrommel und die unvermeidliche deutsche Tante gab ihren Segen dazu.*
> (Paul Bekker, *Jacques Offenbach*)

Der Klang eines Atemzugs, der die beiden Namen Kurt Weill und Jacques Offenbach gemeinsam nennt, mutet zunächst nicht unvertraut an. Insbesondere Theodor W. Adornos vielzitierter Nachruf auf Weill hat dafür gesorgt, die Verbindung zwischen den beiden Komponisten zu einem selbstverständlichen Rezeptionstopos werden zu lassen, heißt es dort doch, Weill habe sich selbst als „eine Art Offenbach seines Jahrhunderts" (Adorno 2003: 546) verstanden. Trotz der artikulierten Eingabe Joel Galands, der darauf hinweist, dass sich dieses angebliche Selbstverständnis in derart zugespitzter Form aus Weills hinterlassenen Schriften und Aufzeichnungen nur schwerlich plausibel machen lässt (Galand 2004), ist Weills vielfach geäußerte Sympathie für Offenbach in der Forschung bestens bekannt und bereits mehrfach Gegenstand von Erörterungen geworden – sein Brief an Hans Heinsheimer vom 17.10.1928, in dem er darum bittet, die Formulierung „Weill als Humperdinck" in einer Pressemitteilung der Universal-Edition durch „Von Offenbach zu Weill" zu ersetzen, wird dabei immer wieder als Kardinalindiz angeführt. Im Folgenden möchte ich daher die Grundpfeiler von Weills Haltung gegenüber Offenbach noch einmal kurz skizzieren, um im Anschluss einige Fragen anzugehen, die für meinen Begriff bis dato noch nicht zufriedenstellend beantwortet worden sind: Wie lässt sich der Einfluss Offenbachs jenseits derjenigen Werke, die Weill selbst als Operetten bezeichnet hat, bestimmen und welcherlei Niederschlag findet er in Weills Tonsprache der 1920er Jahre?

Weill und die Operette: Verruf und Verfehlung

Ein erster Blick in die *Gesammelten Schriften* verrät schnell, dass Weill den Namen Offenbach in erster Linie dann anführt, wenn er sein Projekt einer ‚Entwagnerisierung' der Oper historisch abzustützen beabsichtigt.[1] So heißt es beispielsweise in einer Kernpassage des Textes *Die Alchimie der Musik* von 1936: „Je mehr die Musik in esoterische Regionen abwandert, in die nur sehr wenige folgen können, desto mehr kommt die Unterhaltungsmusik in Verruf. Man hat vollkommen vergessen, dass zu Mozarts Zeit diese Unterteilung kaum existierte und dass die leichte Muse solche Genies wie Offenbach, Sullivan und Johann Strauß hervorgebracht hat. Ich betrachte es als eine der wichtigsten Einsichten der letzten Jahre, dass die Unterscheidung von guter und schlechter Musik die Unterscheidung von leichter und ernster Musik ersetzt hat, und dass gute leichte Musik wertvoller als schlechte ernste Musik eingeschätzt wird." (Weill 1990: 110) Was gerade Offenbach für seine Stellung als Vorreiter eines Musiktheaters qualifiziert, das nicht metaphysische Ideen in Abstraktion verhandelt, sondern soziale Realitäten in episierender Distanzierung vorstellt, erklärt Weill in einem 1926 für die Zeitschrift *Der deutsche Rundfunk* verfassten Text zu Offenbachs *La Grande-Duchesse de Gérolstein*: „Wie bei allen Meistern dieser Gattung von Cervantes bis Chaplin ist ja auch bei Offenbach die Persiflage eine andere Ausdrucksform für ernste, philosophisch begründete Inhalte, die so, auf die Spitze gestellt, in ihrer schärfsten Prägnanz erscheinen." (Weill 1990: 239) Es spricht also einiges dafür, Weills Verhältnis zur Operette Offenbachscher Prägung heute affirmativer zu verstehen als dies noch vor einiger Zeit Mode war. Gerade im Zuge von Weills Bemühen um eine neue Form des musikalischen Unterhaltungstheaters wird die frühe Operette – deren spätere Kompromittierung hin zu einem kulinarisch zu rezipierenden Kitschgenre Weill 1925 in seinem Text *Die fehlende Operette* beklagt (Weill 1990: 203f.) – regelrecht zur Leitgattung: „as Weill himself sought to reach a wider audience with his own compositions, he increasingly embraced operetta as a positive model." (Hinton 2012: 224)

Dabei geht Offenbachs Vorbildfunktion, wie ich zu zeigen beabsichtige, weit über jene Neigung zur Stilparodie heraus, die man zuweilen verkürzend als seine vorrangige Spur in Weills Werk wahrgenommen hat. Natürlich ist es unverkennbar, dass beide Komponisten zuweilen mit parodistischen Referenzen arbeiten, allerdings steht mitnichten jede ihrer Anleihen im Zeichen der Verspottung des Ausgangsmaterials. Insbesondere Weills Rückgriff auf Klangidiome der Operette und anderer populärer Musikgenres ist jedoch lange Zeit als vornehmlich parodistischer Vorgang im Modus der Kritik wahrgenommen worden – mit zweifelhaften Resultaten. Der zu starke Rekurs auf eine parodistische Ausrichtung von Weills Theatermusik konnte die Kommentatoren leicht zu der falschen Annahme eines vermeintlichen hochkulturellen Dünkels gegenüber den Formen des populären Musiktheaters verleiten, die Weill angeblich ironisch bricht und dadurch an den Pranger stellt. Stephen Hinton stellt die Geschichte dieser vor allem von Adorno und Ernst Bloch vorangetriebenen *misunderstanding thesis* in seinem Buch zur *Dreigroschenoper*

---

[1] Zu Weills kritischer Opposition gegenüber Wagner vgl. Goehr 2008.

dar und führt dabei gewichtige Argumente an, Weills größten Bühnenerfolg eben nicht, wie es Adorno formuliert, als Teppich aus „Erinnerungsfetzen des zersprengten Opern- und Operettenwesens", die „aus dem Vergangenen und mit allen Malen der Zerstörtheit aufstehen" und das Publikum „ängstigen" (Adorno 2003a: 541) sollen, zu verstehen. Weills Musik steht weniger in der adornitisch privilegierten Tradition der Kenntlichmachung angeblich verbrauchter musikalischer Floskeln, sie nimmt Klangchiffren des Populären vielmehr als Mittel zur Einbindung des Publikums bei gleichzeitiger Aktivierung kritischer Reflexionstätigkeit ernst und widersetzt sich damit der Lesart Adornos:

> „In misunderstanding *Die Dreigroschenoper*, the public at large was attracted by the similarities to – rather than the differences from – popular music, which [to Adorno] has the ideological function of diverting consumers and thereby binding them to objectionable social conditions." (Hinton 1990: 182)

Damit steht Weills wirkmächtigste Komposition direkt in der Tradition von Offenbachs „ernsthafter Parodie", in der für Weill anstelle einer bloßen Verhöhnung des parodierten Materials „das glänzende Mittel einer Umdeutung ins Tänzerisch-Beschwingte" (Weill 1990: 239) ins Werk gesetzt wird. Damit benennt er einen Modus der parodistischen Umprägung ohne ironische Verurteilung der Vorlage, der für Offenbach in höchstem Maße charakteristisch ist.

In diesem Kontext ist auch noch einmal darauf hinzuweisen, dass gerade die *Dreigroschenoper* im Umfeld ihrer Uraufführung vielfach als Neuentwurf innerhalb der angeblich durch zunehmende Standardisierung und Umprägung zur dramaturgisch lose gefügten Revue gefährdeten Gattung Operette verstanden wird.[2] Nicht zuletzt ihr Komponist, der sich in seiner Zeit als Kapellmeister in Lüdenscheid durch Dirigate etwa des *Zigeunerbarons*, des *Dreimäderlhaus* und der *Schönen Galathée* mit der Gattung vertraut machen konnte, bezeichnet sie einmal als „völlige Revolutionierung der gesamten ‚Operetten-Industrie'". (Brief an die Universal-Edition, 10.9.1928)

Ich möchte im Folgenden einige Argumente dafür zusammentragen, dass Weills Sympathie gegenüber der Operette womöglich daraus resultiert, dass diese vor allem in ihrer Frühzeit eine Synthese aus Kompatibilität für ein breites Publikum und gesellschaftskritischem Impetus realisiert, die Vorbildfunktion für Weills musiktheatralische Reformversuche beanspruchen kann.

---

2   Zur Situierung der *Dreigroschenoper* vor dem Hintergrund der zeitgenössischen Diskussion um den Niedergang der Operette und ihre abnehmende sozialkritische Schlagkraft vgl. Galand 2004.

„Souveräne Planlosigkeit" – Kraus, Busoni und der Offenbachsche Antiillusionismus

Weills Äußerungen über Offenbach beweisen seine ideelle Verpflichtung gegenüber einem Verständnis der Gattung Operette, das in den 1920er Jahren eine Gegenhaltung zur mehr oder weniger flächendeckenden Verdammung des Genres durch artikulierte Stimmen wie diejenige Adornos darstellt: die Operette Offenbachscher Prägung als eine Art intakte Massenkunst, in der emphatische Einbindung und kritische Beobachtung keine unvereinbaren Rezeptionsmodi darstellen, sondern einander vielmehr durchdringen. Zwar folgt auch Weill dem Diskursschema, das einen Qualitätseinbruch in der Geschichte der Operette annimmt – so bemerkt er z. B. 1925, dass „sich heute die Operette auf stark absteigender Ebene befindet" (Weill 1990: 203)[3] – doch setzt er ein Stadium des Verfalls erst wesentlich später an als der in der Debatte dominierende Karl Kraus, für den bereits Johann Strauss zu starke Konzessionen an den Publikumsgeschmack macht und durch die Vernachlässigung des kritischen Impetus der Gattung Anlass zur umfangreichen Schelte gibt.[4] Die breit gefächerte Diskussion um den Wendepunkt der Operette von einer anarchischen hin zu einer affirmativen Gattung kann an dieser Stelle nicht eingehend referiert werden (vgl. Linhardt 2009), wenigstens jedoch sollen noch einmal die Gründe Erwähnung finden, aus denen heraus Karl Kraus gerade den Operetten Offenbachs eine so hohe kulturgeschichtliche Bedeutung zuspricht. Es ist sicher nicht verfehlt, seine Argumente als Nährboden für das Verständnis der Gattung durch Weill geltend zu machen, denn die Wege der beiden kreuzen sich mehrfach: Weill hat im Januar 1932 bei mindestens einem von Kraus' Rezitationsabenden *Theater der Dichtung*, bei dem Kraus Teile aus *Aufstieg und Fall der Stadt Mahagonny* vorträgt, die Funktion des Klavierbegleiters inne. Kraus besucht außerdem die Proben der *Dreigroschenoper* in Berlin und plant eine Inszenierung von Offenbachs *Perichole* mit Lotte Lenya in der Titelrolle. Auch über einen Text wie Ernst Kreneks *Karl Kraus und Offenbach* könnte Weill mit Kraus' Offenbach-Lesart in Berührung gekommen sein, erscheint dieser doch zusammen mit Weills *Notiz zum Jazz* in jener Ausgabe des *Anbruchs*, die sich dem Thema *Leichte Musik* widmet (Heft 3, 1929). Auch wenn Weill kein direktes Bekenntnis zu Kraus' Offenbach-Lesart hinterlassen hat, scheint es mir angesichts dieser Konvergenzpunkte doch statthaft, die Operettenbegeisterung beider zu parallelisieren: „[Weills] views fit comfortably, if less stridently, within the Kraus tradition." (Galand 2004: 12)

---

3 Vgl. auch: „[S]eit Jahren ist keine wirklich wertvolle Operette mehr erschienen, der letzte Rest künstlerischer Eigenart und Gestaltungskraft, der dieser aussterbenden Gattung noch innewohnt, verschwindet und macht dem rein äußerlichen Schaugepräge der Revue Platz." (Weill 1990: 203)

4 Vgl. dazu – wie auch zu Kraus' wütender Reaktion auf szenische Einrichtungen seiner Offenbach-Bearbeitungen nach Inszenierungskonventionen der Wiener Operette – Rode-Breymann 2009.

Kraus' Partialität gegenüber der Operette entspringt zunächst einem immanent theatertheoretischen Paradoxon. In der Anerkennung der völligen Unsinnigkeit des Singens auf der Bühne produziert die Operette Offenbachscher Prägung für Kraus eine Art Gegenlogik zur tatsächlichen Welt. Sie setzt, so führt er 1927 in dem zum Vortrag von *Pariser Leben* verfassten Essay *Offenbach-Renaissance* aus, der teilweise auf seinen bereits 1909 in der *Fackel* veröffentlichten Aufsatz *Grimassen über Kultur und Bühne* zurückgreift, „eine Welt voraus, in welcher die Ursächlichkeit aufgehoben ist, nach den Gesetzen des Chaos, aus dem die andere Welt erschaffen wurde, munter fortgelebt wird und der Gesang als Verständigungsmittel beglaubigt ist." (Kraus 1994: 437) Damit bildet sie den „Gipfel eines Genres, worin sich das Unnatürliche so von selbst versteht wie daß im Versdrama Leben und Sterben im Hochschritt des Sprachgedankens geschehen." (Ebd.: 442) Kraus' Bestimmung zufolge setzt Offenbachs Musiktheater also ins Recht, was Ferruccio Busoni, dessen Bedeutung für Weill wohl kaum hoch genug veranschlagt werden kann, im *Entwurf einer neuen Ästhetik der Tonkunst* fordert, heißt es dort doch wie folgt:

> „Immer wird das gesungene Wort auf der Bühne eine Konvention bleiben und ein Hindernis für alle wahrhaftige Wirkung: aus diesem Konflikt mit Anstand hervorzugehen, wird eine Handlung, in welcher die Personen singend agieren, von Anfang an auf das Unglaubhafte, Unwahre, Unwahrscheinliche gestellt sein müssen, auf daß eine Unmöglichkeit die andere stütze und so beide möglich und annehmbar werden." (Busoni 1974: 23)

Genau dies besorgt nach Kraus die Operette: ihre „souveräne Planlosigkeit kehrt sich bewußt gegen die Lächerlichkeit einer Kunstform, die im Rahmen einer planvollen Handlung den Unsinn erst zu Ehren bringt." (Kraus 1994: 473f.)

Tatsächlich sind die Libretti der meisten Stücke, die Offenbach ab 1858 in seinen *Bouffes-Parisiens* zur Aufführung bringt, bewusst fernab jeglicher Wahrhaftigkeit angesiedelt und erfüllen Busonis Wunsch eines Musiktheaters, in dem „der Zuschauer, will er die theatralische Wirkung kosten, diese niemals für Wirklichkeit ansehen [darf], soll nicht der künstlerische Genuß zur menschlichen Teilnahme herabsinken." (Busoni 1974: 25)[5] Im Unterschied zur ernsten Oper des 19. Jahrhunderts, gegen deren Sujets man den Vorwurf der Unwahrscheinlich ja durchaus auch mit gutem Gewissen erheben kann, ist Offenbachs *bouffonneries musicales* in der Regel der Verweis auf den Spielcharakter der Vorgänge inhärent. Offenbachs Witz – bzw. derjenige seiner Librettisten Henri Meilhac und Ludovic Halévy – ist stets auch auf die performativen Rahmenbedingungen seines Erscheinens hin ausgerichtet: Anders als das Personal schon der Operetten von Strauss oder Lehár wissen Offenbachs Protagonisten offenbar um ihren Status als fiktionale Figuren und

---

5 Zu Busonis eigenem Versuch der Komposition einer Oper unter Umgehung der geschilderten „Wahrscheinlichkeitsproblematik" vgl. Hentschel 2005 (Zitat S. 305).

thematisieren immer wieder aufs Neue die Unwahrscheinlichkeit der Bühnenvorgänge im Modus des „kritischen Rollenspiels." (Kirsch 1985: 286) Die antiillusionistische Brechung zählt zu den Konstanten von Offenbachs Musiktheater, ganz gleich ob in der Antikenwelt seiner *Belle Hélène* beim Rebusspiel der Begriff ‚Eisenbahn' geraten werden muss, ob die Chinesen in seinem frühen Einakter *Ba-Ta-Clan* wie selbstverständlich den *Figaro* lesen oder der Titelheld von *Orphée aux enfers* öffentlich dazu verdonnert wird, die Handlung dem bekannten Mythos gemäß fortzuführen, obwohl er eigentlich ganz andere Pläne hat und seine Gattin liebend gerne in der Unterwelt zurücklassen würde. Die Gestalten, die Offenbachs Stücke bevölkern, sind niemals geschlossene Figuren im Sinne einer kohärenten Fiktion, sondern immer notdürftig maskierte Sänger in unzureichender Maskerade: „In den Kostümen vergangener Epochen treten uns Mitlebende entgegen." (Bekker 1909: 85) Bühnenrealismus ist dieser Form des Musiktheaters, in der fortwährend Figuren aus ihren Rollen treten, in erfundenen Sprachen oder imitierten Jargons singen oder als verkleidete Hochstapler im Livree mächtiger Potentaten enttarnt werden, vollkommen fremd. Als vielleicht erste konsequent anti-illusionistische Form des Musiktheaters bietet sich die Offenbach-Operette damit gleichermaßen für die produktive Rezeption durch einen Sprach- und Kulturkritiker wie Kraus und einen Sozialphilosophen wie Siegfried Kracauer an, den an ihr die Möglichkeit zur bewusst unzulänglich verhüllten Gesellschaftskritik und das revolutionär-utopische Potential der Umkehrung von hierarchischen Ordnungen im frivolen Rahmen faszinierte. (Vgl. Kracauer 2005) In ihrer einzigartigen Illusionsvereinbarung mag sie vielleicht darüber hinaus auch den jungen Weill beeinflusst haben, wohnt ihr doch im fortwährenden Verweis auf ihren Status als reines Imaginationsprodukt ein Zug inne, den man mit einiger Lizenz durchaus als Vorgriff auf die epische Anlage der gemeinsamen Arbeiten von Weill und Bertolt Brecht begreifen kann: Dass der singende Mensch auf der Bühne, wie unlängst Stephen Hinton herausgearbeitet hat, eigentlich eine epische Konstellation sui generis ist (vgl. Hinton 2012, 146ff.), stellt Offenbachs Musiktheater in immer neuen Variationen unter Beweis.

Weill, Offenbach und die groteske Geste

In den performativen Rahmenbedingungen des Musiktheaters und ihrer Bewusstmachung auf der Bühne lässt sich also durchaus eine Kontinuitätslinie zwischen Offenbach und Weill ziehen. Wo aber liegen die innermusikalischen Berührungspunkte? Auf diese Frage gibt Weill selbst eine durchaus folgenreiche Antwort, indem er den Namen Offenbachs im Rahmen seiner sicher bedeutendsten musikalischen Selbstauskunft nennt: „Wir finden gestische Musik überall, wo ein Vorgang zwischen Mensch und Mensch in naiver Weise musikalisch dargestellt wird. Am auffallendsten: in den Rezitativen der Bachschen Passionen, in den Opern Mozarts, im Fidelio [...], bei Offenbach und Bizet." (Weill 1990: 65) heißt es in dem Text *Über den gestischen Charakter der Musik* von 1929, der sich durchaus als eine Art theoretisches Credo Weills bezeichnen lässt. Im Konzept der Geste kulminiert Weills Projekt eines anti-metaphysischen Musiktheaters, das gegen das mächtige Erbe jener Opern des 19. Jahrhunderts antritt, die „für Genießende geschrieben" (Weill 1990: 63) sind und „mit narkotischen Mitteln" operieren:

> „Die andere Form des Theaters, die sich heute durchzusetzen beginnt, rechnet mit einem Zuschauer, der in der ruhigen Haltung des denkenden Menschen den Vorgängen folgt und der, da er ja denken will, eine Beanspruchung seiner Genussnerven als Störung empfinden muß."

Um diesen Effekt zu erreichen, den Weill bei Offenbach vorgeprägt findet, muss die Musik auf der Bühne „an der Darstellung der Vorgänge aktiv beteiligt sein" und diese nicht im Rückzug auf eine separate quasi-symphonische Absolutheit den anderen szenischen Faktoren Wort und Bild überlassen. Indem Weill der Musik die Möglichkeit höherer Konkretion von Handlungen, Gesten und Haltungen der Sängerinnen und Sänger zubilligt, sieht er die Gefahr der überzogenen Darstellung auf der Bühne gebändigt. Musik wird somit im szenischen Kontext zu einer Art ausnotierter Regieanweisung, die das Bühnengeschehen rhythmisch und gestisch steuert und legitimiert: „So ist etwa ein koloraturartiges Verweilen auf einer Silbe durchaus angebracht, wenn es durch ein gestisches Verweilen an der gleichen Stelle zu begründen ist". (Weill 1990: 65)

Weills Konzept der gestischen Musik eröffnet Zugänge zur analytischen Diskussion der musikalischen Gestaltung von Offenbachs Bouffonerien – Michael Morleys Bemerkung zur Wirkung gestischer Musik jedenfalls könnte ebenso gut Offenbachs Musiktheater betreffen: „We must see and hear the singer as singer and as persona telling a story, commenting on it, and inviting the listener to share or to step back from the persona's attitudes." (Morley 1986: 191) Freilich nutzt Offenbach einen anderen Modus als Weill, um Figur und Darsteller auseinandertreten zu lassen. Beide verwenden popularmusikalische Formen ihrer Zeit, doch während Weill in seiner Songform das Korsett quadratischer Periodik durch irregulären Phrasenbau, verschachtelte Großstrukturen und eine unvorhersehbare Harmonik aufsprengt – ein Verfahren, das sich vom *Havana-Song* bis zu *My ship* nachverfolgen lässt –, sorgt Offenbach eher durch die gezielte Überbedienung populärer Kompositionstopoi für die Bewusstmachung von Konventionen.

Offenbachs Musik ist nicht zuletzt auch deswegen so schwer analytisch beizukommen, weil ihr zentrales Moment nicht so sehr im Bruch von Normen liegt, sondern vielmehr in ihrer hyperbolischen Übersteigerung. Die musikalische Gestaltung seiner Bouffonerien basiert vornehmlich darauf, dass ein musterhafter Zuschnitt der Musik nicht unterminiert, sondern vielmehr mit höchster Überzeugung ausgespielt, zuweilen sogar gezielt überbedient wird, was eine regelrechte Explosion des Regelmäßigen zur Folge hat: Vier- und Achttaktgebilde, kantable Phrasen und rhythmische Muster werden in ihr nicht unterlaufen, sondern in teilweise bis ins Chaotische reichender Verdichtung komprimiert und zelebriert. Es ist eine Musik, die vollkommen gegen die Gesetzmäßigkeiten musikalischer Ökonomie des 19. Jahrhunderts hin konzipiert ist, erscheinen in ihr die „schönen", regelmäßigen, nachsingbaren Momente doch nicht wie in der sich immer stärker einem Bühnenrealismus verschreibenden ernsten Oper der Zeit streng rationiert, sondern vielmehr im veritablen Überfluss. Die Eingangsmusik zum dritten Akt der *Grande-Duchesse de Gérolstein* etwa präsentiert ein Ritornell mit einprägsamem Trompetensignal nicht nur einmal als Höhepunkt, sondern gleich vierfach. Und auch in den endlosen Finali von *La vie parisienne*, deren Steigerungskurven man immer wieder für abgeschlossen hält, um im nächsten Moment dadurch überrascht zu werden, dass doch noch ein weiterer hysterischer Rundgesang mit Schlagwerk und voll besetztem Chor folgt, spiegelt sich nicht nur, wie es immer wieder heißt, der Taumel einer kollektiv im Festrausch jegliche Gedanken an Probleme wie Massenarmut und Pressezensur hinwegchampagnisierenden Finanzaristokratie zur Zeit des Zweiten Kaiserreichs. Vielmehr determiniert diese Musik auch ein gezielt antimimetisches Bühnenverhalten: Das gestische Moment der übersteigerten Musik Offenbachs nötigt die Darsteller zur Ausführung eines grotesken Habitus, der das verschwiegene Realismuspostulat der zeitgenössischen Grand opéra als absurde Konvention exponiert. Daran ändert es auch nichts, dass Offenbachs Stücke in der Regel Inseln musikalischer Aufrichtigkeit enthalten, die meistens den Arien und Duetten des (in etlichen Stücken erst durch den Vollzug des Ehebruchs zu einem solchen werdenden) „glücklichen Paars" vorbehalten bleiben, in denen sich die Mechanismen der musikalischen Überzeichnung ausgesetzt finden. Sobald Potentaten wie Könige, Generäle oder mythische Helden auf der Bühne erscheinen, tritt Offenbach in seiner Musik buchstäblich zu stark aufs Gas – Hermann Hofer spricht treffend von „retardierenden Melodiewiederholungen" (Hofer 2009: 109) – und decouvriert so die Autorität von Togen, Uniformen oder Rüstungen als entliehene Würde. Der Rundgesang vom *Carillon de ma Grand-mère* im zweiten Finale der *Grande-Duchesse* führt diesen einfachen, aber wirkungsvollen Trick paradigmatisch vor Augen: Die bis ins Groteske getriebene Beschleunigung des Ritornells nötigt die auf der Bühne versammelten Würdenträger zu immer würdeloseren Bewegungen.

Erst durch die Transgression der Regeln musikalisch-struktureller Ökonomie und das durch sie konditionierte lächerliche Benehmen wird die Gewandung der Figuren als Kostüm zur Schau gestellt. Wenn Offenbachs Theater so etwas wie ein implizites Credo formuliert, so besteht es in der Bloßstellung von zeremoniellen Handlungen als theatralisches Protokoll, in der Kennzeichnung von Uniformen oder anderen sichtbaren Machtzeichen als Kostüme und Requisiten. Indem die Zuschauer die auftretenden Personen nicht als Figuren, sondern als verkleidete Schauspieler wahrnehmen, wächst das Bewusstsein für die Wahrnehmung von Insignien der Macht als willkürliche Dekoration. Diese Einsicht in den Travestiecharakter jeglichen Bühnengeschehens liegt zumindest Offenbachs Bouffonerien der 1850er und 60er Jahre flächendeckend zugrunde, deren gesellschaftliche Sprengkraft innerhalb eines Regimes, das wie keines vor ihm auf die Kraft ästhetischer Symbole zur Stützung politischer Machtverhältnisse vertraut (vgl. Truesdell 1997), in der Gefolgschaft Kracauers in der Forschung immer wieder beschworen wird. (Vgl. z. B. Nagler 1980) So könnte man das von Weill an Offenbach bewunderte Moment vielleicht wie folgt zur These zuspitzen: Erst durch die gestische Ausrichtung von Offenbachs Musik und ihre Wirkung, das Bühnenverhalten der Darsteller als grotesk zu determinieren, wird in zweiter Instanz die Uniform auch im Alltag als Verkleidung lesbar.

Mit „gewissem Operetteneinschlag": *Der Zar lässt sich photographieren* als Offenbachiade

Nachdem nun die Koordinaten des Spannungsfelds zwischen Weill und Offenbach klarer abgesteckt sind, liegt es nahe, in einem weiteren Schritt die Ermittlung Offenbachscher Spuren in Weills Musiktheater zu versuchen. Dabei möchte ich die beiden Werke, die Weill selbst als Operetten bezeichnet hat – *Der Kuhhandel* bzw. *A kingdom for a cow* und *The firebrand of Florence* – bewusst außer acht lassen, nicht nur, weil zu ihnen bereits Untersuchungen vorliegen, sondern auch, weil ich es durchaus für ein wenig kurzsichtig halte, der generischen Bezeichnung im Falle Weills eine so exklusive Bedeutung beizumessen. Überdies scheint es mir auch insofern problematisch, eine angeblich größere Nähe zu Offenbach an der Gattungszuordnung festzumachen, da Offenbach den Begriff ‚Operette' nur äußerst selten verwendet. In der leichtfertigen Gleichsetzung zweier unterschiedlicher Traditionen besteht denn auch das grundlegende Manko des Aufsatzes zum *Kuhhandel* von David Drew, der das Stück vor dem Hintergrund einer nirgends näher erläuterten abstrakten Gattungskonvention der Operette erklärt, die eher den Stücken Lehárs oder Oscar Straus' entspricht als Offenbachs Bouffonerien – die „rosy illusions of operetta" (Drew 1986: 231) finden sich bei Offenbach sicherlich ebenso wenig wie die ihm von Drew zugeschriebenen „conventions of a ‚happy end', as operetta traditionally sees it." (Drew 1986: 240)[6] Eigentlich geht es Drew in seinem Aufsatz vor-

---

6 Angesichts der äußerst ambivalenten Schlüsse beispielsweise von *Orphée aux enfers* und *La belle Hélène*, bei denen kaum eine der Figuren glücklich zurückbleibt, ist wohl eher der Einschätzung Hermann Hofers beizupflichten: „Das Lachen und die Ausgelassenheit bei Offenbach können täuschen: Sein Theater ist hoffnungslos, hier gibt es kein irgendwie geartetes sinnvolles Funktionieren mehr. [...] Offenbachs endzeitliche Betrachtungsweise ist viel unerbittlicher als tragische Dramenenden: Sie ist komisch, seine Eschatologie verweigert den Schutz und die Hoffnung von aufbauender Tragik." (Hofer 2009: 101)

nehmlich darum, Weill einen ‚Rettungsversuch' der Operette zu attestieren, in dem nach bewährt adornitischem Muster die Preisgabe ‚abgenutzter' Formen durch ihre Ausstellung vollzogen wird, so dass Weill schließlich die Überwindung Offenbachs gelingt: „The feat of composition is precisely matched to the depth of understanding", heißt es etwa zum Lied des Gerichtsdieners, „Cabaret, operetta and indeed Offenbach are left far behind." (Drew 1986: 234) Der Verdacht, dass Drew Weill zugunsten von Offenbach ausspielen und einen Vorgang der angeblichen Distanzierung vom Genre beschreiben will, erhärtet sich auch an folgender Stelle: „The divergence from Offenbach is always most striking in those passages where the political background or foreground seems to call for satire." (Drew 1986: 232) Es bleibt der Eindruck zurück, dass dieser Text, in dem Drew übrigens kaum je Werke Offenbachs als Beispiele anführt, wichtig für die Deutungsgeschichte des *Kuhhandels* ist, das Verhältnis zwischen Weill und Offenbach jedoch eher verdunkelt als erhellt, da er Offenbachs Musiktheater in der unstatthaften Engführung mit einem angeblichen Gattungskonsens als kulturgeschichtliches Phänomen versteht, das seine Popularität einem Modus der Weltflucht verdankt. Dabei dürfte für Offenbach das genaue Gegenteil zu veranschlagen sein:

> „[D]ie Wirklichkeit, sie ist bei Offenbach selbstverständlich *nicht* das Gegenteil der Operette. Die Operette *ist* die Wirklichkeit, sie übertrifft diese sogar. Die erste Heldin der Offenbachschen Musiquettes, Hortense Schneider, hatte einen solchen Erfolg in Paris, dass es sie keine Mühe gekostet haben soll, während der Weltausstellung 1867 eines Tages in Kostüm und Maske beim Majestäten-Eingang vorzufahren – sie ruft der Wache zu: ‚Die Großherzogin von Gerolstein!' – man salutiert – die Pforte tut sich auf. *Das* ist die Grundlage Offenbachs. Es geht um seitenverkehrte Symmetrie, um das, was Volker Klotz eine ‚erheiternde Inversion' genannt hat". (Dombois 2005: 52f.)

Ich möchte daher im Folgenden einen anderen Weg nehmen als Drew und an einem Beispiel darlegen, dass die Musiksprache Weills auch jenseits der beiden als Operetten bezeichneten Werke deutliche Spuren von Darstellungs- und Kompositionstechniken des Offenbachschen Musiktheaters aufweist. Um dies zu belegen, soll die opera buffa *Der Zar lässt sich photographieren* in den Fokus genommen werden, handelt es sich bei ihr doch um ein Werk, dem Weill im Umfeld der Uraufführung (Leipzig, 18.2.1928) selbst einen „gewissen Operetten-Einschlag" (Weill 1990: 300) attestiert hat.

Worin dieser Einschlag liegen mag, lässt sich bereits bei einem flüchtigen Blick auf die Handlung von Georg Kaisers Libretto erahnen, denn der Plot um eine Rebellenbande, die die Identitäten des Personals eines angesehenen Pariser Fotostudios annimmt, um einen fiktiven Zar mittels einer anstelle des Fotoapparats unter einem schwarzen Tuch angebrachten Pistole zu ermorden, aktualisiert das für Offenbach wesentliche Narrativ des Tauschs von Hierarchien auf vielfache Weise.

Das Motiv der Inversion von Rollen, mit der immer auch ein soziales Machtgefüge auf den Kopf gestellt wird, erlebt seine Apotheose sicherlich in den ausschließlich mit als Würdenträgern verkleideten Dienern besetzten Festbanketten in *La vie parisienne*, lässt sich aber auch in etlichen der Einakter nachvollziehen, die Offenbach für die ersten Saisonen seines Theaters *Bouffes-Parisiens* komponierte.[7] Womöglich haben gerade diese Stücke, die in vieler Hinsicht als noch anarchischer und alberner eingestuft werden können als Offenbachs mehraktive Werke, auf Weill gewirkt – sein ursprünglicher Plan, seine Buffa *Der Zar lässt sich...* zu nennen, könnte jedenfalls eine Anspielung auf Offenbachs Einakter *Monsieur Choufleuri restera chez lui le...* sein, den meines Wissens einzigen Titel mit Auslassungspunkten im Musiktheater des 19. Jahrhunderts und überdies ein Stück, in dem es um ein Salonkonzert im Hause eines prunksüchtigen *bourgeois gentilhomme* geht, dem kurzfristig die angekündigten Sänger der opéra-comique abspringen, so dass er gemeinsam mit Tochter und Dienstboten die Opernaufführung bestreiten muss – also ebenfalls eine Geschichte, die mehr oder minder erfolgreich vollzogene Täuschungsakte verhandelt.[8]

Vor dem Hintergrund dieser auffälligen Oberflächenanalogie möchte ich im Folgenden sechs Momente genauer benennen, in denen *Der Zar lässt sich photographieren* eine deutlich Offenbachsche Prägung aufweist:

1. Der Themenkomplex von Verkleidung und Rollentausch wird in Kaisers Libretto immer wieder aufs Neue durchgespielt: zunächst im Probesitzen des Boys, der für die Fotografin Angèle die Position des Zaren einnehmen muss (im Satz „Jetzt warst du Zar, mein Boy / Nun bist Du wieder Boy, mein Zar" findet die Inversion auch ihren syntaktischen Niederschlag), später in der Verkleidungsszene, aber auch im Auftritt des Zaren, in dessen Figur Kaiser jenes Problem des Zwiespalts zwischen öffentlicher Repräsentation und privater Lust an der Ausschweifung fokussiert, das auch etliche Figuren in Offenbachs Bouffonerien mit sich herumtragen. „Nicht als Zar. Als Mensch, der auf den Straßen geht" möchte er portraitiert werden und auch an späterer Stelle legt er ein Bewusstsein für den Dekorationscharakter seiner Herrscherwürde an den Tag, wenn er die falsche Fotografin fragt: „Doch wie wird mir vergütet? Daß ich den Zaren Ihnen präsentiere?" Jenseits aller burlesken Elemente ist Weills Einakter damit auch ein Stück über die Kraft der Fotografie, Repräsentationen als glaubwürdige Dokumente erscheinen zu lassen – „Ich will ein Bild von mir, das mich erinnert an einen Menschen, der ich bin", fleht der Zar und ringt so um die Aufhebung jenes Drucks, den er an anderer

---

7 Zum Motiv der Inversion vgl. das Kapitel „Ein dramaturgisches Motiv Offenbachs" in: Knepler 1984: 20–64.
8 Ulrich Schreiber zufolge scheitert die von Weill ursprünglich geplante Benennung an der nach Befinden der Universal Edition zu großen Ähnlichkeit mit „der in Schulbüchern üblichen Verkürzung eines bekannten Zitats aus Goethes ‚Götz von Berlichingen'". (Vgl. Schreiber 2007: 589)

Stelle mit den Worten „Ich bin ein Prinzip" zusammenfasst. Auch bei Offenbach treten häufig Figuren auf, die von einem vergleichbaren Zwiespalt geplagt werden – der von sehr weltlichen Gelüsten getriebene Gott Pluto in *Orphée aux enfers* dürfte das bekannteste Beispiel sein. In ihnen allegorisiert Offenbach den Hang zum Spektakulären und Repräsentativen in politischen Autoritätsbekundungen des Zweiten Kaiserreichs und Weill folgt diesem Modus, indem er den Wechsel der Optiken, unter denen der Zar für sein Publikum auf und vor der Bühne erscheint, musikalisch nachvollzieht: Wenn die musikalische Fraktur ausgerechnet nach den Worten „Ich stelle anders ein" der als Fotografin Angèle verkleideten Hochstaplerin ein auffallend anderes Gepräge annimmt,[9] so lässt sich in dieser antiillusionistischen Verschneidung von auf der Bühne dargestelltem und erklingendem Medium ein Kommentar zum Täuschungscharakter musikalisch evozierter Haltungen sehen – das Bühnengeschehen offenbart sich, um abermals Busoni zu zitieren, als „offenkundige und angesagte Verstellung". (Busoni 1974: 24)

Auch wenn Weill zur Zeit der Komposition des *Zar* möglicherweise noch nicht mit Karl Kraus' Offenbach-Abenden in Kontakt steht, so kann doch davon ausgegangen werden, dass ihm das antiillusionistische Potential der Offenbachiade durch Busonis Vorstellungen eines Musiktheaters, das seine eigene Unwahrscheinlichkeit offen ausstellt, durchaus anschlussfähig erschienen sein mag. Seine Verpflichtung gegenüber Offenbachs Programm einer humoristischen Desillusionierung schlägt sich zudem auch im Handlungsraum des Einakters nieder: Wenn der Zar am Ende eingestehen muss, dass sein stereotypes Bild eines Champagner-Paris nur eine Schimäre ist – „Nun stirbt der Traum Paris" heißt es im Text –, so vollzieht er damit eine Einsicht nach, die die Lebemänner in Offenbachs Bouffonerien immer wieder aufs Neue machen müssen, allen voran der schwedische Baron Gondremark in *La vie parisienne*, für den Paris-Klischees auf Reiseführer-Niveau von verkleideten Dienstboten nachgestellt werden müssen, weil ihr Rückhalt in der Realität prekär geworden ist.

---

9 Weill komponiert an dieser Stelle einen regelrechten akustischen Perspektivwechsel. Die Passage ab dem *Allegro moderato* (3 vor Ziffer 69), in der die Sitzposition des Zars verhandelt wird, ist vor allem dadurch geprägt, dass das seit dem ersten Auftritt des Zars die Partitur durchziehende Foxtrott-Motiv hier zu einem periodisch ebenmäßig gestalteten Salonstück ausgebaut wird, dem gegenüber das gestische parlando der Singstimmen als Nebenereignis erscheint. Mit dem durch den Text der falschen Angèle angekündigten Wechsel der Optik ändert sich zum *Andante con moto* (1 vor Ziffer 70) die ganze Satzfaktur: Obwohl durch den fortlaufenden Achtelpuls auch weiterhin eine Rückbindung an Idiome zeitgenössischer Tanzmusik vorhanden ist, zeichnet sich die folgende Passage doch vornehmlich durch den großen Bogen der Singstimme und ihre Verzahnung mit dem auf einmal fast symphonisch anmutenden Instrumentalsatz aus. Weill setzt somit zwei unterschiedliche Systemlogiken von Musik der 1920er Jahre in direkte Konfrontation zueinander und vollzieht auf diese Weise den auf der Bühne dargestellten Vorgang der medialen Modifikation kompositorisch mit: Der geschlossenen Form des Salonstücks folgt ein leittönig organisiertes Feld, das durch Auflösungsbedürftigkeit und großen kantablen Bogen einen paradigmatisch ‚ernsten' Fin de siècle-Klang simuliert.

2. Ähnlich wie Offenbachs Bouffonerien inkorporiert Weill in *Der Zar lässt sich photographieren* Elemente jener Operntradition, von der er sich abgrenzt, im Modus der Parodie. Während Offenbach bevorzugt in Momenten des besonders unglaubwürdigen Pathos auf bekannte Passagen aus Meyerbeer-Opern zurückgreift (teilweise tongetreu, wie etwa im bis zur Unsingbarkeit in aufsteigenden Ganztonschritten sequenzierten *Hugenotten*-Zitat in *Ba-Ta-Clan*), kennt Weills Stilparodie zwar andere Zielscheiben, attackiert diese jedoch ebenso wie Offenbach, indem er seine Musik in Momenten nach ihnen klingen lässt, deren szenischer Kontext sie als musikalische Chiffren der Verlogenheit determiniert. So ruft Weill etwa ausgerechnet im Moment der vorgetäuschten Herzattacke der falschen Angèle die Klangwelt des frühen Richard Strauss auf und komponiert eine an *Elektra* gemahnende Passage (*Molto appassionato*, 3 nach Ziffer 92), in der dem Sopran der kurzfristige Wechsel ins hochdramatische Fach abverlangt wird. Die Tonsprache Wagners simulierende Orchestereffekte sind bezeichnenderweise zu hören, sobald die Terroristen, die das ganze Verkleidungsspiel erst in Gang bringen, das Geschehen betreten, beispielsweise wenn die Besitzerin des Fotoateliers über rauschendem Orchester um „Erbarmen! Erbarmen!" fleht (4 vor Ziffer 35). Ganz in der Tradition Offenbachs markiert Weill Stilreferenzen als historische Requisiten, die genutzt werden, um den Figuren eine Würde zu verleihen, die sie sonst nicht hätten und decouvriert auf diese Weise die Erzeugung von Klangmacht als Vortäuschung und beliebig einsetzbares Mittel zur Überwältigung der Zuhörer.

3. *Der Zar lässt sich photographieren* enthält Szenen, in denen das Prinzip der gestischen Musik derart auf die Spitze getrieben wird, dass man fast schon von Slapstick-Musik sprechen kann. Das Tempo ist hier ebenso hoch wie die Überschneidung der Stimmen, so dass die klangliche Faktur den Sängern einen überzeichneten und ans Lächerliche grenzenden Bühnenhabitus abverlangt. Paradebeispiel dürfte die Verfolgungsjagd sein, die sich der Zar und die falsche Fotografin von Partiturziffer 120 bis 124 in zunehmendem Tempo liefern, an deren Ende nur noch die Worte „Ich" und „das Bild" aus einer diffus verwachsenen Klangmasse herausragen. Auch in dieser Hinsicht steht Offenbach Pate, etwa in der bereits erwähnten hysterischen Temposteigerung im zweiten Finale der *Grande-Duchesse* oder dem kaum ohne Atemnot zu singenden Rondo des Brasilianers in *La vie parisienne*.

4. Auch der merkwürdige Einsatz des Männerchors im *Zar* lässt Offenbach anklingen. Mag der im Orchestergraben aufzustellende Chor auf den ersten Blick der episch-distanzierenden Rahmung der Handlungsdiegese dienen, so erweist er sich bei genauerem Hinsehen als merkwürdig hybride Instanz, der kaum eine eindeutige Funktion im Gesamtgefüge des Bühnengeschehens zugeordnet werden kann: Neben der Deklamation des Stücktitels zu Beginn und Ende sowie in jenen Momenten, in denen das Attentat auf den Zar kurz vor dem Vollzug angelangt zu sein

scheint, meldet sich der Chor meist in erstaunlich subalterner Funktion zu Wort, etwa wenn er zum Echo der ohnehin schon recht operettenhaft wirkenden Verschwörergruppe wird, deren Beteuerung, die Zeit werde „mit eines Zaren Blut bezahlt", er verwundert wiederholt. Andernorts tritt der Chor lediglich summend in Erscheinung und wenn er einmal die Gelegenheit erhält, sich mit einem geschlossenen Chorsatz zu präsentieren, geschieht dies ausgerechnet in einer äußerst ungünstigen Szene: Vom gleichzeitig ablaufenden einzigen Sprechdialog des Stücks zum *piano* gezwungen versucht der Chor, die Polizeibeamten vor der unter dem Tuch versteckten Pistole zu warnen, ist aber für die Figuren verständlicherweise nicht hörbar. In der Missachtung der Illusionsvereinbarung desavouiert Weill den Chor als Agenten eines naiven Verständnisses der Bühnenvorgänge – jeder, der schon einmal ein Kindertheater besucht hat, kennt jenen Moment, in dem der Protagonist blind für das in seinem Rücken nahende Unheil ist und das gesamte Publikum „Hinter dir! Hinter dir!" ruft. Der Chor erfüllt somit keine Scharnierfunktion zwischen Zuschauer und Stück, er bleibt ihm vielmehr äußerlich, so dass seine Bemühungen zum Eingreifen vergebens und lächerlich erscheinen. Auch hier knüpft Weill an Offenbach an, der über seine Chöre nicht etwa wie Verdi das Potential, sondern vielmehr die Problematik der Zusammenschließung von Menschen zu einer Menge thematisiert. Vielfach zu finden sind bei Offenbach Chöre, deren Funktion als „martialischer Zierat" (Klotz 1987: 221) offen zu Tage tritt, indem sie entweder die ostentativ dummen Aussagen der exponierten Einzelfiguren in treuhöriger Potenzierung nachbeten oder für den Handlungsverlauf irrelevante Kleinigkeiten endlos wiederholen, etwa in der *Voilà le notaire*-Sequenz aus dem zweiten Akt der *Grande-Duchesse*, in der die Ankunft eines Notars über einen quälend langen Zeitraum in aller Redundanz besungen wird. Auch wenn Weills Chorbehandlung nicht mit derjenigen Offenbachs identisch ist – die Problematisierung der Institution Chor auf der Bühne ist beiden gemeinsam: Ihre Chöre ziehen „als selbständige Gruppenhelden geißelndes Gelächter auf sich und auf die Sozietät, deren Ausgeburt sie sind." (Klotz 1987: 219)

5. Mit einer gewissen Lizenz lässt sich feststellen, dass Weills Einakter auch in jenem Gesichtspunkt an Offenbach anschließt, aufgrund dessen er zuletzt vermehrt in den Fokus der Forschung geraten ist. (Vgl. Rehding 2006, Mücke 2011) Weill betreibt in *Der Zar lässt sich photographieren* implizite Medienkritik, indem er die Handlung um die drei technischen Medien Telefon, Fotoapparat und Grammophon herum zentriert. Alle drei Geräte erscheinen in Weills Darstellung als Medien, die Abwesenheit zu kompensieren versuchen, diese dabei jedoch erst zu Bewusstsein bringen. Das Klingeln des Telefons eröffnet die gerahmte Bühnenhandlung als deutlich dem Orchester enthobenes technisches Klangsignal, bevor eine seltsame Exposition anhebt, die sich gewissermaßen um eine dramaturgische Leerstelle herum vollzieht: Die Instanz, durch welche die Handlung in Gang gesetzt wird, ist

nicht anwesend, sondern wird lediglich durch das Telefon repräsentiert, bleibt jedoch für den Hörer stumm. Ähnliches vollzieht sich im *Tango Angèle* kurz vor Schluss der Oper: In einem musikhistorisch beispiellosen Fall begegnen sich hier zwei mediale Ordnungen, indem auf der Bühne die Schallplattenaufnahme des Tangos zu hören ist, die Weill vermutlich selbst mit dem *Saxophon-Orchester Dobbri* eingespielt hat und die im Aufführungsmaterial der Oper – laut Website der Universal Edition bis heute – mitgeliefert wird. Die Einspielung des Tango – bezeichnenderweise der einzigen geschlossenen Form innerhalb von Weills letzter durchkomponierter Oper – erfolgt genau in jenem Moment, in dem die beiden handelnden Parteien ihre jeweiligen Vorhaben für gescheitert erklären müssen: Durch die Ankündigung des Nahens der Polizei wird das Attentat vereitelt und die vermeintliche Fotografin muss fliehen. Für den Zar hingegen schwindet die Aussicht auf eine erotische Begegnung mit der falschen Angèle, was er zum Anlass für eine Klage nimmt, die in einer Art Abgesang die Nähe der Handlung zur Welt der Offenbachiade besonders deutlich werden lässt: „Nun stirbt der Traum Paris. Eiserne Tore fallen zu, die mich verwahren. Kein Bummel mehr in Boulevards, nach Montmartre. Tot bin ich wie Napoleon. Ist das nicht jämmerlich?" Während der Tango vom Band läuft, agieren die Figuren fort: Zur Ermöglichung der endgültigen Flucht der Verschwörer bettet die falsche Angèle den Zar unter Kissen, angeblich um damit endlich die von ihm so lange erhoffte und von ihr ebenso lange hinausgezögerte körperliche Zusammenkunft einzuleiten. Genau im Kulminationsmoment der verschiedenen die Handlung durchkreuzenden Täuschungsmanöver also gibt das Orchester die Zuständigkeit ab an seine mediale Kopie, was von Weill bewusst als „Spannung nach innen" kalkuliert ist: „Gerade durch die Gegensätzlichkeit einer bis zur höchsten Spannung gesteigerten Handlung und einer rein tänzerischen Schallplatte erschien mir die Wirkung des Höhepunkts erreicht." (Weill 1990: 301) Ein durchaus nicht einhellig günstiger Befund, erscheint doch die reproduzierte Musik durch den Punkt ihres Einsatzes als krönendes Symbol mangelnder Wahrhaftigkeit. Die Nutzung des Tonband-Tangos, dessen Einzelvertrieb als veritable ‚Single-Auskopplung' der Oper Weill gezielt fördert (vgl. Grosch 2000: 139f.), erscheint somit als Scheitelpunkt einer den ganzen Text durchziehenden Medienskepsis, die sich immer wieder in der Behandlung des Fotoapparats als Fixpunkt des Geschehens niederschlägt, dessen Wirkung die Figuren, insbesondere der Zar, nicht über den Weg trauen.[10]

---

10 Alexander Rehding weist auf ein gattungsästhetisches Paradoxon hin, das Weill durch die Einbettung des *Tango Angèle* realisiert: Die Verwendung des Grammophons auf der Bühne leistet zwar die Thematisierung und Exponierung moderner Medien, die für die Zeitoper so charakteristisch ist, sorgt aber gleichermaßen dafür, dass ein Teil der Partitur – die Einspielung des Tango durch das Saxophon-Orchester Dobbri vom 11.1.1928 – auf ewig in seiner Entstehungszeit befangen bleibt und dadurch gewissermaßen unaktualisierbar bleibt, so dass die Zeitlichkeit des Klangs zum Ereignis innerhalb der Oper wird. Vgl. Rehding 2006: 81: „The timeliness of Weill's Zeitoper turns out to be exactly its of-its-time-ness. Where on

Natürlich findet sich auf der Offenbach-Bühne – und hierin liegt die eingangs vermerkte Lizenz – nirgends ein Grammophon. Und dennoch zeichnen sich Offenbachs Bouffonerien dadurch aus, dass in ihnen zeittypische Medien kritisch hinterfragt werden, insbesondere das expandierende Pressewesen. Wiederum findet sich ein besonders markantes Beispiel in der *Grand-Duchesse*: Die Auftrittsarie des Prinzen Paul besteht allein daraus, dass dieser einen Artikel rezitiert, der über ihn in der fiktiven *Gazette de Hollande* erschienen ist. In *La vie parisienne* schließlich wird der Konflikt zwischen dem realen Paris und seiner bildlichen Repräsentation in Reiseführern zur Triebfeder der Handlung. In gewisser Weise synthetisiert die Grammophonszene im *Zar* Offenbachs kritische Verhandlung medialer Repräsentationsprozesse und seine Vorliebe für dargestelltes und als Teil eines Täuschungsmanövers decouvriertes Singen auf der Bühne, wie es sich etwa im erwähnten *Monsieur Choufleuri* findet – der Einsatz von „Fremdkörper[n] aus einer außerhalb der Kunstsphäre liegenden Realität" (Grosch 2000: 140) bleibt nun nicht länger nur auf das Libretto beschränkt, sondern ist durch den Medienwechsel auch der Partitur als Effekt der Desillusionierung eingeschrieben. In der Bewusstmachung des medialen Felds, in dem sich ein oftmals als ‚Zeitoper' verstandenes Werk wie *Der Zar lässt sich photographieren* situiert, leisten Kaiser und Weill einen Beitrag zur musiktheatralischen Episierung – wohlgemerkt unter Rückgriff auf Konzepte, die bereits Offenbachs Librettisten Henri Meilhac und Ludovic Halévy nicht fremd sind.

6. Der direkteste Berührungspunkt mit Offenbach liegt sicherlich im erstaunlichen Finale der Oper. Nach dem vereitelten Attentat und der Flucht der Verschwörer nimmt das Stück endgültig die Wende zur Operette: „Im Hintergrund großer Truppenaufmarsch bis zum Schluss" heißt es in der Partitur, die außerdem vorschreibt, dass nun eine größere Menge an „die Säbel schwingenden" Offizieren die Bühne betritt und so den Rahmen des Kammerspiels endgültig aufbricht und ad absurdum führt. Passgenau zu diesem Auftritt vollzieht sich eine extreme Wandlung der Musik. Die „Basis quartgeschichteter Klänge und halbtonlabiler Akkord- und Melodieverbindungen", und die „freitonal-mehrdeutige Tonsprache", die Heinz Geuen als „musiksprachliche Folie der ganzen Oper" (Geuen 1997: 173) benennt, wird plötzlich abgelöst durch das martialische Marschidiom der Offiziere, das bis zu den Schlusstakten durchgehalten wird. In der ostentativen Regelmäßigkeit der Phrasenstruktur und der fortwährenden Perpetuierung eines einfachen rhythmischen Musters spiegelt sich Offenbachs Prinzip der durch Überbedienung erreichten Entstellung eines populären Topos. Diese Tendenz weitet Weill vom lokal begrenzten Effekt zur Selbstdiagnose der ganzen Oper aus: Indem am Ende der Partitur die vom Chor gesungene Titelvignette erstmals um eine marschartige Be-

---

stage the gramophone record indicates that the Czar will live, in the context of the opera on the whole, the recording, like the camera, confirms that the Czar exists only in the future perfect."

gleitfigur ergänzt erklingt und erst auf diese Weise Vollständigkeit prätendiert, scheint die Sphäre an Offenbach geschulter Übersteigerung im Rückblick auch von der Gesamtkonstruktion der Oper Besitz zu ergreifen. Das Schlussbild mit zur Marschapotheose salutierenden Offizieren mag sich somit als direkteste Offenbach-Referenz in Weills Gesamtwerk qualifizieren: ein äußerlich herbeigeführtes Dénouement, dessen ostentativer Prunk nur notdürftig kaschiert, dass die Konflikte des Stücks gar nicht oder nur durch zweifelhafte Mittel ihre Auflösung finden.

*

Weills Musiktheater erweist sich bei näherer Betrachtung als dem Modell Offenbach in vielfacher Weise verpflichtet – so sieht es auch Stephen Hinton, wenn er Weill als „appropriator of Offenbach's *example* in the spirit of his critical reception" (Hinton 2012: 231) beschreibt. Für die Zukunft bleiben allerdings noch etliche Fragen offen, allen voran diejenige nach dem Offenbach-Einfluss in Weills amerikanischen Werken. Gerade *Knickerbocker Holiday* wird in der frühen Rezeption mehrfach und teilweise auch von Weill selbst als ‚operetta' bezeichnet, was angesichts des Darstellungsmodus der kritischen Sicht auf einen aktuellen Gegenstand aus der Perspektive eines historischen Sujets in travestierter Form kaum überrascht. Es muss an dieser Stelle offen bleiben, ob und wie sich Weills so viel gescholtene Bühnenwerke aus der Exilzeit in den USA vor dem Hintergrund ihrer Verpflichtung gegenüber der Operette neu interpretieren lassen – freilich wäre in diesem Rahmen auch die größtenteils noch immer unterbelichtete Tradition der amerikanischen Operettenkomposition stärker zu berücksichtigen, als deren Gründungsakte bezeichnenderweise immer wieder die erste US-Produktion der *Grande-Duchesse de Gérolstein* genannt wird. Vielleicht ließe sich auf diese Weise eine bisher ungekannte Kontinuitätslinie zwischen Weills amerikanischen Kompositionen und einer abgewanderten europäischen Tradition stiften, mit der man ein schlagkräftiges Argument mehr zur Relativierung der noch immer nicht aus dem Diskurs wegzudenkenden Auffassung der ästhetischen Antagonie von Weills Karrieren in Europa und den USA an der Hand hätte.

Literatur

Adorno, Theodor W. (2003): Kurt Weill [1950]. In: *Musikalische Schriften V: Musikalische Aphorismen. Theorie der neuen Musik. Komponisten und Kompositionen. Konzerteinleitungen und Rundfunkvorträge. Musiksoziologisches* (= *Gesammelte Schriften, Bd. 18*), hg. von Rolf Tiedemann, Frankfurt a. M., S. 544–547.

Adorno, Theodor W. (2003a): Kurt Weill: Kleine Dreigroschenmusik für Blasorchester [1929]. In: *Musikalische Schriften V: Musikalische Aphorismen. Theorie der neuen Musik. Komponisten und Kompositionen. Konzerteinleitungen und Rundfunkvorträge.*

Musiksoziologisches (= *Gesammelte Schriften, Bd. 18*), hg. von Rolf Tiedemann, Frankfurt a. M., S. 541–543.

Bekker, Paul (1909): *Jacques Offenbach*. Berlin.

Busoni, Ferrucio (1974): *Entwurf einer neuen Ästhetik der Tonkunst* [1916]. Frankfurt a. M.

Dombois, Johanna (2005): Eine Medizin, die wie Wein schmeckt. Die Dramaturgie Jacques Offenbachs. In: *Die deutsche Bühne 76/9*, S. 52–54.

Drew, David (1986): Reflections on the last years. Der Kuhhandel as a key work. In: Kim Kowalke (Hg.), *A new Orpheus. Essays on Kurt Weill*, New Haven, S. 217–267.

Galand, Joel (2004): Weill, the „Operettenkrise", and the Offenbach Renaissance. In: *Kurt-Weill-Newsletter 22/2*, S. 9–15.

Geuen, Heinz (1997): *Von der Zeitoper zur Broadway Opera. Kurt Weill und die Idee des musikalischen Theaters*. Schliengen.

Goehr, Lydia (2008): Hardboiled disillusionment. „Mahagonny" as the last culinary opera. In: *Cultural Critique 68*, S. 3–37.

Grosch, Nils (2000): Zum Musiktheater der Neuen Sachlichkeit. In: Udo Bermbach (Hg.), *Oper im 20. Jahrhundert. Entwicklungstendenzen und Komponisten*, Stuttgart, S. 130–154.

Hentschel, Frank (2005): Ferrucio Busonis Doktor Faust. Eine „Oper, die keine Oper" ist. In: *Archiv für Musikwissenschaft 62/4*, S. 303–326.

Hinton, Stephen (1990): *Kurt Weill: The threepenny opera*. Cambridge.

Hinton, Stephen (2012): *Weill's musical theater. Stages of reform*. Berkeley.

Hofer, Hermann (2009): Konspiration und Kontestation bei Jacques Offenbach. In: Elisabeth Schmierer (Hg.), *Jacques Offenbach und seine Zeit*, Laaber, S. 97–128.

Kirsch, Winfried (1985): Jacques Offenbach – Ein unbekannter Komponist. In: Ders./Ronny Dietrich (Hg.), *Jacques Offenbach – Komponist und Weltbürger*, Mainz, S. 283–289.

Klotz, Volker (1987): *Bürgerliches Lachtheater. Komödie – Posse – Schwank – Operette*. Reinbek.

Knepler, Georg (1984): *Karl Kraus liest Offenbach. Erinnerungen, Kommentare, Dokumentationen*. Berlin.

Kracauer, Siegfried (2005): *Jacques Offenbach und das Paris seiner Zeit* (= *Werke, Bd. 8*), hg. von Inka Mülder-Bach, Frankfurt a. M.

Kraus, Karl (1994): *Theater der Dichtung. Offenbach* (= *Schriften, Bd. 13*), hg. von Christian Wagenknecht, Frankfurt a. M.

Linhardt, Marion (2009): *Stimmen zur Unterhaltung. Operette und Revue in der publizistischen Debatte (1906–1933)*. Wien.

Morley, Michael (1986): „Suiting the action to the world": Some observations on Gestus and Gestische Musik. In: Kim Kowalke (Hg.), *A new Orpheus. Essays on Kurt Weill*, New Haven, S. 183–201.

Mücke, Panja (2011): *Musikalischer Film – Musikalisches Theater. Medienwechsel und szenische Collage bei Kurt Weill* (=*Veröffentlichungen der Kurt-Weill-Gesellschaft Dessau, Bd. 7*). Münster.

Nagler, Norbert (1980): Jacques Offenbachs musikalische Utopie: die Sehnsucht nach der herrschaftsarmen Heimat. Reflexionen zu Siegfried Kracauers Gesellschaftsbiographie des Second Empire. In: Heinz-Klaus Metzger/Rainer Riehn (Hg.), *Musik-Konzepte 13: Jacques Offenbach*, München 1980, S. 87–102.

Rehding, Alexander (2006): On the record. In: *Cambridge Opera Journal 18/1*, S. 59–82.
Rode-Breymann, Susanne (2009): „Gegen die Operettenschande der Gegenwart". Anmerkungen zu den Offenbach-Vorlesungen von Karl Kraus. In: Elisabeth Schmierer (Hg.), *Jacques Offenbach und seine Zeit*, Laaber, S. 249–260.
Schreiber, Ulrich (2007): *Opernführer für Fortgeschrittene. Das 20. Jahrhundert 1: Von Verdi und Wagner bis zum Faschismus*. Kassel.
Truesdell, Matthew (1997): *Spectacular Politics. Louis Napoleon Bonaparte and the Fête impériale, 1849–1870*. New York.
Weill, Kurt (1990): *Musik und Theater. Gesammelte Schriften. Mit einer Auswahl von Gesprächen und Interviews*, hg. von Stephen Hinton und Jürgen Schebera. Berlin.

Erste Exilstation Paris
Zu drei Filmarbeiten von Hanns Eisler im Jahr 1933

Jürgen Schebera

Anders als Kurt Weill – der die Machtübernahme der Nationalsozialisten am 30. Januar 1933 in seinem Haus in Kleinmachnow wohl am Radio verfolgt hatte und noch bis zum „Tag von Potsdam" in Deutschland blieb, als der greise Reichspräsident Hindenburg am 21. März vor der Garnisonkirche in Potsdam Hitler offiziell eine „Macht" übergab, die dieser schon fast zwei Monate ausübte –, hatte seinen Musikerkollegen Hanns Eisler die Nachricht von Hitlers Machtantritt in Wien erreicht. Dort bereitete Anton Webern in der Reihe der traditionsreichen Arbeiter-Sinfoniekonzerte einen Eisler-Abend vor und hatte den Komponisten (mit dem er seit 1922 bekannt war, als Eisler für einige Zeit von seinem Lehrer Arnold Schönberg an ihn überwiesen wurde) zur Mitarbeit eingeladen. Die so entstehende Lied-, Chor- und Textmontage mit dem Titel *Das Lied vom Kampf* fügte diverse Vokalnummern aus den Brecht/Eisler-Stücken *Die Maßnahme* und *Die Mutter* zusammen, verbunden durch weitere Texte von Bertolt Brecht. (Grabs 1984) Als Finale erklang das *Solidaritätslied*. Für die mehrere Wochen dauernde Probenarbeit fand sich ein großer Apparat zusammen: Sprechchor und Singverein der Kunststelle Wien, der Klangkörper des Wiener Orchesterstudios, dazu sechs Schauspieler. Die Aufführung am Abend des 19. März 1933 im Großen Saal des Konzerthauses, dirigiert von Anton Webern, endete mit lang anhaltendem Beifall. Was dann folgte, zählt zu den Ausnahmeereignissen in der Musikgeschichte. Hören wir den Rezensenten der in Wien erscheinenden Zeitschrift *Die Politische Bühne*: „Nach dem Konzert formierte sich die Menschenmenge zu einem Demonstrationszug, es wurden revolutionäre Lieder gesungen und im Chor antifaschistische Parolen gerufen. Schließlich kam es zum Zusammenstoß mit der Polizei. Hier wurde jene Schwelle überschritten, die von der künstlerischen zur politischen Tat führt. Aus dem Konzert wurde eine flammende Kundgebung, bei der die sozialistische Begeisterung die Trennung zwischen Darstellern und Publikum vergessen ließ." (Ehrenzweig 1933)

Da auch Eisler auf den Verhaftungslisten der Nazis stand, war eine Rückkehr nach Berlin nicht mehr möglich. Das Exil hatte begonnen, erste Station wurde Paris. Dorthin reiste der Komponist am 20. März 1933. Und zwar im Gegensatz zu vielen anderen Emigranten mit einiger finanzieller Sicherheit, denn auf ihn wartete schon eine Filmarbeit. Nur drei Tage später traf übrigens auch Kurt Weill in der Seine-Metropole ein. Seine Freunde Caspar und Erika Neher hatten ihn – dringend gewarnt, er solle Deutschland möglichst rasch verlassen – mit ihrem Auto in

Kleinmachnow abgeholt und an die französische Grenze gebracht, wo er den Zug nach Paris bestieg. In seinem Gepäck befanden sich erste Skizzen eines sinfonischen Werks, das als Auftragsarbeit der Mäzenatin Princesse de Polignac entstehen sollte.[1] Ob sich Eisler und Weill in den darauf folgenden Monaten in Paris begegneten, muss offen bleiben, der Kontakt der beiden „Brecht-Komponisten" war ohnehin nur ein loser. Es gibt auch keinen Beleg dafür, dass es bei Brechts Paris-Besuch im Kontext der Uraufführung des Balletts *Die sieben Todsünden* am 17. Juni 1933 zu einer solchen Begegnung kam. Zu unterschiedlich waren die Arbeitsfelder der beiden Komponisten und nunmehrigen Frankreich-Emigranten.

Paris zählte in den ersten Monaten und Jahren nach Hitlers Machtübernahme neben Prag zu den bedeutenden Sammelpunkten der deutschen antifaschistischen Emigration, die sich hier in großer Zahl einfand. In Paris entstanden erste deutschsprachige Exilverlage, es erschienen antifaschistische Tageszeitungen und Zeitschriften, es gründeten sich diverse Emigrantenorganisationen. Dazu bemerkt Ernst Erich Noth:

> „Für die geflohenen deutschen Künstler sprach mehr für Paris als nur die Tatsache, daß es zu den nächstbest erreichbaren Metropolen zählte. Es hatte als Zufluchtsort für den in Deutschland verfolgten und geächteten Geist Tradition seit Forster, Heine oder Börne. [...] In Paris bildete sich das politisch-publizistisch aktivste Zentrum deutscher emigrierter Künstler heraus." (Noth 1973: 77)

Kurt Weills Pariser Jahre stehen im Zentrum unseres Symposiums wie des diesjährigen Dessauer Festes. Ganz im Sinne unseres Programms, den Bogen über Weill hinaus zu spannen, wende ich mich im Folgenden Hanns Eislers Pariser Filmarbeiten im Jahre 1933 zu.

Wie bereits erwähnt, war es ein solcher Auftrag, der den Komponisten an die Seine führte. Hanns Eisler war mit seinen ersten beiden Berliner Tonfilmmusiken – zu dem pazifistischen Streifen *Niemandsland* (1931, Regie: Viktor Trivas) und dem proletarischen Film *Kuhle Wampe* (1932, Regie: Slatan Dudow) – als bemerkenswertes Talent hervorgetreten, sein Name genoss alsbald einigen Ruf in der Branche. *Niemandsland* war mit großem Erfolg auch in Frankreich gelaufen. Regisseur dieses Films war der aus Russland stammende und 1926 nach Berlin gekommene Viktor Trivas. Er verließ die deutsche Hauptstadt bereits im Sommer 1932 und ging nach Paris. Dort verpflichtete ihn die Firma Societé Internationale Cinématographique Anfang 1933 für die Regie des sozialkritischen Streifens *Dans les rues* (*In den Straßen*). Als Trivas, mit Hinweis auf die gelungene *Niemandsland*-Partitur, Eisler für die Musik vorschlug, stimmte die Firmenleitung umgehend zu. Ein Glücksumstand für Eisler, denn damit konnte er nicht nur seine Filmarbeit fortset-

---

[1] Uraufgeführt 1934 als *Symphonische Fantasie*, heute bekannt als *Sinfonie Nr. 2*. Siehe detailliert Schebera (1996).

zen, sondern hatte zugleich ein nicht unbedeutendes finanzielles Standbein für die erste Zeit des Exils.

Dans les rues erzählt die Geschichte kleiner Leute in einem Pariser Vorort, wo Arbeitslosigkeit und Armut herrschen, wo Schmalhans Küchenmeister ist. Einige der Protagonisten flüchten sich in Kleinkriminalität, die meisten Familien aber ernähren sich recht und schlecht von niedrig bezahlter Hilfs- und Heimarbeit. Die wenigen frohen Stunden verbringen sie in Gemeinschaft, dabei wächst allmählich das Gefühl der Solidarität.

Eislers Musik, entstanden zwischen März und Mai 1933, verwendet, dem Sujet des Films entsprechend, das Muster seiner in Berlin ab 1929 entstandenen Kampfmusik, eingeschlossen seines Balladenstils mit Begleitung durch Jazz-Instrumentarium (damals „Pariser Besetzung" genannt). Dazu bemerkt Eberhardt Klemm: „Während Weill, der es sehr gut verstanden hat, Balladeskes und Moritatenhaftes musikalisch zum Ausdruck zu bringen, die Brecht-Texte mit Foxtrott-, Shimmy- und Tangomelodien begleitet, besitzen die Eislerschen Balladen die Gestik und den Zuschnitt seiner Kampfmusik. Die melodischen Modi, der Rhythmus und der Montagecharakter dieser Musik ist der gleiche wie dort." (Klemm 1974: 47) Dies wird bereits bei der getragen-balladesken Vorspannmusik von *Dans les rues* deutlich, die am Ende fließend übergeht in die Begleitung der ersten Szene des Films, mit einer Paraphrase des amerikanischen Soldatenliedes *It's a long way to Tipperary*.

Hier ist ein Rückblick nötig. Wiederverwendung und Umfunktionierung von eigenen Stücken gehörte zeitlebens zu Eislers Schaffensmethode. Den *Tipperary*-Song hatte er bereits Ende 1932 in Berlin für die Vertonung des Brecht-Gedichts *Der Marsch ins dritte Reich* verwendet. Brecht und Eisler waren damals, wie zahlreiche andere Intellektuelle auch, noch überzeugt davon, dass dieser „Hitler-Spuk" nicht an die Macht kommen werde – so verhöhnen sie ihn textlich wie musikalisch. Ernst Busch hat das Lied im Dezember 1932 für die Schellackplatte aufgenommen, da waren es gerade noch knapp sechs Wochen bis zu Hitlers Machtantritt. Ein Lied tragischen historischen Irrtums also: Warum Eisler die Melodie nun hier am Beginn von *Dans les rues* erneut einsetzt, erschließt sich nur schwer. Weder dient sie der musikalischen Illustration von Tristesse im Wohnzimmer der Akteure, noch formiert sie etwa kontrapunktisch ein aktivierendes Moment. Nun für die französische Filmindustrie tätig, forderte man von Eisler natürlich auch ein möglichst zündendes Chanson. Über die ausgeprägte Fähigkeit Kurt Weills, sich in kürzester Zeit ein fremdes musikalisches Idiom anzueignen – er sollte bald meisterliche Chansons schreiben, bei denen sich die französische Kritik fragte, wie denn einem Nicht-Franzosen so etwas gelingen könne –, über diese Fähigkeit verfügte Eisler nicht. Dennoch schrieb er für *Dans les rues*, kampfmusikalisch beginnend und dann in Shimmy-Foxtrott übergehend, auf einen Text von Jean Nohain das zündende Lied *Mon oncle a tout repeint* (*Mein Onkel macht alles neu*). Die Protagonisten singen es bei einem im Zeitraffer wiedergegebenen Sonntags-Ausflug. Bald nach der Filmpremiere erschien *Mon oncle* in Paris als Sheet-Music-Ausgabe. Musikalischer Höhepunkt von *Dans les rues* ist eine fast dokumentarisch anmutende Sequenz gegen Schluss, die eine Gruppe Hilfsarbeiter auf einer Baustelle am Hafen zeigt. Eisler liefert dazu den aktivierenden musikalischen Kontrapunkt: mit einer meisterlichen Instrumentalfassung seines 1929 in Berlin entstandenen, längst auch in Frankreich populären *Kominternlieds*. Signalisiert wird dem Zuschauer damit, wie Brecht es in *Die Mutter* formulierte: „So wie es ist / Bleibt es nicht!"

Dans les rues war nach der Premiere Ende Juli 1933 kein großer Publikumserfolg beschieden, wie Eisler seinem inzwischen im dänischen Svendborg lebenden Freund Brecht nicht ohne Sarkasmus berichtete: „Der Film für Trivas ein recht starker Mißerfolg. Der gute Onkel Eisler hat sich aber wieder einmal aus der Sache gezogen, da die Musik als das beste bezeichnet wurde. (Unter uns gesagt: sie scheint leider eine meiner besten Arbeiten zu sein. Es ist ein Jammer!)" (Eisler 2010: 74) Heute aber gilt *Dans les rues* als wichtiger Meilenstein der französischen Kinematographie, wie etwa der Filmhistoriker James Travers festhält:

> „Mit seiner genauen Abbildung von Alltag und Armut ist *Dans les rues* ein packendes Sozialdrama. Beeindruckend ist der Realismus des Films, den Regisseur Trivas durch Außenaufnahmen an authentischen Schauplätzen und die Schilderung eines Alltags erzeugt, wie ihn die meisten ‚gewöhnlichen' Pariser Anfang der 1930er Jahre erlebten. Das alles macht den Film zu einem wertvollen Dokument dieser Periode. Er nimmt damit den Stil des poetischen Realismus voraus, der den französischen Film in der zweiten Hälfte des Jahrzehnts prägen sollte." (Travers 2009 [Übers. J. Sch.])

„Da die Musik als das beste bezeichnet wurde", so hatte Eisler zu *Dans les rues* festgehalten. Offenbar war deren Qualität auch der Firma Les Films de France aufgefallen – was für den Komponisten im Herbst 1933 einen willkommenen neuen Auftrag bedeutete. Er wurde für die Musik zu einem Film des Regie-Altmeisters Jacques Feyder verpflichtet, Titel: *Le grand jeu* (*Das große Spiel*). Dabei handelte es sich um ein bei der Fremdenlegion in Marokko spielendes romantisch-dramatisches Melodram, in dem ein Sergeant der Legion in Liebe zu einer Nachtklubsängerin und Prostituierten entbrennt, die seiner ehemaligen Pariser Freundin täuschend ähnlich sieht. Das war nun zwar guter, aber dennoch purer Unterhaltungsfilm, und Eisler musste das Beste daraus machen – wie ein reichliches Jahrzehnt später auch bei mehreren seiner Hollywoodarbeiten. Die Musik entstand im September/Oktober 1933, und erneut griff der Komponist dabei auf seinen Kampfmusik- und Balladenstil zurück. So ist es denn auch kein Zufall, dass die Vorspannmusik von *Le grand jeu* in ihrem verhalten-balladesken Duktus genauso konzipiert ist wie die von *Dans les rues*.

Und auch „französische Lieder" wurden Eisler erneut abverlangt – für eine ausgedehnte Nachtclubszene, in der zunächst die wenig begabte Debütantin Irma auftritt, und nach ihr der Star des Etablissements, Madame Dauville. Nach Texten von Charles Spaak schrieb Eisler für Erstere das Chanson *Demain, allons*; für Letztere das *Chanson Madame Dauville*. Beide Stücke möchte man dem Kampfmusik-Komponisten jener Jahre nur schwer zutrauen, sie kommen indes sehr gelungen daher. Eine instrumentale Version des *Chanson Madame Dauville* hat Eisler viele Jahre später, 1959 in Berlin, in seine Bühnenmusik zu Majakowskijs *Das Schwitzbad* aufgenommen, dort bezeichnet als „Ordinärer Foxtrott".

Auf die eben geschilderte Szene folgt eine längere Sequenz, bei der unser Sergeant Pierre zunächst seinen Augen nicht traut, weil das singende Animiermädchen Irma seiner ehemaligen Pariser Geliebten wie aus dem Gesicht geschnitten ist – dann aber verspürt er, wie damals, bei ihrem Anblick Liebe auf den ersten Blick. Eisler entscheidet sich bei dieser Schmonzette ebenfalls für musikalische Untermalung im Kampfliedstil – und dies geht nun, wie ich meine, überhaupt nicht.

Nach der Premiere des Films im April 1934 waren sich Publikum wie Kritik im Lobe einig, *Le grand jeu* geriet zum großen Erfolg und wurde am Ende des Jahres zu einem der drei besten französischen Filme von 1934 gekürt. Seinem Freund Brecht vermeldete Eisler: „Grand Jeu <u>sehr</u> großer Erfolg. Große Presse! ‚Kunst'". (Eisler 2010: 82) Der renommierte Filmhistoriker Maurice Bardèche urteilte:

> „Feyder hat einen zutiefst menschlichen Film geschaffen. Obwohl an mancher Stelle etwas überromantisiert erscheinend, besitzt *Le grand jeu* jene seltene Qualität von Wahrhaftigkeit, die den Regisseur stets auszeichnet. Seine Charaktere vermitteln eine ganz eigene Atmosphäre von Schicksal und Tod." (Bardèche 1938: 336 [Übers. J. Sch.])

Bleibt anzumerken, dass *Le grand jeu* erstens mit Sicherheit von Josef von Sternbergs Hollywood-Fremdenlegion-Melodram *Morocco* aus dem Jahr 1931 (mit Gary Cooper und Marlene Dietrich in den Hauptrollen) inspiriert war – bis hin zur fast kopiert wirkenden Schlussszene –, und zweitens, dass der Film Anregung für eine ganze Reihe in den Folgejahren bis 1937 entstehender französischer Streifen mit dem Sujet Fremdenlegion war, darunter *Un de la Légion* von Christian-Jacque und *La Bandera* von Julien Duvivier.

Parallel zur „Brotarbeit" an der *Le grand jeu*-Partitur war Eisler seit dem Sommer 1933 mit einem weiteren Filmprojekt beschäftigt. Der holländische Dokumentarist Joris Ivens hatte ihn aufgefordert, die Musik zu *Nieuwe Gronden* (*Neue Erde*) zu schreiben, einem Film über die Trockenlegung der Zuidersee. Dieses bereits 1920 begonnene, für die damalige Zeit kühne ingenieurtechnische Projekt war 1932 mit der Schließung des Damms vollendet worden. Ivens war seit längerem mit der Kamera dabei gewesen, nun standen Montage und die Endfertigung des Films in Paris an. Ivens und Eisler waren sich erstmals 1932 in der Sowjetunion begegnet, im Zuge gemeinsamer Arbeit an dem Dokumentarfilm *Pesn o gerojach* (*Heldenlied*), Bericht vom Aufbau des riesigen Hüttenkomplexes Magnitostroj im Ural. Dort hatten die beiden eine Freundschaft geschlossen, die lebenslang anhalten sollte. Ivens verdanken wir auch die folgenden Erinnerungen an die gemeinsame Zeit mit Eisler in Paris:

> „Ich sehe unsere Begegnungen in Paris deutlich vor mir. Eine ganze Gruppe linker französischer Intellektueller war damals um Dich herum, ich erinnere mich besonders an Jacques Prévert. Das war eine sehr angenehme Atmosphäre. Die jungen französischen Dichter und Künstler haben Dich sehr geschätzt. Damals setzten wir auch unsere Tradition des Kognacs aus Magnitogorsk fort. Dort im Ural hast Du das ganze Chaos der Riesenbaustelle nur überstehen können, wenn Du ein bisschen Kognac gehabt hast. Jetzt in Paris, wenn wir zusammen saßen, sagtest Du manchmal zu mir: ‚Joris, ich glaube, wir müssen doch mal wieder unseren Baum besuchen.' (Der Baum war ein Kognac-Baum, den nur wir beide sahen.) Wir gingen dann in ein kleines Café bei der Metrostation Vaugirard. Mit den ersten drei Glas Kognac hatten wir den Baum umzingelt. Später wurde er in unseren Gedanken immer größer. Beim zehnten Glas saßen wir schon auf dem zweiten Ast. Beim fünfzehnten waren wir ganz oben. Ich mit meiner visuellen Phantasie sah den Baum in seiner ganzen Größe, und Du hast da oben ein Lied gesungen. Dieser Kognac-Baum war für unsere Zusammenarbeit manchmal sehr wichtig. – Wir waren damals in einer schwierigen Lage. Wir hatten kein Geld, um *Neue Erde* mit Musik zu versehen. Du hattest damals auch nicht viel. Aber wir haben uns gesagt, dass der Film gemacht werden muss. Du hast dann die Musik für nur wenige Musiker geschrieben – ich glaube, es waren zwölf –, damit die Kosten für unsere Produktion nicht zu hoch würden." (Ivens 1964: 37)

Im Zentrum von *Nieuwe Gronden* steht die Schließung des das Meer absperrenden Dammes. Dazu Ivens rückblickend:

> „Ich halte die 160 Meter Film dieser Sequenz für meine komplizierteste und erfolgreichste dramatische Schneidearbeit. Wenn man sie sieht, ist man zunächst keineswegs gewiss, dass Mensch und Land die See besiegen werden. Die einander widerstreitenden Elemente haben die ausgewogenen Chancen zweier gleich starker Boxer. Der Sieg erscheint am Ende dann wahrheitsgetreu. Von einem jeden Publikum in einem jeden Land, wo ich meinen Film gezeigt habe, konnte ich immer einen Seufzer der Erleichterung hören, wenn sich der Damm schloss." (Ivens 1964: 39)

Für die Musik zu dieser Sequenz benutzte Eisler eine frühere Komposition, *Hetzjagd nach Arbeit* aus *Kuhle Wampe*. Sie wechselt allerdings ihre Funktion: Aus dem ursprünglich kontrapunktischen Einsatz wird nun – zu den dramatischen Bildern, die Ivens in immer rascheren Schnittfolgen zusammenfügt – eine den visuellen Eindruck aufs äußerste verstärkende Musik.

Eigentlich wollte Ivens den Film mit Szenen von der ersten Bestellung des neu gewonnenen Bodens sowie der ersten Ernte enden lassen. Als er die entsprechenden Sequenzen im Pariser Studio vorführte, kam von Eisler ein Vorschlag, den der Regisseur sofort aufgriff. Hören wir den Komponisten:

> „Ivens zeigte mir die Schlussbilder, wie auf dem trockenen Grund dann Weizen gepflanzt und geerntet wird. Als er fertig war, sagte ich: ‚Hör zu, so kannst Du nicht enden. Das musst Du folgendermaßen machen: Der schöne gedroschene Weizen kommt in Säcke hinein und dann – es war ja die Zeit der großen Wirtschaftskrise – schmeißt Du ihn ins Meer. So geht der Zyklus der Krise: riesige Anstrengungen, um einen See auszubaggern, enorme neue Frucht – und zurück in die See, weil eben die Weltmärkte stöhnen unter dem Gewicht der Weizensäcke.'" (Eisler 1975: 98)

Außerdem schlug Eisler vor, zu diesen Szenen seine 1930 auf einen Text von Julian Arendt entstandene *Ballade von den Säckeschmeißern* singen zu lassen, die genau von solcher Nahrungsmittelvernichtung berichtet. So bekam der Film also einen neuen aktuellen Schluss. Ivens:

> „Eine Anklage gegen das ökonomische und soziale System, in dem diese Trockenlegung stattfindet, das kapitalistische System. Wir zeigten, wie das Getreide ins Wasser zurückgeworfen wird, mit dem man zehn Jahre lang gekämpft hatte, um es von dem Land zu vertreiben. Dazu schnitt ich Wochenschausequenzen von Hungermärschen in Europa und Amerika. Diesen Gegensatz also habe ich verarbeitet, und Du hast mir sehr geholfen, ihm seine prägnante, militante Form zu geben: Du warst nicht nur als Musiker dabei! (Alain Resnais hat es später auch bei *Nuit et brouillard* immer gesagt: Du hast nicht nur als Komponist, sondern auch sonst an der Gestaltung des Filmes mitgearbeitet.) Du warst es auch, der vorschlug, Deine ‚Ballade von den Säckeschmeißern' zu verwenden, so dass der Film mit einem satirischen Gesang endet. Dazu hatten wir in Paris einen holländischen Kirchensänger gefunden. Als ich ihm das Lied zum erstenmal zeigte, wollte er es nicht singen. Aber da habe ich ihn die entsprechenden Filmsequenzen sehen lassen und ihn dadurch überzeugt, dass Menschen wirklich so blöd sind, Getreide ins Wasser zu werfen, während Millionen Hunger leiden. Er fragte: ‚Ist das wirklich wahr?' Und als ich ‚ja' sagte: ‚Ich bin ein guter Katholik, aber das werde ich doch für euch singen.'" (Ivens 1964: 38)

Von den Dreharbeiten wie von der ersten Vorführung dieser neuen Schlusssequenz hat Eisler schöne Episoden überliefert:

> „Als es an die Szene ging, wo der Weizen ins Meer geschüttet wird, konnte Ivens mit seinen bescheidenen Mitteln ja nicht in Europa einen Platz aufsuchen, wo das in riesigen Mengen geschah. Es wurde also an der Seine gemacht. Wir haben alle zusammen unser Geld hergegeben, und da hat dann der Joris drei Säcke Getreide gekauft, und die wurden dann ins Wasser geschüttet. Es war so eine halbnahe Einstellung, es schaute also nicht ganz so toll aus. Als dann Ivens den Film erstmals vorführte, waren gerade auch Brecht und Egon Erwin Kisch in der Stadt, sie wurden natürlich eingeladen. Nach dem Ende der Vorführung strahlte Ivens und saß ganz glücklich da. Der arme Kisch sagte: ‚Hör zu, das ist alles sehr schön, aber diese Weizenszene ist bissel kümmerlich.' Darauf brüllte der Brecht den Kisch an: ‚Kisch,

das ist ein klassisches Meisterwerk, was reden Sie!' Da sagte der: ‚Mir gefallts ja auch, ich meine nur...' – ‚Da haben Sie gar nix zu meinen!' Kurz und gut, dem armen Kisch wurde der Mund verboten. Das ist die parteiische Haltung. Ist die Wahrheit da, und sind die Umstände so, dass sie zwar gezeigt werden kann, aber nicht in ihrem vollen Glanze, wird eine gewisse Kümmerlichkeit vergeben. Das war Brechtsches Prinzip." (Eisler 1975: 99)

Das Schlusswort soll Regisseur Joris Ivens gehören:

„Als erster Zensurbehörde wurde der Film der französischen vorgelegt, und die Beamten dort baten mich zu einer Besprechung. Sie waren allesamt verwirrt und überaus besorgt. ‚Monsieur Ivens, bitte bedenken Sie die unangenehme Lage, in die wir geraten, wenn wir erlauben, dass dieser Film in den Vororten von Paris gezeigt wird, in Montrouge oder Saint-Denis. Viele arme Leute leben in diesen Bezirken. Nachdem sie diesen Film gesehen haben, kommen sie vielleicht auf den Gedanken, einen Protestmarsch zum Rathaus zu machen und Brot zu verlangen.' In der Furcht, die Diskussion könnte politisch werden, sagte ein anderer der Zensoren: ‚Wir wissen um Ihre Bedeutung in der Filmkunst, aber jetzt bringen Sie uns diese ‚Neue Erde'. Wir können diesen Film nicht aufführen lassen, c'est trop de réalité.' *Nieuwe Gronden* ist später durch die ganze Welt gegangen, nicht selten mit neuerlichen Schwierigkeiten wegen des letzten Aktes. Ich bin sehr stolz darauf, Hanns, dass Du mir dabei geholfen hast. Der Film ist ein klassisches Beispiel dafür geworden, dass die Musik in der Dramaturgie ein aktiver Faktor ist – kein passiver, der nur illustriert oder nur Gefühle untermalt, wie es manchmal in Filmen der Fall ist, sondern wirklich ein integrierender Bestandteil der Gestaltung des Filmes." (Ivens 1964: 41)

Literatur

Bardèche, Maurice/Brasillach, Robert (1938): *History of the Film*. London.
Ehrenzweig, Robert (1933): Ein revolutionäres Erlebnis von ungeheurer Intensität. In: *Die Politische Bühne, 4 (3/4)*, S. 66.
Eisler, Hanns (1975): Gespräche mit Hans Bunge. In: Ders. *Gesammelte Werke, Serie III, Bd. 7*, Leipzig.
Eisler, Hanns (2010): Briefe 1907–1943 (*Hanns Eisler Gesamtausgabe, Serie IX Schriften, Bd. 4/1*), Wiesbaden u. a.
Grabs, Manfred (1984): „Das Lied vom Kampf" führte in den Kampf. In: *notate. Informations- und Mitteilungsblatt des Brecht-Zentrums der DDR, 7 (6)*, S. 12.
Ivens, Joris (1964): Monolog auf Hanns Eisler. In: *Sinn und Form. Sonderheft Hanns Eisler*, Berlin (DDR), S. 32–44.
Klemm, Eberhardt (1974): Über Eislers Balladen. In: *Hanns Eisler heute (Arbeitshefte der Akademie der Künste der DDR 19)*, Berlin, S. 46–48.
Noth, Ernst Erich (1973): Die Exilsituation in Frankreich. In: Manfred Durzak (Hg.), *Die deutsche Exilliteratur 1933–1945*, Stuttgart, S. 73–89.
Schebera, Jürgen (1996): Amsterdam, 11. Oktober 1934. Einiges zur Uraufführung von Weills Sinfonie Nr. 2. In: *Kurt Weill-Studien, Bd. 1*, Stuttgart, S. 109–118.
Travers, James (2009): Review *Dans les rues*. Auf: www.filmsdefrance.com.

Filmographische Angaben

Dans les rues: Societé Internationale Cinématographique 1933; Regie: Viktor Trivas; Drehbuch: Joseph Henri/Alexandre Arnoux nach dem gleichnamigen Roman von Francis de Croisset; Musik: Hanns Eisler; Darsteller: Jean-Pierre Annard, Madeleine Ozeray, Vladimir Sokoloff u. a.

Le grand jeu: Les Films de France 1933/34; Regie: Jacques Feyder; Drehbuch: Charles Spaak, Jacques Feyder; Musik: Hanns Eisler; Darsteller: Pierre Richard Willm, Marie Bell, Charles Vanel, Françoise Rosay u. a.

Nieuwe Gronden: CAPI Amsterdam 1933/34; Szenarium und Regie: Joris Ivens; Musik: Hanns Eisler.

Unterhaltung in *Mahagonny*

Giselher Schubert

„Unterhaltung" ist in den deutschen Künsten das Anathema schlechthin. „Ausländische Gäste in deutschen Theater- und Konzertsälen", beobachtet Heinz Schlaffer (Schlaffer 2003: 103), „wundern sich über die Pünktlichkeit, die festliche Kleidung, die Stille und den Enthusiasmus des Publikums, das die profane Aufführung wie einen Gottesdienst verfolgt. Bis in die Gegenwart wirken die religiösen Anfänge der deutschen bürgerlichen Kultur fort. [...] Lange verzichtete die bürgerliche Gesellschaft in Deutschland auf ihre politische Repräsentation durch demokratische Institutionen. Sie begnügte sich mit kulturellen Formen, von denen sie mit quasireligiöser Begeisterung die Erschließung einer überirdischen, also auch über das Politische erhabenen Welt erwartete." Und weiter (Schlaffer 2003: 103f.): „Eine Haltung, wie sie Deutsche im Theater einnehmen, gibt zu verstehen, daß es kein Ort der Unterhaltung ist."

Freilich wurde in der Musik der Weimarer Republik durchaus versucht, nicht nur anspruchsvolle Musik mit Unterhaltung zu verbinden, sondern ihr auch durch den Anschluss an ein breites Publikum zugleich demokratisch-gesellschaftliche Repräsentanz – und nicht nur Opposition – zu geben. Die nachhaltigsten Versuche unternahmen die Musikfeste in Donaueschingen, als Hindemith sie programmierte, die dann 1927 nach Baden-Baden verlegt wurden. Und das spektakulärste Werk, das aus diesen Bemühungen hervorging, war (neben der von Hindemith und Brecht begründeten Gattung[1] des „Lehrstücks") zweifellos Kurt Weills „Songspiel" *Mahagonny* auf Gedichte aus Brechts *Hauspostille*. Doch fast alle diese Versuche wurden nach 1930 abrupt abgebrochen: zunächst durch die kommunistische Politisierung von Kunst durch Brecht und Eisler, die bereits 1930 manifest wurde,[2] dann durch die von Walter Benjamin konstatierte Ästhetisierung der Politik durch die Nazis (Benjamin 1961: 175) und schließlich, auf einem völlig anderen Niveau, in ganz anderen Dimensionen und ungleich ästhetisch wirkungsmächtiger, durch die Argumente, die von der „Kritischen Theorie" gegen den bürgerlichen Kulturbegriff und die Kulturindustrie vorgebracht wurden und die seit den 1950er Jahren nicht

---

1 *Lehrstück* war ursprünglich der Werktitel des ersten Werkes dieser Art; der Werktitel wurde dann als Gattungstitel genutzt. Brecht überarbeitete das *Lehrstück* 1930, gab ihm eine entschieden kommunistische Wendung und veröffentlichte diese Neufassung als *Das Badener Lehrstück vom Einverständnis*. Hindemith hat es abgelehnt, seine Musik für diese Fassung zu revidieren oder zu ergänzen.

2 Gemeint sind die Vorgänge um die geplante Aufführung des „Lehrstücks" *Die Maßnahme* von Brecht und Eisler vom Mai 1930 in Berlin. Diese Vorgänge wurden bislang von der Brecht/Eisler-Hagiographie immer nur verzerrt dargestellt; vgl. dazu ausführlich mit Zitaten aus allen relevanten Dokumenten: Schubert 2007.

nur in der aktuellen Kunstproduktion virulent wurden, sondern auch komplementär rückwirkend die Einschätzung der Musik in der Weimarer Republik bestimmten.³

Kulturindustrie und Unterhaltung

Den Begriff „Kulturindustrie" führte Max Horkheimer (und nicht Theodor W. Adorno) im Aufsatz *Neue Kunst und Massenkultur* (1941) ein. Er nimmt freilich ambivalente Züge an, wenn komplementär eine frühere Arbeit Horkheimers, *Egoismus und Freiheitsbewegung* (1936), hinzugezogen wird. In dieser früheren Arbeit von 1936 exponiert Horkheimer in der Tradition der Kapitalismus-Studien Max Webers kritisch den bürgerlichen Kulturbegriff, dem nach seinen historisch-systematischen Analysen im Namen höchster Kulturwerte stets lustfeindliche Motive von Entsagung und Askese beigemischt sind und der Muße und Genuss, Behaglichkeit und Vergnügen, Lust und Erotik im Namen von verinnerlichter Sittlichkeit moralisch bekämpft: Dieses bürgerlich als „gemein" denunzierte Vergnügen mache denjenigen, der sie sich gönne, angeblich „gemein anstatt frei, grob anstatt dankbar, blöd anstatt gescheit". (Horkheimer 1968: 13) Horkheimer entziffert die höchsten bürgerlichen Kulturwerte, zu denen anspruchsvolle Musik zählt, als Zeichen für das Interesse an Unterdrückung, mit der die bürgerliche Gesellschaft zur Herrschaft komme. (Horkheimer 1968: 4f.) Unterhaltung wird von dieser Kultur auf das Niveau subalterner Lustmotive gedrückt; ablenkendes Vergnügen, selbstvergessene Zerstreuung verbannt sie in das von Horkheimer so genannte „traurige Refugium" der „spießbürgerlichen Zote und in die Prostitution". (Horkheimer 1968: 13)

Im späteren Aufsatz *Neue Kunst und Massenkultur* bringt Horkheimer diese asketisch-anspruchsvolle, in die permanente Versagung einübende bürgerliche Kultur, deren Tugend sich als ein Herrschaftsmittel erweist, überraschenderweise gegen die „Kulturindustrie" in Stellung. Darüber gewinnt diese bürgerliche Kultur gänzlich veränderte Züge. Horkheimer konstatiert nun grundsätzlich die Ablösung von Kultur durch die „manipulierten Vergnügungen", die bis ins letzte kontrolliert seien. Er spricht der anspruchsvollen bürgerlichen Kunst nun die Fähigkeit zur Flucht in eine andere Welt zu; sie erinnere an eine Freiheit, vor der die herrschenden Maßstäbe „borniert und barbarisch" wirken. (Horkheimer 1968a: 315) Und das

---

3 Besonders manifest wurde das in den Musikkritiken von Carl Dahlhaus, in denen die Charakterisierung des Neoklassizismus als „unterhaltende Musik virtuosen Charakters", wie er eingesteht, „boshaft" gemeint war. (Schubert 2011: 222) Dahlhaus hat sich durch das Kulturindustrie-Kapitel aus der *Dialektik der Aufklärung* bis in die Wortwahl hinein anregen lassen. Adorno schreibt (Horkheimer/Adorno 1947: 153): „Alles Erscheinende ist so gründlich gestempelt, daß nachgerade nichts mehr vorkommen kann, was nicht vorweg die Spur des Jargons trüge"; bei Dahlhaus (Dahlhaus 2008: 418) heißt es in einer Weill-Kritik von 1962, einer Sängerin sei es gelungen, das „Foxtrottschema und die verschmierten Akkorde in Vergessenheit zu bringen und den musikalischen Jargon in eine Sprache zurückzuverwandeln."

Bild dieser anderen Welt, das autonome bürgerliche Kunst festhält, überlebt nach seiner Meinung „nur noch in jenen Werken, die kompromisslos die Kluft zwischen dem monadischen Individuum und seiner barbarischen Umwelt zum Ausdruck bringen." (Horkheimer 1968a: 318) Horkheimer ereifert sich: „Was heute volkstümliche Unterhaltung heißt, verdankt sich in Wirklichkeit einem von der Kulturindustrie künstlich erzeugten, manipulierten und infolgedessen depravierten Bedürfnis." (Horkheimer 1968a: 330) Die sogenannte Unterhaltung, so Horkheimer, die unter den Bedingungen der Kulturindustrie das Erbe der Kunst angetreten habe, sei „nichts als ein Mittel der Ertüchtigung, wie Schwimmen oder Fußball. Popularität hat mit dem spezifischen Inhalt oder der Wahrheit künstlerischer Produktionen nichts mehr zu tun." (Horkheimer 1968a: 331)[4]

Bürgerliche Kultur höchsten Anspruchs, eben noch als verinnerlichtes Herrschaftsmittel, als Einübung in die permanente Entsagung enttarnt, bewahrt nun für Horkheimer gegenüber der entfesselten Kulturindustrie die Utopie, „die aus der Religion wich." (Horkheimer 1968a: 315) Die „ungastlichen Werke", so sein Resümee, „halten dem Individuum die Treue gegen die Infamie des Bestehenden." (Horkheimer 1968a: 318) Die höchsten Kulturwerte, auf die Horkheimer abhebt, deutet er demnach einerseits als Indikatoren bürgerlicher Herrschaft, andererseits als festgehaltene Utopie von Freiheit, die Sphäre von Unterhaltung einerseits als Muße und Vergnügen und andererseits als Depravation und Manipulation, ohne dass entschieden werden kann, welche Deutung zu gelten hat, weil die „Kritische Theorie" die Triftigkeit ihrer Urteile immer nur behauptet, aber nicht nachweist.[5]

Im berühmten Kapitel *Kulturindustrie* aus der *Dialektik der Aufklärung* (Horkheimer/Adorno 1947: 144–198), das Adorno verfasste, wird Horkheimers gründliche Kritik der Kulturindustrie im Grunde nur zu einer gründlicheren rhetorisch gesteigert: Einerseits erhebt er die Bedeutung autonomer Kunst als „Wahrheit" ins schlechthin Unermessliche, andererseits versieht er die Kulturindustrie mit geradezu „satanischen" Zügen.[6] Die ursprüngliche Kritik des exklusiven, auf Herrschaft zielenden bürgerlichen Kulturbegriffs ist selbstverständlich nicht vergessen, aber

---

4 Brecht hingegen, daran sei erinnert, liebte den sportlichen Wettkampf: Das Theater sollte sich nach seiner Meinung (um 1926) auch äußerlich den Schauplätzen von sportlichen Wettkämpfen annähern; das „Songspiel" *Mahagonny* wurde denn auch szenisch auf ein Podium verlegt, das einem Boxring ähnelt. Vgl. Esslin 1970: 48f. Vgl. dazu Benjamins Beobachtung: „Es hängt mit der Technik des Films genau wie mit der des Sports zusammen, daß jeder den Leistungen, die sie ausstellen, als halber Fachmann beiwohnt. Man braucht nur einmal eine Gruppe von Zeitungsjungen, auf ihre Fahrräder gestützt, die Ergebnisse eines Radrennens diskutiert gehört zu haben, um sich das Verhältnis dieses Tatbestandes zu eröffnen." (Benjamin 1961: 164) Adorno wiederum bemerkte ebenso lakonisch wie offenkundig ignorant: „[…] das Sachverständnis der Sport diskutierenden Zeitungsjungen ist mir im höchsten Maß zweifelhaft." (Adorno 1970: 130)
5 So ein Einwand von Jürgen Habermas, zitiert nach Welsch 1995: 115.
6 Es ist durchaus angebracht, darauf hinzuweisen, dass islamistische Fundamentalisten die Vereinigten Staaten als den „großen Satan" perhorreszieren.

sie wird nicht mehr spürbar (gemacht).[7] Adorno bringt vielmehr sogar noch feudale Herrschaftsverhältnisse im Namen autonomer Kunst als vorbildlich ins Spiel. Danach habe die mangelnde Durchdringung des Lebens mit demokratischer Kontrolle in Deutschland paradox gewirkt, indem die Unabhängigkeit von Marktverhältnissen durch die frei verfügende Macht der Fürsten und Feudalherren der späten Kunst gegen „das Verdikt von Angebot und Nachfrage den Rücken" stärkte und angeblich ihre „Resistenz" steigerte. (Horkheimer/Adorno 1947: 158) Auf einen historisch stichhaltigen Nachweis für diese abenteuerliche Meinung hat Adorno verzichtet. Er konstatiert bedauernd sogar noch den schwindenden Einfluss der Kenner und Sachverständigen (Horkheimer/Adorno 1947: 160), als ob nicht zu der Zeit, als er das 1944 schrieb (bzw. diktierte), in Nazideutschland der selbsternannte Sachverstand längst mit den weit reichenden Befugnissen etwa einer Reichsschrifttumskammer institutionalisiert worden wäre, in die Adorno 1933 vergeblich eine Aufnahme beantragt hatte. (Müller-Doohm 2003: 270f.) Die Kulturindustrie, so die Kritik Adornos, verwandelt Kunst in eine Warengattung: Sie erfasst sie, richtet sie zu, gleicht sie der industriellen Produktion an, macht sie käuflich und fungibel. Adorno unterstellt eine Affinität von Geschäft und Unterhaltung; und sich unterhalten zu lassen, vergnügt zu sein heißt für ihn immer nur: einverstanden sein mit der realen Hölle (Horkheimer/Adorno 1947: 172). Und solches Einverständnis sei nur möglich, indem man sich „dumm" mache, das Leiden in der Welt vergesse und sich den letzten Gedanken an Widerstand gegen die schlechte Realität durch Unterhaltung austreiben lasse. (Horkheimer/Adorno 1947: 172) Bieten die autonomen Kunstwerke Modelle des richtigen Verhaltens in einer falschen Welt, richten sie das Moment von Leiderfahrung gegen den Schein des Schönen (Bolz 1999: 133), so organisiert die Kulturindustrie lustvolle Unterwerfung. Das Lachen, das sie mit sich führt, ist nach Adorno die authentische Form des bürgerlichen Sadismus und gewinnt die „Qualität der organisierten Grausamkeit"; berühmt geworden ist seine Deutung der „Synkope des Jazz", nach der sie „das Stolpern zugleich verhöhnt und zur Norm erhebt" (Horkheimer/Adorno 1947: 182), oder auch der Disney-Figur des Donald Duck: „Donald Duck in den Cartoons wie die Unglücklichen in der Realität erhalten ihre Prügel, damit die Zuschauer sich an die eignen gewöhnen." (Horkheimer/Adorno 1947: 165).[8]

---

7 Jürgen Habermas kommentierte diesen irritierenden Sachverhalt: „Die früher geübte Kritik an dem bloß Affirmativen der bürgerlichen Kultur steigert sich zur ohnmächtigen Wut über die ironische Gerechtigkeit jenes angeblich nicht-revidierbaren Urteils, das die Massenkultur an einer immer auch schon ideologisch gewesenen Kultur vollzogen hat." (Habermas 1983: 411).
8 Vgl. hierzu auch Adorno 1984: 449ff.; danach wird sogar durch die „inhumane" Heiterkeit die „Verbesserung des Diesseits" „willentlich hintertrieben"; zugleich bekennt Adorno, dass er „das Varieté" gerne besuche. Adorno vermiest anderen den Spaß, den er sich selbst gönnt.

Das Songspiel im Baden-Badener Kontext

Die Genese solcher kritisch-unversöhnlichen Einschätzung von autonomer Kunst und Unterhaltung, welche in der *Dialektik der Aufklärung* ihre geschichtsphilosophische Fundierung erhält, lässt sich auf die musikalischen Kontroversen vom Ende der 1920er Jahre in der Weimarer Republik zurückverfolgen. Freilich besitzt sie dort noch keinen fundamentalen, aufs gesellschaftlich Ganze gehenden Charakter; aber es erweist sich drastisch, dass sie als angewendete „bestimmte Negation"[9] immer auch dasjenige zurechtrückt und nach ihren Unterstellungen konturiert, was sie zu demaskieren vorgibt und was sie immer schon weiß. Die Einschätzung der Konzeption des „Songspiels" *Mahagonny* oder der *Dreigroschenoper* von Kurt Weill und die ihrer zeitgenössischen Rezeption bieten das Paradigma schlechthin.

Weill ließ zur Uraufführung[10] des „Songspiels" *Mahagonny*, die als eine Art Auftragskomposition im Rahmen der *Deutschen Kammermusik Baden-Baden* am 17. Juli 1927 in Baden-Baden stattfand, im Programmheft die folgende Notiz als Hinweis auf seine Intentionen und auf die Haltung und Bestimmung des Werkes abdrucken: „In seinen neueren Werken bewegt sich Weill in der Richtung jener Künstler aller Kunstgebiete, die die Liquidation der gesellschaftlichen Künste voraussagen. Das kleine epische Stück ‚Mahagonny' zieht lediglich die Konsequenz aus dem unaufhaltsamen Verfall der bestehenden Gesellschaftsschichten[.] Er wendet sich bereits an ein Publikum, das im Theater naiv seinen Spass verlangt." (Weill 1927: 13)[11] Uraufgeführt wurde das Songspiel freilich vor dem exklusiven Fachpublikum eines der neuen Musik gewidmeten Musikfestes, an dem er sich ursprünglich gar nicht beteiligen wollte; und der „Spass" der Brecht-Gedichte, die Weill vertonte, war ebenso vergiftet wie die in den Instrumentalzwischenspielen teilweise atonale Musik und dem Zitat der „Internationalen". Wer 1927 atonal komponiert und die „Internationale" zitiert, will wohl kaum Spaß machen. Weill fand die Brecht-Gedichte, die dann erweitert wurden, in der *Hauspostille* (Brecht 1927);[12] dort stehen sie in der vierten Lektion, von der Brecht in seiner Anleitung

---

9 So ein Einwand von Habermas: „Nachdem, auf dem erreichten Niveau der Reflexion, jeder Versuch, eine Theorie aufzustellen, ins Bodenlose gleiten müßte, verzichten sie [Horkheimer und Adorno] auf Theorie und praktizieren ad hoc die bestimmte Negation [...]. Der praktizierte Widerspruchsgeist ist, was vom ‚Geist der unnachgiebigen Theorie' übrigbleibt." (Habermas 1983: 427)

10 Die Entstehung und Deutung des „Songspiels", der ersten Arbeit von Weill/Brecht, diskutiert erschöpfend Hinton 2012.

11 Eine ähnliche Haltung wird auch in der Notiz Hanns Eislers zum Text seiner *kleinen Kantate für Frauen-Terzett, Tenor, Geige und Klavier Tagebuch* spürbar, die auf demselben Fest in Baden-Baden uraufgeführt wurde: „Es ist auch dem Komponisten klar, daß die Texte des ‚Tagebuchs' keinerlei literarischen Wert besitzen. Sie sind sehr banal und ordinär." (Eisler 1927: 5)

12 Hinzugefügt ist im Songspiel noch ein Finale: *Aber diese ganze Mahagonny* und die drei Schlussverse „Mahagonny – das gibt es nicht. | Mahagonny – das ist kein Ort. | Mahagonny – das ist nur ein erfundenes Wort". In der später revidierten Fassung der *Hauspostille* (Brecht

zum Gebrauch auch noch meinte, sie seien „das Richtige für die Stunden des Reichtums, das Bewußtsein des Fleisches und die Anmaßung. (Sie kommen also nur für sehr wenige Leser in Betracht. Diese können die Gesänge ruhig mit der Höchstleistung an Stimme und Gefühl, jedoch ohne Mimik, anstimmen.)" (Brecht 1995: 8) Aufgeführt wurde das Songspiel in Baden-Baden jedoch szenisch, also mit „Mimik", gerade ohne „Höchstleistung der Stimme" (Lotte Lenya als eine der Protagonistinnen hatte keine ausgebildete Stimme und konnte keine Noten lesen), und die von Brecht selbst übernommene Regie zeichnete sich nach den Presse-berichten eher durch Gefühllosigkeit aus.[13] Zudem parodiert Brecht mit der *Hauspostille* eine Form von ursprünglich christlicher Erbauungsliteratur bzw., mit der Gliederung der Texte nach Lektionen, von katholischer Liturgie, um mit ihr eine entschieden antichristliche Grundhaltung auszudrücken. Gesellschaftliche Auswüchse, die in der *Hauspostille* dargestellt sind, werden als Rauschmittel genossen, „die das Elend der Welt vergessen machen" (Schuhmacher 1971: 169) und die den Männern in *Mahagonny* bereits als die Hölle gilt, in die sie der Gott in Mahagonny stecken will. Aber *Mahagonny*, so klärt der Schlussvers auf, ist nur ein erfundenes Wort, die ganze Aufführung, die mit einem Pistolenschuss eröffnet wird, also nur ein Spiel.

Dass sich Weill mit solch einem alles andere als vergnüglichen Stoff einem Publikum zuzuwenden beginnt, das im Theater naiv seinen Spaß verlange, wirkt also entweder zynisch oder absurd oder auf eine durchtriebene Art raffiniert; er rückt Kunst, Unterhaltung und gesellschaftliche Erkenntnis in einen Zusammenhang, der beunruhigt, irritiert und die unterschiedlichsten und zugleich weitreichendsten Deutungen provoziert. Was ist mit den obsoleten „gesellschaftlichen Künsten", mit dem epischen Charakter des Songspiels gemeint, was steckt hinter

---

1995) finden sich nur noch drei der Gesänge aus dem Songspiel: *Auf nach Mahagonny* (= *Mahagonnygesang Nr. 1*); *An einem grauen Vormittag* (= *Mahagonnygesang Nr. 3*) sowie *There is no whisky in this town* (= *Benares Song*). Zu diesen Gesängen sind im Anhang der *Hauspostille* auch bereits in der 1. Auflage Gesangsnoten von Brecht beigegeben. In der revidierten Fassung fehlen also: *Oh, show us the way to the next whisky-bar* (= *Alabama Song*) sowie *Wer in Mahagonny blieb* (= *Mahagonnygesang Nr. 2*). Außerdem sind die aus der *Hauspostille* übernommenen Verse für das Songspiel zum Teil bemerkenswert verändert worden; und vor allem werden die Gesänge auf insgesamt sechs Protagonisten aufgeteilt: Jessie und Bessie (Sopran), Charlie und Billy (Tenor), Bobby (Bariton) und Jimmy (Bass); szenische Anweisungen sind hinzugefügt (aber bislang noch nicht vollständig veröffentlicht), der ursprüngliche Postillen-Charakter ist jedenfalls nicht mehr erkennbar.

13 Vgl. Böhm (1927: 350) über die Inszenierung: „Kein Vorhang, alles an Aufbau der primitiven Szenerie, Weisungen vom Regisseur und Inspizient, Tätigkeit des Beleuchters usw. vor Augen des Publikums, das auch die nicht beschäftigten Darsteller während ihrer Auftrittspausen und der Umzüge ungeniert beobachten kann. Hintergründe, in Form absichtlich schlecht zusammenpassender Diapositive nach Zeichnungen Caspar Nehers an die Wand projiziert, mit lustigen Sprüchen und humorvollen Zeichnungen, Vortragstexte, teilweise als witzige Persiflage, teilweise von schönem lyrischen Gehalt, von zwo Girls und vier Boys in outrierten amerikanisierten Kostümen und Masken produziert."

dem „Spaß" und hinter dem ursprünglichen Zögern, sich am Musikfest zu beteiligen?

Weills rätselhafte Notiz zur Uraufführung des Songspiels und seine Bereitschaft, ein Werk für Baden-Baden beizusteuern, erklären sich einerseits aus dem Gesamtprogramm des Festes und andererseits durch weitere erläuternde Kommentare. Die Organisatoren der Deutschen Kammermusik Baden-Baden hatten das Fest mit Klavier- und Kammermusik, Filmmusik und mechanischer Musik reichhaltig programmiert und den Komponisten, die um Bühnenwerke gebeten wurden, gewisse konzeptionelle Vorgaben gemacht, nach denen an ein heiteres „Bühnen-Capriccio" gedacht war, „das in der Nähe der Revue steht, das sich nicht viel um Wahrheit, Logik und Psychologie kümmert, das die ungekünstelte, realistische Sprache der Gegenwart spricht und nicht mehr zu sein beansprucht als ein unterhaltsames ‚Theater-Spiel'." (Burkard 1927: 22) An solche Vorgaben hielten sich denn auch vor allem Milhaud und Hindemith mit ihren Beiträgen: Milhaud kreierte mit *Die Entführung der Europa* den Typ der „Minutenoper" mit einem Sujet aus der griechischen Mythologie, die als Komprimierung von Ingredienzien der Oper auf ein Miniaturformat durchaus unterhaltsame Züge besitzt, Hindemith mit *Hin und zurück* den des musikalischen Sketches über ein trivial-kolportagehaftes Sujet, das ebenso sinnvoll wie sinnlos im Krebs zurückläuft. Hindemiths Stück ist tatsächlich ein Spaß, der freilich durch die rückläufige musikalische Gestaltung durchaus auch kunstvolle Züge besitzt, die zugleich den Spaß wirkungsvoll steigern. Hingegen zählen die 1927 in Baden-Baden aufgeführten Instrumentalwerke – darunter immerhin die Klaviersonate von Béla Bartók, die der Komponist selbst uraufführte, und die vom Wiener Streichquartett mit Rudolf Kolisch[14] als Primarius interpretierte *Lyrische Suite* für Streichquartett von Alban Berg – unbedingt noch zu den von Weill so genannten „gesellschaftlichen Künsten". Im Aufsatz *Verschiebungen in der musikalischen Produktion*, der drei Monate nach dem Baden-Badener Musikfest erschien, greift Weill die Ausführungen seiner Baden-Badener Notiz auf der Folie der dort gesammelten Erfahrungen wieder auf: „In Deutschland also zeigt sich am deutlichsten, daß die musikalische Produktion eine neue Existenzberechtigung gewinnen muß. [...] Die gesellschaftlichen Künste, einer anderen Zeit und einer anderen Kunsteinstellung entstammend, verlieren immer mehr an Boden. Die neue Orchester- und Kammermusik, für die früher auf seiten des Publi-

---

14 Über die Aufführung schrieb Kolisch am 23.7.1927 an Berg: „Infolge der Verspätung meines Berichts werde ich wahrscheinlich nicht der erste sein, von dem Du den ungeheuren Erfolg Deines Quartetts in B-Baden erfährst. (Mein Telegramm ist wahrscheinlich nicht angekommen?) Was Du darüber gehört hast reicht nicht hin, Dir eine Vorstellung von der Intensität dieses Erfolgs zu geben, der umso bedeutsamer ist, als die amerikanisch-mechanische Einstellung des ganzen Festes, auf einen Triumph Hindemiths abgezielt, der Wirkung Deiner Musik sicher nicht entgegenkam." (Adorno/Berg 1997: 154f.) Kolisch hat den noch größeren Triumph des Weillschen „Songspiels" wahrscheinlich gar nicht mehr erlebt, der denjenigen der *Lyrischen Suite* verblassen ließ.

kums eine regelrechte Nachfrage herrschte, ist heute fast ausschließlich auf Musikgesellschaften, auf Organisationen zur Pflege neuer Musik angewiesen, deren Hörerkreis sich hauptsächlich aus Musikern selbst zusammensetzt. Die Musik sucht daher Annäherung an die Interessengebiete eines breiten Publikums, weil sie nur so ihre Lebensfähigkeit bewahren kann. Sie tut es zunächst, indem sie die in den letzten Jahren gewonnene Leichtigkeit und Musizierfreudigkeit benutzt, um eine wertvolle ‚Gebrauchsmusik' zu schaffen." (Weill 2000b: 62f.) Und weiter führt er aus: „Ich bin überzeugt, daß auf Grund der neu erlangten inneren und äußeren Unkompliziertheit im Stoff und in den Ausdrucksmitteln ein Zweig der Oper sich zu einer neuen epischen Form entwickelt, wie ich sie gemeinsam mit Brecht in dem Songspiel ‚Mahagonny' anwende. Diese Form des musikalischen Bühnenwerkes setzt zwar eine von Haus aus theatralische Musik voraus, sie ermöglicht es aber vollends, der Oper eine absolut musikalische, sogar konzertante Gestaltung zu geben." (Weill 2000b: 63)[15] Als „gesellschaftliche Künste", d. h. als eine Kunst, die sich im Kontext bestimmter sich auflösender Gesellschaftsschichten[16] mit ihren besonderen ästhetischen Vorlieben ausgebildet hat und als solche zur bürgerlichen Kultur gehört, haben demnach auch die avantgardistischen Formen von Klavier- und Kammermusik zu gelten. Die wertvolle „Gebrauchsmusik", die Weill alternativ als Annäherung an ein breites Publikum vorschwebt, nutzt entgegenkommend Leichtigkeit und Spielfreudigkeit als Haltung und Unkompliziertheit der Sujets und des Ausdrucks als Mittel. Und mit der epischen Form setzt Weill die Mittel, die durchaus auch eine absolut-musikalische Faktur tragen können, zueinander in einer Weise in Beziehung, die sie hervortreten lässt und als solche bemerkbar macht; er stellt sie gewissermaßen aus. Weill selbst fasste sogar in seiner etwas späteren Notiz zur Aufführung der Kantate *Der Lindberghflug* den Konzertsaal als eine Art Ausstellungsraum auf, der für ein Publikum die Zweckbestimmung des Werkes überprüf-

---

15 In seiner Antwort auf eine Rundfrage aus derselben Zeit *Wie denken Sie über die zeitgemäße Weiterentwicklung der Oper?* paraphrasiert Weill 2000a: 60 diese Überlegungen.
16 Doflein 1927: 416 hat denn auch ausdrücklich Publikumstypen beschrieben: „Eine völlig uneindeutige Schicht von Bildungsphilistern und mittleren Kulturgutwahrern füllt Oper und Symphoniekonzerte mit ihren traditionellen Programmen [...]. Ebenso bei der Operette mit ihrem noch anspruchsloseren Publikum. Eine sehr kleine Gruppe der alten ‚Gebildeten' bleibt dem Kammermusiksaal treu, sucht doch aber auch hier meist nur das Erlebnis in der Begeisterung am Solisten. Eine merkwürdig gemischte Gruppe von peinlichen Snobs und ernsthaft bewegten jungen Menschen beachtet das Moderne in seinen Sonderaufführungen, meist ohne jedoch dessen mannigfaltigen Abwandlungen gerecht werden zu können, immer mehr alles ‚eigentliche' Verstehen den Fachleuten überlassend. [...] Eine bestimmte Art von Publikum aber steht fast ganz ohne seine Kunst, seine Musik da. Man denke sich einen Herrn von dreißig Jahren, der eben nach anstrengender Berufstätigkeit in guter Laune nach Hause gekommen ist, sich sorgfältig umgekleidet hat und, noch ohne ein klares Ziel zu haben, in die abendliche Stadt geht." Doflein beschreibt hier fast schon das Publikum, für das Musicals des New Yorker Broadways gedacht waren.

bar machen soll (Weill 2000c: 101).[17] Und diese Verwandlung des Konzertsaales in einen Ausstellungsraum mag Weill dazu bewogen haben, sich am Musikfest in Baden-Baden zu beteiligen. Kontemplativer Kunstgenuss soll sich demnach in wache Begutachtung verwandeln.

Pressereaktionen und Theorie der Massenmedien

Die zeitgenössische Uraufführungs-Kritik des Songspiels hat Weills Intentionen durchaus aufgegriffen und sich am Hintersinn seiner zugleich unterhaltenden und verdeutlichenden Musik gerieben, den Brechts eben nur drastisch-plakative Gedichte nicht kennen. Olin Downes etwa sieht die Bitternis, die von den Gedichten ausgeht, durch die Weillsche Musik gut kontrolliert (Downes 1927; X4).[18] Nach Erich Doflein bringt Weill die Gedichte zur Darstellung durch Musik als ein nachdrückliches Spielen: mit Schlagerfrechheit, mit schwerblütiger Trostlosigkeit, mit dem Humor der Sinnlosigkeit, mit Parodie, Proklamation, Blasphemie, die über das bloße „Kunstwollen" hinausführen. (Doflein 1927: 421) Solch ein Werk besitzt nach Doflein im System unserer Kunstgenüsse keine Stelle. Weill, so wäre Doflein zu verstehen, verwandelt den kruden Realismus der Gedichte in Musik, die über das Aufführen Öffentlichkeit herstellt und ihnen mit scheinbar „naiver Undefinierbarkeit" (Doflein 1927: 422) Wirkung verschafft. Glaubte Brecht stets, Musik anwenden und in ein Mittel verwandeln zu können, so wendet Weill den Text mit differenzierender Ausdruckskraft an, die der Musik möglich ist und Sprache kaum erreicht.

Es ist erstaunlich, in welchem Ausmaß etwa zehn Jahre später die Weillschen Erwägungen, wahrscheinlich vermittelt durch Brechts Überlegungen zur Pädagogik[19] und zum epischen Theater, in Walter Benjamins berühmter Theorie moderner Massenmedien *Das Kunstwerk im Zeitalter seiner technischen Reproduzierbarkeit* wiederkehren, die erstmals ein neues Publikumsverhalten den Kunstwerken gegenüber beschreibt, mit dem die Quantität massenhafter Rezeption in eine neue Qualität umgeschlagen sei. (Benjamin 1961: 148ff.) Die von Weill als „episch" charakterisierte Form entspricht dem von Benjamin konstatierten Verlust der Aura als dem verblichenen Kultwert von Kunst. Die Idee, die Musik gewissermaßen auszustellen und damit in der Situation der Aufführung überprüfbar zu machen, kehrt bei Ben-

---

17 Danach wird der Konzertsaal zu „einem Laboratorium, in dem die neue Haltung der Musik und die neuen Beziehungen zwischen Publikum und Autor sich erweisen müssen. Er kann auch zu einer Art von Ausstellungsraum werden." Hindemith 1994: 46 verglich sogar 1930 die Veranstaltung Neue Musik Berlin 1930 mit einer der „Industrie" nachempfundenen „Materialprüfungsstelle".
18 Die Pressekritiken zum „Songspiel" stellte mir großzügig das Weill-Institut, New York, zur Verfügung. Mein besonderer Dank gilt Elmar Juchem.
19 Vgl. hierzu vor allem die Brechtschen Fragmente zu einer (nicht geschriebenen) Theorie des „Lehrstücks", die Steinweg 1972 gesammelt und zusammengetragen hat.

jamin wörtlich mit Überlegungen zum von ihm so genannten Ausstellungswert von Kunst wieder (Benjamin 1961: 156ff.), der nach seiner Meinung im Sinne einer begutachtenden, prüfenden und deutenden Teilhabe des Publikums am Kunstwerk den Kultwert abgelöst hat. Und das Moment von entgegenkommender Unterhaltung umschreibt Benjamin als Rezeption im Zustand von Zerstreuung. Die autonome l'art pour l'art-Kunst mit ihren auratischen Qualitäten und ihrem Kultwert deutet Benjamin geradezu als „Theologie" einer gänzlich reinen Kunst (Benjamin 1961: 156) ohne soziale Funktion: Sie sei asozial, um gleichwohl von der Verwertung eingeholt zu werden. Der Ausstellungswert der unauratischen Kunst hingegen verschaffe, so Benjamin, einen Zugang zur Autorenschaft, indem er das Publikum zu einem teilhabenden Abnehmer emanzipiere.[20]

Unterhaltung und gesellschaftliche Repräsentanz

Von allen diesen Erwägungen, Überlegungen und Theoriebildungen hebt sich die Einschätzung der Weillschen Musik seit dem „Songspiel" durch Adorno ab. Er urteilt von den „gesellschaftlichen Künsten" aus, die er, anders als Weill, keinesfalls als gesellschaftsgebunden, sondern als Entfaltung von „Wahrheit" auffasst und mit der Autonomie musikalisch-materialer Konsequenz identifiziert, welche diese gesellschaftlichen Künste mit „äußerster Befolgung des technologischen Gesetzes" dem „Stande der Freiheit" annähere. (Adorno 1970: 128)[21] Begriffe wie „Wahrheit" und „Freiheit" suggerieren Modi von gesellschaftlichen Erkenntnissen durch autonome Kunst, bleiben jedoch relativ abstrakt und inhaltslos der ästhetischen Sphäre verhaftet, um umso willkürlicher als Projektionsfläche bedeutungsvollgewichtig vorgetragener „Einsichten" fungieren zu können. Wie argumentiert Adorno? Er bezieht Weills Intentionen als „bestimmte Negation" auf einen historischen Materialstand der „gesellschaftlichen Künste", den der konsequente technologische musikalische Fortschritt[22] hinter sich gelassen habe und deutet sie im Sinne von Musik über Musik, welche das nun alte, geschrumpfte Material verwandele oder, wie suggestiv formuliert wird, „die dämonischen Züge der abgestorbenen

---

20 Auf Benjamins Abhandlung ist Theodor W. Adorno kritisch mit einem Brief vom 18. März 1936 an Benjamin eingegangen, der Benjamin zu Revisionen veranlasste. (Adorno 1970: 126ff.) Diese Kontroverse stellt neben vielen anderen dar: Steinert 1992: 159ff.
21 So Adorno im Brief vom 18.3.1936 an Walter Benjamin. (Adorno 1970: 128) – Warum und wie die „äußerste Befolgung des technologischen Gesetzes" Kunst dem „Stande der Freiheit" annähert, wird freilich nur behauptet aber nicht demonstriert. In der *Philosophie der neuen Musik* (Adorno 1958, 109) wird dann wieder das Gegenteil verkündet: „Ihre Wahrheit ist die Verneinung der Fügsamkeit, in welche ihr zentrales Prinzip, das des bruchlosen Stimmens, sie hineingetrieben hat."
22 Steinert hat darauf aufmerksam gemacht, dass in solchen Verfügungen Adornos der „technologische musikalische Fortschritt" von einer „Dialektik der Aufklärung" sich immer als gänzlich unberührt erweist. (Steinert 1992: 125)

Klänge" (Adorno 1984b: 138) aufdecke und nutze.[23] Das alles lässt ihn auf eine „beginnende Restitution der Oper durch Wahrheit" hoffen (Adorno 1984b: 138).[24] Das rezeptorische Missverständnis der Weillschen Musik (vgl. dazu die ausführlichen Diskussionen bei Hinton 1993), das nach Adorno darin besteht, dass tiefe „Wahrheit" als schnöde „Unterhaltung" verkannt wird, stellte er in seiner Kritik der Berliner Aufführung von *Aufstieg und Fall der Stadt Mahagonny* durch Zemlinsky richtig: Zemlinsky habe „diese Musik endlich aus dem Mißverständnis von Elan, Jazz und teuflischer Unterhaltung gelöst und gezeigt, wie sie ist: mit ihrem schwelenden, grellen, dann wieder todtraurig verblaßten Hintergrund; mit einer sorgsamen Schärfe, die die Sprünge und Ausbiegungen deutlich macht, von denen das Songpublikum lieber nichts wissen wollte". (Adorno 1984b: 277) Adorno versichert oder unterstellt freilich nur, das ein Missverständnis vorliegt; nachgewiesen hat er es nicht, und deshalb verliert seine Kritik, die sich in einem Gedankenlabyrinth verirrt, ihren Sinn. Er möchte offenbar nicht wahrhaben, dass das Werk so, wie er es auffasst und wie nach seiner Meinung Zemlinsky die Musik doch erfahrbar gemacht hat, den Erfolg hätte haben können, den es gehabt hat. Adorno kultiviert mit den „dämonischen Zügen der abgestorbenen Klänge" den Zerfall als Aura; er lässt immer nur Kultwerte bürgerlicher Kunst als „Wahrheit" gelten, die Weill absichtsvoll im Sinne demokratischer Repräsentanz hinter sich lassen wollte.

Umso aufschlussreicher mag es sein, einen Blick auf die französische Rezeption des – freilich markant erweiterten „Songspiels"[25] – zu werfen, das im Dezember 1932 mit größtem Erfolg kaum anders als 1927 in Baden-Baden vor einem hoch intellektuellen Publikum etwa mit Gide, Valéry, Derain, Desnos, Poulenc oder Honegger in Paris aufgeführt wurde.[26] In den Kritiken ist von „Ausstellungswert" oder „Kultwert", oder von demjenigen, was mit diesen Begriffen umschrieben wird, ebenso wenig die Rede wie von „Wahrheit" und „Freiheit". Dort sieht man in den meisten Kritiken mit dem „Songspiel" endlich eine eminent demokratische Kunstform verwirklicht, welche die angewendeten kompositorischen Mittel zugleich herausfordert und rechtfertigt. André George[27] etwa glaubt im „Songspiel" all das ausgestaltet, was die jüngere Generation französischer Komponisten seit 1918 erreichen wollte: die künstlerische Anwendung populärer Formen, eine Kunst mit einfachsten Mitteln über Alltägliches, eine am Jazz geschulte rhythmische Erneuerung von suggestiver Macht. Er setzt den *Alabama-Song*, der sogar wiederholt

---

23 So Adorno in einer Rezension der *Dreigroschenoper* von 1928. (Adorno 1984b: 138)
24 Gerne wüsste man, was es mit dieser „Restitution der Oper durch Wahrheit" auf sich hat.
25 Zu diesen Erweiterungen vgl. Drew 1987: 174.
26 Das Konzert fand am 11. Dezember 1932 (Vorauführung am 10. Dezember) im Salle Gaveau statt; auf dem Programm standen das Cembalokonzert von Manuel de Falla, die Klaviersonate von Georges Auric und außer dem erweiterten Songspiel noch die Schuloper *Der Jasager* von Weill.
27 Die Kopie des Zeitungsausschnitts im Weill-Institut ist weder zu identifizieren noch zu datieren.

werden musste, mit Tristans *O sink hernieder, Macht der Liebe* in Verbindung und spricht vom Songspiel als einem „Dreigroschentristan". Weill wird von der Kritik als ein Strawinskij der Vorstädte charakterisiert, als Verbindung von Berlin mit einem italo-russisch-jazzigen Strawinskij; sie vergleicht ihn mit Milhaud, der freilich nicht im jugendlichen Gehabe stecken blieb. Dem „Songspiel" wird Einfachheit, Kühnheit und Pathos zuerkannt (Vuillermoz 1975: 101), das Realismus und Stilisierung unterhaltsam mischt. Sinn und Bedeutung erhält also die Weillsche Kunst in Frankreich weder durch eine dem „System unserer Kunstgenüsse" sich entziehende „naive Undefinierbarkeit" wie bei Doflein noch durch eine kritisch-negative, zerstörerische Affinität zu vergangener Kunst wie bei Adorno, sondern als „das demokratische Theater von morgen" (Vuillermoz 1975: 101) durch höchst aktuelle gesellschaftliche Repräsentanz. Begriffe wie „Wahrheit" und „Freiheit", so belehrt zumindest indirekt die französische Kritik, mögen in differenzierenden Diskussionen autonomer Kunst aufgegriffen und rhetorisch aufgerüstet in Stellung gebracht werden, doch bleiben ihre Geltungsansprüche unbestimmt und sie deshalb belanglos. Solche Geltungsansprüche wurden denn auch erst mit dem geschichtsphilosophischen Fundamentalismus der *Dialektik der Aufklärung* ästhetisch sanktioniert und dezisionistisch gegen „Unterhaltung" ausgespielt; und dann konnte Adorno Weill vom Komponisten zum „Musikregisseur" degradieren, der „die feste Grenze ernster und leichter Musik nicht mehr anerkannte" (Adorno 1984a: 550) – eben!

Literatur

Adorno, Theodor W. (1958): *Philosophie der neuen Musik*. Frankfurt a. M.
Adorno, Theodor W. (1970): *Über Walter Benjamin*. Frankfurt a. M.
Adorno, Theodor W. (1984a): *Musikalische Schriften V (= Gesammelte Schriften, Bd. 18)*. Hg. von Rolf Tiedemann/Klaus Schultz. Frankfurt a. M.
Adorno, Theodor W. (1984b): Kontroverse über die Heiterkeit (1930). In: Ders.: *Musikalische Schriften VI (= Gesammelte Schriften, Bd. 19)*. Hg. von Rolf Tiedemann/ Klaus Schultz, Frankfurt a. M., S. 448–452.
Adorno, Theodor W./Berg, Alban (1997): *Briefwechsel 1925–1935*. Hg. von Henri Lonitz. Frankfurt a. M.
Benjamin, Walter (1961): Das Kunstwerk im Zeitalter seiner technischen Reproduktion. In: Ders.: *Illuminationen. Ausgewählte Schriften*. Hg. von Siegfried Unseld, Frankfurt a. M., S. 148–184.
Böhm, Hans (1927): Sommerpremieren in Baden-Baden. In: *Das Theater 15/1927*, S. 305.
Bolz, Norbert (1999): *Die Konformisten des Andersseins*. München.
Dahlhaus, Carl (2008): *Varia (= Gesammelte Schriften, Bd. 10)*. Hg. von Hermann Danuser et al., Laaber.
Brecht, Bertolt (1927): *Bertolt Brechts Hauspostille*. Berlin.
Brecht, Bertolt (1996): *Bertolt Brechts Hauspostille (14. Auflage)*. Frankfurt a. M.

Burkard, Heinrich (1927): Donaueschingen – Baden-Baden. In: Fritz Reusch (Hg.), *Programmheft Deutsche Kammermusik Baden-Baden*, Baden-Baden, S. 17–23.
Doflein, Erich (1927): Bühne mit Kammermusik. Über Möglichkeiten einer neuen Kammeroper. In: *Melos 1927*, S. 416–422.
Downes, Olin (1927): Baden-Baden Festival. In: *New York Times 14.8.1927*, S. X4.
Drew, David (1987: *Kurt Weill. A Handbook*. London.
Eisler, Hanns (1927): Programmnotiz. In: Fritz Reusch (Hg.), *Programmheft Deutsche Kammermusik Baden-Baden*, Baden-Baden, S. 5.
Esslin, Martin (1970): Brecht. Das Paradoxon des politischen Dichters. München.
Habermas, Jürgen (1983): Die Verschlingung von Mythos und Aufklärung. Bemerkung zur ‚Dialektik der Aufklärung' – nach einer erneuten Lektüre. In: Karl Heinz Bohrer (Hg.): *Mythos und Moderne*, Frankfurt a. M., S. 405–431.
Hindemith, Paul (1994): Neue Musik Berlin 1930. In: Ders.: *Aufsätze, Vorträge, Reden*. Hg. von Giselher Schubert, Mainz.
Hinton, Stephen (1993), Fragwürdiges in der deutschen Weill-Rezeption. In: Kim H. Kowalke/Horst Edler (Hg.), *A Stranger Here Myself. Kurt Weill-Studien*, Hildesheim, S. 23–33.
Hinton, Stephen (2012): "Songspiel". In: Ders.: *Weill's Musical Theater. Stages of Reform*, Berkeley, S. 94–109.
Horkheimer, Max/Adorno, Theodor W. (1947): *Dialektik der Aufklärung*. Amsterdam.
Horkheimer, Max (1968): Egoismus und Freiheitsbewegung (1936). In: Ders.: *Kritische Theorie der Gesellschaft (Bd. 2)*. Hg. von Alfred Schmidt, Frankfurt a. M., S. 1–81.
Horkheimer, Max (1968a): Neue Kunst und Massenkultur (1941). In: Ders.: *Kritische Theorie der Gesellschaft (Bd. 2)*. Hg. von Alfred Schmidt, Frankfurt a. M., S. 313–332.
Müller-Dohm, Stefan (2003): *Adorno. Eine Biographie*. Frankfurt a. M.
Schlaffer, Heinz (2003): *Die kurze Geschichte der deutschen Literatur*. München.
Schubert, Giselher (2007): Zwischen Fronten. Hindemith, Brecht und Benn. In: Dominik Sackmann (Hg.), *Hindemith-Interpretationen*, Bern, S. 117–142.
Schubert, Giselher (2011): Strawinsky und andere: Dahlhaus' Einstellung zum Neoklassizismus. In: Hermann Danuser/Peter Gülke/Norbert Miller (Hg.), *Carl Dahlhaus und die Musikwissenschaft*, Schliengen, S. 222–230.
Schuhmann, Klaus (1971): *Der Lyriker Bertolt Brecht*. München.
Steinert, Heinz (1992): *Die Entdeckung der Kulturindustrie, oder: Warum Professor Adorno Jazz nicht ausstehen konnte*. Wien.
Steinweg, Rainer (1972): *Das Lehrstück. Brechts Theorie einer politisch-ästhetischen Erziehung*. Stuttgart.
Vuillermoz, Émile (1975): Weill in Paris (1932). In: David Drew (Hg), *Über Weill*, Frankfurt a. M., S. 102–102.
Weill, Kurt (1927): Programmnotiz. In: Fritz Reusch (Hg.), *Programmheft Deutsche Kammermusik Baden-Baden*, Baden-Baden, S. 13.
Weill, Kurt (2000): Wie denken Sie über die zeitgemäße Weiterentwicklung der Oper? (1927). In: Ders.: *Musik und musikalisches Theater. Gesammelte Schriften*. Hg. von Stephen Hinton/Jürgen Schebera, Mainz, S. 60.

Weill, Kurt (2000a): Verschiebungen in der musikalischen Produktion (1927). In: Ders.: *Musik und musikalisches Theater. Gesammelte Schriften.* Hg. von Stephen Hinton/ Jürgen Schebera, Mainz, S. 61–64.

Weill, Kurt (2000b): Notiz zum ‚Lindberghflug' (1929). In: Ders.: *Musik und musikalisches Theater. Gesammelte Schriften.* Hg. von Stephen Hinton/Jürgen Schebera, Mainz, S. 100–101.

Welsch, Wolfgang (1995): *Vernunft. Die zeitgenössische Vernunftkritik und das Konzept der transversalen Vernunft.* Frankfurt a. M.

Kurt Weill und die Pariser Musikkultur 1933–1935

Jürg Stenzl

1. Kurt Weill in Paris

Am 23. März 1933 traf Kurt Weill auf der Flucht vor den Nationalsozialisten in Paris, seinem kommenden Wohnort während der folgenden zweieindrittel Jahre, ein. Allerdings verbrachte er nur zwei Drittel dieser Zeit in der französischen Hauptstadt und, ab November 1933, im ersten Stock des ehemaligen Bedientenhauses des ländlichen Château de Voisins in der Gemeinde Louveciennes an der Seine, zwischen Versailles und Saint-Germain-en-Laye, 20 km westlich von dem mit dem Zug direkt erreichbaren Paris. Louveciennes ist durch Freiluftbilder impressionistischer Maler wie Renoir, Sisley und Monet bekannt geworden und in Louveciennes lebte zwischen 1930 und 1936 die Schriftstellerin Anaïs Nin.[1] Während der Sommermonate dieser drei Jahre verließ auch Weill die Region der französischen Hauptstadt und lebte vornehmlich in Italien.[2]

Zudem verbrachte er die erste Hälfte des Jahres 1935 in London. Nach den Sommermonaten in der Schweiz, Italien und Salzburg schiffte er sich zusammen mit Lotte Lenya am 4. September 1935 auf der S.S. Majestic ein und landete am 10. September in New York.

Weills Pariser Jahre waren in Frankreich eine politisch unstabile Zeit. 1932 hatte die Wirtschaftskrise Frankreich erreicht; im Dezember 1933 platzte die die Dritte Republik erschütternde Affäre um den Hochstapler und Finanzjongleur Alexandre Stavisky. Am 6. Februar 1934 unternahmen die extrem rechten „Ligen" einen Putschversuch, um die Investitur des Ministerpräsidenten Edouard Daladier zu verhindern; dieser Putsch forderte 15 Tote und 1500 Verwundete. Folge war vom Februar bis zum November 1934 eine Regierung der „Union nationale" unter Gaston Doumergue, ihr folgte bis Juni 1935 eine „Regierung des Burgfriedens" unter Pierre-Etienne Flandin, ab Juni 1935 bis Januar 1936 die „Deflationspolitik" von Pierre Laval. Gleichzeitig einigte sich die Linke im Sommer 1935 durch ein „Comité du rassemblement populaire", dem Ausgangspunkt für die in den Wahlen am 26. April und 3. Mai 1936 siegreiche linke „Volksfrontregierung" unter Léon Blum und ihrer entsprechenden neuen Sozial- und Bildungspolitik. In der ganzen Zeit erstarkte aber auch die extreme Rechte angesichts des faschistischen Italien, ab

---

1   Ihr Name erscheint meines Wissens nicht in Weills Biographie – im Unterschied zu der von Edgard Varèse. Varèse hat von Oktober 1928 bis August 1933 in Paris gelebt. Dass er sich für Weills Musik interessiert hätte, darf man ausschließen, und das Umgekehrte wohl auch.
2   Eine Übersicht in Farneth/Juchem/Stein 2000: 133.

1933 des nationalsozialistischen Deutschland und ab 1936 des Spanischen Bürgerkriegs.

Mein Ziel ist es, die ‚musikalische Welt', in der Kurt Weill seit Ende März 1933 in Paris lebte, darzustellen. In welchem Pariser „sound scape" entstanden Weills in und für Paris komponierte Werke? Zu Beginn das im April/Mai 1933 entstandene Ballett mit Gesang *Die sieben Todsünden* für die Tanzkompanie *Les Ballets de 1933*. Es wurde am 7. Juni 1933 im Théâtre des Champs-Elysées in der Choreographie von Georges Balanchine, dirigiert von Maurice Abravanel, mit Lotte Lenya als singende Anna, mit gemischtem Presse-Echo uraufgeführt.[3] Die Partitur eines weiteren neuen Werks, *La grande complainte de Fantômas*, das am 3. November 1933 für Radio Paris produziert wurde, ist verschollen. Erst ein Jahr später hatte am 22. Dezember 1934 im Théâtre de Paris das Schauspiel *Marie Galante* von Jacques Déval mit Musik von Weill Premiere. Die Hauptrolle der Marie sang die in dieser Zeit zu Berühmtheit gelangte singende Schauspielerin Florelle. Es verbleiben an „französischen Werken" weiter nur die für die bedeutende Chansonnière Lys Gauty komponierten zwei Lieder auf Texte von Maurice Magre, *Complainte de la Seine* und *Je ne t'aime pas*, vom Sommer 1934.

Nicht, dass Kurt Weill in Paris untätig gewesen wäre, nur kann man die weiteren in der Pariser Zeit entstandenen Werke, vom Entstehungsort abgesehen, nicht mit der Musikkultur dieser Stadt in Verbindung bringen: zunächst die als Kompositionsauftrag der Princesse Edmond de Polignac bereits im Januar 1933 in Berlin begonnene, im Februar 1934 in Louveciennes zwar fertig gestellte, von Bruno Walter am 11. Oktober 1924 jedoch in Amsterdam uraufgeführte *2. Sinfonie*; weiter die Operette *Der Kuhhandel*, fast vollständig zwischen Februar und Juni und im November/Dezember 1934 in Louveciennes auf einen deutschen Text komponiert.[4] Große Teile des „biblischen Dramas" *Der Weg der Verheißung* entstanden zwischen August und November 1934, Januar und März sowie im August 1935. Die Uraufführung fand in der englischen Fassung *The Eternal Road* erst am 4. Januar 1937 in New York statt.

*

Als Weill im März 1933 in Paris ankam, war er dort kein unbekannter Komponist. Dafür war zunächst die französische Erstaufführung der *Dreigroschenoper* als

---

3 Dieselbe Produktion kam ab dem 28. Juni 1933 im Londoner Savoy Theatre auf die Bühne, zuerst auf Deutsch, danach wechselweise auch auf Englisch. Darüber zuletzt Nils Grosch 2003: 271–282.

4 Die Uraufführung in der „populäreren" englischen Fassung als *A Kingdom for a Cow* am 28. Juni 1935 im Londoner Savoy Theatre war ein völliger Misserfolg. – Die ursprüngliche deutsche Fassung wurde 1978 von Lys Symonette rekonstruiert, 1981 bei Schott verlegt und erst posthum am 18. Juni 1994 in Bautzen erstmals aufgeführt.

L'Opéra de quat'sous verantwortlich.[5] Erst gut zwei Jahre nach der Berliner Uraufführung erfolgte sie am 14. Oktober 1930, inszeniert, ausgestattet und mit Kostümen versehen von Gaston Baty, im Théâtre Montparnasse und hatte ein gemischtes Presse-Echo. – Dagegen erregte das Weill-Konzert im angesehenen, wesentlich von der Vicomtesse de Noailles finanzierte Konzertzyklus für neue Musik La Sérénade in der Salle Gaveau am 11. Dezember 1932 Aufsehen und war beim prominenten Publikum sehr erfolgreich; auf dem Programm das von Berliner Schülern deutsch gesungene Lehrstück *Der Jasager* (1930) und die Erstaufführung der erweiterten Fassung des *Mahagonny-Songspiels* von 1927.[6] Für ein breites Publikum stand dieses Konzert, das der Dirigent Maurice Abravanel als einen „Wendepunkt in der Karriere von Weill" bezeichnet hat und dessen Bedeutung auch Darius Milhaud in seinen Memoiren hervorhob,[7] jedoch bereits völlig im Windschatten der bereits ein Jahr zuvor (seit dem 6. November 1931) gezeigten und erfolgreichen Pariser Projektion der französischen Fassung von Georg Wilhelm Pabsts Film der *Opéra de quat'sous*.[8]

Schließlich dirigierte Maurice Abravanel, nach den *Sieben Todsünden* im Juni, am 26. November 1933 mit der berühmten Konzertsängerin Madeleine Grey in der Salle Pleyel mit großem Erfolg drei Gesänge aus Weills Oper *Silbersee* in der französischen Übersetzung von Madeleine Milhaud. Die *Ballade von Cäsars Tod*, so Weill in einem Brief an Lenya, „wurde da capo verlangt, da stand ein französischer Komponist, Florent Schmitt [...] auf und schrie: „Heil Hitler! Genug mit der Musik von deutschen Emigranten usw. [...] Aber fast die ganze französische Presse stellt sich auf die Seite des ‚französischen Meisters'."[9]

Dass Weill keineswegs erfolglos war, zeigen die Schallplatten, hier vor allem diejenigen von Lys Gauty (Alice Gauthier, 1908–1994), einer der erfolgreichsten jüngeren Diseusen, aber auch diejenigen weiterer wichtiger Vertreterinnen des „realistischen Chansons": die bereits genannte Florelle (Odette Rousseau, 1898–1974), dann Damia (Marie-Louise Damien, 1889–1978) und zwei Sängerinnen

---

5 Bereits am 11. Juni 1925 war die Uraufführung des *Violinkonzerts op. 12* (1924) im Pariser Théâtre de l'Exposition des Arts Décoratifs mit dem Solisten Marcel Darrieux unter der Leitung von Walter Straram mit seinem 1923 gegründeten hervorragenden Orchestre Walter Straram erfolgt. Laut Rudolf Kastners Bericht (1925) war sie „von der Pariser Kritik außerordentlich gut aufgenommen worden."
6 Vor Weills Werken erklangen Manuel de Fallas Cembalokonzert (mit Marcelle Meyer als Solistin) und die Uraufführung durch Jacques Février von Georges Aurics komplexer *Klaviersonate in F* (1930/31). Vgl. Die Dokumentation in Farneth/Juchem/Stein 2000: 141. Über die Konzertreihe La Sérénade siehe Michel Duchesneau 1997, Kapitel 3: *Les nouveaux indépendants*, S. 123–133, über das Weill-Konzert S. 128 und 131.
7 Maurice Abravanel, *Kurt Weill Symphonist*, Programmheftext zur *2. Sinfonie* (1972), hier zit. nach Kim Kowalke 1979: 346, Anm. 156. Darius Milhaud 1949, Kap. 29, S. 263.
8 Zu diesem „startling success" und seinen Voraussetzungen Colin Crisp 2002: 240, 312 und 334f.
9 Kurt Weill 1996, Brief Nr. 58, S. 104f., deutsch (1998), Nr. 58, S. 114. Vgl. Farneth/Juchem/Stein 2000: 144.

deutscher Herkunft, Margo Lion (1898–1989) und Marianne Oswald (Alice Bloch-Collin, 1901–1985). Mit Ausnahme von Lys Gauty, die 1934 auch die für sie geschriebenen beiden Lieder auf Texte von Maurice Magre aufgenommen hat, haben bei den anderen Interpretinnen nur Gesänge aus der *Opéra de quat'sous* in ihr Repertoire und auf Tonträgern Aufnahme gefunden.[10] (Zu einem Sonderfall, ein Lied der „Résistence", wurde, während der deutschen Besetzung Frankreichs im Weltkrieg, Weills Lied *J'attends un navire* aus *Marie Galante*.)[11]

Philip Kemp hat beim Vergleich der französischen Film-Fassung der *Opéra de quat'sous* mit der deutschen zu Recht bemerkt: „The French language in itself is lighter and quicker, and the acting too is more fleet of foot, taking the dangerous edge off the action with a hint of boulevard comedy"; nur Margo Lion „catches the authentically Brechtian bite in her rendition of *Pirate Jenny*"[12] – wenig überraschend angesichts einer Sängerin, die in Berlin Karriere gemacht hatte. Wenn allerdings laut Philip Kemp die Ursachen in der französischen Sprache selbst liegen, ist die Forderung nach einer Brecht'schen „Authentizität" sinnlos. Zudem steht fest, dass die *Opéra de quat'sous*, die erste französische Brecht-Aufführung überhaupt, in Paris gerade nicht als Brecht *plus* Weill, sondern als ein Werk von Kurt Weill rezipiert worden ist.[13]

Wer Interpretationen von Weills – wenigen – Kompositionen französischer Texte (oder auch der französischen Übertragungen der vertonten deutschen Texte) von den genannten Sängerinnen mit dem Notenbild und den Interpretationen anderer Interpreten vergleicht, wird bemerken, wie unterschiedlich singende Schauspieler und Diseusen mit Komponiertem in ihrer französischen Kultur umgingen, gleichzeitig jedoch auch, wie Weill französische Texte komponiert hat. Die Vermutung liegt nahe, dass es die Sängerin war, die Weill mit diesen Gedichten vertraut gemacht hat. Ich beschränke mich hier auf Lys Gautys am 19. Oktober 1934 mit dem Orchester Wal Berg eingespielte Aufnahme der *Complainte de la Seine*.[14] Das von Weill vertonte Gedicht stammt von Maurice Magre, 1877 in Toulouse geboren; mit knapp zwanzig Jahren kam er nach Paris und debütierte 1898 mit dem Gedicht-

---

10 Lys Gauty erhielt 1933 für ihre Platte mit der *Seeräuber-Jenny* und dem *Barbara-Song* den französischen „Grand Prix du Disque".
11 Einzelne Songs aus *Marie Galante* sind später auf Schallplatten erschienen.
12 Philip Kemp o. J. – Wie aus Kurt Weill 2000: 53, 72, 79, 102, 125, 130 und 136 hervorgeht, hat der Komponist im Gymnasium in Dessau Französischunterricht erhalten.
13 Giovanni Lista 1979: 219–223. – Anders dagegen die ersten Aufführungen desselben Werks in Rom und Mailand, bei denen Brecht im Vordergrund stand; dazu Paola Barbon (1987).
14 Polydor 522 988 1445 _ WPP (Aufnahme 19.10.1934, zusammen mit Weill, *Je ne t'aime pas*), jetzt auf den CDs *Lys Gauty 1932–1944*. Frémaux & Associés FA 5033 (2002), 2 CDs, CD 1, Track 15. – Erstdruck durch Heugel, o. J. – Das marschartige Vorspiel der *Complainte de la Seine* hat Weill, wie Nils Grosch 2003 erkannte, der Nr. 7 (Neid) von *Die sieben Todsünden* entnommen.

band *La Chanson des hommes*.¹⁵ Die *Complainte de la Seine* (aus dem 1913 erschienen Gedichtband *Les Belles de Nuit*)¹⁶ ist ein Gedicht über das Abgründige, Hässliche der Großstadt, unverkennbar in der Nachfolge von Baudelaires berühmten Gedichten wie *La Charogne* (Das Aas, die Nr. 29 in den *Fleurs du mal*). Bei Gottfried Benn, nicht aber bei Brecht gibt es Derartiges, und Weill hat weder zuvor noch danach einen vergleichbar extremen Text vertont (siehe Notenbeispiel 1).

Dazu ein kurzer Exkurs: Als Alban Berg seine 1929 komponierte *Wein-Arie* auf Baudelaire-Gedichte in Stefan Georges deutscher Übersetzung für Sopran und Orchester zum Druck vorbereitete, legte er Wert darauf, die Texte in der Partitur auch in der Originalsprache abzudrucken. Nachdem sich Berg und der französisch-schweizerische Dirigent Ernest Ansermet im November 1931 in Winterthur getroffen und sie zusammen in Zürich eine *Wozzeck*-Aufführung besucht hatten, besprachen sie gemeinsam die französische Version der *Wein-Arie*. Berg sandte Ansermet am 6. Januar 1932 seinen Entwurf, den der Komponist „so, wie Sie es mir gütigerweise gezeigt haben, ausgebessert" hatte. Drei Monate später ließ Ansermet dem Komponisten die von ihm korrigierte Fassung mit einem Brief zukommen:

> „Es war für mich eine Freude und eine Ruhe [sic!, gemeint ist wohl: Ehre], diese Arbeit zu machen. Die große Schwierigkeit kam vor der rhythmischen Quantität der französischen Worte, deswegen werden Sie sehr oft Achtelnoten finden, wo sie Triolen geschrieben haben. Und noch manchmal die Akzente: „de peine, de sueur", nicht „de peine, de sueur"¹⁷ Sie können jetzt verstehen warum bei ‚Pelléas' Sie finden so viele ungleiche Werte, eine solche Differenzierung der rhythmischen Werte."¹⁸

---

15 Von Magre stammt das Libretto von Déodat de Séveracs opéra comique *Le Cœur du Moulin* (1909), der *Nausithé* (1920) von Xavier Leroux und des kroatischen Einakters *Komedijas* (nach Magres *Comédiante*, 1916) in der Vertonung von Vladimir Bersa. De Séverac (*La Chanson de Blaisine*, 1900) und Reynaldo Hahn (*Le plus beau présent*, 1917) haben Gedichte von Magre als Klavierlieder komponiert. Von Reynaldo Hahn stammte die Bühnenmusik zu Magres vieraktiger „légende" *Médusa*, die in Monte Carlo 1911 erfolgreich war. — Für Charles Cuvillier (1877–1955) schrieb Magre die Libretti der Operetten *Annabella* und *Par Amour*, beide 1922 im Théâtre Femina aufgeführt. — Am häufigsten hat André Gailhard (1885–1966) Texte von Magre vertont: *La Fille du soleil* (1909) und *Le Sortilège* (1913), dazu die Bühnenmusik zu Magres „comédie dramatique" *Arlequin* (1921). Im Verlag Choudens sind 1955 Gailhards Lieder *Six chants exotiques sur des poèmes de Maurice Magre* erschienen.

16 Den Nachweis der Erstveröffentlichung verdanke ich Nathalie Mentré 1992/93: 33 (30). Dort auch die Datierung von Maures Gedicht *À une amie* (bei Weill *Je ne t'aime pas*) „um 1911". Jean-Jacques Bedu, der Autor der Monographie *Maurice Magre* (1999), verwies mich auf Anfrage freundlicherweise auf Magres Gedichtband *Maurice Magre* (1913), beide Gedichte im Kapitel *La Robe arrachée*, S. 199–201 (*Complainte*) und 183f. – Ich danke auch an dieser Stelle der Kollegin Nathalie Doyhamboure-Mentré in Bucy-le-long und Herrn Jean-Jacques Bedu in Perpignan herzlich für ihre großzügige Hilfe. — Die *Complainte* im Wortlaut der Erstausgabe mit eigener Übersetzung im Anhang zu diesem Aufsatz.

17 Alban Berg 1969: T. 25. – Erst in der Neuausgabe dieses Klavierauszugs ab 1951 sind Ansermets Korrekturen berücksichtigt worden.

18 Zit. nach einer Kopie des Originals in meinem unveröffentlichten Aufsatz *Ernest Ansermet et Alban Berg* (1987). – Die auf Deutsch geführte Korrespondenz zwischen Berg und Ansermet

Notenbeispiel 1: Kurt Weill, *Complainte de la Seine* (Maurice Magre).

Dieses kompositorische „Sprachproblem" stellt sich auf vergleichbare Weise in Weills Kompositionen französischer Texte. Maurice Magres Gedicht *Complainte de la Seine* umfasst acht vierversige (nicht, wie in den meisten Textdrucken, achtversige) Strophen mit Kreuzreim a b a b.[19] Die Verse sind Zehnsilber.[20] Die stärks-

---

ist (allerdings nicht fehlerfrei und ergänzt durch französische Übersetzungen) mittlerweile veröffentlicht worden in Ernest Ansermet 1994, das Zitat S. 94.

19 Die Textdrucke sind – mit Ausnahme von Nathalie Mentré 1992/3, Anm. 16, nach S. 42 (39) = Planche 3) – auch in der jüngsten Ausgabe in *The Unknown Kurt Weill* fehlerhaft.

te Betonung steht dabei am Versende und eine schwächere Tonstelle vor der Mittelzäsur auf der fünften oder vierten Silbe. Alle weiteren Akzente sind frei. Weill verwendet für diese Verse bis in die Mitte der dritten Strophe ein einziges, zweiteiliges rhythmisches Modell mit einer deutlichen Zäsur durch Pausen, allerdings nicht durchgehend Pausen auch an den Versenden. Der im Klavier bereits mit Beginn der dritten Strophe einsetzende Marschrhythmus bestimmt dann auch die zweite Hälfte dieser Strophe in der Singstimme und bleibt ostinat während der vierten und sechsten Strophe. Die fünfte und die siebte (gleich erste) Strophe am Ende verwenden erneut das zu Beginn verwendete rhythmische Modell.

Auffallend, dass Weill zwei Strophen (die fünfte und die siebte) von Magres Gedicht gestrichen, dafür jedoch am Ende die erste Strophe als Refrain wiederholt hat. Es sind dies die beiden Strophen, in denen zwei Personen, der Flussschiffer (le batelier) und die Wicklerin (la rouleuse) erscheinen. Dadurch wird die *Complainte* (eigentlich eine populäre, narrative Gattung) zu einem allein den Fluss als Metapher des Elendes beschreibenden, menschenleeren Gedicht.

Es ist nun aufregend zu beobachten, dass die rhythmischen Differenzierungen bei Vertonungen französischer Verse, auf die Ernest Ansermet Alban Berg mit dem Hinweis auf Debussys *Pelléas* aufmerksam gemacht hat, bei Weills unverkennbar deutscher Deklamation der *Complainte de la Seine* fehlen, jedoch von einer Sängerin wie Lys Gauty so weit wie möglich doch vorgenommen werden. Das rezitierende Element hat – gegenüber dem rhythmischen – bei einer französischen Sängerin, ob sie nun Chansons, mélodies (also Kunstlieder) oder auch Arien singt, in dieser Zeit stets Vorrang, besonders bei Sängerinnen von „chansons réalistes"; ein solches ist diese *Complainte*. Auch die Tempoveränderungen (die nicht im Notentext stehen) werden im Hinblick auf den Text und seine Inhalte von der Sängerin wie der Begleitung durch das „jazzige" Ensemble von Wal Berg vorgenommen.[21]

2. Komponieren in Paris 1933–1935

In Paris nicht anders als in Berlin zeichneten sich, seit dem – in seiner Tiefe nicht zu überschätzenden – Riss, den der Erste Weltkrieg und sein Ende mit sich brachte, alle Künste in einem Zeitalter der „neuen Sachlichkeit" und des „néoclassicisme", der Neoklassik, durch ein grundsätzlich neues Kunstverständnis und ein entsprechendes Selbstverständnis der Künstler aus. Kurt Weill ist ein ausgesprochener

---

20 Bei der Silbenzählung wird (im Unterschied zum Italienischen) die erste *unbetonte* Silbe am Versschluss mitgezählt; wenn die letzte Silbe betont ist (or, morts etc.) wird eine (nicht vorhandene) letzte unbetonte Silbe mitgezählt. Dazu nach wie vor unverzichtbar W. Theodor Elwert 1961.

21 Dass Weill das Französische bereits erstaunlich gut beherrschte, belegen die in Farneth/Juchem/Stein 2000: 140 (an Boris Kochno) und 143 (an Jean Cocteau) im Faksimile reproduzierten französischen Briefe vom 20. Juni und 18. November 1933.

Vertreter dieses „modernen Künstlertypus". Wie seine Komponistenkollegen in Paris, Darius Milhaud, Georges Auric, Arthur Honegger, selbstverständlich Igor Strawinskij, ist Weill ein Pragmatiker. Keiner dieser Komponisten schrieb, was man in Deutschland als „Weltanschauungsmusik" bezeichnet hat. Ob der Begriff „mittlere Musik", den Hermann Danuser geprägt hat, mehr ist als eine qualifizierende Einordnung gegenüber einem ‚Oben' der, so Hermann Danuser, „absoluten Kunstmusik und dem ‚Unten' schierer Trivialmusik", wäre ebenso zu diskutieren wie seine Trennung dieser „mittleren Musik" gegenüber einem „neuen Klassizismus".[22] Ein „funktionsorientierte[s] Schaffen", dessen Anfänge Carl Dahlhaus, aus rein deutscher Perspektive, mit dem „Ende der Inflation" ins Jahr 1924 datierte,[23] ist – nicht nur in Frankreich – bereits früher unverkennbar: Jean Cocteaus vor dem Kriegsende verfasstes Manifest *Le coq et l'Arlequin* ist 1918 erschienen,[24] Arthur Honegger komponierte seinen „Psaume dramatique" *Le Roi David* für das Laientheater im schweizerischen *Théâtre du Jorat* in Mézières 1921.

In auffallender Weise waren es französische Komponisten von Kunstmusik, „musiciens dits symphonistes", wie Milhaud sie nannte, die, zuerst in den späten Jahren des Stummfilms und dann besonders nachhaltig seit Beginn der dreißiger Jahre im Tonfilm, anspruchsvolle Filmmusiken nicht nur komponierten, sondern die Rolle, die der Musik im Tonfilm zukommen sollte, auch in theoretischen Texten erörterten.

Ungeachtet der Tatsache, dass Weills Projekte für Filmmusiken am Ende seiner Berliner und in den Pariser Jahren nicht realisiert werden konnten, erscheint es mir sinnvoll, auf die Arten und die Funktionen dieser französischen Filmmusiken einzugehen und sie mit Weills Werken der Pariser Jahre zu vergleichen. Die am intensivsten mit Filmmusiken beschäftigten „sinfonischen" Komponisten waren die bereits genannten Georges Auric, Darius Milhaud und Arthur Honegger; auch Weill war – aus französischer Sicht – ein „musicien symphoniste".

Georges Auric, beginnend mit Jean Cocteaus experimentellem Film *Le Sang d'un poète* (*Das Blut eines Dichters*, F, 1930), komponierte zwischen 1930 und 1939 die Musik für 22 Tonfilme, als zweiten die Musik zu René Clairs *À nous la liberté* (*Es lebe die Freiheit*, F, 1931), im Folgenden mein erstes Beispiel.

Darius Milhaud hatte bereits 1915 eine Musik zum Stummfilm *The Beyond Vagabond* komponiert, dann 1922 (zusammen mit Henri Sauget) diejenige von André Hugons *Le Roi de Camargue* und 1927 (gemeinsam mit Yves de la Casinière) eine

---

22 Hermann Danuser 1984: 114, 119 und 121. Seite 166 wird das „Mittlere" gegen „die emphatische Kunstidee Schönbergs" auf der einen und „eine konsequente Negation von Kunst überhaupt" auf der anderen Seite gestellt.
23 Carl Dahlhaus 1976.
24 Jean Cocteau 1918. Die Ausgabe von 1926 (in *Le Rappel à l'ordre*) ist eine revidierte – erweiterte und gekürzte – Fassung des Textes von 1918; sie liegt im Reprint mit einem neuen Vorwort von 1978 von Georges Auric, Paris 1979, vor.

neue Musik zum kurzen, als stummer Film entstandenen *La P'tite Lili* von Hans Richter. Paul Hindemith nahm ihn 1928 ins Programm der Musiktage in Baden-Baden auf. Es folgten bis 1939 weitere zwölf Tonfilme, darunter 1933 mein zweites Beispiel, Jean Renoirs *Madame Bovary* (nach Gustave Flauberts berühmtem Roman).

Arthur Honegger machte, wie er selbst sagte, seine Lehre als Filmmusikkomponist 1923 mit dem 2½-stündigen, Epoche machenden Film *La Roue* von Abel Gance (in diesem Zusammenhang ist *Pacific 231* entstanden) und 1927 mit dem Monumentalfilm desselben Regisseurs *Napoléon*, bei dem er allerdings aus Zeitmangel „schließlich irgendwelche Musikstücke zusammenkleben musste".[25] Von musikalisch besonderer Bedeutung war 1932 der Trick-Tonfilm *L'Idée* von Bertold Bartosch.[26] Honegger komponierte zwischen 1931 und 1939 nicht weniger als 24 Partituren für Tonfilme, auch er (wie Milhaud) – bedingt durch Zeitdruck – häufig zusammen mit einem weiteren Komponisten. Mein drittes Beispiel wird der 1934 entstandene und bis heute weitgehend unbekannt gebliebene Film *Rapt* (Frauenraub) von Dimitrij Kirsanov (nach dem Roman von Charles Ferdinand Ramuz *La Séparation des races*) sein,[27] fraglos eine der eindrücklichsten Filmmusikpartituren von Honegger und Arthur Hoérée, über die sich beide Komponisten ausführlich geäußert haben.

Diese drei Beispiele könnte Kurt Weill während seiner Pariser Jahre gesehen haben – könnte, denn konkrete Belege, dass er in Paris französisch gesprochene Tonfilme gesehen hat, gibt es meines Wissens kaum.[28]

---

25 „MM. Arthur Honegger, Jacques Ibert et Darius Milhaud nous disent comment la musique et le cinema peuvent collaborer", in *Excelsior*, 3. November 1933, nachgedruckt in Arthur Honegger 1992: 135f.

26 Die Partitur dieser Filmmusik hat Jacques Tchamkerten kritisch ediert und über diesen Film und seine Musik (Tchamkerten 2009) eine ausführliche Studie vorgelegt. — Über einen Teil von Honeggers Filmmusikpartitur zu *Napoléon* von Abel Gance s. Fred Steiner o. J.

27 Die autographe Partitur von Honeggers Beitrag zu dieser Filmmusik in der Pierpoint Morgan Library, New York; davon Kopien in der Sammlung Arthur Honegger der Paul Sacher Stiftung Basel, die zudem die (nicht autographen) Stimmen dieser Musik (mit einem weiteren Satz *Le matin*) zusammen mit den anderen überlieferten Filmmusikpartituren Honeggers besitzt. Ich danke der Stiftung, die mir ermöglicht hat, dieses Material einzusehen und auszugsweise zu spartieren.

28 Für *Rapt* ist das wenig wahrscheinlich (Pariser Erstaufführung 27. Dezember 1934, zuvor am 23. November 1934 in Lausanne). Doch Weill hat Raymond Bernards erfolgreichen Film (nach Victor Hugo) *Les Misérables* gesehen, für den Honegger die Musik komponiert hat (Erstaufführung der drei Teile in Paris am 3., 16. und 23. Februar 1934). Auch Jean Renoirs *Madame Bovary* (Erstaufführung Paris, 28. Dezember 1933) und René Clairs *À nous la liberté* (Erstaufführung Paris, 18. Dezember 1931) liefen während Weills Pariser Zeit. Weill hat Clairs Film gesehen. — David Drew 1987: 267 spricht von „Arthur Honegger, whose friendship and advice had been important to him [sc. Weill] during his residence in France" und nennt S. 426 den Erstdruck von Honeggers Chanson *Fièvre jaune. La Route de Mandalay* mit der bemerkenswerten (und leicht nachvollziehbaren) handschriftlichen Widmung des Komponisten: „Jusqu'où votre influence va, je niche" (wie weit Ihr Einfluß reicht, ich niste).

Darius Milhaud hat sich über das Zusammenkommen von Film und „symphonischen Komponisten" im 30. Kapitel, „Musique de théâtre et de cinéma" seiner 1949 erstmals erschienenen Memoiren *Notes sans musique* geäußert:

„In den Kreisen des Kinos bestand lange eine Art Verfemung der so genannten ‚sinfonischen' Komponisten, einer von den Produzenten leicht verachteten Klasse, da sie nach Komponisten von gleichzeitig populärer und kommerzieller Musik suchten. Nach und nach gelang es den besagten ‚Sinfonischen' in die Studios einzudringen, indem sie ihrer Musik eine falsche Nase aufsetzten, in einem Stil schrieben, der die Zustimmung der Produzenten und Regisseure fand. Sobald bewiesen war, dass die schönen Partituren von *À nous la liberté* von Auric und die der *Misérables* von Honegger populäre Erfolge erbrachten, wurden diese Musiker zugelassen und gesucht. Bald wurden Roland Manuel, Ibert, Delannoy Lieferanten von Filmmusik. Sie wiesen die Qualitäten der notwendigen Einfachheit auf, die ein großes Publikum berührten, doch waren ihre Partituren persönlich; kaum hatte man zum Filmtitel die ersten Takte gehört, erriet man den Autor. In Frankreich orchestrieren die Musiker ihre Partituren selbst, was dazu beiträgt, dass ihre Persönlichkeit erhalten bleibt; das im Gegensatz zu dem, was normalerweise in Hollywood geschieht, wo es Orchestrierer gibt, die eine industrielle Quantität und eine Art klangliches Wagner-Tschaikowsky-Pathos produzieren.

Ich war sicherlich einer der ‚sinfonischen' Musiker, der am meisten Misstrauen erweckte und ich habe auch nur eine beschränkte Anzahl Partituren für den Film geschrieben. Mein erste Filmmusik war *Madame Bovary*,[29] die Robert Aron dirigierte und der, trotz der intellektuellen und kulturellen Qualitäten von [Gaston] Gallimard, dem Geldgeber des Films, und des Regisseurs Jean Renoir, mir ihren recht inquisitorischen Besuch nicht ersparten, damit ich ihnen die Musik vorspielte, die ich für ihren Film schrieb. Die zurückhaltende Attitüde von Renoir und Gallimard bezeugte ihr Misstrauen mir gegenüber recht deutlich. Ich glaube, dass sie trotz ihrer nicht sehr höflichen Verschwiegenheit beruhigt wurden, da ich nichts mehr von ihnen hörte."[30]

The Road to Mandaly ist der Titel eines MGM-Stummfilms – nach einem Roman von Hermann Mankiewicz – von Tod Browing mit Lon Chaney als Singapore Joe (USA, 1926). *Fievre jaune* und weitere Chansons von Honegger sind von Ursula Wick und François Margot auf CD eingespielt worden. — Mit Darius Milhaud und seiner Frau Madeleine war Weill seit 1927 befreundet. — Der Name von René Clair fällt erstmals am 9. Januar 1932 in einem Brief Weills aus Berlin an Lenya im Zusammenhang mit dem Filmprojekt *Kleiner Mann was nun*, Brief Nr. 36 in Kurt Weill 1996 und dann erneut in Weills Brief aus London an Lenya vom 8. oder 9. Februar 1935 (Brief Nr. 108, auch Nr. 111 vom 10. Februar). Wie aus den Briefen Nr. 119 und 120 hervorgeht, traf er Clair am 20. Februar in London (vgl. auch Brief Nr. 124). Am 9. März besuchte Weill mit Clair die Neuinszenierung der *Dreigroschenoper* im Criterion Theater, über die er sich in Brief Nr. 126 an Lenya enthusiastisch äußerte.

29 Wie bereits erwähnt ist diese Aussage nicht wörtlich zu nehmen, denn es handelt sich hier nur um die erste im Rahmen der herkömmlichen Tonfilmproduktionen komponierte Filmmusik Milhauds.
30 Darius Milhaud 1949: 268f. – In vergleichbarer Weise hat sich Georges Auric in einem Text über den Filmmusikkomponisten Maurice Jaubert geäußert. (Stéphane Chanudaud 2003: 526f.)

2.1. René Clair / Georges Auric, *À nous la liberté*:
Eine filmische „comédie musicale"

Angesichts von Milhauds Aussagen sind, wie wir sehen werden, die Unterschiede der Musikverwendung in den drei Beispielen auffallend. Das älteste ist René Clairs erfolgreicher, nach *Sous les toits de Paris* von 1930 und *Le Million* von 1931, im gleichen Jahr entstandener dritter Tonfilm *À nous la liberté*. Alle drei gehörten zu den frühesten und erfolgreichsten französischen Tonfilmen. Für diese war ein hoher Sprach- und Musikanteil charakteristisch („100% parlant" lautete auf Seiten der Anhänger des Stummfilms die abschätzige Bezeichnung). Komponiert hat die Musik von *À nous la liberté* Georges Auric (1899–1983); sie folgte unmittelbar auf Aurics bereits erwähnten ersten – experimentellen – Tonfilm, Jean Cocteaus *Le Sang d'un poète* (1930).[31]

Über sein Verständnis eines Tonfilms als „comédie musicale" oder, wie er es nannte, einem „vaudeville musical", hat sich René Clair während der Dreharbeiten von *Le Million* 1931 explizit geäußert und dabei die grundsätzlichen Unterschiede einer cinematographischen (Stumm- und Tonfilm) und einer musiktheatralischen Dramaturgie angesprochen:[32]

> „Das Sujet von *Le Million* ist das eines ‚vaudeville musical', das eine grosse Anzahl von heiteren Situationen und eine sehr bewegte Handlung aufweist. Ich habe darauf geachtet, die Bewegung, das Impulsive der Handlung zu bewahren und eine Verlangsamung zu verhindern. Der Gesang und die Musik, die vor dem Wort Teil des Films waren, wurden zu den schlimmsten Feinden der kinematographischen Bewegung. Normalerweise verlangsamte, stockte und verzettelte sich die Handlung während der [gesungenen] Couplets. Nie werden Sie in *Le Million* wie in *Sous les toits de Paris* die Handlung wegen des Chansons nachgeben sehen. Es wird keine billigen Couplets und Duette geben und sogar während der grossen Opernarie, die es in *Le Million* gibt, wird das zentrale Sujet, die erbitterte Jagd nach dem Lotterieschein, im Saal wie auf der Bühne weiter geführt. Bei der Suche komischer Effekte habe ich gleichzeitig die Möglichkeiten des alten Kinos wie des Tonfilms verwendet."[33]

---

31 Der Filmtext von *À nous la liberté* in René Clair 1968: 25–57. Von Georges Aurics Musik hat der Pariser Verlag Eschig 1932 die Titel *A nous la liberté, marche*, *Viens! Toi qui m'aimeras...valse Tango-Nocturne, tango* und *Magic-Park, vox-trot* in Einzelausgaben veröffentlicht; die letzten beiden sind in der Kurzfassung des Films nicht mehr enthalten. Der dreistimmige Chor *La liberté c'est toute l'existence* ist im Internet zugänglich: http://canailledumidi.free.fr/?A-nous-la-liberte [letzter Zugriff 17.5.2011]. — Ein Dossier (mit Filmographie und Bibliographie) von Hans J. Wulff 2009: 157–164.

32 *Le Cinématographe*, 5.3.1931, hier zitiert nach *L'Écran chanteur. René Clair, Le Million = L'Avant-scène cinema* Nr. 369 (März 1988), 79.

33 Auch in einem späten Filminterview mit Jim MacAndrews (November 1959) hat sich René Clair über sein Verständnis einer kreativen Verwendung des Tons in den ersten französischen Tonfilmen geäußert; es ist als Bonus in die DVD-Edition der Criterion Collection (Nr. 72, 2000) übernommen worden; vgl. dazu das nachfolgende Zitat.

Zur Handlung von *À nous la liberté*:

Emile und Louis befreunden sich im Gefängnis, wo sie am Fließband arbeiten müssen. Louis kann aus dem Gefängnis ausbrechen und arbeitet sich zum Direktor und Inhaber einer Plattenspieler-Firma hoch. Als Emile aus dem Gefängnis entlassen wird, kommt er in diese Firma mit Fließbandarbeit wie im Gefängnis. Louis ist über das Wiedersehen wenig erfreut, doch gegen Ende des Films übergibt er die nun vollautomatisierte Fabrik seinen Arbeitern.

Clairs „comédie musicale" feiert anarchistische Freiheit mit Witz und Slapsticks, die beiden Freunde verabschieden sich am Ende vom technischen Fortschritt, von Macht und Geld und trampen in Gottes freie Natur. *À nous la liberté* sei „eine Feier des Lebens, ein gesungener Beweis von Alternativen; besser nichts zu besitzen inmitten eines Feldes singender Blumen als das Leben um den Preis des Rechts auf Leben zu verkaufen", bemerkte Michael Atkinson treffend.[34]

Überraschend in *À nous la liberté* ist René Clairs Verbindung der sozialen Anliegen in einer Welt des inhumanen industriellen Kapitalismus mit der Gattung einer allerdings subversiven, mit den spezifisch filmischen Mitteln von Slapstick, Burleske und Satire arbeitenden „comédie musicale". Dass der Musik in seinen Filmen eine wichtige Rolle zukam, wusste man seit dem Skandal bei der Uraufführung seines Erstlings *Entr'acte* (bei dem Erik Satie, Darius Milhaud und Georges Auric als Schauspieler mitwirkten). Mervyn Cooke berichtet, dass Clair für seine „Vision der Entwicklung eines Tonfilmtyps, der gleichzeitig intellektuell und populär sei", bei *À nous la liberté* den Komponisten „für alle Aspekte der Produktion seit dem Verfassen des Drehbuchs" einbezogen habe.[35] Mehrfach ist darauf hingewiesen worden, dass auch *À nous la liberté* deutlich vom Stummfilm geprägt sei, nicht zuletzt durch die sparsame Verwendung des Gesprochenen, an dessen Stelle Musik, Choreographie und blitzschnelle Montagen getreten sind; in besonders virtuoser Weise ist das beim durch Wind und Banknoten zur reinen Pantomime gewordenen Fabrikfest gegen Ende des Films (68'57–76'41) gelungen.

Die Bedeutung von Aurics Musik ist bereits aus ihrer Länge zu ersehen: von den knapp achtzig Minuten des Films (in der von Clair revidierten Fassung von 1950) bleiben nur 16'40", 21 % ohne Musik. Erstmals als Louis im Schuhladen Geld stiehlt (ab 10'35" während 1½ Minuten), dann erst wieder, als Emile erstmals auf einen ehemaligen Gefangenen nach dem Verlassen von Louis' Villa trifft; während der folgenden Viertelstunde (bis zum Eintreffen der früheren Gefangenen in der Villa von Louis) gibt es sechs Abschnitte mit Zeiträumen zwischen 40 bis 72 Sekunden ohne Musik.

---

34 Michael Atkinson 2002.
35 Mervyn Cooke 2008: 67f., ohne Quellennachweis. – Über Georges Aurics Filmmusik grundlegend Colin T. Roust 2007, zu *À nous la liberté* ausführlich 51–73. Ich danke dem Autor herzlich, dass er mir dieses 2. Kapitel seiner Arbeit, die in erweiterter Form im Druck erscheinen wird, zur Verfügung gestellt hat.

Entscheidend ist allerdings die angesichts von Aurics Musik immer wieder hervorgehobene „versatilité", die Unterschiedlichkeit und Vielfalt ihrer beständigen Wechsel hinsichtlich Stil, Besetzung und Funktion. Mervyn Cooke stellte zur Musik von *À nous la liberté* fest: „Aurics Musik steht konstant im Vordergrund, weil Clairs Regie auf dem rein visuellen Humor des Stummfilms beruht und über weite Strecken nicht auf den Dialog bezogen ist. Die Musikspur manipuliert die Stimmungen gelegentlich auf eine recht grundsätzliche Weise scharf, so wenn sich heitere Musik zu Spielzeug in Nahaufnahme verdüstert und die Kamera zeigt, dass dieses von Gefangenen fabriziert wird."[36] Musik dient auch zur Verdeutlichung von Identitäten: Dieselbe Musik ist bei der Arbeit am Fließband und in der Kantine sowohl im Gefängnis wie in der Fabrik zu hören. Doch Clair spielt auch mit den Medien: Der Gesang, den der Gefangene Emile hört, als er sich erhängen will, das Chanson *Viens, toi, que j'aimerais*, das ihn wie ein Glücksversprechen gleichsam aus dem Gefängnis herauszuziehen scheint, singt nicht jene Jeanne, in die er sich verliebt, sie kommt von einer Schallplatte, die sie aufgelegt hatte.

Der Vielgestaltigkeit steht, vom Beginn des Filmes bis zu dessen letztem Ton, allerdings auch eine bemerkenswerte musikalische Einheitlichkeit gegenüber: Vokal oder instrumental ist es das programmatische „Titellied" *La liberté, c'est toute l'existence* mit dem Refrainschluss (siehe Notenbeispiel 2):

„Partout, si l'on en croit l'histoire,	Überall, wenn man der Geschichte glaubt,
Partout on peut rire et chanter,	Überall kann man lachen und singen,
Partout on peut aimer et boire.	Überall kann man lieben und trinken.
À nous, à nous la liberté!"	Uns, uns die Freiheit!

George Aurics Modell ist das politische französische Lied seit dem republikanischen Marschton, beispielsweise des berühmten *Chant de départ*, auch der *Marseillaise* und später den Liedern von Aristide Bruant (1851–1925), auch wenn uns Aurics Lied eher an die Lieder der deutschen Arbeitermusikbewegung der 1920er Jahre erinnert.

Auric bezieht sich jedoch auch auf ganz andere Modelle; seine Kenntnis des Jazz hat in *À nous la liberté* zur Folge, dass die Musik gelegentlich an den Weill der *Dreigroschenoper* und *Mahagonny* erinnert. Ich denke an Stellen wie die pantomimischen mit dem Paar Jeanne und Emile ab 46'27", besonders nach 47'01".

Andernorts ist es dagegen Alltagsmusik, Blasmusik oder Straßenmusik auf einer Drehorgel, die diegetisch verwendet wird. Schließlich singen auch die Natur, die Vögel und insbesondere die Blumen ihre instrumentalen Pastoraltöne. Bemerkenswert schließlich, dass realistische Geräusche wie die des Fließbandes ausschließlich und raffiniert durch Instrumente erzeugt werden; René Clair hatte eine

---

[36] Mervyn Cooke 2008, Anm. 35, S. 63. – Vgl. dazu auch den „Hinweis" auf diesen Film von Siegfried Krakauer 1932.

ausgesprochene Abneigung gegenüber dem realen Klang und Geräusch, die im frühen Tonfilm auch kaum als solche zu vermitteln waren.

Notenbeispiel 2: Georges Auric, *À nous la liberté!*, Refrain.
– Ed. Eschig 1931, M.E. 3387[a], 3.

2.2. Jean Renoir / Darius Milhaud, *Madame Bovary* (1933):
Eine „intermittierende" Filmmusik

Jean Renoirs Flaubert-Film *Madame Bovary* von 1933 gehört als Romanverfilmung einem völlig anderen Filmgenre als *À nous la liberté* an. Ursprünglich hatte er eine Dauer von 3½ Stunden und musste dann um gut die Hälfte gekürzt werden – und nur diese 98-Minuten-Fassung ist erhalten geblieben. Milhaud schrieb selbstverständlich die Musik für die ursprünglich uraufgeführte vollständige Fassung.[37]

Auffallend ist zunächst, wie wenig Musik überhaupt in diesem Film zu hören ist: Gesamthaft nur knapp 20'20", also während knapp 21% der Filmdauer. Davon ist jedoch mehr als die Hälfte (11'21"), 56%, diegetische Musik: Eine von Emma Bovary am Klavier gespielte *Romance*, drei Walzer beim Ball im Schloss, Musik einer Blasmusikkapelle, Orgelmusik in der Kathedrale von Rouen; dazu das Chanson eines blinden Straßensängers und ein weiteres, das eine junge Frau in der Kneipe zum Besten gibt. Die übrige Musik besteht aus sehr kurzen, in sich geschlossenen Sätzchen, die zwischen 15 Sekunden und einer guten Minute dauern, eigentliche Charakterstücke, die vom Genre her an Schumanns lyrische Klavierstücke erinnern, einige tanzartig, andere pastoraler Art oder Musik zu einer Promenade, das extreme Gegenteil von einer emphatischen, durchgehenden „sinfonischen" Filmmusik aus Hollywood, hier zudem zumeist mit kleiner Instrumentalbesetzung.

Das am häufigsten verwendete Thema ist Emma Bovary zugeordnet. Die Filmouvertüre beginnt und endet damit, es erklingt in Emmas Sterbeszene und ganz am Ende. Auch das *Album de Madame Bovary*, in dem Milhaud 17 der Filmmusiken für Klavier zusammengestellt hat, beginnt und endet mit den 12 Takten von Emma Bovarys Thema (siehe Notenbeispiel 3).

Drei Abschnitte von je vier Takten, der erste und dritte mit offener, respektive abschließender zweiter Hälfte; der mittlere Abschnitt eine Variante des ersten. Dieser zellulare Bau mit wenigen, durchaus tonalen Akkorden in durchgehend dreistimmigem Satz gestattet dem Regisseur, davon auch nur einzelne Teile zu verwenden, so etwa ganz am Schluss des Films nur die ersten beiden Takte. Diese Musik ist nicht prozesshaft, sie entwickelt sich nicht, vielmehr schaukelt sie, bewegt sich auf der Stelle, fließt jedoch auch sanft von einer Phrase zur folgenden. (Der Komponist selbst wiederholt am Ende des „Albums von Emma Bovary" die-

---

[37] Milhaud hat Teile dieser Filmmusik in seinem Op. 128b, den 17 kurzen Klavierstücken des *Album de Madame Bovary* verarbeitet. Darin sind eine ganze Reihe Stücke (die Nummern 2, 5, 6, 8–11 und 14–16) enthalten, die in der uns bekannten gekürzten Fassung des Films nicht mehr enthalten sind. — Darüber hinaus erschienen aus dieser Filmmusik *Trois valses pour piano* und *Deux Chansons* für Gesang und Klavier: *Chanson de l'aveugle*: „Souvent la chaleur d'un beau jour" und *La Chanson du printemps*: „Ah! reste dans mon cœur, premier rêve d'amour", die beide auch in der Kurzfassung zu hören sind.

sen ersten Satz, bezeichnenderweise mit zwei variierten Schlusstakten, als Nr. XVII: *Dernier feuillet* (Letztes Blatt).)

Notenbeispiel 3: Darius Milhaud, *Album de Madame Bovary*, op. 128b, Nr. I: *Emma,* – Enoch, Paris, S. 1.

Ganz anders das Ende des Films, das Flauberts Ende des achten Kapitel des dritten Buches genau (auch im Text) entspricht: Der Priester spricht zum Röcheln der sterbenden Emma seine Gebete und man hört von der Straße den Lärm von Holzschuhen und einem Stock, dann das Singen eines blinden Bettlers mit dem bereits zuvor (bei Emmas Liebesszene mit Léon, 70' 04" – 71' 13") verwendeten Chanson.[38]

Emma „erhebt sich wie eine Leiche, die man galvanisiert":

„Souvent la chaleur d'un beau jour	Oft lässt die Hitze eines schönen Tages
Fait rêver fillette à l'amour	ein Mägdlein von der Liebe träumen.
Pour amasser diligemment	Um vernünftig die Ähren zusammenzukehren,
Les épis que la faux moisonne.	die die Sense erntet.
Ma Nanette va s'inclinant	Meine Nanette geht gebückt
Vers le sillon qui nous le donne.	zu der Furche, die sie uns bringt.
Il souffla bien fort ce jour-là.	Es blies recht kräftig an diesem Tag
Et le jupon court s'envola!"	und der kurze Unterrock flog davon!

„,Der Blinde', schreit sie und bricht in ein entsetzliches, wahnsinniges, verzweifeltes Lachen aus, glaubt das scheußliche Gesicht des Unglücklichen zu sehen, das sich wie ein Schreckgespenst aus den ewigen Finsternissen erhebt. Ein letzter Krampf warf sie auf die Matratze zurück. Alle traten hinzu. Sie war nicht mehr."

---

38 Dazu Olivier Curchaud 2009: 90–92. – Es müsste lohnend sein, Jean Renoirs Verständnis der *Madame Bovary* mit jüngeren Forschungsansätzen zu konfrontieren, etwa mit Barbara Vinken 2009 und 2011.

Notenbeispiel 4: Darius Milhaud: *Chanson de l'Aveugle*: „Souvent la chaleur d'un beau jour". Éditions du Cinéma G. E. 62, S. 1.

Milhaud hat hier auch die kaputten Töne gefunden, die den Film vergleichbar musikalisch beschließen wie der Ball mit drei Walzern den ersten und der Besuch des Ehepaars Bovary einer provinziellen Aufführung in Rouen von Donizettis *Lucia di Lammermoor* den zweiten Teil.

Der Cineast Éric Rohmer hat in Jean Renoirs Verfilmung eines Romans, der sich „einer treuen Adaption am entschiedensten widersetzt, [...] ein einziges und ständiges Stilmittel" gesehen, „um das Prinzip der Objektivität des Romanciers außer Kraft zu setzen: der Abstand, im materiellen Sinne des Wortes." Er verwies auf die in Distanz ablaufenden einzelnen Szenen. Das betone eindeutig, dass „die Helden dieser Geschichte unentwegt eine Komödie spielen und sich vorspielen – selbst noch im Todeskampf. „Madame Bovary ist echt, selbst in größter Künstlichkeit, und künstlich in jedem Moment der Wahrheit. Alles bei ihr ist gemacht, arrangiert, ausgenommen das, was von Natur aus keine Zusammensetzung kennt, weil es ein einfaches Element ist: die Qualität des Fleisches oder des Blicks, bei dem man sich nicht verstellen kann, wenigstens nicht vor der Kamera."[39] Mag sein, dass Rohmers Blick auf Renoir durch Brecht und vor allem Robert Bresson nachhaltig geschärft wurde; doch er hätte für seine Sicht auch Milhauds Musik und deren Sparsamkeit hinsichtlich Dauer wie Mittel, vor allem aber hinsichtlich des Ausdrucks anführen können. Sie bleibt, bei all ihrer Poesie, kühl und stellt sich jeglicher Publikums-Empathie entgegen. Dass dieser bedeutende Film auch in der Kurzfassung nicht besonders erfolgreich war, ist nicht überraschend.[40]

2.3. Dmitrij Kirsanov / Arthur Honegger und Arthur Hoérée, *Rapt* (Frauenraub, F 1934): Eine „sinfonische", kontrapunktische Filmmusik

Der 1899 in Estland geborene Filmregisseur Dmitrij Kirsanov († 1957) emigrierte 1918 und kam 1920 nach Paris, wo er seine Cellostudien weiterführen wollte. Er drehte zwischen 1921 und 1928 drei stumme Spielfilme[41] und die beiden überragenden Kurzfilme *Ménilmontant* (1925, EA 1926) und *Brumes d'automne* (1928/29), alle mit Nadia Sibirskaïa (der 1900 in Redon geborenen Französin Jeanne Brunet, † 1980) als Hauptdarstellerin.

Eine Frau, deren Liebe scheitert, blieb das zentrale Thema von Kirsanovs Filmen, auch in seinem ersten Tonfilm *Rapt* (Frauenraub, F 1934) nach Charles-Ferdinand Ramuz' Roman *La séparation des races* von 1922 in der Adaptierung von Benjamin Fondane.[42] Produziert vom Schweizer Stefan Markus wurde er im Herbst 1933 im schweizerischen Lens (Wallis) und im Studio der Nicéa-Films in Südfrankreich (Saint-Laurent du Var, Nice) gedreht. In einer dem Tonfilm gewidmeten Nummer der *Revue Musicale* haben im Dezember 1934 der Regisseur wie die beiden Komponisten von *Rapt,* Arthur Honegger und der in Paris lebende Bel-

---

39 André Bazin 1971, hier zitiert nach der deutschen Ausgabe André Bazin 1980: 135. – Dass „Distanz" ein für Rohmer selbst ganz entscheidendes Gestaltungsmittel in seinen Filmen ist, sei nur am Rande erwähnt.
40 Colin Crisp 2002: 316 bemerkt allerdings: „Renoir's *Madame Bovary* did better than is generally thought, at least in exclusive release, and might possibly have broken even."
41 *L'Ironie du destin* (F 1921–27, offenbar verloren), *Destin* (F 1926–28, Kopie in der Cinémathèque française, 1992 restauriert) und *Sables* (F 1927, offenbar verloren; zu dessen Musik Jürg Stenzl 2013, Kapitel 2).
42 Benjamin Fondane hat sich ausführlich über die Entstehung von *Rapt* geäußert: Benjamin Fondane 2007: 125–151. – Herzlich verdanke ich Daniel Banda in Paris die Kenntnis dieser Edition. — Der Filmtext ist nur als – nicht besonders genaue – englische Übersetzung der gesprochenen Texte (ein Untertitelungstext ohne weitere Angaben, auch nicht der sprechenden Personen) zugänglich in www.opensubtitles.org [letzter Zugriff 26.6.2011].

gier Arthur Hoérée (1897–1986), ausführlich und in voller Übereinstimmung sowohl über ihre Intentionen wie die Herstellung dieses Films berichtet.[43]

Die Handlung spielt nördlich (Kanton Bern) und südlich (Kanton Wallis) des Schweizer Alpenkamms, wo zwei mental (protestantisch und katholisch) wie sprachlich (deutsch und französisch) unterschiedliche, verfeindete Menschenarten leben. Hans hat den Hund des Wallisers Firmin getötet. Aus Rache entführt Firmin dessen Verlobte Elsi ins Wallis. Elsis Bruder verunglückt auf der Suche nach ihr tödlich. Ein in beiden Regionen tätiger Händler (colporteur) Mathias findet dank des Idioten des Walliser Dorfes Mânu (Manou) die Entführte Elsi und lässt ihr einen Brief ihres Verlobten zukommen. Elsi wiegt den Idioten Manou wie ihren Entführer Firmin in Hoffnung und macht Manou zum Gehilfen ihrer Rache. Während des Kirchweihfestes legt, Elsis Anordnungen folgend, der Idiot im Dorf Feuer. Als Elsie flieht, wird sie von Firmin überrascht und lässt sich von ihm in das Zimmer, in dem sie gefangen gehalten wurde, zurückführen. Dort schließt der eifersüchtige Idiot Elsi und Firmin ein und sie werden Opfer der Flammen.[44]

Arthur Honegger und Arthur Hoérée haben Dmitrij Kirsanov als einen umfassenden Künstler beschrieben, „der darüber hinaus ein professioneller Musiker" sei. In seinem Szenarium habe er der Musik an vielen Stellen eine entscheidende Funktion zugewiesen und „nach meinem [sc. Honeggers] Wunsch immer versucht, die sinfonischen Gegebenheiten mit denen seiner Montage auszugleichen".[45] In diesem Fall bestand „von Beginn an zwischen den Komponisten und dem Regisseur ein unverzichtbares Einverständnis" und alle drei hätten ihre Autonomie bewahren können.[46] Benjamin Fondane war mit Kirsanov befreundet und hat in vergleichbarer Weise ihre ideale Zusammenarbeit hervorgehoben.

Drei Aspekte ihrer musikalischen Verfahrensweisen haben Honegger und Hoérée besonders betont: Zunächst erhielt jede der zentralen Personen – Elsi, ihr Entführer Firmin, dessen von ihm wegen Elsi verlassene Verlobte Jeanne, der Händler und der Dorfidiot Manou – ein eigenes Thema. Als zweiten Aspekt nann-

---

43 Dimitri Kirsanoff 1934: 350f. und Arthur Honegger, Arthur Hoérée in Arthur Honegger 1992: 139–144. – Diese beiden Texte in deutscher Übersetzung in Jürg Stenzl 2013: Kapitel 5.
44 Über die Adaptierung des Romans von Ch. F. Ramuz (der im Film selbst kurz mitspielte, ab 20'08") Alain Virmaux 1999: 24–40 und das die schmale Sekundärliteratur über diesen Film zusammenfassende und erheblich weiterführende Kapitel in Christophe Trébuil 2003: 53–59, 117f. und 144f. Vgl. auch Hervé Dumont 1987: 144–148.
45 Das Szenarium von *Rapt* ist in der Bibliothèque du film der Pariser Cinémathèque zugänglich. Dessen Grundlage ist ein Schreibmaschinendurchschlag offensichtlich des von Fondane erarbeiteten Texts, in den der Regisseur sehr zahlreiche Änderungen, Zusätze usf. eingetragen hat. Es steht außer Frage, dass dieses Drehbuch den Stand vor der Endmontage, wahrscheinlich sogar vor Abschluss der Dreharbeiten dokumentiert; das letzte Drittel des Films weicht von diesem Szenar (ab dem Fest, 47'36") erheblich ab, die letzten vier Seiten sind alle mit „à refaire" überschrieben. – Dieses Dokument wäre ein außerordentlich lohnendes Objekt für eine eingehende Untersuchung seitens der Filmwissenschaft, auch im Hinblick auf die von Benjamin Fondane vorgenommenen Änderungen der Romanvorlage von Ramuz. – Ich danke den Mitarbeiterinnen der Espace chercheurs der Pariser Cinémathèque, die mir im Mai 2011 das Studium dieses ungewöhnlichen Dokuments ermöglicht haben.
46 Arthur Honegger 1992: 136 und 139.

ten sie die Art der Verarbeitung dieser Themen, die mittels bestehender „musikalische[r] Formen" wie Fuge, Choralvariation oder, für Szenen im Freien zum Beispiel eine Art „Pastorale", erfolgte. Der dritte Aspekt, für den vor allem Arthur Hoérée verantwortlich zeichnete, waren die nach der Aufnahme der Musik erfolgten Manipulationen der Tonaufnahmen.[47] Auch hier wurden (wie bei René Clair und Georges Auric in *À nous la liberté*) Geräusche weitgehend mit herkömmlichen Instrumenten, teilweise – bei der musikalischen Darstellung eines Unwetters (ab 52'48" bis 57'27") – mittels gelenkter Improvisationen erzeugt, zudem durch kühne nachträgliche Bearbeitungen, Montagen und Überlagerungen von deren Aufnahmen.

Die „sinfonische" Konzeption der Filmmusik, einer Musik, die in *Rapt* drei Viertel der Gesamtdauer von knapp 77 Minuten ausmacht,[48] lässt sich an Hand der Entführungsszene von Arthur Hoérée (7'58"–16'11") beschreiben.

Diese Entführungsszene ist zweiteilig und umfasst zunächst einen seinerseits zweiteiligen (*Lent–Allegro*-)Satz, der in der Partitur mit D (*Chanson d'Elsi*), und den unmittelbar anschließenden, vollständig wiederholten Satz E, der mit *Desente. Choral figuré* überschrieben ist. Zu Beginn Elsis Erwachen am frühen Morgen, eine instrumentalen Einleitung und die Exposition ihres Themas, einem deutsch gesungenen zweistrophigen „Frühlings- und *Liebeslied*" in c-Moll mit einem (durch die Übersetzung?) eigenartigen und teilweise schwer- bis unverständlichen Text „Frühlingsnacht, märchenhaft".[49] Das Nachspiel im Solo-Horn (T. 35–39 in G-Dur)

---

47 Seit 1933 war Hoérée als Tonmeister der Paramount-Studios im französischen Saint-Maurice tätig und von 1936–1946 auch Filmkritiker mehrerer Zeitschriften (*Le Mois*, *Comœdia* und der *Revue Musicale*). — Harry Halbreich 1994: 801–803 hat deshalb völlig zu Recht Hoérée als „technicien alors sans rival (si ce n'est Maurice Jaubert) de la bande de son" (S. 803) bezeichnet. Zudem äußerte er, dass der Großteil dieser Filmmusik von Hoérée stamme. Halbreichs Sicht ergab sich aus der ihm alleine bekannten autographen Partitur Honeggers in der New Yorker Pierpoint Morgan Library (vgl. Anm. 26). – Sicherheit lässt sich jetzt durch die im Fonds Hoérée, boîte 11 im Département de la Musique der Bibliothèque nationale française gefundene Partitur Hoérées gewinnen. Über den Filmmusikkomponisten Hoérée grundlegend Louise Cloutier 1977.
48 Die Filmdauer wird bei Christophe Trebuil 2003: Anm. 44 mit 88 Minuten angegeben. Der DVD-Publikation von *Rapt* liegt die Kopie in der Cinémathèque suisse in Lausanne zu Grunde, die mit 78'05" endet; dabei ist der Abspann 76'37"–78'05" Teil der Neuedition, der mit (wiederholter) Musik des Originals unterlegt wurde. Der Film dauert demnach in der vorliegenden Fassung nur 76'36". – Das Drehbuch mit den zahlreichen handschriftlichen Einträgen des Regisseurs lässt auf keine Kürzungen der auf DVD erschienenen Fassung des Films schließen.
49 Es erklingt auch, wenn Elsi nicht im Bild ist. Zur Einstellung 67 (8'57"), als Firmin zu sehen ist, notierte Kirsanov im Drehbuch: „Firmin entend chanter / c'est Elsi – poème sur la nuit" (Firmin hört singen / es ist Elsi – Nachtgedicht). — Geoffrey K. Spratt (1987), S. 537 zitiert dieses (von ihm Honegger alleine zugeschriebene) Lied als „Frühlings Nacht, Märchen Nacht", „Chanson d'Eloi" [sic!] und er nennt als Textautor Joseph Kessel (1898–1979). Kessel hat 1934 den Text zu Honeggers *Chanson de l'escadrille* und 1935 den des *Chanson du lapin* zu Honeggers Filmmusik von *L'equipage* (Regie Anatole Litvak) verfasst; dieser Film beruht auf Kessels gleichnamigem frühen Roman von 1923. Trotz dieser Zusammenarbeit

ist gleichzeitig der Beginn des Allegro-Teils mit (T. 39–54) einer neuen Melodie für die zweite Strophe, in der Folge das eigentliche *Liebesthema* dieser Filmmusik. Die nur hier mit Text gesungenen beiden Strophen der *Chanson d'Elsi*, das *Liebeslied* und das *Liebesthema*, sind im ganzen Film die zentralen instrumentalen Themen in immer neuen Kombinationen und Instrumentierungen. Die sirenenartige Sopranstimme (nach der Exposition in dieser Szene ist sie nurmehr ohne Text zu hören) wird häufig mit den Ondes Martenot verbunden oder die Ondes übernehmen gleichsam ihre Stelle. Gesang und Ondes Martenot stehen nicht nur für Elsis Person und ihre Liebe (1. Strophe); noch viel nachhaltiger verkörpert die Melodie der zweiten Strophe (das *Liebesthema*) die geradezu magische Wirkung, die von der Person Elsi (Dita Parlo) sowohl auf Firmin wie den Idioten Mânu ausgeht.[50]

Unverkennbar ist die ungemein dichte kontrapunktische Arbeit einer durchaus „autonomen" Musik; aber kontrapunktisch verhält sich die Musik auch zu den dramatischen Ereignissen im Bild. Sie ist durch die Themen zwar eng mit der Geschichte verbunden, aber sie verdoppelt die Darstellung von Elsis Entführung, wie sie im Film sichtbar ist, gerade nicht – wir sind nicht in Hollywood. Nicht zu vergessen: In dieser ganzen Szene fällt kein einiges Wort; als menschliche Stimme ist nur Elsis Schrei zu hören, als sich Firmin ihrer bemächtigt.

Als sinfonisch-polyphone Komposition war bereits zuvor die Jagd einer Ziege durch Firmins Hund (den Elsis Verlobter Hans mit einem Steinwurf tötet, worauf der eifersüchtige Firmin Elsi entführt) gleichsam „auskomponiert" worden: Eine eigentliche „chasse" in Form einer dreistimmigen Fuge (Hoérées Satz B: *La poursuite. Fugato*), verbunden mit einer Engführung (in den T. 20ff.) des *Liebesthemas*.

Da Honegger und Hoérée in ihrem Aufsatz bereits davon gesprochen haben, fand die „Traumsequenz" des Firmin besondere Aufmerksamkeit: Kurz vor dem dramatischen Ende der rächenden Elsi, als Mânu, Elsis Anordnungen folgend, das ganze Dorf anzündet, steht eine Traumsequenz des Firmin. Dazu ein nur 26 T. umfassendes langsames Stück *Les Rêves*: In der Partitur 12 Takte für Flöte, Ondes Martenot, textlosen Sopran und zwei sordinierte, tremolierende Violoncelli, dann 14 weitere Takte für Bassklarinette und Harfe mit dem vom Sopran intonierten Elsi-Thema. Das Ungewöhnlichste dabei ist, dass diese Musik zwar so, wie sie in

---

von Honegger und Kessel wird dieses Lied als einziger Teil der Filmmusik von *Rapt* in Hoérées Partitur beiden Komponisten zugeschrieben und kein Textautor genannt. — Kessels zusammen mit seinem Schwager Maurice Druon geschriebener legendärer Liedtext ist der *Chant des patriots* (auch *Chant de liberation*): *Ami entends-tu / Le vol noir des corbeaux*, die „Marseillaise der Résistence" auf eine von Anna Marly, Druons Frau, in London 1943 adaptierten russischen Melodie. Anna Marlys Interpretation ist zugänglich auf http://www.youtube.com/watch?v=EaXZStHXBbQ [letzter Zugriff 7.6.2011].

50 Bereits in Honeggers Musik zum Trickfilm *L'idée* wurde die zentrale „Idée" in vergleichbarer Weise durch ein Ondes-Martenot-Thema recht eigentlich „verkörpert". — Die exemplarische Bedeutung der Filmmusik zu *Rapt* ist früh erkannt worden, vgl. dazu, neben der in Anm. 47 erwähnten Arbeit von Louise Cloutier 1977, die biographische Darstellung des Komponisten von [anonym] 1981: 17–43, zu *Rapt* bes. 38f. (mit Werkverzeichnis 44f.).

der Partitur steht, auf Tonfilm aufgenommen, im Film aber – wie es in der Stimme der Ondes Martinot steht – rückwärts gespielt montiert und dadurch im Klang verfremdet wird. Eine derartige Manipulation in der Art der erst 15 Jahre später erfundenen „musique concrète" war 1934 – bevor es (seit dem Ende der 1940er Jahre) das Tonband gab – nur im „filmischen Bereich" mit dem Lichttonfilm realisierbar. Zusammen mit Maurice Jaubert (1933 für Jean Vigos Film *Zéro de conduite*)[51] war Arthur Hoérée einer der ersten Komponisten, der experimentell mit der Musik im Film umging. Dass dieses Verfahren im Falle von *Rapt* für eine „Traumsequenz" im Paris der Surrealisten zur Anwendung kam, ist kaum zufällig.

3. Kurt Weill und die Musik der Pariser Komponisten

Als Kurt Weill im März 1932 für das Konzert der Reihe La Sérénade nach Paris kam, beantwortete er die Frage des Journalisten Roger Féral, ob er weiterhin – gemeint ist: nach Pabsts *Dreigroschenoper*-Film – für den Film zu arbeiten gedenke, auf bemerkenswerte Weise:

> „Ganz offen: Ja. Das Kino ist eine Kunst, von der man ausserordentlich viel erwarten kann. Es eröffnet wunderbare Möglichkeiten: Aber ich habe eigene Ideen, die ich umfassend realisieren will. Leider ist das, was ich wünsche, noch nicht gelungen, weil die Produzenten und die Geldgeber mit den Künstlern nicht immer einer Meinung sind. Ich werde warten, bis es Zeit ist, aber ich werde die Filme machen, die ich mir vorstelle."[52]

Weills „eigene Ideen" von „Filmen, die ich mir vorstelle", zielten nicht auf Spielfilme wie diejenigen, für die Auric, Milhaud sowie Hoérée und Honegger so unterschiedliche Musiken geschrieben haben. Wie er bereits 1931 in Berlin äußerte, verstand er unter einem „musikalisch-filmischen Kunstwerk"[53] eine neue Art Musikfilm. In gleicher Richtung hat sich Weill auch 1936 in New York geäußert, dass er sich – explizit *neben* dem Film – um „die Wiederherstellung des echten musikalischen Theaters innerhalb des ausgedehnten Gebietes zwischen diesen beiden Genres" bemühte: Nämlich auf der einen Seite die Oper, „die vollkommen vom Drama isoliert ist", und auf der andern Seite das Genre der musikalischen Komödie, bei der eine „Handvoll aktueller Ereignisse [...] eine Anzahl von Hit-Liedern umgeben."[54] Weill hat 1946 rückblickend die hohe Qualität der Musik in den französischen Filmen wie *À nous la liberté* und *Le Million* (1931) von René Clair, Honeggers Musik für Anatole Litvaks *Mayerling* (1936) und diejenige von Milhaud zu Jean Renoirs *La Grande illusion* (1937) ausdrücklich hervorgehoben. Doch sie ent-

---

51 Dazu Claudia Gorbman 1987: 118–134 und bes. 138 und Jürg Stenzl 2013: 141–143.
52 *Paris-Midi*, 8. Dezember 1932. Faks. in Nathalie Mentré 1992/93: 5 (2), Planche 1.
53 Kurt Weill 1990: 95–98, das Zitat S. 95.
54 Kurt Weill 1990: 109–114, das Zitat S. 110f.

sprachen offensichtlich nicht seinen „eigenen Ideen" von einer anderen Art einer wesentlich durch die Musik bestimmten und filmisch realisierten „neuen Art des musikalischen Theaters". Die 1937/38 in Hollywood gemachten Erfahrungen als Komponist zuerst des mit Lewis Milstone bloß geplanten, von Weill jedoch bereits komponierten Films *The River is blue* und dann von Fritz Langs *You and me* (1938) bewiesen ihm erneut, dass „die Produzierenden und die Geldgeber mit den Künstlern nicht einer Meinung sind", in Hollywood schon gar nicht.[55] Das bedeutetete das vorläufige Ende von Weills „eigenen Ideen" im Filmbereich. 1943/44 kam zwar noch der „musical film" *Where do we go from here?* von Gregory Ratoff. Weill hat seinen Anteil (gesamthaft waren sieben Komponisten beteiligt) als „a first step towards his ideal of a through-composed musical film" angesehen.[56] Die Musik zu Jean Renoirs und Garson Kanins, vom US Office of War Information produzierten 35-Minuten-Film *Salute to France* (1944), hat David Drew als „débacle" bezeichnet.[57] In Wirklichkeit war das jedoch Kurt Weills „last step" als ein erst kommender Filmmusikkomponist – der er nie geworden ist.

Hat sich damit nicht auch unsere Fragestellung nach der Konstellation ‚Kurt Weill und die Pariser Komponisten zwischen 1933 und 1935' erledigt, wenn wir diese drei französischen Komponisten aus der Perspektive der Filmmusik betrachten? Für eine Antwort sollten wir nochmals auf unsere Beispiele zurückkommen. Wir haben deren Musikalisierung stichwortartig als „comédie musicale"-Film (in René Clairs *À nous la liberté!*), als eine „intermittierende Filmmusik" (in Renoirs *Madame Bovary*) und als „sinfonische Filmmusik" (Honeggers und Hoérées Beitrag zu *Rapt* von Kirsanov) bezeichnet und deren offensichtliche Verschiedenartigkeiten hervorgehoben. Diese Komponisten haben für den Film die unterschiedlichsten formalen, stilistischen und gattungsspezifischen Mittel eingesetzt, aber gleichzeitig auch für den Konzertsaal und das Theater gearbeitet, Kammermusik oder Chansons, auch politische Lieder, und Honegger 1935 sogar eines seiner zentralen Werke – das Oratorio dramatique *Jeann d'Arc au Bûcher* – komponiert. Ich sehe das Spezifikum dieser in Paris tätigen Komponisten gerade in ihrer „musikalischen Mehrsprachigkeit" und „Multifunktionalität". Wie Darius Milhaud bemerkt hat, schloss das auch im Film sofort erkennbare Personalstile und durchaus unterschied-

---

55 „Little of Weill's original score, and noting of his formal conception, survived in the final dubbing", so David Drew 1987: 292f. mit einer entsprechenden Übersicht. – Der Film ist auf DVD zugänglich. Vgl. Michael Grosts Darstellung von Fritz Langs Filmen in Michael Grost (o. J.). Zu Kurt Weills amerikanischen Filmmusiken ausführlich Nils Grosch 1998: 37–49.
56 David Drew 1987: 340. Vgl. 342f. zu Weills Mitwirkung beim Kriegspropagandafilm *Salute to France* im April/Mai 1944.
57 David Drew 1987: 343. – Wenn es sich nicht um bloße Arrangements bereits bestehender Lieder anderer Autoren handelte, hatte Weill weitgehend auf frühere Werke zurückgegriffen. (Ich konnte diesen Film nicht einsehen; er ist von der amerikanischen *Film Foundation* von Martin Scorsese in Los Angeles restauriert, aber nicht öffentlich zugänglich gemacht worden (Kopie im *Academy Film Archive*).

liche ästhetische Schwerpunkte keineswegs aus. Dass auch nur die drei hier herangezogenen Komponisten Teil einer Gruppe, gar eines „Groupe des Six" gewesen seien, war und bleibt ein bloßes, von Henri Collet 1920 zur Durchsetzung der „antiimpressionistischen" Musik der „Nouveaux Jeunes", in enger Verbindung mit Jean Cocteau und dem Vorbild von Erik Satie geprägtes journalistisches Schlagwort, das in einer sachbezogenen Musikgeschichtsdarstellung nie etwas zu suchen hatte.[58]

Bereits vor und während des 1. Weltkriegs hat sich in Paris – vor allem im Kreis der „Nouveaux Jeunes" – bis in die Mitte der zwanziger Jahre eine Neue Musik entwickelt, für die eine unmittelbare Verbindung von Kunstmusik mit verschiedenartigen Formen der Unterhaltungsmusik ausgesprochen charakteristisch waren: Musique Hall, Zirkus, Cabaret, das Chanson, neue Tanzmusik, der nordamerikanische Ragtime und Jazz, aber auch außereuropäische Idiome, wie sie vor allem Milhaud in Lateinamerika kennen gelernt hatte, und Erik Saties „alt-neue Einfachheit". Diese Offenheit sehr unterschiedlichen Musikarten gegenüber, gerade auch gegenüber solchen, die keinen emphatischen Kunstanspruch beinhalteten, bleibt seit der Mitte der zwanziger Jahre ein Kennzeichen französischer Neuer Musik. Ebenso charakteristisch für diese Neue Musik war ihre enge Verbindung mit der bildenden Kunst, der Malerei und ganz besonders der Literatur. Jean Cocteau war auch für die Musik eine zentrale Persönlichkeit.

Offenheit gegenüber sehr unterschiedlichen Musikarten zwischen Ferruccio Busoni und dem Jazz ist gewiss auch eine für Kurt Weill kennzeichnende Eigenschaft. Aber nicht weniger kennzeichnend für ihn ist, dass sein Schaffen von Anfang an auf das Musiktheater sogar noch dann zentriert geblieben ist, wenn er „eigene Ideen" zum „Musikfilm" (nicht zur Filmmusikkomposition) entwickelte. Die wesentlichsten Veränderungen, die Weills kompositorisches Schaffen aufweist, lassen sich fast ausnahmslos auf veränderte Dramaturgien und unterschiedliche theatralische Institutionen zurückführen. Dass er immer die Zusammenarbeit mit den innovativsten Theaterautoren gesucht und gefunden hat, hängt mit dieser Zentrierung seiner Komponistenpersönlichkeit unmittelbar und untrennbar zusammen. Der Misserfolg von *Marie Galante* in Paris und sein größter Misserfolg in London mit dem zunächst auf einem deutschen Libretto beruhenden *Kuhhandel*, der zu *A Kingdom for a Cow* wurde, stehen dafür genau so wie das Gelingen und der Erfolg des französischen Chansons *Complainte de la Seine*. Eine „Pluristilistik" und Pluralität der Gattungen und der Stile, gar eine weite Öffnung gegenüber dem musikalischen Alltag, die die drei hier herangezogenen Pariser Komponisten auszeichnet, lässt sich in Kurt Weills Schaffen bis zum Exil in den USA gerade nicht als ein zentrales Merkmal seiner Komponistenpersönlichkeit ausmachen. Dass Weill

---

58 Zur „Formation of the new French avant-arde", gründlich recherchiert, Nancy Perloff 1991: 2–7 und passim, ein besonderer Schwerpunkt in Kap. 2 (S. 45–64, „The Arrival of American Popular Music and Dance on the Parisian Scene") bereits seit der Jahrhundertwende.

rhythmische und harmonische Elemente der US-amerikanischen Musik in seine Musik integriert hat, reicht nicht aus, um seine Musik mit der Pariser Moderne zusammenzubringen, selbst wenn diese Parallele in Paris durchaus erkannt worden ist.

Die Grundlagen von Arthur Honeggers musikalischer Ausbildung waren dagegen ausschließlich deutsch, bis er sich, nach dem schweizerischen Militärdienst 1914/15, fest in Paris niederließ, wo er bereits 1911–13, noch in Le Havre wohnhaft, im Conservatoire studiert hatte und zu einem primär französischen Komponisten wurde. Gleichwohl waren und blieben für Honegger – wie für Béla Bartók – Bach und Beethoven weiterhin von so fundamentaler Bedeutung wie bei keinem anderen Komponisten der französischen Neuen Musik seiner Generation, im übrigen durchaus auch für Arthur Hoérée. Weill dagegen hat, auf eindeutig deutscher Grundlage, früh seinen musiktheatralischen Personalstil gefunden. Diesen und dessen Anwendung fast ausschließlich im Bereich des Musiktheaters, hat er sicherlich erweitert und differenziert, ihn jedoch in Deutschland wie danach in Frankreich und England, grundsätzlich beibehalten. Trotz der im französischen Exil komponierten – genauer wäre zu sagen: zu großen Teilen aus Theaterwerken wie *Die Bürgschaft* und *Der Silbersee* kompilierten[59] – *2. Sinfonie* ist er in Paris, wie danach in den USA, ein Musiktheaterkomponist geblieben.

Quellen

Texte
Ansermet, Ernest (1994): *Claude Tappolet, Ernest Ansermet: Correspondances avec les compositeurs européens (1916–1966).* Bd. 1. Genève.
Clair, René (1968): [Filmtext von] *À nous la liberté*. In: *Avant-Scène Cinéma Nr. 86*, S. 25–57; englisch in: *‚A nous la liberté' and ‚Entr'acte', films by René Clair*, New York 1970, S. 13–106.
Cocteau, Jean (1918): *Le Coq et l'arlequin. Notes autour de la musique.* Paris (*Collection des Tracts*, 1). – Faksimile: http://fr.wikisource.org/wiki/Page:Cocteau_Le_Coq–et–l'Arlequin.djvu/ [letzter Zugriff 21.3. 2011].
Fondane, Benjamin (2007): *Écrits pour le cinema. Le Muet et le Parlant.* Nouvelle edition par Michel Carassou, Olivier Salazar-Ferrer et Ramona Fotiade. [Paris].
Honegger, Arthur (1992): *Écrits. Textes réunis et annotés.* [Édités] par Huguette Calmel. Paris.
Kastner, Rudolf (1925): Kurt Weill. Eine Skizze. In: *Musikblätter des Anbruch* 7, S. 453–456; gekürzter Nachdruck in David Drew (1975), S. 10–13.
Kirsanoff, Dimitri (1934): De la synthèse cinématographique. In: *La Revue musicale* 15, S. 50f.

---

59 Ich danke Nils Grosch herzlich für diesen Hinweis und seine kritische Lektüre dieses Aufsatzes.

Kirsanoff, Dimitri (1934a): [Szenarium von] *Rapt.* In: *Bibliothèque du film der Pariser Cinémathèque,* Signatur CJ 1238 B163.

Magre, Maurice (1913): *Les Belles de nuit.* Paris (*Bibliothèque-Charpentier,* o. Nr.).

Weill, Kurt (1990): *Gesammelte Schriften* [...]. Hg. von Stephen Hinton und Jürgen Schebera. Vorwort von David Drew. Berlin.

Weill, Kurt (1996): *Speak Low (when you speak love). The Letters of Kurt Weill and Lotte Lenya.* Ed. and translated by Lys Symonette and Kim K. Kowalke. London; deutsch: *Sprich leise, wenn du Liebe sagst. Der Briefwechsel Kurt Weill/Lotte Lenya.* Köln 1998.

Weill, Kurt (2000): *Briefe an die Familie (1914–1950).* Hg. von Lys Symonette und Elmar Juchem. Stuttgart (*Veröffentlichungen der Kurt-Weill-Gesellschaft Dessau, 3*).

Noten

Auric, Georges (1931/32): [Aus der Filmmusik zu *À nous la liberté!*]: *A nous la liberté, marche* (1931, M.E. 3387ª); *Viens! Toi qui m'aimeras...valse* (1932, M.E. 3404 ª); *Tango-Nocturne, tango* (1932, M.E. 3412 ª); *Magic-Park, fox-trot* (1932, M.E. 3424ª).

Berg, Alban (1969): *Der Wein.* Klavierauszug von Erwin Stein. Wien.

Honegger, Arthur (o. J.): *L'Idée. [Musique de film].* Éd. Jacques Tchamkerten. Genève.

Honegger, Arthur (1935): *Fièvre jaune. La route de Mandalay* (Text von „nino"). Paris, M.E. 201.

Milhaud, Darius (1934): *Album de Madame Bovary,* op. 128b. Paris (Nr. E. & C. 9585).

Milhaud, Darius (1934a): [Aus der Filmmusik von *Madame Bovary*]: *Trois valses pour piano. Extraits du film* „Madame Bovary", Paris (Nr. G.E. 61). Für Gesang und Klavier: *Deux Chansons. Extraits du film* „Madame Bovary" (*Chanson de l'aveugle* und *La Chanson du printemps*), ibid. (Nr. G.E. 62).

Weill, Kurt: *Trois chansons (Complainte de la Seine,* Weill/Magre; *Je ne t'aime pas,* Weill/Magre; *Youkali,* Weill/Fernay). Paris o. J.; Reprint der *Complainte* in: *Kurt Weill Songs. A Centennial Anthology.* Bd. *1,* [New York] 2000, 79–81. Nachdruck der *Complainte* in *The Unknown Kurt Weill. A Collection of 14 Songs* edited by Lys Symonette. Ohne Ort, ©1982.

Filme

(In Klammern nach dem Filmtitel der Name des Komponisten, danach die DVD-Edition und Angabe der Untertitelung.)

Bartosch, Berthold: *L'idée* (Arthur Honegger, 1932): Paris, re:voir (2010). – Englische Untertitel der Schrifttafeln.

Bernard, Raymond: *Les misérables* (Arthur Honegger, 1934) (2 DVD): [New York], Criterion (2007), *Eclipse Series,* 4. – Englische Untertitel.

Clair, René: *À nous la liberté* (Georges Auric, 1931): L-C. J Editions & Productions EDV 820 (2007). – Ohne Untertitel.

Kirsanoff, Dimitri: *Ménilmontant* (neu 2005: Paul Mercier, 1926): Avantgarde. 2 DVD: *Experimental Cinema of the 1920s and 30s,* New York, Kino on Video 2005, DVD 1, # 6.

Kirsanoff, Dimitri: *Rapt* (Arthur Honegger, Arthur Hoérée 1934): *Ramuz Cinéma* (7 DVD), [Vevey, Schweiz], Cin&Lettres/Cinémathèque Suisse 2006, DVD [6]. – Ohne Untertitel.
Lang, Fritz: *Du und ich. You and me* (u. a. Kurt Weill, 1938). Reihe *Film Noir* Nr. 6, Koch Media DVM0000694D (2010). – Deutsche Untertitel.
Pabst, Georg Wilhelm: *Die Dreigroschenoper* und *L'opéra de quat'sous* (Kurt Weill, 1931) (2 DVD): [London], British Film Institute BFIVD 661 (o. J.). – Englische Untertitel.
Renoir, Jean: *Madame Bovary* (Darius Milhaud, 1933): Jean Renoir, *L'Essentiel* (33 DVD), [Paris], Studio Canal EDV 29 302257-3 (o. J.), DVD 8. – Ohne Untertitel.

Tonträger
Honegger, Arthur: *Fièvre jaune*. Ursula Wick, François Margot. CD *tour de chant. musique christiane verger arthur honegger. texts jacques prevert et autres poètes*. VDE-Gallo 1042 [2000].
Honegger, Arthur: [Musik zum Film] *L'idée*: CD Naxos 8.580979 (2008).
Honegger, Arthur: [Musik zum Film] *Les misérables* : CD Naxos 8.557486 (2004).
Milhaud, Darius: *L'Album de Madame Bovary*: CD Naxos 8.553443 (1995).
Weill, Kurt: *L'Opéra de quat'sous*: *La finacé du pirate, Chant de Barbara* (Aufn. 1932); *Complainte de la Seine, Je ne t'aime pas* (Aufn. 1934). Lys Gauty, Orchestre Pierre Chagnon (1932), Orchestre Wal Berg (1934). CD *Lys Gauty 1932-1944* (2 CD), Fréméaux FA 5033 (2002).
Weill, Kurt: [Historische Aufnahmen aus] *L'Opéra de quat'sous* mit Lys Gauty (1931), Florelle (1931), Marianne Oswald (1931) und aus der französischen Fassung des Films von G. W. Pabst (1931). CD *Kurt Weill à Paris*, Assai 207192 [1995].

Sekundärliteratur

[anonym] (1981): La carrière polymorphe d'Arthur Hoérée. In: *Zodiaque* Nr. 128, S. 17–43.
Atkinson, Michael (2002): „À nous la liberté". In: *www.criterion.com/current/posts/216* (letzter Zugriff 29.3.2011).
Barbon, Paola (1987): *Il signor B. B. Wege und Umwege der italienischen Brecht-Rezeption*. Bonn.
Bazin, André (1971): *Jean Renoir. Paris*. Deutsch: *Jean Renoir. Mit einem Vorwort von Jean Renoir und einer Filmographie seiner Werke von 1924 bis 1969*. Hg. von François Truffaut. Frankfurt a. M. 1980 (*Fischer Taschenbuch, 3662*).
Bedu, Jean-Jacques (1999): *Maurice Magre. Le Lotus Perdu*. Cahors.
Chanudaud, Stéphane (2003): *La Musique de Cinéma Française, Européenne et Américaine de l'avènement du cinéma parlant aux années de l'âge d'or*. Diss. Université de Provence Aix–Marseille 2003, Lille, Atélier national de reproduction des thèses .
Cloutier, Louise (1977): *Arthur Hoérée, musician d'écran, technicien du cinema et critique cinématographique*. Mémoire de Maîtrise Spécialisé, Université de Paris-Sorbonne (Ms.).

Cooke, Mervyn (2008): *A History of Film Music*. Cambridge.
Crisp, Colin (2002): *Genre, Myth, and Convention in the French Cinema 1929–1939*. Bloomington.
Curchaud, Olivier (2009): Souvent la chaleur d'un beau jour ... Renoir, la mort en chanté. In: *Positif Nr. 580* (2 juin 2009), S. 90–92.
Dahlhaus, Carl (1976): Musikalischer Funktionalismus. In: *Jahrbuch des Staatlichen Instituts für Musikforschung*, S. 81–93, nachgedruckt in ders., *Schönberg und andere. Gesammelte Aufsätze zur Neuen Musik*, mit einer Einleitung von Hans Oesch, Mainz 1978, S. 57–71.
Danuser, Hermann (1984): *Die Musik des 20. Jahrhunderts*. Laaber (*Neues Handbuch der Musikwissenschaft, 7*).
Drew, David (Hg.) (1975): *Über Kurt Weill*. Frankfurt a. M. (*edition suhrkamp, 237*).
Drew, David (1987): *Kurt Weill. A Handbook*. London.
Duchesneau, Michel (1997): *L'Avant-Garde musicale à Paris de 1871 à 1939*. Sprimont [B].
Dumont, Hervé (1987): *Histoire du cinema suisse. Films de fiction 1896–1965*. Lausanne.
Elwert, W. Theodor (1961): *Französische Metrik*. München 1961, [2]1965, auch französisch Paris 1965.
Farneth, David/Juchem, Elmar/Stein, Dave (Hg.) (2000): *Kurt Weill. A Live in Pictures and Documents*. London.
Gorbman, Claudia (1987): *Unheard Melodies: Narrative Film Music*. Bloomington.
Grosch, Nils (1998): „Jahre warten auf einen Film': Kurt Weills Filmmusiken im US-Exil. In: *FilmExil 10*, S. 37–49.
Grosch, Nils (2003): Facetten des Amerikanismus in *Die sieben Todsünden*. In: *Amerikanismus, Americanism, Weill. Die Suche nach kultureller Identität in der Moderne*. Hg. von Hermann Danuser und Hermann Gottschewski. Schliengen.
Grost, Michael (o. J.): Fritz Langs Filme. In: *http://mikegrost.com/lang.htm* (letzter Zugriff: 2.1.2012).
Haefeli, Anton (1982): *Die Internationale Gesellschaft für Neue Musik (IGNM). Ihre Geschichte von 1922 bis zur Gegenwart*. Zürich.
Halbreich, Harry (1994): *L'Œuvre d'Arthur Honegger. Chronologie – Catalogue raisonné. Analyses – Discographie*. Paris.
Kastner, Rudolf (1925): Kurt Weill. Eine Skizze. In: *Anbruch* 7 (1925), S. 453–456; dass. (am Ende gekürzt) nachgedruckt in *Über Kurt Weill*. Hg. von David Drew, Frankfurt a. M. 1975 (*suhrkamp taschenbuch, 237*), S. 10–13.
Kemp, Philip (o. J.): The Threepenny Opera. Beiblatt zur DVD mit beiden Versionen von Pabsts Film, British Film Institute BFIVD 661.
Kowalke, Kim (1979): *Kurt Weill in Europe*. Ann Arbor, University Microfilms 1979.
Krakauer, Siegfried (1932): [Kritik von *À nous la liberté*]. In: *Kunst und Künstler*, nachgedruckt im Anhang, S. 525f. von ders., *Von Caligari zu Hitler*. Frankfurt a. M. 1984 (*suhrkamp taschenbuch wissenschaft, 479*).
Lista, Giovanni (1979): Sur la première mise en scène de Brecht en France. In: *Obliques 20/21*, S. 219–223.
Mentré, Nathalie (1992/3): Nathalie Mentré [Doyhamboure-Mentré]: *Kurt Weill: 1933–1935, la période française et les chansons en français*. Mémoire maîtrise de musicologie, Université de Nancy II, [Ms.].

Milhaud, Darius (1949): *Notes sans musique*. Paris.
Perloff, Nancy (1991): *Art and Everyday. Popular Entertainment and the Circle of Erik Satie*. Oxford.
Roust, Colin T. (2007): *Sounding French: The Film Music and Critisism of Georges Auric, 1919–1945*. Ph.D. Thesis Musicology, University of Michigan (Ms.).
Spratt, Geoffrey K. (1987): *The Music of Arthur Honegger*. Cork.
Steiner, Fred (o.J.): Arthur Honegger's „Les Ombres": Fragment of a Lost Film Score. In: *http://memory.loc.gov/collections/moldenauer/2428133.pdf* [letzter Zugriff 17.5.2011].
Stenzl, Jürg (2013): *Dmitrij Kirsanov – ein verschollener Filmregisseur*. München.
Tchamkerten, Jacques (2009): De Frans Masereel à Arthur Honegger, ou comment *L'Idée* devient musique. In: *Arthur Honegger. Werk und Rezeption / L'œuvre et sa réception* [hrsg. von Peter Jost]. Bern (*Publikationen der Schweizerischen Musikforschenden Gesellschaft, Serie II, 49*), S. 229–251.
Trébuil, Christophe (2003): *L'Œuvre singulière de Dimitri Kirsanoff*. Préface de Jean A. Gill. Paris.
Vinken, Barbara (2009): *Flaubert. Durchkreuzte Moderne*. Frankfurt a. M.
Vinken, Barbara (2011): Bengalische Beleuchtung. Flauberts Moderne – „Madame Bovary", eine Tragödie ohne Katharsis, legt die Sündenbockmentalität der Gesellschaft offen. In: *Neue Zürcher Zeitung 232*, Nr. 90 vom 16. April (Beilage *Literatur und Kunst*), Internationale Ausgabe, 25, auch: http://www.nzz.ch/nachrichten/kultur/literatur_und_kunst/bengalische_beleuchtung_1.10273029.html [letzter Zugriff 19.5.2011].
Virmaux, Alain (1999): Rapt (1933–34): La marque de Fondane. L'empreinte de Ramuz. Le film de Kirsanoff. In: *Cahiers Benjamin Fondane Nr. 3*, S. 24–40.
Wulff, Hans Jürgen (2009): Georges Auric. In: *Kieler Beiträge zur Filmmusikforschung 3*, S. 157–164: http://www.filmmusik.uni-kiel.de/download/KBzFM003.pdf (letzter Zugriff 29.3.2011).

Anhang: Maurice Magre, *Complainte de la Seine*[60]

„Au fond de la Seine, il y a de l'or,
Des bateaux rouillés, des bijoux, des armes...
Au fond de la Seine il y a des morts...
Au fond de la Seine il y a des larmes...

Au fond de la Seine il y a des fleurs;
De vase et de boue elles sont nourries...
Au fond de la Seine il y a des cœurs
Qui souffrirent trop pour vivre la vie...

Et puis des cailloux et des bêtes grises...
L'âme des égouts soufflant des poisons...
Les anneaux jetés par des incomprises...
Des pieds qu'une hélice a coupés du tronc...

Et le fruit maudit des ventres stériles,
Les blancs avortés que nulle n'aima...
Les vomissements de la grande ville...
Au fond de la Seine il y a cela...

(Mais le batelier ramasseur d'ordures
Penché sur l'avant d'un pont désert,
Ne dira jamais les formes impures
Que heurta, le soir, son crochet de fer.)

– O Seine clémente où vont les cadavres,
O lit dont les draps sont faits de limon,
Fleuve des déchets, sans fanal ni havre,
Chanteuse berçant la morgue et les ponts.

(Rouleuse au sein vert des faces gonflées

Et de maigres corps mangés de poissons,
Reine de misère, âme désolée,
Suaire d'amour, robe de pardon,)

Accueille le pauvre, accueille la femme,
Accueille l'ivrogne, accueille le fou,
Mêle leurs sanglots au bruit de tes lames

Et porte leurs cœurs parmi les cailloux...“

Auf dem Grund der Seine gibt es Gold,
Verrostete Schiffe, Schmuckstücke, Waffen.
Auf dem Grund der Seine gibt es Tote,
Auf dem Grund der Seine gibt es Tränen.

Auf dem Grund der Seine gibt es Blumen,
Von Schlamm und Morast werden sie ernährt.
Auf dem Grund der Seine gibt es Herzen
Die zu viel gelitten haben um das Leben zu leben.

Und dann Kiesel und graue Tiere,
Die Seele der Abflüsse die Gifte ausatmen,
Weggeworfene Ringe von Unverstandenen
Füße, die eine Schraube vom Rumpf getrennt hat.

Und die verfluchte Früchte von sterilen Leibern,
Abgetriebene Weiße, die keiner liebte,
Erbrochenes der Großstadt,
Auf dem Grund der Seine gibt es das.

(Aber der Abfälle zusammenkehrende Schiffer,
Über den Bug einer leeren Schiffsbrücke gelehnt,
Wird nie über die unreinen Formen sprechen,
Auf die nachts sein Eisenhaken stößt.)

O gütige Seine, wohin gehen die Leichen,
O Bett, dessen Laken aus Schlamm gewoben,
Fluss der Abfälle ohne Warnlicht und Hafen,
Sängerin, die die Leichenhalle und die Brücken
    wiegt.

(Wicklerin mit grünem Busen geschwollener
    Gesichter
und von Fischen gefressenem mageren Körpern,
Königin des Elends, verzweifelte Seele,
Liebeschweiß, Kleid der Verzeihung,)

Empfange den Armen, empfange die Frau,
Empfange den Betrunkenen, empfangen den Irren,
Vermische deren Schluchzen mit dem Geräusch
    deiner Klingen
Und trage deren Herzen zu den Kieseln.

---

60 Die beiden Strophen in ( ) hat Kurt Weill nicht vertont, dagegen die erste Strophe am Ende wiederholt. – Dieser Text entspricht dem Erstruck des Dichters in Maurice Magre 1913: 199– 201 (Exemplar im Besitz des Autors). Den Originaltext hat erstmals Nathalie Mentré 1992/93 zwischen S. 42 (39) und 43 (40) vorgelegt, Weills Umgang mit diesem Gedicht S. 42 (39)–45 (42) dargestellt und die Musik im zweiten Kapitel des 2. Teils ihrer Arbeit analysiert.

Zwischen Groupe des Six und École d'Arcueil
Aussagen und/oder Widersprüche der Weill-Rezeption in Frankreich

Jean-François Trubert

„ – Reisen? Vielleicht [...] nach meiner Rückkehr aus dem Urlaub. Zunächst werde ich nach Paris fahren. Anschließend ist es möglich, dass ich nach Amerika gehe [...] Ich hätte schon Lust, dieses Land kennenzulernen. Aber ich werde auf jeden Fall nach Paris zurückkehren, wo ich eine Atmosphäre vorfand, die ich bisher noch nirgends festgestellt hatte, eine Atmosphäre, die die Arbeit extrem erleichtert."[1]

Kurt Weill mochte Frankreich, und das in *Paris Soir* veröffentlichte Interview aus dem Jahre 1933 belegt, dass Kurt Weill beabsichtigte, sich in Paris niederzulassen. Von 1935 an ließ er dieses Vorhaben jedoch fallen, denn er bevorzugte es, in den USA zu bleiben, wo er seinem Freund Darius Milhaud wiederbegegnen würde.

Verschiedenenorts ist zu lesen, Kurt Weill habe nicht jenen Erfolg gekannt, den er eigentlich hätte haben sollen. (Huynh 1998: 47) Das ist sicherlich richtig. Es gilt jedoch auch zu fragen, warum dies so war. Einerseits ward dem Komponisten in der Pariser Musikwelt eine beachtliche Unterstützung zuteil, andererseits verursachte seine Musik hingegen auch Anfeindungen antisemitischer Art.

Der Weillspezialist Pascal Huynh hat dieses Thema bereits ausführlich in seinem Buch *Kurt Weill à la conquête des masses* behandelt (Huynh 2000: 213), in dem er insbesondere dem Verhältnis Kurt Weills zum Pariser intellektuellen Milieu nachgeht. Die Fakten und die verschiedenen Stufen dieses Aufenthalts sind gut dokumentiert. Diesbezüglich kann man sich auch auf andere Schriften von Pascal Huynh beziehen sowie auf Trubert 2005, Huynh 1998 und Duchesneau 1997.

Außerdem gibt es zwei Bücher von Roland Belicha, einem Autor, der zuvor für die *Revue Musicale* einen Band über Eric Satie geschrieben hatte. In *Kurt Weill et la France* dokumentiert Belicha die unterschiedlichen Etappen von Kurt Weills Aufenthalt in Frankreich, belegt durch Archivalia, Aufsätze und Briefwechsel. Dieses Buch ist heute jedoch ausschließlich in der Bibliothèque Nationale de France (BNF) in Paris zugänglich, und zwar in zwei Fassungen, die erste aus dem Jahre 1996 und die zweite aus dem Jahre 2011, wobei die Letztere eine größere Anzahl an Dokumenten enthält (sowohl aus der Sammlung der Kurt Weill Foundation als auch aus anderen privaten Sammlungen). Für die vorliegende Untersuchung wurde darüber hinaus die Korrespondenz zwischen Kurt Weill und Darius Milhaud zu Rate gezogen, welche in der Sammlung Darius Milhaud in der Paul Sacher Stiftung Basel erhalten ist, sowie die im Musiklesesaal der BNF zugängliche Korrespondenz

---

1 Kurt Weill im Gespräch mit Claude Dherelle, 26. Mai 1933, *Paris Soir*.

von Florent Schmitt. Schließlich wurden Zeitungen aus der Zeit zwischen 1925 und 1935 gesichtet, insbesondere *Paris-Soir*, *Action française* und *Candide*, sowie Programmzettel diverser Konzertveranstalter, namentlich des Orchestre Symphonique de Paris und der Konzertveranstalter Triton und Sérénade – Materialien, die allesamt in den Häusern Tolbiac und Richelieu der BNF, bei Letzterem im Département des Arts du Spectacle, zugänglich sind.

Auf der Grundlage dieser Dokumentation und Literatur ist festzuhalten, dass Kurt Weills Situation in Paris gespalten war, wofür die inzwischen bestbekannte Episode vom 26. November 1933 durchaus bezeichnend ist. Das an diesem Tag vom Orchestre Symphonique de Paris veranstaltete Konzert hat sowohl die ästhetischen als auch politischen Erörterungen um die Person des Komponisten geprägt. Doch weshalb hat Kurt Weill gerade zu diesem Zeitpunkt in Frankreich eine derartige Debatte ausgelöst? Bei genauerer Betrachtung ist festzustellen, dass Weills Musik gar nicht so weit von der damaligen Musik der französischen Avantgarde entfernt war, etwa von der neoklassischen Strömung, die von Satie und Cocteau initiiert worden war. Zuerst sollen also jene Ideen betrachtet werden, die Kurt Weill mit den neoklassischen Komponisten teilte; anschließend soll der Frage nachgegangen werden, weshalb die Zeit, zu der er emigrierte, derart ungünstig war.

Der musikalische Kontext vor 1933

In Frankreich war die Musik seit 1917 durch den Neoklassizismus geprägt, wobei sich zwei Gruppen von Komponisten gebildet hatten: die Groupe des Six und später, die weniger bekannte aber ebenfalls Eric Satie nahestehende École d'Arcueil. Das Jahr 1917 war durch die Uraufführung eines Balletts bestimmt, nämlich *Parade* von Eric Satie, auf einem Text von Jean Cocteau und mit einer Choreographie der Ballets Russes. Die parodistische Atmosphäre voller Geräusche hatte Guillaume Apollinaire derart verblüfft, dass er das Werk als „surrealistisch" kennzeichnete. In Weiterführung der von Eric Satie vorgegebenen Richtung gründete sich die Groupe des Six (entsprechend der von Henri Collet vorgeschlagenen Bezeichnung), bestehend aus Arthur Honegger, Darius Milhaud, Georges Auric, Louis Durey, Germaine Tailleferre und Francis Poulenc. Die Groupe des Six hat ein kollektives Werk vorgelegt: *Les Mariés de la Tour Eiffel*, ein Ballett nach einem Text von Jean Cocteau, welches im Jahre 1921 von den Ballets Suédois dargeboten wurde.

Auch in diesem Werk zeigt sich das Interesse am Modernismus. Zwei als Grammophone verkleidete Marionetten kommentieren das Geschehen. Musikalisch sind alle Merkmale des damaligen Neoklassizismus anzutreffen: die Verwendung von eindeutig wiedererkennbaren rhythmischen Formeln (Märsche, Tänze, Unterhaltungsmusik) sowie der Gebrauch kurzer melodischer Floskeln, welche nach dem Prinzip der Montage und der Überlagerung miteinander verbunden wurden. Polytonale Passagen wechseln mit eindeutig tonalen oder modalen Abschnitten ab, stets nach dem Prinzip der Montage sowie der Verkehrung der klassischen Formen. Außerdem rekurriert dieses Werk ebenfalls, genau wie *Parade*, auf Geräusche. Kaum vier Jahre später begegnen genau diese Vorgehensweisen ebenfalls in Kurt Weills Kantate *Der neue Orpheus* (1925).

Von der Groupe des Six enttäuscht, gründeten 1923 Roger Désormière (der mit Yvonne de Casa Fuerte, Geigerin und Mitbegründerin von La Sérénade, befreundet war), Henri Cliquet-Pleyel und Henri Sauguet um Satie die Arcueil-Schule, welche nur zwei Jahre bestand, da Eric Satie 1925 verstarb. Henri Sauguet (École d'Arcueil), Georges Auric (Groupe des Six, Konzertgesellschaft La Sérénade) führten einen einfach orientierten Neoklassizismus fort, was Werke wie *Polymères* (1936) von Sauguet oder *Sonate* (1932) von Auric belegen.

Außerdem sei daran erinnert, dass diese Gruppe sich im Umfeld von René Clair bewegte, dessen Film *Entr'acte* 1924 realisiert wurde. Dazu steuerte Satie die Musik bei, deren Einspielung von Henri Sauguet geleitet wurde. 1925 arbeitete Kurt Weill seinerseits mit dem Surrealisten Ivan Goll (der sich nur wenige Jahre später in Frankreich niederlassen sollte) bei zwei Werken zusammen: *Der neue Orpheus* und *Royal Palace*, deren Atmosphäre und musikalische Faktur diesem ikonoklastischen Neoklassizismus aufgrund der Verwendung von Unterhaltungsmusik, Bruchstücken von Dokumentartexten, Collagen rhythmischer Figuren, Kontrapunkt sowie Gebrauch von klassischen Formanlagen sehr nahe standen. (Wackers 2004: 284; Schubert 2000: 24–25) Doch Kurt Weills Nähe zu dieser Strömung wird besonders in seinen Ausdeutungen allgemeinerer ästhetischer Vorstellungen deutlich, die in seinen Schriften anzutreffen sind.

In Frankreich wurde Jean Cocteau mit seiner 1917 vorgelegten manifestartigen Schrift *Le Coq et l'Arlequin* (Cocteau 2009) zum Wortführer der Komponisten sowohl der Groupe des Six als auch der École d'Arcueil. Vergleicht man Kurt Weills Aufsätze in *Die Musik* und im *Berliner Tageblatt* mit Cocteaus Buch, so sind erstaunliche Gemeinsamkeiten zu beobachten. So kritisiert Cocteau zum Beispiel die Musik Wagners recht scharf:

> „Das Werk Wagners ist ein langes Stück, das deshalb lang ist, weil die Langeweile diesem alten Gott als Rauschgift erscheint. [...] Sowie ein Magnetiseur, der öffentlich hypnotisiert."[2]

Wir begegnen hier also den gleichen Anliegen, die auch den Kern von Kurt Weills 1929 verfassten Aufsatz *Über den gestischen Charakter der Musik* bilden:

> „Denn ‚Romantik' als Kunst schaltet das Denken aus, sie arbeitet mit narkotischen Mitteln, sie zeigt den Menschen nur im Ausnahmezustand, und in ihrer Blütezeit

---

2 „L'œuvre de Wagner est une œuvre longue qui est longue, parce que l'ennui semble à ce vieux dieu une drogue […] Il en est ainsi des magnétiseurs qui hypnotisent en public". (Cocteau 2009: 56)

(bei Wagner) verzichtet sie überhaupt auf eine Darstellung des Menschen." (Weill 2000: 84)

Und auch in seiner im *Berliner Tageblatt* 1928 veröffentlichten humoristischen Selbstdarstellung nach Art einer Unterrichtsstunde (*Der Musiker Weill*) ist von Wagner in genau diesem Sinne die Rede:

> „Ich habe euch auch aus der Musik Wagners und seiner Nachfolger vorgespielt. Ihr habt gesehen, daß es in dieser Musik soviel Noten gab, daß ich sie gar nicht alle greifen konnte. Ihr hättet gern einmal eine Melodie mitgesungen, aber das ging nicht. Ihr habt auch gemerkt, daß diese Musik auf euch einschläfernd oder berauschend wirkte wie Alkohol oder andere Rauschgifte." (Weill 2000: 69)

Um diesem symptomatischen „einschläfernden Mittel" bestimmter Kompositionen zu entgehen, schlug Cocteau vor, sich den alltäglichen Situationen zuzuwenden, und befürwortete folglich eine Art Gebrauchsmusik bzw. eine Mischung aus ernster und Unterhaltungsmusik:

> „Nichts entkräftet mehr, als lange in einem lauwarmen Bad zu liegen. Schluss mit der Musik, in der man sich lange baden lässt. Schluss mit Wolken, Wellen, Aquarium, Nixen und Nachtdüften. Wir brauchen eine Musik der Erde, *eine Alltagsmusik*."[3]

Bei Weill heißt es wiederum:

> „Ihr beschäftigt euch lieber mit technischen Fragen, mit Flugzeugen, Autos, Radioanlagen, und Brückenbauten, und als Lektüre zieht ihr die Sportberichte vor. [Ich] will erreichen, daß die Oper sich in die allgemeine Theaterbewegung unserer Zeit einreiht, daß die Opernfiguren wieder lebendige Menschen werden, die eine allen verständliche Sprache reden." (Weill 2000: 69–71)

Eine weitere Formulierung des gleichen Gedankens begegnet kurz darauf in einem anderen Aufsatz Kurt Weills (*Die Oper – wohin?*):

> „Wir haben deshalb den Versuch unternommen, eine Musik zu schaffen, die auch das Musikbedürfnis breiterer Bevölkerungsschichten zu befriedigen vermag, ohne ihre künstlerische Substanz aufzugeben [...] Wir wollen in unserer Musik den Menschen unserer Zeit sprechen lassen, und er soll zu vielen sprechen." (Weill 2000: 92)

Cocteau beschreibt die Kraft der populären Gattungen amerikanischer Prägung (variety, music hall) wie folgt: „Was die impressionistische Musik geradezu hinwegfegt, ist zum Beispiel eine bestimmte amerikanische Tanzform, die ich im

---

3   „Rien n'anémie plus que de se laissez flotter longuement dans un bain tiède. Assez de musiques où on se laisse flotter longuement. Assez de nuages, de vagues, d'aquarium, d'ondines et de parfums la nuit; il nous faut une musique sur la terre, *une musique de tous les jours*." (Cocteau 2009: 62)

Casino de Paris sah."[4] Auch für Weill ist der Tanz ein treibendes Element: „Der Tanz ist eine andere Form der Musik, er verlangt eine Begleitung, die nur nach den Gesetzen der Musik gestaltet ist, er verlangt Klarheit der Form und des Rhythmus." Und weiter unterstreicht Weill ebenfalls, dass „die Grenzen zwischen ‚Kunstmusik' und ‚Verbrauchsmusik' angenähert und allmählich aufgehoben werden müssen" (Weill 2000: 92), um daraus die Forderung nach der Song-Form abzuleiten: „Unser Song korrespondiert, wie ich glaube, sehr mit dem Genre des amerikanischen ‚Popular Song'." (Weill 2000: 468)

Neben der Verwandschaft in den theoretischen Formulierungen, lassen sich auch musikalische Parallelen ausmachen, gleichsam in Art von Anklängen. Wie bereits erwähnt, hegte Kurt Weill ein gewisses Interesse für die Technik und alles Moderne, etwa in Form von Maschinengeräuschen oder Anklängen an solche. Dies lässt sich eindrücklich am Beginn des Foxtrotts aus *Royal Palace* (1926) ablesen. Seinerseits brachte Eric Satie im *Rag-time du paquebot* aus dem Ballet *Parade* ein Nebelhorn zu Gehör, sowie später das Geklimper einer Schreibmaschine. In *Der Zar läßt sich photographieren* ließ Kurt Weill ein ganzes Musikstück von einem auf der Bühne sichtbaren Grammophon abspielen. Auf musikalischer Ebene scheint es zwischen den Komponisten ein Hin und Her bestimmter musikalischer Figuren zu geben. Da wären zunächst selbstverständlich die charakteristischen Tanzrhythmen, wie Fox-trot, Tango oder Rag-time – und das diesbezügliche Interesse teilte Kurt Weill nicht nur mit Satie, sondern auch mit seinem Freund Darius Milhaud. Doch ist es die leicht identifizierbare und kurze Formel der sixte ajoutée, die dazu dient, Verweise bzw. gekreuzte Anspielungen herzustellen, jene berühmte sixte ajoutée, welche in der *Moritat* des Mackie Messer begegnet.

Nobenbeispiel 1: Kurt Weill, *Die Dreigroschenoper*, *Moritat*, Takt 1, © Universal Edition, Wien, U.E. 8851 (Klavierauszug), 1956.

---

4 „Ce qui balaye la musique impressionniste c'est, par exemple, une certaine danse américaine que j'ai vue au Casino de Paris." (Cocteau 2009: 55)

Bereits 1917, im Abschnitt *Le Prestidigitateur chinois* aus dem Ballet *Parade*, hatte Satie diese recht charakteristische melodisch-harmonische Formel verwendet, als sollten Erinnerungen an Bläserkapellen oder Straßenmusik wachgerufen werden.

Notenbeispiel 2: Eric Satie, *Parade*, *Prestidigitateur chinois*, Ziffer 7, Dover, 2000.

Ferner begegnet die Formel explizit in Henri Sauguets Komposition *Les Forains* (1945), und zwar um das Thema des berühmtesten Satzes, *Entrée des Forains*, abzuschließen: harmonisch ist sie wie in den vorangegangenen Beispielen konstruiert, insbesondere wie in der *Moritat*.

Notenbeispiel 3: Henri Sauguet, *Les Forains*, *Entrée des Forains*, Takte 11–14, Salabert, 1946.

Der französische Neoklassizismus bildete eine Art Parallele zur Jungen Klassizität Busonis sowie zur Neuen Sachlichkeit. Von 1917 bis 1935 teilte also ein Teil der französischen Avantgarde mit Kurt Weill nicht nur humanistische Werte, sondern vor allem auch ästhetische Überzeugungen. Dazu gehören: ein eindeutiges Interesse für die Polytonalität; der Wunsch, den Kontakt mit den Massen wieder herzustellen; das Vermögen, dem klassischen Repertoire seine Klarheit zu entlehnen (in Form von Kantate, Choral und Suite); und insbesondere die Absicht, der Musik eine scharf ironische Kraft zu geben, wie das bei Eric Satie der Fall ist, gekoppelt an die Ablehnung jeglicher Form von Romantik und Naturalismus. Wie Kurt Weill selbst 1930 in *Paris-Soir* anläßlich von *Happy-End* schrieb, ist die Form „eine Mischung aus Farce und Ernst". Als Kurt Weill also 1932 und wieder 1933 nach Frankreich kam, traf er auf eine ihm wohlgesonnene Stimmung. Außerdem bot sich ihm zu diesem Zeitpunkt an, die neoklassische und surreale Strömung wieder aufleben zu lassen, welche bei Komponisten wie Sauguet, Auric und Milhaud, auf einem kosmopolitischen und internationalen Humanimus mit Wendungen hin zur Distanziertheit, Einfachheit und Ironie fußte.

Die dreißiger Jahre: die französischen Konzertgesellschaften

Gerade seit 1932 war eine neue Generation französischer Komponisten angetreten, die beabsichtigte, eine neue ästhetische Tendenz innerhalb des französischen Neoklassizismus durchzusetzen. Diese Generation stütze sich auf Persönlichkeiten wie Florent Schmitt. Diese Tendenz machte sich für eine Musik jenseits jeglichen außermusikalischen Inhalts stark (Duchesneau 1997: 134) – was auch das Fehlen jeglichen politischen Engagements bedeutet – und trat an, die alten musikalischen Institutionen zu ersetzen. Diese Gruppe von Komponisten, zu denen Persönlichkeiten wie Maurice Delannoy zählten, wurde von dem einflussreichen Pierre-Octave Ferroud mit starker Hand geführt.

Zu dem Zeitpunkt, als Kurt Weill seine Niederlassung in Frankreich plante, verkomplizierte sich die Situation, welche ihm fortan nicht mehr in gleicher Weise günstig war: In der Tat stellten sich ästhetische Strömungen stärker gegeneinander auf, in dem sie die gut organisierten Konzertgesellschaften nutzten, welche gerade Werke dieser Komponisten aufs Programm setzten. Neben dem Orchestre Symphonique de Paris, welches bereits seit längerem bestand, gab es allein für die dreißiger Jahre nicht weniger als vier unterschiedliche private Konzertgesellschaften, die für die Moderne und die Avantgarde eintraten, oder dies zumindest behaupteten: La Sérénade (1931–1939), gegründet durch Yvonne de Casa Fuerte, Roger Désormière und Georges Auric; Le Triton (1932–1939), gegründet durch Pierre-Octave Ferroud, Florent Schmitt und Marcel Delannoy; La Spirale (1935–1939), gegründet durch Georges Migot und André Jolivet; und schließlich Jeune France (1936–1939), gegründet durch Yves Baudrier, Olivier Messiaen, Daniel Lesur und André Jolivet.

Weill wurde erstmals 1932 in Frankreich empfangen, als er einem von der Gesellschaft La Sérénade veranstalteten Konzert in der Salle Gaveau beiwohnte. La Sérénade[5] war eine Gesellschaft, die von der Pariser Aristokratie gefördert wurde,

---

5 „Nous qui aimions [La marquise de Casa Fuerte] et avions pour elle une estime admirative lui avions dédié des sérénades en hommage: elle eût envie de les entendre et de les faire entendre. C'est ainsi qu'est née, dans l'amitié, cette société de concert." (Sauguet 2001 : 288) („Wir, die wir die [Marquise de Casa Fuerte] liebten und für sie eine große Bewunderung hegten, widmeten ihrem Gedenken mehrere Serenaden: sie hätte sie sicherlich hören und an-

mit so gewichtigen Mäzenen wie der Princesse Polignac oder der Vicomtesse de Noailles. Das Direktorium stand für die in den Konzerten der Gesellschaft bevorzugten ästhetischen Ausrichtungen: Yvonne de la Casa Fuerte,[6] Georges Auric, Roger Désormière (der Satie nahestand), Darius Milhaud und Henri Sauguet.[7] Am 11. Dezember 1932 erklangen *Mahagonny* und *Der Jasager* – beide ernteten stürmischen Beifall. Im gleichen Konzert erklang ein Werk Manuel de Fallas, sowie die *Sonate* von Georges Auric. 1932 war die gesamte gehobene Gesellschaft von Paris anwesend von Cocteau über Stravinskij bis zu Le Corbusier (Huynh 2000: 196). Am 21. März 1933 floh Weill im Wagen aus Deutschland, zusammen mit Caspar und Erika Neher. Er traf am 23. März in Paris ein.

Das Jahr 1933

> „Lieber Milhaud,
> Seien Sie nicht böse, dass ich erst heute schreibe. Ich fahre leider vorläufig nicht nach dem Süden sondern bleibe hier, um das Ballett für Kochno zu schreiben. Ich denke sicher, dass ich noch hier bin, wenn Sie zurückkommen.
> Schöne Feiertage u. gute Erholung wünscht Ihnen Ihr
> Kurt Weill"[8]

Das Jahr 1933 war für Kurt Weill sehr wichtig, und seine Werke wurden vielfältig aufgeführt:

- 7. Juni 1933: Orchestre Symphonique de Paris unter der Leitung von Maurice Abravanel. Aufgeführt wurden *Die Sieben Todsünden* im Théâtre des Champs-Elysées durch die Truppe Ballets 33, welches Boris Kochno leitete. Außerdem enthielt das Programm *Mozartiana* (ein Potpourri aus Melodien Mozarts), *Fastes* von Sauguet und *Les Songes* von Milhaud.
- 11. Juni 1933: zweite Aufführung der *Sieben Todsünden*. (Belicha 2011: 153)
- 20. Juni 1933: ein Konzert der Sérénade mit *Mahagonny* von Weill (unter der Leitung von Abravanel) sowie Werken von Milhaud und Ernst Krenek.
- 3. November 1933: Rundfunkübertragung von *La Grande Complainte de Fantômas* mit einer Musik von Kurt Weill.
- Sonntag, den 26. November 1933, um 17 Uhr: das Orchestre Symphonique de Paris gab erneut ein Konzert mit Musik von Kurt Weill in der Salle Pleyel, mit

---

deren zu Gehör bringen wollen. So entstand, aus der Freundschaft heraus, diese Konzertgesellschaft.")
6   Yvonne de la Casa Fuerte (geborene Yvonne Giraud), Begründerin von La Sérénade, war eine Freundin von Darius Milhaud: beide studierten gemeinsam am Conservatoire National de Musique, wo ihre ersten Preis in Geige erhalten hatte. (Sauguet 2001: 288)
7   Auch Igor Markevitch, Nicolas Nabokov, Francis Poulenc, Vittorio Rieti.
8   Auszug aus einem Brief von Kurt Weill an Milhaud, 11. April 1933, Briefpapier des Hotels Splendid, Paris (Collection Darius Milhaud, Paul Sacher Stiftung, Basel).

der berühmten Sängerin Madeleine Grey, die erstmals Lieder aus *Der Silbersee* zu Gehör brachte.

Die Konzertgesellschaft des Orchestre Symphonique de Paris verband Werke des klassischen Repertoires (Mozart, Beethoven) mit Ur- oder Erstaufführungen. Diese gewagte Programmzusammenstellung zeichnete sich durch Originalität aus, wie zu Beginn des Jahres 1932, als Nicolas Slonimsky ein Konzert mit Werken von Henry Cowell und Carl Ruggles dirigierte und damit seine Fähigkeit bewies, dem Publikum unbekannte Werke der Avantgarde näherzubringen. Wie aus der Aufstellung des Konzertprogramms hervorgeht, ist der Platz, der Weill zugewiesen wurde, eher gering, so dass sich der Angriff, dem er sich ausgesetzt sah, kaum rechtfertigen lässt:

- Beethoven: *Ouvertüre* zu *Die Weihe des Hauses*, op.124
- Schumann: *Erste Symphonie*
- Strauss: *Don Juan*
- J.-Chr. Bach: *Cembalokonzert*
- Roegen-Champion: *Aquarelles* für Cembalo
- Kurt Weill: 3 Lieder aus *Silbersee* [Titel im Programm französisch]; Gesang: Madeleine Grey: *Chanson d'une vendeuse dans un magasin*; *Complainte de la parente pauvre*; *Ballade de la mort de César*.

Doch während Madeleine Grey das dritte Lied anstimmte, erhob sich Florent Schmitt und rief: „Vive Hitler". (siehe auch Kurt Weill 1998: 104–106) – Antisemitismus, Rassismus oder bloße Provokation? Der deutsche Dirigent Felix Weingartner jedenfalls gratulierte Schmitt für dessen Intervention:

„Lieber Herr Schmitt,
    ich beglückwünsche Sie von ganzem Herzen für Ihren Mut!
Sie haben das rechte Wort gefunden, um eine Art von Musik zu bezeichnen, die gar keine Musik ist, sondern, wie Sie gesagt haben, Schund oder gar noch schlimmer: eine Spekulation ohne jede Zurückhaltung über die Gutgläubigkeit des Publikums, welches verlernt hat, seine Ohren zu öffnen und Vorwürfe befürchtet, wenn es diese skandalösen Produkte nicht bewundert. Die gesamte Kunst leidet unter der Tyrannei eines Modernismus, der nichts als impertinenter Dilettantismus ist.
Gestatten Sie mir, lieber Herr Schmitt, dass ich Ihnen die Hand drücke.
Felix Weingartner."[9]

---

9 „Cher Mr Schmitt, Bravo de tout cœur pour votre courage! Vous avez trouvé le mot juste pour caractériser une espèce de musique qui n'est pas du tout de la musique, mais, comme vous l'avez dit, de l'ordure, et même pire que cela: une spéculation sans conscience sur la bonne fois du public qui a désappris d'ouvrir les oreilles et craint d'être blâmé s'il n'admire pas ces produits scandaleux. Partout l'art souffre sous la tyrannie d'un modernisme qui n'est qu'un impertin[a]nt [sic] dilettantisme. Permettez en l'occurrence d'un clan d'amis bien plus que d'une organisation esthétique. Vous pensez bien qu'il n'y a aucune raison pour que je refuse votre invitation d'autant plus que je vous aime beaucoup et que votre comité compte bon

Florent Schmitt war zu diesem Zeitpunkt absolut kein Anfänger mehr. 1921, bei der Aufführung von *Les Mariés de la Tour Eiffel*, einer Kollektivkomposition der Groupe des Six und Jean Cocteaus, hatte Florent Schmitt alle Beteiligten und insbesondere Cocteau der Lächerlichkeit ausgesetzt, indem er den Zwischenruf platzierte: „Y a-t-il un suédois dans le théâtre?"[10] Francis Poulenc, der sowohl mit Pierre-Octave Ferroud als auch mit Darius Milhaud und Henri Sauguet befreundet war, willigte schließlich ein, der Gesellschaft Triton beizutreten. Was die Person Schmitts anging, hatte er jedoch einige Bedenken, wie aus folgendem an Ferroud adressierten Brief hervorgeht:

> „Für Ihr Komitee bin ich einverstanden, da Sie so liebenswürdig insistieren. [...] Ich hätte nie gedacht, dass mein Name inmitten von achtzehn anderen Ihnen hätte derart dienlich sein können, weshalb ich ihn für die Sérénade reservierte. Das *einzige* [Unterstreichung von Poulenc] Komitee, dem anzugehören ich je einverstanden war. Dabei handelte es sich recht eigentlich viel eher um einen Freundeskreis denn um eine ästhetische Organisation. Selbstverständlich gibt es für mich keinen triftigen Grund, Ihre Einladung auszuschlagen, zumal ich Sie sehr mag und Ihr Komitee eine beachtliche Anzahl meiner Freunde enthält. [...] Auch muss ich Ihnen gestehen, dass es mir unangenehm wäre, mit verschiedenen unserer Mitstreiter über Musiker diskutieren zu müssen, die mir so nahe stehen wie Auric und Sauguet, und welche man beim Triton nicht so recht schätzt. [...] Wir behalten also alle: Sie *Ihren* furchtbaren Florent, ich *meinen simplen Sauguet*, oder?"[11]

In der Zeitschrift *Candide*, die für ihre stark rechte Ausrichtung bekannt war, veröffentlichte Emile Vuillermoz eine Kritik, die das Ganze in ein nuancierteres Licht rückte, indem er die ästhetischen Fragen ansprach:

> „Das Publikum hat keine Sekunde einer solch sowohl menschlichen als auch direkten Kunst widerstanden. Florent Schmitt hielt es als einziger für nötig, öffentlich gegen diese Ästhetik, die er ablehnt, zu protestieren. Ich stimme seiner Empörung nicht zu. Viel eher glaube ich, dass diese Wahrhaftigkeit einer Emotion ohne Rhetorik, diese gleichsam ‚im Sinne Verlaines' verkündete Kriegserklärung an die Geschwätzigkeit, diese fesselnde Gaunerehrlichkeit als im Reiche von François Villon

---

nombre -moi, cher Mr Schmitt, de vous serrer la main. Felix Weingartner." (Brief vom 8. Dezember 1933 von Felix Weingartner an Florent Schmitt; A5-Blatt, handschriftlich, mit zusätzlicher Eintragung; Telegramm Feca Basel, St Alban-Ring 186, Basel. [BNF, La 111 Bob 23689]).

10 „Ist ein Schwede im Theater?". Brief von Jean Cocteau an Florent Schmitt, Brief vom 23. Juni 1921, BNF, Bob 20187.

11 „Entendu pour votre comité puisque vous insistez si gentiment. [...] Je ne pensais pas que mon nom au milieu de dix-juit puisse vous être utile et c'est pourquoi je le réservais pour la Sérénade. *Seul* [c'est Poulenc qui souligne] comité dont j'aie jamais accepté de faire partie. Il s'agissait de mes amis. [...] Je vous avouerais également qu'il me serait désagréable d'avoir à discuter avec certains de nos confrères de musiciens qui me sont chers comme Auric et Sauguet et qu'on ne prise pas beaucoup au Triton. [...] Gardons donc chacun: vous *votre* affreux Florent, moi, *mon stupide Sauguet*, pas vrai?" (Duchesneau 1997a: 135)

angesiedelt verstanden werden müssen, und dass sie dort angesichts einer restlos unechten und verstellten Kunst einen befreienden Einfluss haben kann."[12]

Ein Mann im Hintergrund: Pierre-Octave Ferroud

In den dreißiger Jahren fand sich eine Gruppe von Komponisten und einflussreichen Persönlichkeiten des Musiklebens zusammen und gründete im Dezember 1932 die Konzertgesellschaft Triton. Die Leitung hatte der Komponist und Kritiker Pierre-Octave Ferroud. Die aktiven Mitglieder waren die Komponisten Marcel Delannoy, Henri Tomasi, Albert Roussel, Claude Delvincourt (ab 1941 Direktor des Conservatoire de Paris) und Florent Schmitt. Letzterer, der Lehrer von Pierre-Octave Ferroud, trat öffentlich als deren Verteidiger auf. Die Gesellschaft Triton verkörperte eine neue Generation. Sie befand sich in direkter Konkurrenz zu den anderen Konzertgesellschaften, in erster Linie der Société Musicale Indépendante (SMI), dem Orchestre Symphonique de Paris (OSP) und ganz besonders La Sérénade. Die Veranlassung für Pierre-Octave Ferroud, Triton zu gründen, lag sowohl in der Absage, die ihm die SMI bezüglich der Aufführung seiner Werke erteilt hatte als auch in der jüngsten Gründung von La Sérénade: Ferroud suchte eine Möglichkeit, sich und seine Musik auf nationaler wie internationaler Ebene zu positionieren. Nach außen hin gab sich diese Gesellschaft international, was zugegebenermaßen ihrer effektiven Aktivität entspricht, doch in Wirklichkeit förderte sie vor allem die eigenen Komponisten und die von ihnen vertretene Ästhetik – wie Michel Duchesneau gezeigt hat:

> „Die neue Gesellschaft [Triton] provozierte eine deutliche Spaltung zwischen den Befürwortern eines moderaten Neoklassizismus, die sich der surrealistischen Ästhetik sowie zahlreicher außermusikalischer Mittel bedienten, wie die Theatralisierung und die Pantomime [also Komponisten wie Satie und Sauguet, die in den Konzerten der Sérénade gespielt werden – alles Freunde Kurt Weills; Anm. J.-F. T.] einerseits und andererseits den Befürwortern einer ‚absoluten' (oder ‚reinen') und avantgardistischeren Musik, die in ihrer Essenz nichtsdestotrotz neoklassisch war und traditionelle Formen und Gattungen bevorzugte." (Duchesneau 1997: 134)

---

12 „Le public n'a pas résisté un instant à un art aussi humain et aussi direct. Florent Schmitt, seul, a cri devoir protester publiquement contre cette esthétique dont il est l'ennemi. Je ne partage pas son indignation. J'estime, au contraire, que cette sincérité dans l'émotion sans rhétorique, cette déclaration de guerre ‚verlainienne' à l'éloquence, cette poignante franchise de truand doivent être comprise dans la patrie de François Villon et peuvent y exercer sur tout un art contrefait et grimaçant une influence libératrice". (Emile Vuillermoz, *Candide*, 2. Dezember 1933 [BNF])

Abbildung 1: Programm der Konzertgesellschaft Triton.

Die Konzerte der Gesellschaft Triton setzten folglich eine implizite Selektion einer bestimmten Musik durch und insbesondere eine Verdrängung solcher Strömungen, die als dekadent oder der Vergangenheit zugewandt angesehen wurden, wie Duchesneau weiter ausführt:

> „La Sérénade verkörperte die Dynamik einer bunt zusammengewürfelten neoklassischen Strömung, in der Poulenc, Milhaud, Weill, Rieti, Markevitch und Sauguet aufeinandertrafen, und deren Ursprung in den Aktivitäten der Groupe des Six unmittelbar nach Ende des Ersten Weltkriegs lag. Was Triton betrifft, so lag deren Absicht, genau wie für die SMI, darin, Zusammenstellungen aus Werken der französischen wie ausländischen Avantgarde ‚jenseits jeglicher Frage von Strömungen' bekannt zu machen. Wenngleich das Komitee von Triton den Anschein von Eklektizismus nahelegt, so zeichnete sich die Programmierung der Konzertgesellschaft schnell durch den Ausschluss eines Großteils der in der Sérénade gespielten Komponisten aus, um stattdessen bestimmte avantgardistische expressionistische Tendenzen und einen stärker konservativen Neoklassizismus zu bevorzugen." (Duchesneau 1997: 214)

Hinzu kommt, dass Florent Schmitt, der eine kurze Zeit zu den Bewunderern Saties zählte, sich mit diesem und den ihm nahestehenden Komponisten zerstritten hatte und sich fortan Komponisten wie Henri Sauguet direkt entgegenstellte. Bei seinem Erscheinen in Frankreich wurde Kurt Weill diesen verfeindeten Strömungen assimiliert, denn er hatte mit dem surrealistischen Schriftsteller Goll zusammengearbeitet, der Yvonne de Casa Fuerte, Roger Désormière und Henri Sauguet nahestand; außerdem war Weill Autor einer erfolgreichen politischen Oper. Weitere Gegebenheiten scheinen diese These zu stützen. So ist der Monat Dezember, zum Beispiel, zugleich der Zeitpunkt, zu dem Kurt Weill in der Sérénade seinen großen Erfolg feierte und der Zeitpunkt zu dem die neue Konzertgesellschaft Triton ins Leben gerufen wurde. Pierre-Octave Ferroud, Musikkritiker bei *Paris-Soir*, stellte die beiden Konzerte von Sérénade und Triton gegenüber:

> „La Sérénade gibt heute Abend um 21 Uhr ihr erstes Konzert der Saison, in der Salle Gaveau. Auf dem Programm befinden sich die *Sonate* für Klavier von Georges Auric, gespielt von Jacques Février, *Concerto* für Cembalo von Manuel de Falla, gespielt von Mme Marcelle Meyer, und, erstmals in Paris, die Darbietung von zwei bedeutenden Werken von Kurt Weill, dem Komponisten der *Dreigroschenoper*: *Mahagonny* und *Der Jasager*. Kurt Weill ist außerdem gerade in Paris eingetroffen. Das erste Konzert von Triton, der neuen Gesellschaft für zeitgenössische Kammermusik, findet am Freitag, den 16. Dezember, abends, in der Ecole Normale de Musique, 78 rue Cardinet, statt. Auf dem Programm stehen unter Mitwirkung von Mme Croiza, den Herren Samuel Dushkin, Robert Soëtens und Jacques Février sowie dem Quatuor Roth: *L'Horizon chimérique* von Gabriel Fauré, sowie die folgenden Werke als Uraufführungen: *Quatuor* von Roussel, *IIIe Quatuor* von Laitha, *Sonate* für zwei

Violinen von Sergej Prokofjew und *Sonatine* für Violine und Violoncello von Arthur Honegger."[13]

Es wird hier ersichtlich, dass das Weill-Konzert vier Tage vor dem ersten Konzert der neuen Gesellschaft stattfand. Außerdem hatte das Weill-Konzert den größeren Erfolg. Ferner ergibt sich aus der Auswertung der Saalzettel von Triton und Sérénade, dass Ferroud und Schmitt nie bei Sérénade aufgeführt wurden!

So kam es also, dass Kurt Weill, obwohl er die Unterstützung einflussreicher Pariser Persönlichkeiten genoss (insbesondere derjenigen, die um La Sérénade und das Orchestre Symphonique de Paris kreisten), sich auch einem beachtlichen Widerstand gegenübersah, der von einer Komponistengeneration angeführt wurde, zu der Schmitt, Delannoy, Roussel und ganz besonders Ferroud zählten, die zu dieser Zeit beabsichtigten, ihren eigenen Stil durchzusetzen. Vor dem Hintergrund von Antisemitismus und ungezügeltem Nationalismus,[14] den die beginnende Emigration hervorrief, bedeutete Kurt Weills Niederlassung in Paris 1933 (mit mehr als vier Konzerten) damals eine unmittelbare Gefahr für diese jungen Komponisten, die gerade erst ihre eigene Konzertgesellschaft gegründet hatten.

Ein weiterer Konflikt ergab sich im Jahr 1933 anlässlich des Balletts *Jeunesse* (Die Jugend), das Ferroud für Serge Lifar komponierte; Lifar war politisch stark rechts orientiert und hatte sich in London, insbesondere durch seine scharfe Kritik an den *Sieben Todsünden* [Truppe Ballets 33], als ein ausgewiesener Gegner Weills hervorgetan. Dies ist genau der Sinn der Kritik, die Ferroud anlässlich des Konzerts vom 26. November 1933 schrieb:

> „Diesbezüglich müssen wir uns einig sein, dass die ‚Hervorbringungen' des Herrn Kurt Weill, die nichts als Subprodukte dessen sind, was er seit zehn Jahren in einem Genre, in dem er sich spezialisiert hat, macht, nun wirklich nicht würdig waren, die Aufmerksamkeit des Pariser Publikums zu erheischen in einem Augenblick, in dem die französische Musik die größten Schwierigkeiten hat, über die Grenzen des Landes hinaus auszustrahlen. [...] Daher ist es absolut nicht chauvinistisch, die Interes-

---

13 „La Sérénade donnera son premier concert de la saison aujourd'hui à 21 heures, à la salle Gaveau: Au programme: *Sonate* pour piano de Georges Auric, jouée par Jacques Février, *Concerto* pour clavecin de Manuel de Falla, joué par Mme Marcelle Meyer, et, pour la première fois à Paris, présentation de deux œuvres importantes de Kurt Weill, l'auteur de la musique de *L'Opéra de Quat'sous, Mahagonny* et *Der Jasager*. Kurt Weill vient d'ailleurs d'arriver à Paris. Le premier concert de Triton, la nouvelle société de musique de chambre contemporaine, aura lieu le vendredi 16 décembre, en soirée, salle de l'Ecole normale de musique, 78 rue Cardinet. Au programme avec la collaboration de Mme Croiza, de MM. Samuel Dushkin, Robert Soëtens et Jacques Février et du quatuor Roth: *L'Horizon chimérique* de Gabriel Fauré, et en première audition les œuvres suivantes: *Quatuor* de Roussel, *IIIe Quatuor* de Laitha, *Sonate* pour deux violons de Serge Prokovieff et *Sonatine* pour violon et violoncelle d'Arthur Honegger." (Bruit de coulisse [Kulissengespräche] in *Paris-Soir*, 12. Dezember 1932)

14 Siehe Kommentar bei Duchesneau: „In enger Verbindung mit der Action française stehend, vertrat Ferroud politisch stark durch Konservativismus gefärbte nationalistische Überzeugungen". (Duchesneau 1997: 210)

sen derjenigen zu verteidigen, die uns umgeben. Es ist bedauerlich, dass Gabriel Pierné gezwungen ist, seinen *Fragonard* an die Monnaie nach Brüssel zu tragen, und dass Albert Roussel und Marcel Delannoy in ihrer Schublade so charmante Werke ruhen haben."[15]

In der Tat bemühte sich Pierre-Octave Ferroud seit wenigstens einem Jahr um die Anerkennung einer jungen Komponistengeneration, die als Mitglieder der Konzertgesellschaft Triton besonders aktiv waren. In einem anderen Brief von Pierre Octave Ferroud an Roger Brussel taucht wiederum der Name Marcel Delannoy auf, sowie diejenigen anderer Komponisten des Triton:

„Im Anschluss an unser Gespräch von letzter Woche, erlaube ich mir, Ihre Aufmerksamkeit auf meinen mündlich vorgebrachten Vorschlag zu lenken, nämlich im Ausland, und namentlich in Brüssel, einen Vortrag mit anschließender Aufführung zu halten, deren Thema und Programm einen Überblick über die zeitgenössische französische Musik bieten, will sagen, außer der ‚Six', die ja bereits in Belgien bekannt sind, Jacques Ibert, Claude Delvincourt, Roland-Manuel, Jean Rivier und Marcel Delannoy: also alles Komponisten, die über genügend Handwerk verfügen und mehr als nur eine einfache Kuriosität sind."[16]

Der Zeitpunkt, zu dem Kurt Weill französischen Boden betrat, schien zunächst also äußerst günstig: In der Tat begegnete ihm eine günstige ästhetische Atmosphäre und außerdem wurden ihm eine starke Unterstützung gewährt, so zum Beispiel ein Konzert im Salon der Vicomtesse de Noailles am 10. Dezember 1932, am Vortag des so erfolgreichen Konzerts der Konzertgesellschaft Sérénade in der Salle Gaveau. Ebenfalls im Dezember 1932 gab die Princesse de Polignac bei Kurt Weill seine *Zweite Sinfonie* in Auftrag. All dies gab Kurt Weill ein gewisses Gewicht im Pariser Musikmilieu.

Dieser unmittelbare Erfolg des Jahres 1932 wandte sich aber anschließend gegen ihn, denn er zog die Feindseligkeiten der jungen französischen Komponisten auf sich, die sich zur gleichen Zeit zu etablieren versuchten. Durch seinen an De-

---

15 „Et il faut bien convenir qu'à cet égard, les ‚productions' de M. Kurt Weill, qui ne sont que des sous-produits de ce qu'il fait depuis plus de dix ans dans le genre où il s'est spécialisé, étaient vraiment indignes de briguer l'attention d'un auditoire parisien au moment précis où la musique française éprouve les pires difficultés à franchir les frontières du pays. [...] Ce n'est pas être chauvin que de défendre sur ce point, les intérêts de ceux qui nous entourent. Il est regrettable que M. Gabriel Pierné soit obligé d'aller porter son Fragonard à la Monnaie de Bruxelles, que MM. Albert Roussel et Marcel Delannoy conservent chacun dans leurs cartons des ouvrages charmants." (P.-O. Ferroud, *Paris-Soir*, 1. Dezember 1933).

16 „Comme suite à l'entretien que nous avons eu la semaine dernière, je me permets d'attirer votre attention sur la proposition que je vous ai soumise oralement de faire à l'étranger, à Bruxelles notamment, une conférence suivie d'une audition, dont le sujet et le programme donneraient un aperçu de la musique française contemporaine, c'est-à-dire, en dehors des ‚six' qui sont désormais familiers en Belgique, Jacques Ibert, Claude Delvincourt, Roland-Manuel, Jean Rivier et Marcel Delannoy: autrement dit les compositeurs qui ont un bagage suffisant pour mériter déjà mieux que la simple curiosité." (Brief von P.-O. Ferroud an R. Brussel vom 14. März 1932, Paris [BNF, Bob 20556, letter 142]).

plaziertheit wohl kaum zu überbietenden Einwurf beim Konzert im November 1933 (in dem Weills Musik kaum als zentraler Programmpunkt bezeichnet werden kann), verdeckte Florent Schmitt in Wahrheit das, was wirklich auf dem Spiel stand: nämlich eine Kommunikationsstrategie zugunsten der französischen Komponisten.

1935 entschloss sich Kurt Weill, Frankreich zu verlassen, wenngleich er weiterhin zu beabsichtigen schien, sich in Frankreich längerfristig niederzulassen, wie ein unveröffentlichter Brief an Darius Milhaud aus dem Jahre 1934 belegt, in dem er schrieb, Poulenc und Ferroud getroffen zu haben, sowie ein weiterer Brief aus dem Jahre 1935, in dem er seine Verbitterung über den ihm entgegengebrachten Widerstand kundtat wie auch seine Verwunderung darüber, dass seine Sinfonie auf dem Programm des Rundfunks stand:

„Meine lieben Freunde,
Verzeihen Sie mir, dass ich Ihnen so lange nicht geschrieben habe. Ich habe immer wieder daran gedacht, nach Louveciennes zu kommen, doch war es unmöglich, denn wie immer gab es große Schwierigkeiten, die zwei Sänger-Schauspieler für die beiden Hauptrollen zu finden.

Ich danke Ihnen ganz herzlich, lieber Darius, für Ihren Aufsatz zu meiner Sinfonie. Alles was Sie schreiben, bereitet mir eine tiefe Freude, da Sie einer der ganz Wenigen sind, dessen Urteil mich freut, wenn es positiv ausfällt, und mir zu denken gibt, wenn es negativ ist. Das mag aus meinem Mund merkwürdig klingen: doch Sie wissen sehr wohl, dass es wenig Leute und insbesondere Musiker gibt, die verstanden haben beziehungsweise verstehen wollten, was ich mache. – Das ist schon eine merkwürdige Sache, diese Aufführung meiner Sinfonie. Als ich das letzte Mal in Paris war, erzählte mir Herr Bertrand, dass Herr [Inghelbrecht] sich sehr für meine Sinfonie interessieren würde, doch da Herr Bertrand noch nie eines meiner Werke auf ein Programm gesetzt hat, habe ich diese Geschichte nicht ernst genommen und an Yvonne und die Princesse geschrieben, sie wollten sich mit Herrn [Inghelbrecht] in Kontakt setzen. Sie werden verstehen, wie erstaunt ich war, als ich am Donnerstag morgen in meiner englischen Zeitung Folgendes las: ‚eine Sinfonie von K.W. im französischen Rundfunk'. Demnach zu urteilen, was ich hier davon hören konnte, war es eine sehr gute Aufführung, und das Orchester hat wunderbar gespielt. Ich hoffe sehr, dass es möglich sein wird, dieses Werk in gleicher Besetzung in der ‚Sérénade' und im Hause Polignac spielen zu können.

Ich arbeite wie ein Wilder. Ich habe die Partitur der Operette sowie die Vorbereitungen zur Aufführung fast beendet. Die Proben beginnen um den 10. Mai. Gleichzeitig muss ich den Klavierauszug des Stückes machen, das Ende Oktober in New York gespielt wird.

Wann kommen Sie nach London? Beide? Ich bin eingeladen, Ende Mai in Florenz auf dem Kongress ‚Die Musik im Film' zu sprechen. Doch glaube ich nicht, dass ich hier freikommen werde.

Hoffentlich bis bald, und die freundschaftlichsten Grüße an Sie beide.
Kurt"[17]

Schließlich emigrierte Weill in die Vereinigten Staaten. Doch wie folgende Postkarte Weills an Milhaud zeigt, hatte er die Absicht, wiederzukommen. Zur gleichen Zeit wurde in Frankreich eine neue von Georges Migot animierte Konzertgesellschaft ins Leben gerufen, La Spirale, die bald durch eine von Olivier Messiaen animierte Gruppe mit Namen Jeune France ersetzt wurde.

Die Situation ist also einigermaßen komplex: Komponistengruppen in Frankreich waren von einem starken Willen zum Protektionismus und Nationalismus getrieben, so dass sie es vorzogen, die Karte der Feindseligkeit und Abschottung zu spielen, statt einen Komponisten zu akzeptieren, der im Grunde viele Gemeinsamkeiten mit Frankreich hatte, der die Sprache beherrschte und der reelle Chancen hatte, zu bleiben. Das ist wohl gleichsam dramatisch, wenn man bedenkt, dass (wie aus der Postkarte an Darius Milhaud hervorgeht) Kurt Weill in Frankreich fast eine zweite Heimat, eine zweite Familie gefunden hätte. Doch wiederum, und schweren Herzens, hat er sowohl Freunde als auch die Wahlheimat aufgeben müssen.

„Liebe Freunde,
Nur ein kurzes Wort, um Ihnen mitzuteilen, dass ich am 4. September auf der ‚Majestic' nach Amerika gehen werde. Freitagabend werde ich in Paris sein. Meine Adresse in Amerika: KW c/o WEISGAL 1560 Broadway, New York City.

---

[17] „Mes chers amis, Je vous demande pardon que je ne vous ai pas écrit si longtemps. Je pensais tout le temps pouvoir venir à Louveciennes, mais c'était impossible comme il y a toujours de grandes difficultés de [trouver] les deux chanteurs-acteurs pour les deux rôles principaux. Je vous remercie beaucoup de votre article sur ma symphonie, cher Darius. Tout ce que vous écrivez me donne une joie profonde, car vous êtes un des très peu de gens dont le jugement me fait plaisir s'il est favorable et me fait penser s'il est mauvais. Ça sonne étrange dans ma bouche: mais vous savez qu'il n'y a pas beaucoup de gens et surtout de musiciens qui ont compris ou qui veulent comprendre ce que je fais. – C'est une histoire très curieuse, cette représentation de ma symphonie. Lorsque j'étais à Paris la dernière fois M. Bertrand m'a raconté que M. [Inghelbrecht] s'intéressait beaucoup de [sic] ma symphonie, mais comme M. Bertrand n'avait jamais placé une de mes œuvres, je n'ai pas pris comme sérieux cette histoire et j'ai écrit à Yvonne et à la Princesse de se mettre en contact avec M. [Inghelbrecht]. Vous comprenez comme j'étais surpris de voir dans mon journal anglais le jeudi matin: ‚une symphonie de K.W. à la radio Paris'. D'après ce que je pouvais entendre ici c'était une très bonne exécution et l'orchestre a joué merveilleusement. J'espère beaucoup qu'on peut réaliser le projet de faire jouer l'œuvre dans la même exécution au [cadre] de la ‚Sérénade' et dans la maison Polignac. Je travaille comme un nègre. J'ai presque fini la partition de l'opérette et les préparations de la représentation. Les répétitions vont commencer vers le 10 mai. En même temps je dois faire la partition de piano de la pièce qui sera jouée à New York fin d'octobre. Quand venez-vous à Londres? Tous les deux? Je suis invité à parler au congrès ‚la musique dans le film' à Florence fin mai. Mais je ne crois pas que je peux m'absenter d'ici. A bientôt j'espère et toute mon amitié pour vous deux. Kurt" (Brief von Kurt Weill an Darius Milhaud, 30. April 1935 [französisch])

Ich habe unheimlich viel vor der Abreise zu tun.
Ich hoffe Ende Dezember zurückzukehren.
Auf bald und mit den freundschaftlichsten Grüßen, Kurt"[18]

(Aus dem Französischen übersetzt von Pascal Decroupet)

Literatur

Zeitschriften
Paris-Soir 1921–1935; Candide 1921–1935; Action française 1931–1935; Figaro 1920–1935.

Sammlungen
Sammlung Darius Milhaud, Paul Sacher Stiftung, Basel; Sammlung Florent Schmitt, BNF, Paris; Lotte-Lenya Research Center, New York.

Weitere Literatur
Belicha, Roland (1996): *Kurt Weill et la France*. Villejuif.
Belicha, Roland (2011): *Kurt Weill et la France*. Paris.
Cocteau, Jean (2009): *Le coq et l'arlequin*. Paris.
Duchesneau, Michel (1997): *L'avant-garde musicale et ses sociétés à Paris de 1871 à 1939*. Liège.
Duchesneau, Michel (1997a): *La société Triton 1932–1939*. Paris: Doktorarbeit Universität La Sorbonne.
Fulcher, Jane (1995): Style musical et enjeux politiques en France. In: *Actes de la recherche en sciences sociales, Heft 110*, S. 22–35.
Huynh, Pascal (1998): *La musique sous la République de Weimar*. Paris.
Huynh, Pascal (1998a): Kurt Weills Schaffen in der französischen Medienlandschaft 1933–1935. In: Nils Grosch/Joachim Lucchesi/Jürgen Schebera (Hg.), *Emigrierte Komponisten in der Medienlandschaft des Exils 1933–1945*, (Veröffentlichungen der Kurt-Weill-Gesellschaft Dessau, Band 2), Stuttgart.
Huynh, Pascal (2000): *Kurt Weill, à la conquête des masses*. Arles.
Kahane, Martine (Hg.) (2001): *Boris Kochno*. Paris: Opéra National de Paris.
Kowalke, Kim (Hg.) (1997): *Die sieben Todsünden: a Handbook*. New York.
Sauguet, Henri (2001): *La musique, ma vie*. Anglet.
Schubert, Giselher (2000): Surrealismus bei Weill? Zu einer Weill-Deutung Adornos. In: *Kurt Weill – Auf dem Weg zum „Weg der Verheissung"*, Freiburg i. Br.
Trubert, Jean-François (2005): *La notion de „caractère gestuel de la musique" chez Kurt Weill et son incidence sur la forme de l'opéra Aufstieg und Fall der Stadt Mahagonny*. Nice: Doktorarbeit Universität Nice-Sophia Antipolis.

---

18 Postkarte an Darius Milhaud, Aix-en-Provence. Poststempel vom 20. August 1935, Salzburg. (Sammlung Darius Milhaud, Paul Sacher Stiftung, Basel)

Wackers, Ricarda (2004): *Dialog der Künste. Die Zusammenarbeit von Kurt Weill und Ivan Goll (Veröffentlichungen der Kurt-Weill-Gesellschaft Dessau, Bd. 5).* Münster u. a.

Weill, Kurt (2000): *Gesammelte Schriften*, hg. v. Stephen Hinton. Mainz.

Weill, Kurt (1993): *De Berlin à Broadway*, hg. v. Pascal Huynh. Paris.

Weill, Kurt (1998): *Speak low (when you speak love): The Letters of Kurt Weill and Lotte Lenya* (1998), hg. v. Lys Symonette u. Kim Kowalke. Berkeley/Los Angeles.

Veröffentlichungen der Kurt-Weill-Gesellschaft Dessau, Band 8

Nils Grosch, Elmar Juchem (Hrsg.)

Die Rezeption des Broadwaymusicals in Deutschland

2012, 260 Seiten, br., 29,90 €,
ISBN 978-3-8309-2614-6
E-Book: 26,90 €, ISBN 978-3-8309-7614-1

Die wechselhafte Aufführungs- und Rezeptionsgeschichte von Werken des amerikanischen Musiktheaters nahm ihre Anfänge bereits in der Weimarer Republik, doch erst nach dem Ende des Zweiten Weltkriegs erhielten Musicals in größerem Umfang Einzug in deutschsprachige Theater. In der Regel blieben diese Transferversuche jedoch kurzlebig und nur wenige Werke konnten sich in den Spielplänen der Theater etablieren. In der breiteren öffentlichen Wahrnehmung erfolgte ein Umschwung, als sich im Laufe der 1980er Jahre die Spielart des „Megamusicals" durchsetzen konnte, das häufig in eigens dafür gebauten Spielstätten inszeniert wurde und auch im deutschsprachigen Raum als Serienaufführung konzipiert war.

Die Beiträge des vorliegenden Bandes befassen sich erstmals in umfassender Weise, teils in historischen Überblicksdarstellungen, teils in Analysen von Wahrnehmungs-, Adaptions- und Wertungsprozessen paradigmatischer Autoren und Werke, mit der Rezeption des amerikanischen Genres im deutschsprachigen Raum.

Veröffentlichungen der Kurt-Weill-Gesellschaft Dessau, Band 7

Panja Mücke

Musikalischer Film – Musikalisches Theater

Medienwechsel und szenische Collage bei Kurt Weill

2011, 262 Seiten, br., 29,90 €,
ISBN 978-3-8309-2142-4
E-Book: 26,90 €, ISBN 978-3-8309-7142-9

Im ersten Drittel des 20. Jahrhunderts manifestiert sich die Konkurrenz zwischen den neuen audiovisuellen Medien Rundfunk und Film sowie den etablierten Medien Buch, Sprech- und Musiktheater u.a. im künstlerischen Austausch zwischen den verschiedenen Formen. In dieser Zeit wird eine große Menge an Literatur-, Theater- und Opernverfilmungen produziert, es entsteht die Gattung der Funkoper und man realisiert medienkombinatorische Bühnenstücke mit integrierten Lichtbild- und Filmprojektionen, Grammophon- und Rundfunk-Passagen.

Kurt Weill ist der wichtigste Träger eines kompositorischen Anspruchs, der seine Innovativität vor allem aus einer Hinwendung zum Publikum, zur Anti-Illusion, Modernität im Sujet und Medialisierung ableitet. Weills Kompositionen werden in dieser Studie als Teil des publizistischen und künstlerischen Diskurses über das neuartige mediale Spannungsverhältnis der 1920er und 1930er Jahre untersucht. Im Zentrum stehen die Adaption von Musikalischem Theater für den frühen Tonfilm (Verfilmung der Dreigroschenoper) und die mediensynthetischen Werke (Mahagonny, Dreigroschenoper, Royal Palace und Der Zar lässt sich photographieren).